365 예수사랑

한마음 가정예배

박원섭 목사

한국문서선교회

머리말

 우리가 신앙의 깊은 경지를 맛보았다고 할지라도 하나님을 잊거나 삶에 적용시키지 못한다면 형식적이고 율법주의적이며, 자아 중심적이고 의무적인 신앙으로 굳어지게 되고 나중에는 무감각한 신앙인이 되고 맙니다.

 우리의 삶이 말씀에 젖어 있는 생활을 하려면 말씀을 항상 가까이해야만 합니다. 그러나 가이드라인 없이 무작정 성경을 가까이하면 금방 싫증을 내기도 하고 때로는 성경을 오도하거나 신성한 말씀을 아전인수격으로 해석할 수도 있습니다.

 이러한 우려를 씻어 주고 실제 생활에 적용할 수 있도록 방향을 제시해 주려는 노력으로 쓰여진 것이 본서입니다. 여기에는 가슴을 뜨겁게 하는 말씀과 눈물의 기도가 들어 있습니다.

 탈무드에 "향수 가게에 들어갔다 나오면 향수를 사지 않아도 향수 냄새가 난다."라는 격언이 있습니다.

 그렇습니다. 우리가 「한마음 가정예배」와 함께 온가족이 한마음으로 매일매일 예배하며 말씀과 더불어 하루하루를 살아간다면 우리의 얼굴은 어느새 기쁨이 넘치는 얼굴이 되고 우리의 얼굴을 통해 예수를 발견하게 될 것입니다.

 끝으로 이 책의 출판을 위해 수고해 주신 김기찬 장로님과 한국문서선교회 직원 여러분들에게 감사드리며 이 책을 사용하는 모든 분들에게도 주의 은총이 함께하기를 기원합니다.

박 원 섭 목사

차 례

1월
1. 하나님과 함께 새출발하자 / 13
2. 하나님을 찬미하며 새해를 열자 / 14
3. 예수와 함께 새로운 생활을 / 15
4. 주 안에서 이웃과 화목하자 / 16
5. 오늘 하루도 힘껏 살자 / 17
6. 주의 집에 거하는 자의 축복 / 18
7. 하나님의 길 / 19
8. 하나님을 의지하라 / 20
9. 먼저 구할 것은 영의 양식 / 21
10. 나 자신을 하나님께 맡기라 / 22
11. 영의 눈을 뜨게 하소서 / 23
12. 하나님의 말씀으로 살자 / 24
13. 나에 대한 주님의 기대 / 25
14. 배움과 확신 / 26
15. 하나님께 소망을 / 27
16. 영원한 하나님의 말씀 / 28
17. 사랑하게 하소서 / 29
18. 우리는 질그릇입니다 / 30
19. 새로운 그릇 / 31
20. 인생의 겨울 / 32
21. 시련이 소망을 이룸 / 33
22. 터널을 지나면 밝은 빛이 / 34
23. 인생의 면류관 / 35
24. 하루하루 필요한 영의 양식 / 36
25. 자족하는 마음 / 37
26. 오직 한 길 / 38
27. 오늘 하루를 충실히 / 39
28. 완전한 해결책 / 40
29. 하나님의 완전한 평안 / 41
30. 올바른 길 / 42
31. 평강의 길 / 43

2월
1. "다 내게로 오라" / 44
2. 그리스도의 멍에 / 45
3. 복음의 씨를 뿌리자 / 46
4. 행복한 일생을 보내려면 / 47
5. 그리스도의 사랑 / 48
6. 인생의 추운 겨울 / 49
7. 영혼의 캄캄한 밤 / 50
8. 사랑과 질투 / 51
9. 사랑과 거짓 / 52
10. 사랑은 거룩한 낭비입니다 / 53
11. 화평케 하는 자의 복 / 54
12. 의와 핍박 / 55
13. 시련과 인내 / 56
14. 사랑의 한마디 / 57
15. 작은 일에 충성하라 / 58
16. 역경의 은총 / 59
17. 하나님은 중심을 보십니다 / 60
18. 참된 아름다움 / 61
19. 아름다운 가정 / 62
20. 역경과 하나님 / 63
21. 환난과 인내 / 64
22. 함께하시는 하나님 / 65
23. 참된 친구 / 66
24. 아름다운 우정 / 67
25. 잃어버린 자를 찾으시는 예수님 / 68
26. 고독에서 탈출하기 / 69
27. 기도의 위력 / 70
28. 여장 준비 / 71

차 례

3월

1. 희망의 노래 / 72
2. 잠에서 깰 때 / 73
3. 영적인 말을 알아듣는 귀 / 74
4. 소망 주시는 하나님의 음성 / 75
5. 죄인을 찾으시는 하나님 / 76
6. 이혼의 죄 / 77
7. 아름다움 / 78
8. 높여 주신 여성의 지위 / 79
9. 고통과 축복 / 80
10. 혀를 잘 사용하는 지혜 / 81
11. 핍박하는 자를 축복하라 / 82
12. 혀와 말 / 83
13. 생명 주시기 위해 / 84
14. 피와 구원 / 85
15. 실패의 의의 / 86
16. 주 안에서 형제와 화목하라 / 87
17. 용서와 사랑 / 88
18. 나의 십자가를 지고 / 89
19. 유다가 사랑한 돈 / 90
20. 십자가의 승리 / 91
21. 우리 대신 죽으신 예수님 / 92
22. 예수 그리스도의 보혈 / 93
23. 억지로 진 십자가 / 94
24. 예수를 증거한 백부장 / 95
25. 중보의 기도 / 96
26. 한쪽 강도의 회개를 통한 교훈 / 97
27. 사랑의 배려 / 98
28. 고통의 외침 / 99
29. 그리스도의 갈증 / 100
30. 구원의 완성 / 101
31. 죽음에 대한 승리 / 102

4월

1. 예수 그리스도의 부활 / 103
2. 주님을 바라봅시다 / 104
3. 부활을 믿지 못했던 도마 / 105
4. 부활과 신앙 / 106
5. 부활의 소망 / 107
6. 부활하신 예수 / 108
7. 승천하신 예수 / 109
8. 재림하실 예수 / 110
9. 은혜의 기회를 놓치지 말라 / 111
10. 인생의 계획 / 112
11. 인생과 모험 / 113
12. 하나님만 우러러보라 / 114
13. 자기변명 / 115
14. 경멸에 대한 대처 / 116
15. 모세의 인내 / 117
16. 역경 중에 함께하시는 하나님 / 118
17. 교만은 마침내 멸망케 합니다 / 119
18. 과학자의 신앙 / 120
19. 영혼의 해갈 / 121
20. 노하기를 더디하라 / 122
21. 마음의 병 / 123
22. 겸손과 섬김 / 124
23. 스트레스 해소법 / 125
24. 수면 건강법 / 126
25. 밝은 인생 / 127
26. 마음의 노래 / 128
27. 충실해야 합니다 / 129
28. 평화의 조약 / 130
29. 신앙과 덕 / 131
30. 새로운 피조물의 사명 / 132

차 례

5월
1. 노동의 신성함 / 133
2. 성경은 마음을 비추는 거울 / 134
3. 법도로서의 성경 / 135
4. 부모를 용납하라 / 136
5. 어린이와 그리스도 / 137
6. 어린이 훈계 / 138
7. 훈계의 기준 / 139
8. 어버이날 / 140
9. 훈계와 신앙 / 141
10. 사랑의 높이 / 142
11. 사랑의 깊이 / 143
12. 사랑의 넓이 / 144
13. 사랑의 길이 / 145
14. 이중의 어머니 / 146
15. 하나님은 사랑이시라 / 147
16. 주님과 함께 / 148
17. 최선을 다해 기도하라 / 149
18. 충성된 사람 / 150
19. 말씀은 사람을 살립니다 / 151
20. 나라를 위한 봉사 / 152
21. 하나님을 사랑하는 자의 복 / 153
22. "허락하지 아니하시면" / 154
23. 성령충만은 능력충만 / 155
24. 성령과 열매 / 156
25. 성령 안에서 기도하라 / 157
26. 받은 줄로 믿으라 / 158
27. 겸손해야 합니다 / 159
28. 말씀에 붙잡혀 삽시다 / 160
29. 우리를 향한 하나님의 사랑 / 161
30. 주를 의지하라 / 162
31. 하나님의 눈 / 163

6월
1. 복음은 전파를 타고 / 164
2. 세기의 기인 / 165
3. 좁은 길과 넓은 길 / 166
4. 행하는 믿음 / 167
5. 하나님을 바라보는 모세 / 168
6. 믿음의 기도 / 169
7. 진리의 길 / 170
8. 물과 생명 / 171
9. 물과 심판 / 172
10. 시간과 삶 / 173
11. 평화의 도구 / 174
12. 주님 오심을 소망 / 175
13. 시간은 하나님께서 주신 선물 / 176
14. 근심해법 / 177
15. 결단의 때 / 178
16. 둘도 없는 귀한 존재 / 179
17. 주의 사랑을 받아들일 때 / 180
18. 참된 효도 / 181
19. 주의 교양과 훈계로 / 182
20. 잊지 말라 / 183
21. 신앙 훈련 / 184
22. 은밀한 행위 / 185
23. 인생의 경주자와 인내 / 186
24. 인내로써 경주를 하며 / 187
25. 흔적으로 사랑을 말하다 / 188
26. 마음의 문둥병 / 189
27. 좋은 이웃 / 190
28. 부와 인생 / 191
29. 부의 사용법 / 192
30. 누구에게 열리는가? / 193

차 례

7월
1. 지식의 근본 / 194
2. 깨달음과 구원 / 195
3. 사랑의 회초리 / 196
4. 마음을 지키라 / 197
5. 행복한 가정 / 198
6. 개미에게서 배우라 / 199
7. 이웃을 사랑하자 / 200
8. 금은을 능가하는 것 / 201
9. 하나님께 대한 감사 / 202
10. 허물을 덮는 사랑 / 203
11. 감사의 원동력 / 204
12. 모든 것이 유익이라 / 205
13. 겸손한 자의 축복 / 206
14. 노하기를 더디하라 / 207
15. 부가 가져다주는 불행 / 208
16. 인생의 계획 / 209
17. 가장 좋은 약 / 210
18. 진정한 친구 / 211
19. 하나님의 계획 / 212
20. 술의 무익함 / 213
21. 베푸는 삶 / 214
22. 물질의 축복 / 215
23. 감사의 영성 / 216
24. 칠전팔기 / 217
25. 예수님의 보혈 / 218
26. 함정을 파는 자 / 219
27. 내일의 일 / 220
28. 자복 후에 오는 은총 / 221
29. 여호와를 의지하라 / 222
30. 두 가지 소원 / 223
31. 아름다운 여인 / 224

8월
1. 여름은 은혜의 계절 / 225
2. 있는 그대로 / 226
3. 인생의 바다 / 227
4. 영혼의 항구 / 228
5. 고난을 통해서 얻어지는 유익 / 229
6. 닻과 안전 / 230
7. 하나님의 형상을 회복하라 / 231
8. 우리를 돌보시는 하나님 / 232
9. 아침맞이 / 233
10. 깊고 높은 세계로 / 234
11. 산을 벗으라 / 235
12. 순종의 결과 / 236
13. 변화 산 / 237
14. 성령님과 동행하는 삶 / 238
15. 더불어 살아가는 존재 / 239
16. 그리스도와 평화 / 240
17. 카이로스적 시간 / 241
18. 사랑의 극치 / 242
19. 돈과 인생 / 243
20. 인생의 공허 / 244
21. 가장 소중한 것 / 245
22. 영원을 생각하는 마음 / 246
23. 함께하는 신앙공동체 / 247
24. 주님이 함께하시면 / 248
25. 참된 기쁨 / 249
26. 여인 때문에 믿는 사람들 / 250
27. 내 팔을 의지하라 / 251
28. 죄와 그 결과 / 252
29. 능력의 손 / 253
30. 지키시는 분이십니다 / 254
31. 기회를 잡자 / 255

차 례

9월
1. 흔들리지 않는 것 / 256
2. 인생의 태풍 / 257
3. 듣고도 순종치 아니하는 자 / 258
4. 낙심하지 않을 수 있는 이유 / 259
5. 자업자득 / 260
6. 영혼의 건강 / 261
7. 영혼의 진단 / 262
8. 영혼의 힘 / 263
9. 거듭남의 필요 / 264
10. 거듭나려면 / 265
11. 중생의 사실 / 266
12. 뭔가 잘못되어 있다 / 267
13. 구원의 원리 / 268
14. 창조주를 기억하라 / 269
15. 절망을 이기는 처방 / 270
16. 노인과 인생 / 271
17. 아름다운 노후 / 272
18. 원수를 사랑하라 / 273
19. 나누어 주라 / 274
20. 무엇이 행복인가 / 275
21. 평화를 이루는 사람 / 276
22. 성령님을 모신 자의 마음 / 277
23. 물과 포도주 / 278
24. 우리의 적 / 279
25. 모세의 신앙 태도를 배우자 / 280
26. 믿음으로 순종했습니다 / 281
27. 멈춰 버린 기도 / 282
28. 말씀에 순종하는 삶 / 283
29. 힘이 되는 성경 말씀 / 284
30. 나를 위한 누군가의 기도 / 285

10월
1. 우상 숭배 / 286
2. 이웃과의 관계회복 / 287
3. 범사에 감사 / 288
4. 포기하지 않는 사랑 / 289
5. 왼뺨까지 돌려 대는 사랑 / 290
6. 내 이웃을 사랑할 때에 / 291
7. 겸손해야 합니다 / 292
8. 자기 십자가를 지라 / 293
9. 헌신 / 294
10. 마음의 시력 / 295
11. 십자가, 가장 큰 사랑의 흔적 / 296
12. 인간의 눈 / 297
13. 하나님의 마음에 드는 사람 / 298
14. 인생의 여로 / 299
15. 인생의 길동무 / 300
16. 생활의 질서 / 301
17. 하늘에 쌓아 두는 생활 / 302
18. 주는 생활 / 303
19. 예수를 전염시키는 사람들 / 304
20. 믿음 있는 자 되라 / 305
21. 욕망 / 306
22. 굶주림 당한 이웃을 섬기라 / 307
23. 현대인의 진주 / 308
24. 맡은 일에 최선을 다하자 / 309
25. 고독에서 벗어나려면 / 310
26. 환멸이 기쁨이 되려면 / 311
27. 독서와 성경 / 312
28. 진리 안에서 자유 / 313
29. 해방의 기쁨 / 314
30. 진리 안에서 혼자의 힘 / 315
31. 하나님은 우리의 피난처 / 316

차 례

11월
1. 등대지기와 책임 / 317
2. 신앙성장의 비결 / 318
3. 참된 포상 / 319
4. 삶의 목적 / 320
5. 예수님의 제자 / 321
6. 물맷돌보다 먼저 날아간 것 / 322
7. 하나님을 아는 기쁨 / 323
8. 하나님을 보는 축복 / 324
9. 결혼의 조건 / 325
10. 가정의 축복 / 326
11. 리더로서의 그리스도인 / 327
12. 하늘의 아버지 / 328
13. 예수는 살아계신 하나님 / 329
14. 감사는 온전한 믿음입니다 / 330
15. 섬기는 자 / 331
16. 염려하지 마세요 / 332
17. 눈에 보이지 않는 것 / 333
18. 소망의 계보 / 334
19. 성령과 신앙 / 335
20. 성도의 교제 / 336
21. 사죄와 신앙 / 337
22. 영생과 신앙 / 338
23. 믿음은 들음에서 납니다 / 339
24. 감사생활 / 340
25. 노동의 의의 / 341
26. 노동과 고뇌 / 342
27. 노동과 보수 / 343
28. 근로와 안식 / 344
29. 진심으로 회개하는 자 / 345
30. 합력하여 선을 이루는 은혜 / 346

12월
1. 짧은 한 해 / 347
2. 하나님을 잊어버린 자 / 348
3. 그리스도를 기다린 자 / 349
4. 참된 지식 / 350
5. 빛과 어둠 / 351
6. 성탄의 예언과 성취(1) / 352
7. 성탄의 예언과 성취(2) / 353
8. 임마누엘 / 354
9. 진정한 감사 / 355
10. 하나님의 섭리 / 356
11. 인권 존중 / 357
12. 십자가를 부끄러워한 자들 / 358
13. 순종하는 믿음으로 / 359
14. 세 가지 기도 / 360
15. 끈질긴 기도 / 361
16. 신앙의 기도 / 362
17. 기도하는 마음 / 363
18. 기도의 응답 / 364
19. 마음속의 천국 / 365
20. 주님의 오른손 / 366
21. 예수의 정신으로 삽시다 / 367
22. 베들레헴에 태어나신 예수 / 368
23. 한 아기로 오신 구원자 / 369
24. 예수 탄생과 평화 / 370
25. 크리스마스와 행복 / 371
26. 예수의 그 크신 사랑 / 372
27. 다른 길 / 373
28. 인생의 보상 / 374
29. 영혼의 고향 / 375
30. 최대의 과제 / 376
31. 인생의 마지막 날 / 377

하나님과 함께 새출발하자

♣ 성경 신명기 11:11~12 찬송 552(358)장 ♣

요셉은 형들에 의해 우물 속에 빠지고 이국 땅에 노예로 팔려 가는 시련을 겪었습니다. 그리고 노예로 일할 때 여주인의 성적 유혹도 받았습니다. 그러나 그는 언제나 자기와 함께 계시는 하나님을 우러러보고 그분께 머물러 있었기 때문에 그런 유혹들을 단호히 물리치고 나중에는 그 나라의 총리까지 되는 축복을 받았습니다.

우리가 살아가려는 새해에도 산도 있고 골짜기도 있을 것입니다. 산꼭대기에 올라가 사방을 굽어볼 때에는 기분이 좋을 것이고, 깊은 골짜기를 무작정 헤매게 되면 짜증스럽기도 할 것입니다.

그러나 하늘에서 내리는 축복의 단비 아래 머물러 있는 사람은 뜻하지 않은 시련이나 고난으로 시달리는 경우가 있어도, 마음은 이로 말미암아 위축되지 않고 하나님의 사랑과 은혜로 풍요로운 수확을 올릴 수 있습니다.

금년에는 모두가 하나님의 약속의 말씀을 마음속에 새기고 출발합시다. 새해의 시작에서부터 말씀생활과 기도생활을 확보합시다. 그러나 새해에도 많은 유혹과 함정이 우리를 기다리고 있을 것입니다. 사람이 돈이나 이성의 유혹에 한번 빠지게 되면 죄가 그 사람의 주인이 되어 한평생 그를 지배하고 귀중한 인생을 파괴하여 영원한 멸망으로 인도합니다.

그러나 한 해의 시작에서 그 해의 끝까지 우리를 언제나 지켜보시는 하나님께 우리의 삶을 전폭적으로 맡기고 하나님만 믿고 살아간다면 연말에 축복과 번영과 승리는 우리의 것이 될 것입니다.

✜ 기도제목
  1) 세초부터 세말까지 주의 눈이 나를 지켜 주소서.
  2) 말씀과 기도로 주와 동행하는 한 해가 되게 하소서.

하나님을 찬미하며 새해를 열자

♣ 성경 시편 103:1~2 찬송 550(248)장 ♣

장 앙겔 제임스라는 사람은 매주 토요일 밤이 되면 언제나 시편 103편을 노래하며 가족과 함께 가정예배를 드리곤 했습니다. 그러던 어느 날 그의 아내가 병으로 세상을 떠나고 첫 토요일이 돌아왔습니다. 잠시 망설이던 그는 "이번에 슬픈 일을 당했으나, 하나님을 찬미하는 일에는 변함이 있을 수 없어 예전과 마찬가지로 이 시를 노래해야지."하고 슬픔 가운데서도 여호와를 찬미했다고 합니다. 지난날 하나님께 받은 은혜가 생각났기 때문입니다.

시편 저자가 노래한 "내 영혼아 여호와를 송축하라 내 속에 있는 것들아 다 그의 거룩한 이름을 송축하라"에 귀를 기울이십시오.
이 '내 속에 있는 것들'이란, 가슴속의 사상, 의지, 감정을 말합니다. 즉 이 모든 것을 다 바쳐 하나님을 찬미하라는 것입니다.
다윗은 무엇 때문에 그토록 여호와를 찬미했을까요? 지난날에 받은 하나님의 은혜를 상기했기 때문입니다. 그는 죄 사함을 받은 것, 육체의 건강이 주어진 것, 자기 영혼이 구원받은 것, 하나님께서 보호해 주신 것, 생활의 안정을 얻게 된 것과 그 결과 젊어져서 독수리처럼 새로워진 것 즉 무진장의 저력이 솟아나는 것 등을 노래하고 있습니다.
그는 거듭 하나님의 자비와 은혜는 이 세상의 어떤 척도로도 헤아릴 수 없을 정도로 무한하며, 하나님의 사랑이 얼마나 풍부하신가를 노래하며 감사하고 있습니다. 그러므로 "내 영혼아 여호와를 송축하라"는 말로 끝을 맺고 있습니다.
시련과 고난으로 인해 하나님을 찬미할 수 없다고 말할 사람도 있겠지만 하나님의 은혜를 생각하고 하나님을 찬미하는 일부터 시작합시다.

✝ **기도제목**
 1) 하나님의 은혜를 기억하고 찬미하게 하소서.
 2) 올해의 삶도 주의 은혜로 살게 하여 주소서.

예수와 함께 새로운 생활을

♣ 성경 고린도후서 5:17   찬송 288(204)장 ♣

아우카는 남미 에쿠아도르의 정글 깊숙한 곳에 살고 있는 부족으로서 포악하고 사람을 함부로 죽이며, 전쟁을 좋아했습니다. 그들은 1956년 1월 8일 미국에서 파견된 다섯 명의 선교사들을 붙잡아 창으로 찔러 죽였습니다.
 5년 후, 한 순교자의 여동생인 레이첼 세인트 여사가 그들을 향하여 "다섯 명의 선교사들은 갖고 있던 총을 한 방도 쏘지 않고 오로지 아우카 족의 구원을 위해 스스로 목숨을 잃은 것입니다."라고 말했을 때, 습격대원을 비롯한 그들 모두는 회개하고 그리스도를 받아들이게 되었습니다. 완전히 새사람이 되어 복음의 사도로 변화되었던 것입니다.

 인간은 단지 외면의 개선이나 수리만으로는 변화되지 않습니다. 알맹이가 변해야 합니다. 해가 바뀌었다고 인생이 달라지는 것은 아닙니다. 지난해를 반성하고 새 출발한 정도로는 별 효과가 없습니다. 그러나 예수 그리스도를 마음속에 받아들이면 알맹이가 달라지므로 새 출발을 할 수 있습니다.
 지난날에 지은 죄의 기억은 우리를 끊임없이 괴롭게 합니다. '내가 그런 일을 저지르다니……'라고 오래 전의 죄에 대해 마음 아파합니다. 그러나 그 죄를 고백하고 내 죄 때문에 그리스도가 십자가를 지신 것이라고 믿고 받아들이면 "예수 그리스도의 피는 모든 죄에서 우리를 정결케 한다."라는 말씀대로 쓰라린 과거의 죄는 모두 정화되고 양심의 가책에서 벗어나게 되며, 마음이 평안과 기쁨으로 가득 차게 됩니다.
 그뿐 아닙니다. 예수 그리스도를 믿고 받아들이면 그 사람은 거듭나게 됩니다. 지금까지 아무리 고약한 습관에 사로잡혔던 사람이라도 거기서 해방되어 새로운 생활이 시작됩니다.

✞ **기도제목**
 1) 근무하는 직장에도 주의 은총이 함께하소서.
 2) 주를 향한 믿음의 결심이 단단한 돌 같게 하소서.

주 안에서 이웃과 화목하자

♣ 성경 로마서 15:2~3   찬송 220(278)장 ♣

미국의 펜실베이니아 주는 퀘이커 교도인 지사 윌리엄 펜의 이름을 딴 것으로 퀘이커 교도는 우애의 도시를 세우기 위해 검을 갖지 않고 황야로 들어갔습니다. 군국주의자들은 펜에게 인디언에 대해 무장할 필요를 역설했으나, 펜은 인디언에게 "위대하신 하나님은 그 율법을 우리의 양심 속에 쓰시고, 서로 사랑하고 서로 도와야 한다고 가르치시고 또한 명령하셨습니다. 형제에 대해 무장을 하는 것은 우리의 습관이 아닙니다. 우리는 무기를 버리고 이곳에 왔습니다. 우리의 목적은 남을 해치는 것이 아니라 돕는 것입니다. 우리는 지금 거리의 한복판에서 신뢰와 호의로 충만하여 서로 만나고, 서로 상대방의 허점을 찌르지 않고 우정과 사랑으로 대하며 모든 사람을 형제처럼 생각해야 합니다."라고 연설했습니다.

퀘이커 교도는 그리스도를 믿고 말씀에 따라 군대도, 무기도 갖지 않고 70년 동안이나 전쟁을 하지 않고 지낼 수 있었습니다.

우리가 서로 친밀하게 어울리는 것을 가로막는 것이 있다면, 그것은 각자가 자기의 이익만을 추구하는 이기심이 아닐까요? 사람들은 하나님까지도 자기 이익을 추구하기 위해 이용하려는 경향이 있습니다.

개인 사이도 그렇지만 노사 간이나 기업 간에도 그리고 좀 더 넓게는 국가 사이에서도 사욕만을 추구합니다. 만일 이대로 간다면 언제까지나 대립과 반목이 그치지 않을 뿐더러 결국은 서로 손상을 입혀 함께 쓰러지게 될 것입니다.

본문은 "우리 각 사람이 이웃을 기쁘게 하되 선을 이루고 덕을 세우도록 할지니라"(2절)라고 말하고 있습니다. 그리스도를 믿고 받아들임으로써 본문 말씀대로 '자기를 기쁘게 하지 않으신 그리스도'의 생애를 본받아 살면 반드시 화평과 번영의 놀라운 축복을 경험할 수 있게 될 것입니다.

✚ **기도제목**
1) 이웃을 기쁘게 하고 덕을 세우게 하소서.
2) 오직 예수에게 배우고 그의 말씀만 따르게 하소서.

오늘 하루도 힘껏 살자

♣ 성경 시편 118:24   찬송 449(377)장 ♣

구약성경의 출애굽기 16장에 나오는 '만나'의 이야기를 보십시오. 이스라엘 민족에게는 먹을 것이 필요했습니다. 그러나 하나님께서 그들에게 하루치씩 제공하시고, 결코 한꺼번에 한 주일 분을 주시지는 않았습니다. 만일 누가 하루치 이상을 모아도 하루치 이외의 분량은 모두 썩어 버렸습니다. 이와 같은 진리는 하나님께서 우리에게 베풀어 주시는 은혜로 오늘 하루를 힘껏 살아가라는 것입니다.

'오늘'이라는 이 날은 하나님께서 주신 고마운 날입니다. 우리나라에서는 '일진'이라는 것이 있어, 길일(吉日), 흉일(凶日)을 따지며 더러는 여기에 사로잡히는 사람들도 있습니다. 그러나 길일에 결혼했는데 신혼여행에서 비행기 사고를 당하는 사람도 있고, 흉일에 결혼했어도 행복하게 사는 사람이 많습니다.

오늘 주신 하나님의 말씀은 이런 인습에서 우리들을 완전히 해방시켜 주십니다.

모든 날은 하나님께서 주신 것입니다. 그러므로 우리는 오늘이라는 날을 힘껏 살아야 합니다. 우리는 어제로부터 물려받은 것 때문에 시달리거나 내일로부터 빌려온 것 때문에 걱정하기도 합니다.

빌립보서 3:13에 보면 바울은 뒤에 있는 것에 대해 잊어버리는 습관을 가지고 있었던 것을 알 수 있습니다. 물론 그가 장래의 상을 위해 전력을 다해 준비하고 있었던 것은 사실이지만, 그가 강조한 것은 오늘의 기회가 책임이라는 것이었습니다.

하루하루를 힘껏 살아가는 것이 일 년의 성공, 아니 일생의 성공으로 이어진다는 것입니다.

✞ 기도제목
 1) 오늘 하루도 주의 은혜로 힘껏 살아가게 하소서.
 2) 고난 중에도 기뻐하고 힘들어도 웃음을 잃지 않게 하소서.

주의 집에 거하는 자의 축복

♣ 성경 시편 84:4   찬송 300(406)장 ♣

어떤 사람이 이렇게 말한 적이 있습니다. "나이를 먹는다는 것은 무엇을 말하는 것일까요? '작년에는 남의 욕을 많이 했는데, 금년에는 남을 욕하지 않게 되었다. 작년에는 남을 부러워하는 버릇이 있었는데, 금년에는 부러워하지 않게 되었다.' 이렇게 나의 행동과 습관이 바뀌어지면 참으로 나이를 먹었다고 할 수 있을 거예요. 새해가 되어 단지 달력을 바꿔 단다고 해서 나이를 먹는 것은 아녜요. 그것은 나이가 하나 더 가산된 것밖에 되지 않아요. 나이를 먹을수록 정신적으로 젊어지는 사람, 노쇠하지 않고 성숙해지는 사람은 언제나 하나님과 교류하는 사람이에요."

시편 84편에 나오는 '복'이라는 말은 세상에서 흔히 말하는 '행복'과는 조금 다릅니다. '행복'은 영어의 해피니스(happiness)와 통합니다. 이는 우발적인 일에 의해 좌우되는 행복입니다. 그러나 본문에서 말하는 복은 우발적인 일에 의해 좌우되지 않는 행복, 즉 설사 많은 돈을 손해 보고 건강을 잃고, 하는 일이 벽에 부딪혀도 흔들리지 않는 행복입니다. 이것은 하나님을 믿는 사람의 마음속에 주어지는 축복입니다.

하나님을 공경하는 사람은 자기의 전 생애가 사랑의 손길에 의해 인도되고 있다는 확신과 평안을 얻게 됩니다. 자기의 모든 죄가 하나님의 독생자 예수 그리스도에 의해 용서를 받았다는 확신과 기쁨을 느낍니다. 그리고 자기의 마음속에 거하시는 성령에 의해 보호되고 죄의 유혹도 이길 수 있다는 확신과 그 힘을 갖게 됩니다.

주의 집에 거하며 하나님과 사귀는 사람은 어떤 경우에도 하나님을 찬미하지 않을 수 없게 됩니다. 하나님과 사귀는 자의 축복을 누리는 은혜가 있기를 바랍니다.

✠ **기도제목**
 1) 말씀을 통해 주님과 사귀는 삶이 되게 하소서.
 2) 나의 생이 주로 인하여 날로 새로워지게 하소서.

하나님의 길
♣ 성경 시편 84:5 찬송 446(500)장 ♣

미국의 실업가인 스탠리 탐은 주위 사람들이 모두 말리는데도, 전에 네 번이나 망한 적이 있는 플라스틱 회사를 인수하여 경영했으나 역시 파산하고 말았습니다.

그가 엎드려 기도하는 중에 "주님을 사장으로 모시고 다시 한 번 해 보라."라는 음성이 들려 왔습니다. 그는 이튿날 변호사를 찾아가서 법적으로 예수님께 51%의 주식을 드리기로 하고 사사건건 주님께 물어가면서 경영한 결과, 해마다 2백만 불의 순이익을 올리게 되었다고 합니다.

'시온의 대로'란 '하나님의 길'을 말합니다. 우리는 누구나 이 세상에 살고 있습니다. 지상의 길을 걷고 있다고 말해도 무방할 것입니다. 현실적으로는 지상의 길을 가고 있지만 그 마음이 천국의 길, 하나님의 길을 걸어가고 있는 사람은 복이 있습니다.

예수께서는 그 길을 '좁은 길'이라고 말씀하셨습니다. 그것은 하나님의 길이 진리의 길이고 사랑의 길이며 고결한 길이기 때문입니다. 거짓과 위선을 물리치고 진리의 길을 걸어가려고 하면 그 길은 좁을 수밖에 없을 것입니다.

애굽에 팔려간 요셉이 여주인의 유혹을 물리쳤기에 감옥에 들어가 고생을 했지만 감옥살이를 하게 된 바로 그것이 왕의 눈에 들게 된 계기가 되었고 드디어 총리의 지위를 얻게 되었습니다. 하나님의 길에는 축복이 있습니다.

진리의 길, 사랑의 길, 정결한 길 즉 하나님의 길을 걸어가려고 하면, 친구들의 반대나 중상을 받는 경우도 있고 마음속에서 심한 갈등을 경험할 수도 있습니다. 그러나 시온의 대로인 하나님의 길을 걸어갈 것을 결단하고 그 길을 걸으므로 축복을 누리시기 바랍니다.

✞ 기도제목
1) 나의 의지를 강하게 하사 넘어지지 않게 하소서.
2) 천국을 바라보며 소망을 갖고 기쁨으로 살게 하소서.

하나님을 의지하라

♣ 성경 시편 84:12 찬송 543(342)장 ♣

한 학생이 나에게 호주머니에서 담배를 꺼내 "한 대 피우시지요."라고 권하면서 여러 번 담배를 끊으려고 했지만 실패했다고 했습니다.

그에게 "그렇다면 예수 그리스도를 믿으시오. 그러면 간단히 끊을 수 있어요."라고 말했더니 "종교는 질색인 걸요. 저는 지금 대학에 다니고 있지만 장차 관광 사업을 하기 위해 견학하러 이곳에 왔어요. 신앙을 갖는 사람은 의지가 약하고 신념이 없는 사람이라고 생각해요."라고 했습니다.

그는 자신만만하여 강한 의지를 과시하고 있었습니다. "잠깐만, 당신은 아까 뭐라고 말했지요? 담배를 끊고 싶지만, 도저히 그만둘 수 없다고 했지요?" "네." "그럼 당신은 의지가 약한 사람이군요."

어떤 사람들은 하나님을 의지하거나 예수 그리스도를 믿는 것은 약자나 하는 일이라고 생각하고 있습니다. "나는 하나님을 믿을 만큼 낙오되어 있지 않다."라고 말하는 사람도 있는데, 크게 잘못된 생각입니다.

"만일 누가 아무것도 되지 못하고 된 줄로 생각하면 스스로 속임이라 각각 자기의 일을 살피라……"(갈 6:3~4). 이 말씀처럼 우리가 자기의 일을 진지하게 생각해보면, 누구라도 약한 면이 있음을 알게 됩니다.

권력이 있어도 돈이 있어도 학력이 좋아도 인간은 역시 연약한 존재입니다. 술, 담배, 경마 등 모두 그만두고 싶지만 뜻대로 되지 않습니다. 겉으로는 의지가 강하고 신념이 있어 보이지만, 많은 사람들이 실패하고 있습니다. 이런 사람들 중에는 뜻밖에도 억센 자로 자부하는 사람이 많습니다.

하나님을 의지하지 않는 사람은 자기를 의지하고, 재물을 의지하고, 사람을 의지합니다. 그러나 곧 모든 것이 못 미덥다는 것을 알게 됩니다. 겸손한 마음으로 자신의 약함을 인정하고 하나님을 의지합시다.

✞ **기도제목**
  1) 주를 의지하므로 신년의 계획이 무너지지 않게 하소서.
  2) 주를 의지하며 동행하는 자들에게 축복을 베푸소서.

먼저 구할 것은 영의 양식

♣ 성경 마태복음 4:4   찬송 200(235)장 ♣

철학자는 돈과는 인연이 먼 사람으로 생각하기 쉽습니다. 그러나 철학자라고 해서 돈에 대해 관심이 없다고 단정할 수는 없습니다. 피히테의 말처럼 '돈은 자유를 실현하는 데 필요한 것'입니다. 어거스틴은 청년 시절에 구두쇠라는 별명을 들은 적이 있고, 흄은 책을 써서 의식적으로 돈을 벌려고 했고, 라이프니쯔는 수입을 늘리기 위해 상당히 애썼다고 합니다.

철학자들이 이럴진대 일반 사람들이 돈을 가장 중요한 생활 수단으로 여기는 것은 오히려 당연한 일입니다.

이 시대는 누구나 마음의 굶주림을 절실히 느끼고 있습니다. 이 굶주린 마음을 무엇으로 채워야 할까요? 어떤 사람들은 이 마음의 굶주림을 무엇으로 채워야 할지 대답해 주는 스승이 없다고 개탄하고 있습니다. 정말 그럴까요? 그렇지 않습니다.

예수께서는 "사람이 떡으로만 살 것이 아니요 하나님의 입으로부터 나오는 모든 말씀으로 살 것이라"(마 4:4)라고 가르치셨습니다. 인류의 구세주이신 예수 그리스도는 훌륭한 마음의 의사이기도 합니다.

오늘 말씀에 귀를 기울이면 인간은 몸과 마음으로만 된 존재가 아니라는 것을 알 수 있습니다. 몸은 의식주로 채워지고 마음은 지식이나 애정으로 채워지지만, 인간이 이런 것들에 의해서만 만족할 수 없는 것은 마음속에 하나님의 말씀이 아니면 만족할 수 없는 '혼'이 있기 때문입니다.

인간은 동물과는 달라서 하나님과 교류할 수 있는 혼을 갖고 있는 영적인 존재입니다. 이것을 잊어버리고 하나님 이외의 어떤 것을 구하는 사람은 마음에 만족을 느낄 수 없습니다.

✞ **기도제목**
 1) 육신의 떡보다 영의 양식을 먼저 구하게 하소서.
 2) 영의 양식을 풍성히 얻게 하소서.

나 자신을 하나님께 맡기라

♣ 성경 요한계시록 3:17~20   찬송 540(219)장 ♣

일본의 간디라고 불리우는 가가와 도요히꼬는 파산한 아버지와 그 첩 사이에서 태어난 아들로, 큰어머니의 푸대접 속에서 쓸쓸하게 자랐습니다. 그의 나이 13세 때에 비로소 선교사를 통해 그리스도의 사랑을 알게 되었던 날 밤에 이불을 뒤집어쓰고 기도가 무엇인지도 모르면서 "하나님, 지금까지 하나님을 미처 모른 것을 죄송하게 생각합니다. 앞으로 잘 부탁드립니다."라며 열심히 기도했습니다. 하나님은 그 기도를 들으시고 고독과 불안에 떠는 소년을 사랑으로 사는 인생의 용사로 바꿔 놓으셨습니다.

나 자신에 대한 나의 시각과 나에 대한 하나님의 시각은 큰 차이가 있습니다. 우리에 대한 하나님의 시각은 우리들의 영적인 현실이 비참하고, 가련하며 가난한 것입니다. 즉 사랑의 빈곤입니다. 사랑을 받지 못하면 시큰둥하고 토라지는 이에게 어느 정도의 사랑이 있을까요?

또한 하나님을 보지 못하는 소경이라는 것입니다. 하나님의 확실한 현존에 눈이 감겨 있기 때문에 자기 자신을 알지 못하고 인생의 목적도 의도도 모르고 있습니다. 그리고 벌거숭이라는 것입니다.

우리는 자기 자신의 외식에는 민감합니다. 학력이나 교양이나 지위 등도 외식입니다. 그러나 하나님 앞에서는 이런 외식이 통하지 않습니다. 모든 것이 적나라합니다. 영혼을 장식하고 있는 삐뚤어지고 추한 모든 면이 그대로 드러납니다. 이와 같이 비참하고 가엾고 가난하고 눈멀고 벌거벗은 것이 우리에 대한 하나님의 진단입니다.

우리는 스스로 자기를 바꿀 수 없습니다. 그러므로 십자가 위의 예수 그리스도를 받아들여 하나님의 크신 사랑의 손길에 자기를 맡기십시오. 주님은 우리를 내적 파탄이나 좌절도 능히 이길 수 있는 용사로서의 인생으로 바꿔 주십니다.

✚ **기도제목**
  1) 영적으로 벌거벗은 나를 살피게 하소서.
  2) 의의 옷을 입혀 주시고 영의 눈을 뜨게 하소서.

영의 눈을 뜨게 하소서
♣ 성경 고린도후서 4:18 찬송 490(542)장 ♣

노르웨이의 시인 아르네 가르보르그는 '돈'이라는 시에서 다음과 같이 쓰고 있습니다.

음식은 돈으로 살 수 있지만, 식욕은 살 수 없다.
약은 돈으로 살 수 있지만, 건강은 살 수 없다.
침대는 돈으로 살 수 있지만, 잠은 살 수 없다.
화장품은 돈으로 살 수 있지만, 아름다움은 살 수 없다.
별장은 돈으로 살 수 있지만, 즐거운 마음은 살 수 없다.
쾌락은 돈으로 살 수 있지만, 기쁨은 살 수 없다.
친구는 돈으로 얻을 수 있지만, 우정은 얻지 못한다.
고용인은 돈으로 살 수 있어도, 충신은 얻지 못한다.
조용한 나날은 돈으로 얻을 수 있지만, 평안은 얻지 못한다.

돈으로 살 수 없는 것은 값없이 주어지는 하나님의 선물입니다.
 음식과 식욕에 대해 생각해 봅시다. 아무리 맛 좋은 음식이라도 식욕이 없을 때에는 아무것도 입에 대고 싶지 않습니다. 음식보다 식욕이 더 소중한 것입니다.
 현실파라는 사람들은 눈에 보이지 않는 것은 대수롭게 여기지 않을 것입니다. 그러나 인생에 요긴한 것은 오히려 눈에 보이지 않는 것임을 이 시가 말해 주고 있습니다. 우리는 날마다 눈에 보이는 것만을 악착같이 추구할 것이 아니라 눈에 보이지 않는 것에 주목하는 마음의 여유가 있어야 합니다.
 육신의 눈에 보이지 않는 영원한 것에 눈을 돌릴 때 인생도 변하게 됩니다.

✞ **기도제목**
 1) 마음의 눈을 열어 영안이 밝아지게 하시고 영의 것을 보게 하소서.
 2) 보이지 않는 영원한 것을 위해 살게 하소서.

하나님의 말씀으로 살자

♣ 성경 시편 119:9~11 찬송 575(302)장 ♣

김진수 목사는 마음이 죽어서 허송세월하는 청년들을 향해 이렇게 외쳤습니다. "청년들아, 무엇을 하느냐? 깊은 잠에서 깨어라! 청년이여, 스데반의 신앙을 배우라. 그와 같은 신앙을 가질 때 무엇을 못하리."

오늘날 사람들이 자기 몸을 정결케 하고 마음이 깨끗한 생활을 하려면 큰 투쟁을 해야 합니다. 왜냐하면 이 세상은 하나님을 거역하고 악에서 악으로 타락의 길을 가고 있기 때문이며(딤후 3:3), 이 세상에 살고 있는 사람들은 자기 배를 신으로 알고 자기의 치욕을 영광으로 간주하고(빌 3:19) 살아가기 때문입니다.

옛날에는 수치라는 죄의식을 수반했던 파렴치라는 말도 오늘날에는 아무렇지 않게 생각하는 경향이 있습니다. 이런 세상에 살고 있으면 비정상인 것이 정상이 되고, 정상인 것이 비정상이 되어 버리기가 일쑤입니다. 이처럼 가치관이 뒤죽박죽되면 세상엔 혼란이 그치지 않게 되며, 날로 늘어가는 것은 범죄요 비행뿐입니다. 그러므로 사람들, 특히 젊은이들이 바르고 깨끗하게 살아가려면 큰 투쟁이 필요합니다.

이들이 이 투쟁에서 패배하지 않고 복된 일생을 보내려면, 성경 말씀대로 살아야 합니다. 성경의 계명에서 떠나지 않아야 합니다. 또한 마음속에 성경 말씀을 새겨 두어야 합니다.

성경 말씀에는 사람을 유혹에서 지키고 죄에서 구출하는 힘이 있습니다. 성경 말씀과 친숙하여 그 말씀을 가슴에 새겨 두시고 수시로 활용하시기 바랍니다. 그렇게 하면 모든 죄와 불경건한 생각에서도 벗어나 몸과 마음을 깨끗이 유지하여 축복된 인생을 보낼 수 있을 것입니다.

✞ 기도제목
1) 젊은이들이 말씀으로 몸과 마음을 단장케 하소서.
2) 어떠한 유혹도 하나님의 말씀으로 물리치게 하소서.

나에 대한 주님의 기대

♣ 성경 요한복음 21:17   찬송 320(350)장 ♣

어떤 사람이 학생 시절에 갑자기 실명하여 절망한 나머지 자살하려고 했으나, 어머니에게 발견되어 미수로 그쳤습니다. 이때 어머니는 아들의 손을 잡고 울면서 간곡히 말했습니다. "네가 죽으면 내가 무슨 보람으로 산단 말이냐. 이 어미를 보아서 제발 살아다오."

그는 그날부터 어머니의 기대에 어긋나지 않도록 열심히 살아가려고 했지만, 암담한 마음은 도저히 가시지 않았습니다. 그러나 후에 그리스도의 인도로 그 깊은 사랑과 큰 기대를 깨닫고 완전히 새사람으로 거듭나게 되었습니다.

누구에게서 기대를 받고 있다는 것은 우리에게 사는 보람을 느끼게 합니다. 자녀는 부모의 기대를 받고, 학생은 선생의 기대를 받고, 사원은 상사의 기대를 받고 살아갑니다. 그러나 우리는 사람에게 기대를 받기보다는 하나님으로부터 기대를 받고 있다는 것을 알게 될 때 더욱 큰 기쁨과 보람을 느끼게 됩니다.

예수님은 베드로를 "요한의 아들 시몬아"라고 부르셨습니다. 그것은 베드로에 대한 기대의 부름입니다. 예수님은 그렇게 부르시고 "나를 사랑하느냐?"라고 물으셨습니다. 베드로는 자기가 예수님을 깊이 사랑하는 것을 잘 아시면서 구태여 그런 질문을 하시느냐고 반문하는 듯이 대답합니다. 그러자 예수님은 "내 양을 먹이라"라고 명하셨습니다.

예수님은 자신이 지상을 떠난 이후 양떼를 베드로에게 맡기신 것입니다. 기대는 사랑 위에 성립됩니다. 예수님은 베드로를 깊이 사랑하시고 베드로에게 큰 기대를 걸고 계셨던 것입니다.

주님은 오늘 우리에게도 기대를 걸고 계십니다. 그리고 내 어린 양을 먹이라고 말씀하십니다.

✚ **기도제목**
1) 아직도 어둠 속에 사는 영적 맹인들에게 복음을 전하게 하소서.
2) 나에게 주신 사명을 힘써 이루게 하소서.

배움과 확신

♣ 성경 디모데후서 3:13~14 찬송 200(235)장 ♣

아버지와 아들이 당나귀 한 마리를 팔려고 끌고 갔습니다. 그때 어떤 사람이 "뭐하러 한 마리의 당나귀를 두 사람이 끌고 간담. 한 사람은 타고 가는 게 좋을 텐데……"라고 말하는 것이었습니다. 이 말이 그럴듯하게 들려 아버지가 아들을 당나귀에 태우고 한참을 갔을 때, 어떤 사람이 "아니, 아버지에게 고삐를 끌게 하고 아들이 당나귀를 타고 가다니, 아들도 아들이지만 아버지도 아버지야." 하고 비웃었습니다.

이 말을 들은 아버지는 옳은 소리라고 생각하여 이번에는 반대로 아들이 고삐를 잡고, 아버지가 당나귀에 올라탔습니다. 얼마를 갔을 때, 어떤 사람이 이것을 보고 "원 저런 매정한 아버지를 보겠나. 어린 자식에게 고삐를 끌게 하고 혼자서 호강을 하다니." 하고 말하는 것이었습니다. 아버지는 이 말도 옳다고 생각되어 이번에는 부자가 함께 당나귀에 올라탔습니다.

이 모습을 본 할머니가 당나귀가 가엾다고 말하자 아버지는 할머니의 말이 맞다고 생각되어 궁리한 끝에 당나귀의 네 발을 묶고 작대기를 꿰어 거꾸로 메고 가기로 했습니다. 그러나 메고 가는 사람도 괴롭고 떠메어 가는 당나귀도 괴로웠습니다. 다리에 접어들었을 때 당나귀는 난폭하게 흔들어대다 개천에 떨어져 물에 빠졌습니다.

부전자전입니다. 이 이야기 속에는 웃을 수만은 없는 교훈이 포함되어 있습니다. 확고한 주관이 없다면 누구나 이 부자와 같이 되기 쉽습니다. 성경 말씀, 곧 진리의 말씀 속에 뿌리를 내리고 신앙을 갖지 못하면 남의 말에 귀가 솔깃하여 죄의 유혹에 빠져서 일생을 망치거나 이단의 교묘한 주장에 쏠려 영원한 축복을 잃기도 합니다.

생각은 행위가 되고, 행위는 습관이 되며, 습관은 품성을 이룬다고 합니다. 성경 말씀에 친숙한 사람은 시대의 바람이나 사망의 파도가 아무리 세차게 닥쳐와도 요지부동한 품성을 갖게 되는 것입니다.

✝ **기도제목**
1) 세상의 말보다 주의 말씀에 귀 기울이게 하소서.
2) 말씀으로 충만하여 헛된 일에 시간을 쓰지 않게 하소서.

하나님께 소망을

♣ 성경 시편 146:5 찬송 433(490)장 ♣

세계적인 신학자 칼 발트가 한번은 세계의 평화를 위해서 애쓰는 유엔에서 특별 강연을 하게 되었습니다.

그때 세계적인 석학 칼 발트는 그의 강연을 경청하고 있는 유엔 대표들을 향하여 이렇게 말했습니다. "여러분, 여러분은 세계의 평화를 위해서 각국을 대표하여 이곳에 모여 연구하고 토의하고 결의합니다. 그런데 대단히 미안한 말씀입니다만 여러분이 아무리 연구하고 토의하고 결의한다고 해도 여러분을 통해서는 세계 평화가 절대로 오지 않습니다. 세계의 평화는 예수님이 우리에게 오실 때 이루어질 것입니다."

본문을 보면 "야곱의 하나님을 자기의 도움으로 삼으며 여호와 자기 하나님에게 자기의 소망을 두는 자는 복이 있도다"라고 했습니다. 사람에게 도움을 구할 것인가, 하나님께 도움을 구할 것인가? 결정은 나의 몫입니다. 이 세상에 소망을 둘 것인가, 하나님께 소망을 둘 것인가? 내가 선택해야 합니다.

다윗은 시편 124:8에서 "우리의 도움은 천지를 지으신 여호와의 이름에 있도다"라고 했습니다. 솔로몬 왕은 시편 127:1에서 "여호와께서 성을 지키지 아니하시면 파수꾼의 깨어 있음이 헛되도다"라고 했습니다. 우리에게 있는 문제를 해결하고 당면한 위기를 극복하려면 먼저 '하나님이 하신다'는 진리를 깨닫고 모든 것을 하나님께 맡겨야 합니다. 우리는 시인이 고백한 대로 하나님께 소망을 두어야 합니다.

소망도 인내가 필요합니다. 내가 바라고 기대하는 것이 어느 날 갑자기 나에게 주어지는 것이 아닙니다. 참고 기다리면 능하신 하나님께서 도와주실 것입니다.

✚ **기도제목**
1) 절망과 낙담 가운데 있는 사람들을 위로하여 주소서.
2) 절망과 낙담 가운데 있는 사람들에게 능력과 소망이 되어 주소서.

영원한 하나님의 말씀

♣ 성경 베드로전서 1:24~25 찬송 205(236)장 ♣

니지마 조(1843~1890)가 도시샤대학을 설립하여 기독교 교육을 실시했는데 학생들이 동맹 휴학을 했습니다. 그때 그는 굵직한 지팡이를 들고 단상에 서서 교직원과 학생들을 돌아보고 천천히 입을 열었습니다.
"이번에 학교에서 동맹 휴학 사건이 일어난 것은 전적으로 내가 부덕한 탓이오. 나는 이제 그 죄인에게 벌을 내리겠소." 그리고는 손에 든 지팡이를 들어 올리더니 자기의 왼팔을 계속 후려갈겼습니다. 그러자 팔에서 피가 뚝뚝 떨어져 내리고 지팡이는 두 동강이 나 버렸습니다.
이것을 본 학생 두세 명이 단상에 뛰어올라가 "선생님, 저희들이 잘못했습니다. 용서해 주십시오."라고 하여 사건은 완전히 해결되었습니다. 니지마 조는 죄인인 우리 대신 죄 없는 아들 예수를 벌한 하나님의 진실을 신앙으로 실천했던 것입니다.

우리는 이 세상에 태어난 후 오늘에 이르기까지 많은 인생 체험을 해 왔습니다. 어머니의 사랑, 친구의 우정, 스승의 은혜…… 그 밖에 여러 가지가 있겠으나 대부분의 일은 세월의 흐름과 동시에 잊어버리게 됩니다. 이와 반대로 하나님의 진실은 영원히 사라지지 않습니다. 하나님의 진실은 예수 그리스도를 통하여 인간에게 전달되는 하나님의 말씀입니다. 그런데 이 하나님의 말씀은 그리스도의 입을 통하여 표현되는 말씀만이 아니라, 그의 생애 자체가 하나님의 말씀입니다. 십자가에 달리시고 인간의 죄를 대속하신 사실 자체가 하나님의 말씀입니다. 즉 영원한 하나님의 진실은 시간을 초월하여 시간의 세계 역사 속에 드러났습니다.
인간의 진실은 마음과 마음의 접촉에서 느낄 수 있으나, 하나님의 진실은 신앙에 의해 우리의 마음속에 연결됩니다. 이 하나님의 진실을 신앙에 의해 마음속에 연결한 사람도 언제까지나 역사에 남게 됩니다. 우리의 마음속에 그리스도를 받아들여 보람 있는 생애를 보내야 합니다.

✚ 기도제목
1) 썩어질 육체보다 영원한 주의 말씀을 의지하게 하소서.
2) 영원한 말씀으로 새힘을 얻게 하소서.

사랑하게 하소서
♣ 성경 요한복음 13:34~35   찬송 304(404)장 ♣

웨스트 주교는 1923년 영국 가톨릭 회의에서 "예수께서 어린이들의 몸과 영혼 문제를 걱정하고 계시는데, 성례 의식에 의해 예배드리면 된다는 식으로 생각하는 것은 어리석은 일이다."라고 말했습니다.

헨리 스코트 홀런트는 "그리스도의 인간화에 대해 관심을 가질수록 더욱 하수(下水) 시설에 관심을 갖지 않으면 안 된다."라고 말했습니다.

하나님을 '인류의 삶과 죽음을 자신의 어깨에 짊어지실 정도로 인간에 대해 깊은 관심을 갖고 계신 분'이라 믿는다면, 하나님은 모든 사람이 안정된 생활환경에 살도록 마음 쓰고 계시다는 것도 믿어야 합니다.

동포를 사랑하지 않으면 아무도 하나님을 사랑할 수 없습니다. 동포를 사랑하지 않아도 하나님을 사랑할 수 있다고 주장하는 사람이 있다면, 그는 하나님을 사랑하는 것이 무엇인지 모르고 있는 것입니다.

오늘날만큼 예수 그리스도가 교회 안에 완전히 갇혀 버린 시대는 일찍이 없었습니다. 기독교가 무능하다는 말이 나오는 것도 이 때문입니다. 기독교는 국제 사회에서도, 정계에서도, 교회 안에서도 무능하다고 생각되고 있습니다. 무엇보다도 여러 갈래의 교파로 갈라져서 대립되어 있는 것이 이것을 잘 말해 주고 있습니다.

오늘날 우리는 기독교를 일상적인 일에 적용할 것을 엄두도 내지 못하고 있는 것이 사실입니다. 그리하여 기독교가 삶 전체를 지배하는 본질적인 핵심이 되기는커녕 삶의 주변에 속해 있어도 그만, 없어도 그만인 존재가 되어 버리지 않았는지 모를 지경입니다. 그러므로 오늘날 절실히 요망되는 것은 교계의 일대 혁신입니다. 그러려면 성령의 역사가 필요합니다.

✚ **기도제목**
1) 수많은 교파들이 서로 사랑하게 하소서.
2) 나를 사랑해 주신 예수의 사랑으로 이웃을 사랑하게 하소서.

우리는 질그릇입니다

♣ 성경 고린도후서 4:7   찬송 543(342)장 ♣

프랑스의 화가 고흐는 젊었을 때 전도사로서 탄광에서 일한 적이 있었습니다. 어느 날 그는 탄광부의 한 사람이 기계를 싸는 천으로 셔츠를 만들어 입은 것을 보았습니다. 등에 있는 '파손되기 쉬운 물건에 주의!'라고 인쇄된 글자가 눈에 띄었습니다. 그는 그것을 보고 문득 '파손되기 쉬운 것-인간! 그렇다! 인간은 언제 파손될지 전혀 알 수 없는 토기와 같은 존재'라는 것을 느꼈습니다.

과연 자기가 토기처럼 약하고 깨지기 쉬운 존재라는 사실을 의식하는 사람이 몇이나 있을까요?

"아무도 보고 있지 않을 때의 당신이 진정한 당신이다."라는 말이 있는데, 사람 앞에서 자기를 위장해도 자기 자신은 이를 잘 알고 있습니다. 아니, 그 이상으로 하나님께서 알고 계시는 진정한 당신은 타인이 미처 모르는 고뇌와 모순을 안고 있으며, 연약하고 실수투성이고 남에게 말할 수 없는 부끄러운 과거가 있고 유혹에 패배한 적이 한두 번이 아닐 것입니다. 하나님 앞에서는 '미천한 죄인', 그것이 진정한 우리의 모습입니다.

바울은 자기가 연약하고 깨지기 쉬운 토기로 비참한 죄인임을 인정하고 있습니다. 그는 이 비참한 죄인인 자기를 구하기 위해 하나님께서 보내신 독생자 예수 그리스도를 무엇보다도 소중한 보물로 받아들이고 있다고 고백하고 있습니다. 이 예수 그리스도라는 보물을 토기 속에 간직할 때 끝없는 힘이 솟아나는 것을 증거하고 있습니다.

우리 모두 하나님 앞에 질그릇에 불과하다는 것을 인정하고 보물이신 그리스도를 받아들입시다. 그리스도로 하여금 우리의 언행심사를 주관하게 하고 그분의 종이 됩시다.

✟ **기도제목**
1) 약하고 깨지기 쉬운 토기임을 인정하고 예수님만 의지하게 하소서.
2) 주님께서 나의 언행심사를 주관해 주소서.

새로운 그릇

♣ 성경 예레미야 18:3~4 찬송 347(382)장 ♣

세 살 때부터 장애를 갖고 있던 어떤 목회자의 고백입니다.
"나와 같은 장애자가 무엇 때문에 괴로운 세상에서 살아가야 하는지 사는 목적을 알지 못했었는데 '이 사람아 네가 누구이기에 감히 하나님께 반문하느냐 지음을 받은 물건이 지은 자에게 어찌 나를 이같이 만들었느냐 말하겠느냐 토기장이가 진흙 한 덩이로 하나는 귀히 쓸 그릇을, 하나는 천히 쓸 그릇을 만들 권한이 없느냐'(롬 9:20~21)라는 말씀을 읽고 충격을 받았습니다. 그리고 하나님께서 나를 지어 이 세상에 보내 주셨고, 나에게는 장애가 있지만 하나님의 뜻이 그 속에 있으므로 이제는 고뇌나 무거운 짐을 느낄 필요가 전혀 없다는 것을 알게 되었어요. 그때부터 어둠에서 해방되고 기쁨과 희망이 가득찬 새로운 인생이 시작되었어요."

보잘것없는 흙덩이도 도공의 손에 들어가면, 아름다운 도자기로 변모됩니다.
창세기에 보면 "여호와 하나님이 땅의 흙으로 사람을 지으시고 생기를 그 코에 불어넣으시니 사람이 생령이 되니라"(창 2:7)고 쓰여 있습니다. 인간이 흙으로 지음을 받은 그릇이라는 것은 이 말씀에서도 분명하지만, 이 흙덩이인 인간은 하나님의 명령을 어긴 후로 파손되기 쉬운 그릇이 되었습니다.
그러나 우리가 자신이 흙덩이인 것을 인정하고 도공인 하나님의 손에 맡긴다면, 하나님은 우리를 자신의 뜻대로 다시 한 번 새로운 다른 그릇으로 개조해 주시겠다고 약속하셨습니다.
도공이 망가뜨린 그릇을 다른 그릇으로 만들 듯이 하나님은 주의 손에 맡겨진 우리를 전혀 새로운 다른 그릇, 하나님의 영광을 위해 사는 훌륭한 그릇으로 개조해 주십니다.

✞ **기도제목**
 1) 주로 말미암아 새로운 피조물로 살게 하소서.
 2) 새로운 피조물답게, 썩어져 가는 구습을 좇지 않게 하소서.

인생의 겨울

♣ 성경 시편 119:71   찬송 382(432)장 ♣

어느 집회에서 유난히 기쁨에 넘친 한 부인을 만났습니다. 그녀는 뜻밖의 이야기를 들려주었습니다.

남편이 출장으로 집을 비우기 일쑤이고, 자녀들이 잇따라 병에 걸려 애를 먹은 그녀는 드디어 정신 장애를 일으켜 자살하려다가 미수에 그쳐 간신히 목숨을 건졌으나 1년 반 동안을 이 일로 시달렸습니다.

출구 없는 터널과 같은 어둠 속을 헤매던 어느 날 성경에 쓰여 있는 사랑의 이야기를 듣게 되었습니다.

죄의 두려움 가운데서 벗어날 길을 알지 못해 괴로운 나날을 보내고 있을 때, 하나님의 아들 예수가 그녀의 모든 죄 짐을 짊어지고 십자가 위에서 죽으시고 사죄와 구원의 길을 열어 주셨다는 그 위대한 사랑을 알게 되어 죄를 뉘우치고 그리스도를 받아들이게 되었습니다. 그러자 금세 마음의 겨울이 사라지고 봄의 온기가 가슴에 가득차게 되었습니다.

심한 추위는 몸을 위축시킵니다. 이 추위가 없었으면 하고 생각하지만 이 추위는 우리에게 필요합니다. 나무는 겨울 동안에 아래로 뿌리를 내립니다. 그리고 나이테도 겨울 동안에 생기며, 그 나무의 질을 좋게 합니다. 나이테가 없으면 나무는 바람에 꺾여서 쓸모가 없게 됩니다. 그러니 그 추위야말로 사실은 땅 속의 해충을 죽이고, 이듬해의 풍년을 준비합니다. 그리고 만물의 성장이 멈추는 겨울이야말로 흙으로서는 안식할 때이며 그 사이에 다음 해의 활약을 위한 부활의 힘을 축적합니다.

우리 인생에도 겨울이 있습니다. 때로는 꽃이 피는 순탄한 봄도 있고, 이마에 땀을 흘리면서 일하는 여름도 있고, 성공의 열매를 거두는 가을도 있습니다. 침울한 역경인 겨울도 여러 번 돌아옵니다. 그러나 그것은 빛나는 봄을 맞이하기 위한 하나님의 귀중한 배려임을 잊지 맙시다. 하나님은 역경에서도 놀라운 은총을 베풀어 주십니다.

✞ 기도제목

1) 고난 속에도 하나님의 뜻이 있음을 깨닫게 하소서.
2) 고난을 통해 강하게 하시고 말씀을 더욱 의지하게 하소서.

시련이 소망을 이룸
♣ 성경 로마서 5:4 찬송 337(363)장 ♣

인내와 연단에 대해 말하려고 하면, 요셉을 상기하게 됩니다. 젊었을 때부터 그가 경험한 고난은 유난히 가혹했습니다. 우물에 빠뜨려지기도 하고, 노예로 팔려가기도 하고, 성적인 유혹을 받기도 하고, 감옥에 갇히기도 했습니다. 그러나 그는 어떤 역경에서도 하나님을 굳게 의지하고 참았습니다. 그는 감옥에 갇혔을 때에 두 사람의 정부 고관을 만나게 되었습니다.

요셉은 그들이 꾼 꿈을 해몽해 주었습니다. 그러자 한 고관은 그 해몽대로 석방되었습니다. 그때 요셉은 그에게 다시 영화를 누리게 되면 자기를 상기해 달라고 부탁했으나 그 고관은 석방된 지 2년이 되도록 요셉의 부탁을 까맣게 잊고 있었습니다.

요셉은 젊었을 때부터 연단을 받아왔으나 남을 원망하지 않고 하나님의 처분을 기다렸습니다. 2년의 세월이 지날 무렵에 왕이 꿈을 꾸었는데 아무도 해몽하지 못했습니다. 그때 그 고관은 비로소 감옥에서 요셉이 자기 꿈을 용케 해몽했던 일을 상기하고 왕에게 그 이야기를 했습니다.

왕 앞에 불려간 요셉은 하나님을 힘입어 왕의 꿈을 해몽했습니다. 요셉의 해몽을 들은 왕은 신하에게 "하나님의 영이 깃든 이런 사람을 달리 어디서 찾아볼 수 있겠는가."라고 말했습니다.

그리고 요셉을 애굽 전토를 다스리게 하는 애굽의 총리로 삼았습니다.

죄수에서 대뜸 총리로 껑충 뛰어오른다는 것은 상상을 초월한 승진입니다. 요셉이 묵묵히 하나님의 처분을 기다린 것은 결코 헛일이 아니었습니다. 하나님께서는 불가사의한 섭리에 의해 요셉을 감옥에서 나오게 하시고 파격적인 지위에 오르게 하셨습니다.

하나님께 간구한 것이 이루어지지 않고 연기되어도 실망하지 말고 끈기 있게 하나님의 처분을 기다립시다. 하나님은 우리의 간구를 저버리지 않으십니다.

✚ 기도제목
1) 기도의 응답이 없어도 실망치 않고 하나님의 응답을 기다리게 하소서.
2) 현재의 시련이 장차 소망을 이루는 줄을 깨닫게 하소서.

터널을 지나면 밝은 빛이

♣ 성경 이사야 50:10   찬송 339(365)장 ♣

일본의 유명한 크리스천 여류 작가 미우라 아야코는 「길은 여기에」라는 책에서 "나는 23세 때 폐결핵에 걸렸는데 병이 난 지 7년 만에 척추 카리에스까지 앓게 되어 기브스를 하고 침대에 누워 있었습니다. 날마다 단지 천정만 향하고 누워 있어야 했으므로, 화장실에 가지도 못하고 침대 위에 앉아서 식사도 하지 못했습니다. 이런 처지에 있을 때 나를 그리스도에게 인도해 준 애인의 죽음을 목격해야 했습니다.

어머니도 불행의 연속에 있는 나에 대하여 가엾은 생각이 들었을 것입니다. 어느 날 내가 누워 있는 침대 옆에 서서 말했어요. '아야코, 터널에 들어가면 어쩔 수 없는 거야. 그렇지만 아무리 긴 터널도 계속 걸어가면 언젠가는 밖으로 나갈 수 있어.' 나는 그리스도의 말씀에 의지하고 있었으나 이 어머니의 말도 큰 힘이 되었습니다."라고 말하고 있습니다.

잇따른 시련이나 고난에 시달리면 사람의 마음은 어둡고 불안해집니다. 그러나 주의 말씀은 빛을 던져 주십니다.

맹인이 구걸하고 있는 것을 예수께서 보시고 제자들에게 "이 사람이 나면서부터 맹인인 것은 자기 죄 때문이 아니고 또 부모의 죄 때문도 아니라, 단지 하나님의 권능이 그에게 드러나게 하기 위함이라."라고 하셨습니다. 당시 유대인들은 불치병을 죄의 값으로 보는 것이 일반적인 견해였습니다. 예수님의 그 말씀이 그 맹인의 마음에 얼마나 밝은 빛으로 와 닿았겠습니까? 지금도 고난 속에 시달리는 많은 사람들로 하여금 이젠 그 고난을 통해 하나님의 영광을 드러내고 빛나는 인생을 살게 하고 있습니다.

오늘도 어둠 속을 걷고 있는 이들이 얼마나 많은지 모릅니다. 설사 빛을 보지 못해도 오늘 말씀처럼 주의 이름을 의뢰하고 꾸준히 걸어갑시다.

✞ **기도제목**
1) 무서운 터널의 고통이라도 그 가운데서 주의 뜻을 발견하게 하소서.
2) 고통 중에도 주의 이름을 부르며 주를 의지하게 하소서.

인생의 면류관
♣ 성경 고린도전서 3:10~13 찬송 246(221)장 ♣

미국이 낳은 위대한 부흥사인 무디는 일생 동안 1억의 청중에게 설교했습니다. 그의 설교는 성령과 함께 시작하여 성령과 함께 끝을 맺었습니다. 그는 설교를 시작할 때 성령의 임재와 주관을 간구했고, 마칠 때에는 성령의 역사하심을 감사하며 계속적인 인도를 기원했습니다.

단순한 말, 평범한 성경 내용을 가지고 그토록 큰 감동과 부흥을 일으킨 것은 오직 성령이 그와 함께한 증거일 것입니다.

1899년 12월 22일 크리스마스를 앞두고 자택에서 하나님의 부름을 받아 세상을 떠난 그는, 운명하기 전에 옆에서 임종을 지켜보는 아내에게 가느다란 목소리로 말했습니다.

"여보, 나는 하나님의 부름을 받고 먼저 가오. 잠시 당신과 헤어지게 되었지만 천국에서 다시 만나게 될 거요. 끝까지 주님 의지하고 살다가 오시오."

이것이 그가 지상에 남긴 마지막 말이었습니다.

오늘 말씀은, 우리 인생에 반드시 한 번은 하나님의 심판이 내리는데 그때 우리 인생의 진정한 가치가 나타난다는 것입니다. 권력이나 명성, 작품 등이 아무리 위대해도 이는 언젠가는 사라져 버리는 덧없는 것들입니다.

저 유명한 미켈란젤로가 일찍이 황제의 명령을 받아 얼음에 조각했을 때, "나는 황제의 명령이라고는 하지만 불과 네 시간 만에 없어지는 조각에 전심전력을 기울였다."라고 하면서 울었다고 합니다.

참으로 가치 있는 인생이란 심판의 불이 내려도 영원히 남는 인생, 예수 그리스도의 십자가와 부활을 믿고 죄 사함을 받은 영혼이 그리스도 위에 세운 인생이라고 성경은 가르치고 있습니다. 값진 인생을 보내는 길은 그리스도를 맞아들이는 것입니다.

✚ **기도제목**
1) 세상의 허탄한 것에 마음을 두지 않게 하소서.
2) 썩어질 면류관이 아닌 생명의 면류관을 얻게 하소서.

하루하루 필요한 영의 양식

♣ 성경 출애굽기 16:16 찬송 200(235)장 ♣

어린 아들이 희귀병에 걸려 몸을 제대로 움직이지 못할 뿐 아니라, 목숨도 부지할 수 없다는 의사의 말을 들은 어머니가 하루에 두 시간 이상 자지 않고 모든 시간을 기도와 간병에 바친 끝에 아들이 간신히 목숨을 건지게 되었습니다.

이 모습을 지켜본 남편이 말했습니다.

"만일 아내가 날마다 하루치씩 사는 은총을 받지 못했더라면, 이 가슴을 찢는 듯한 경험은 진작 아내를 정신병자로 만들어 버렸을 거예요."

하나님은 광야의 이스라엘 백성에게 하늘로부터 만나를 내려 주셨습니다. 어떤 사람은 많이, 어떤 사람은 적게 주워 모았습니다. 그런데 그들이 천막에 돌아와 알아보니, 많이 모은 자나 적게 모은 자나 신기하게도 저마다 한 오멜씩 가족의 수에 따라 필요한 만큼의 분량이었습니다. 하나님께서는 하루치의 분량만 주셨습니다. 이것은 그들에게 주어진 하나님의 은혜로 오늘 하루를 열심히 살라는 뜻일 것입니다. 뜨거운 햇살이 내리쬐면 사라져 버렸으므로 아침 일찍부터 주워야 했습니다. 늦잠을 자는 사람은 주울 수 없었습니다. 이 만나는 영의 양식입니다.

일반적으로 불행의 태반은 어제부터 이어진 노고나 내일에서 빌려온 노고에 의한 것이므로 하나님께서는 우리에게 오늘이라는 날을 주셨습니다. 하나님은 우리의 어제라는 날짜를 제거하셨고, 내일의 전부는 아직 하나님의 손 안에 들어 있습니다.

이 만나는 날마다 아침 일찍 주워 모아야 했습니다. 그날그날 살아가는데 필요한 영의 양식도 아침에 일찍 일어나 그리스도와 교류할 때 말씀에 의해 받게 됩니다. 아침 일찍 일어나 하나님께서 주시는 영적인 만나, 영의 양식을 받아 하루씩 살아가는 힘과 비결을 배웁시다.

✚ 기도제목
 1) 하루하루 충실한 삶을 살게 하소서.
 2) 매일 하나님이 주시는 만나로 새힘을 얻게 하소서.

자족하는 마음
♣ 성경 디모데전서 6:6   찬송 86(86)장 ♣

어느 마을에 '불평 할멈'이라는 별명을 가진 할머니가 살고 있었습니다. 이 할머니는 모든 일에 불평불만을 터뜨리고 날마다 투덜대면서 살고 있었습니다. 어느 해는 고구마가 대풍작이었으므로 마을 사람들이 이번에는 할머니가 틀림없이 기뻐할 것이라고 생각하여 "할머니, 올해에는 고구마가 대풍작이군요."라고 말했더니, "그렇기는 한데, 올해에는 돼지에게 먹일 썩은 감자가 없어서 탈이오."라고 말했다고 합니다.

불평불만은 본인의 마음을 어둡게 하고 불행하게 할 뿐 아니라 주위의 사람까지도 불행하게 만듭니다. 그것이 폭발하면 폭력이 되고, 싸움이 되고, 나아가서는 전쟁으로까지 발전하는 경우가 있습니다.

이스라엘 백성은 시내 광야에서 마실 물이 없다고 모세와 아론을 비난하고, 자기들이 애굽의 노예생활에서 해방된 것을 잊고 불평했습니다. 하나님이 기적적으로 바위에서 물을 내어 마시게 해도 물맛이 쓰다고 불평했습니다. 하나님이 하늘에서 만나를 내려 배불리 먹게 하여도 맛이 없다고 불평하는 사람도 있었습니다. 불평 투성이인 이스라엘 백성들은 멸망을 당했습니다.

어떻게 '자족하는 마음'을 가질 수 있나요? 하나님을 신뢰하고 그분께 소망을 가질 때 마음의 만족을 경험할 수 있습니다.

욥은 부유하고 믿음이 독실한 사람이었습니다. 그런데 그는 갑작스러운 재앙으로 병들고 재산과 가축과 하인도, 자녀들까지도 잃게 되었습니다. 그러나 그는 "주신 이도 여호와시요 거두신 이도 여호와시오니 여호와의 이름이 찬송을 받으실지니이다"라고 하나님을 찬양했습니다. 하나님께서는 욥을 갑절로 축복해 주셨습니다. 우리 모두 마음을 만족시켜 주시는 하나님께 찬양을 돌립시다.

✞ 기도제목
1) 가진 소유에 대해 자족하는 마음을 갖게 하소서.
2) 하나님을 찬양하며 주님만을 의지하는 믿음을 갖게 하소서.

오직 한 길

♣ 성경 빌립보서 2:13 찬송 458(513)장 ♣

　'**세계의 신문 왕**'이라고 불리우는 노스크리프 경이 18세 때의 일입니다. 그 무렵 그는 「청년」이라는 잡지의 편집을 하고 있었는데 어느 날 구두 뒤축에 징 박는 것을 발명하여 큰돈을 벌어 억만장자가 된 브레이크를 취재하러 갔습니다.
　"어떻게 그 많은 돈을 벌게 되셨나요?" 하고 물었더니 브레이크는 "나는 어떤 일을 찾아내면 돈 버는 것 이외에는 아무것도 생각하지 않네. 이 유일한 길만을 나는 곧장 가지." 하고 대답했습니다.
　브레이크의 이 말에 큰 감명을 받은 노스크리프는 '옳지, 성공의 비결은 여기에 있다. 일 년 내내 한 가지 일만 생각하고 매달리면 반드시 성공할 것이다. 그렇다면 내가 할 일은 신문뿐이다.' 이렇게 결심했습니다.
　그리하여 1894년 드디어 신문 사업에 착수했습니다. 그는 당시 파산 상태에 있던 「런던·이브닝」을 인수하여 재기시키고 「레일리·메르」지를 창간했고, 1905년에는 「데일리·밀러」지의 '대륙판'을 프랑스 파리에서 발행했습니다. 1908년에는 「런던 타임즈」의 대주주가 되고, 결국 영국의 유명한 신문을 모두 그의 지배하에 두게 되었습니다. 그리하여 그는 '세계의 신문 왕'이라고 불리웠으며, 제1차 세계대전에는 수상 로이드 조지를 돕는 논조를 폈고 독일 황제 카이제르로 하여금 "나는 연합국에 패한 것이 아니라 노스크리프의 신문에 패했다."라고 말하게 했습니다.

　남이 하고 있는 일은 좋아 보이고, 자기가 하는 일은 시시하다고 생각하는 분은 없나요? "남의 떡이 커 보인다."라는 속담 그대로입니다. 그리고 "두 마리 토끼를 쫓는 사람은 한 마리도 잡지 못한다."라는 속담도 있습니다. 우리에게 소망을 두시고 우리 안에서 행하시는 이가 하나님이라는 것을 다시 확인하시기 바랍니다. 어떤 일에도 남이 알지 못하는 불만이나 어려움은 있습니다. 그러나 하나님께 기도하면서 한 길에 전력투구를 하면, 하나님은 반드시 우리 안에서 역사하십니다.

✿ **기도제목**
　1) 오직 한 길에 정진하게 하소서.
　2) 나에게 맡겨 주신 물질이 하나님과 타인에게 유익이 되게 하소서.

오늘 하루를 충실히

♣ 성경 마태복음 6:34   찬송 218(369)장 ♣

어느 부인은 40년 동안이나 암으로 죽지 않을까 하고 날마다 걱정하다가 73세에 폐렴으로 죽었습니다. 그녀는 40년 동안이나 생기지도 않은 일 때문에 걱정하면서 주위 사람들에게도 어두운 그늘을 던져 주었습니다.

하나님은 과거의 일은 잊어버리고 내일은 내일에 맡기고 오늘 하루에 전력투구하라고 말씀하십니다.

엘리야가 아합 왕의 눈을 피해 도망했을 때 그는 어려움 속에서도 하나님의 은혜를 받을 수 있었습니다. 먹을 것이 없을 때 하나님은 까마귀를 통해 하루하루 엘리야를 먹여 주셨던 것입니다. 광야의 이스라엘 백성들이 굶주릴 때 하루치의 만나를 주신 것은 하나님께서 주시는 은혜에 의해 오늘 하루를 살아가도록 하라는 분부입니다.

예수 그리스도가 그 좋은 본보기입니다. 그는 하늘의 영광 보좌에서 육을 입고 이 땅 위에 죽으러 오셨습니다. 인류를 죄에서 대속하시고 영생을 주시기 위해서였습니다. 이를 위해서 불가불 독생자의 산 제물이 필요했던 것입니다. 만일 마귀가 하나님의 강적이 아니었던들 이렇게까지 큰 희생은 필요 없었을 것입니다. 사정이 이와 같이 긴박했으므로 마귀가 보고만 있을 리가 없습니다. 예수님을 없애려고 날뛰었습니다. 그러나 이것은 마귀의 불찰이었습니다. 예수님을 죽이는 것이 자기의 무덤을 파는 일인 줄 미처 몰랐던 것입니다. 예수님 앞에는 언제나 박해와 죽음의 그림자가 따랐습니다. 그래도 예수님은 때가 되기까지 평온한 마음으로 하루하루를 살아 가셨습니다.

오늘 하루도 하나님의 영광을 위해 살아가시기 바랍니다.

✜ 기도제목

1) 오늘 하루도 주 앞에 부끄럼 없이 살아가게 하소서.
2) 과거는 잊어버리고 내일은 내일에 맡기고 오늘에 전력투구하게 하소서.

완전한 해결책

♣ 성경 빌립보서 4:6 찬송 441(498)장 ♣

훌륭한 크리스천으로 많은 사람들을 그리스도 앞으로 인도했던 어떤 의사가 자신이 어떻게 그리스도를 만나 죽음에서 생명으로 옮겨졌는가를 간증했으며 끝으로 이렇게 말했습니다.

"아버지의 카드를 아들이 갖고 가도 그것으로 뭐든지 살 수 있습니다. 그것은 아버지가 책임져 주시기 때문입니다. 그리스도를 받아들이면 그리스도의 신용 카드를 받는 것과 같습니다. 그리스도께서 미리 모두 지불해 주셨기 때문이지요. 이 세상의 카드로 살 수 있는 것은 눈에 보이는 것뿐이나 그리스도의 카드로는 눈에 보이지 않는 것도, 그러니까 뭐든지 살 수 있어요."

인생의 완전한 해결책을 제시한 오늘의 이 말씀 속에는 기도에 대해 세 가지 다른 헬라어가 쓰여 있습니다.

'기도'라고 번역되어 있는 낱말은 일반적으로 소원을 하나님께 전하는 것을 의미하지만 동시에 탄원자 쪽의 심리 상태, 즉 '맡기는' 자세가 요구되는 낱말이기도 합니다. '간구'로 번역되는 낱말은 '궁핍', '간절한 요구'를 의미하는 낱말입니다. 필요가 충족되도록 끈덕지게 탄원하는 기도입니다. '소원'으로 번역되는 낱말은 보통 소원이 아니라 더욱 강한 의미에서 요구하는 기도를 뜻합니다.

그러므로 기도할 때에 단지 무릎을 꿇고 일정한 문구를 되풀이하거나 아름다운 말을 나열하는데 그쳐서는 안 됩니다. 홀로 하나님 앞에 나아가 마음을 가다듬어 정성껏 기도해야 합니다. 그리고 어떤 문제든지 구체적으로 믿음 안에서 '감사함으로' 기도해야 합니다. 아직 기도의 응답을 받지 못했어도 '반드시 그대로 되리라'고 약속하신 말씀을 먼저 취하여 감사하고 기도합시다.

✿ 기도제목
 1) 나의 모든 문제를 주께 간구하게 하소서.
 2) 모든 것을 주께 맡김으로 염려가 없게 하소서.

하나님의 완전한 평안
♣ 성경 빌립보서 4:7 찬송 408(466)장 ♣

미국의 프로 야구 선수 빌리 선디라는 사람이 있었는데, 그는 언젠가 은행에서 수표를 현찰로 바꾸었습니다. 수표의 액수보다 5달러 더 받았지만 그는 그 돈을 돌려주지 않았습니다. 그 일로 두고두고 양심의 가책을 받다가 드디어 회개함으로써 그 죄를 고백하고 용서를 구하여 마음의 평안을 얻게 되었습니다. 그는 이처럼 하나님의 은총 안에서 평안을 얻고 크리스천이 되었고, 나중에는 역사에 남을 훌륭한 전도자가 되어 많은 사람들을 그리스도 앞으로 인도했습니다.

우리에게는 무엇보다도 마음의 평안이 필요합니다. 아무리 작은 부정이나 기만이라 할지라도 우리의 마음은 가책을 받게 되며, 고난을 당하며 괴로워합니다. 그리고 죽음에 직면하면 두려워합니다. 돈도, 지위도, 권력도 우리의 마음에 진정한 평안을 주지 못합니다. 이 평안은 하나님의 은총 안에서 얻어야 합니다.

하나님의 은총 안에서 얻은 하나님의 평안은 어떤 시련이나 고난에도 흔들리지 않는 평안입니다. 인생이라는 배에 그리스도를 맞아들여 키를 그리스도에게 맡기십시오. 그때야말로 이 세상이 줄 수도 없고 빼앗을 수도 없는 하나님의 평안이 임할 것입니다.

하나님의 평안은 영속적인 평안입니다. 여기서 사용되고 있는 헬라어는 미래형입니다. 고뇌하기를 그치고 소원을 계속해서 하나님께 알리십시오. 그렇게 하면 우리의 마음과 생각을 그리스도께서 지켜 주신다는 확신 즉 영속적인 평안을 얻게 됩니다. 설사 죽음이 다가오더라도 하나님의 평안은 영속됩니다.

영원한 생명을 보장해 주시는 그리스도를 믿고 마음속에 받아들일 때, 이 하나님의 완전한 평안을 자기 것으로 만들 수 있습니다.

✚ 기도제목
  1) 죄로 고민하는 자들의 마음에 주의 평안을 주소서.
  2) 모든 짐을 주께 맡기고 평안의 기쁨을 노래하게 하소서.

올바른 길

♣ 성경 사무엘상 12:23 찬송 542(340)장 ♣

어떤 선교사가 비행기로 세계 전도 여행을 하던 중에 한 파일럿에게서 비행기가 자동 조정으로 날아가게 되어 있다는 말을 처음 들었습니다. 레이더 장치에 의해 조종사의 손을 빌리지 않고 목적지를 향해 항로를 똑바로 날아가게 되어 있다는 것이었습니다. 악천후의 경우에도 후퇴하거나 위로 날아올라 안전하게 착륙할 수 있다는 말을 듣고 그는 크게 놀랐습니다.

인생의 여행도 이와 마찬가지일 것입니다. 우리가 올바른 길을 가도록 하나님께서 신호를 보내 주고 계십니다. 이것을 신앙이라는 레이더 장치로 수신하여 이에 따르면 안전합니다. 그러나 신앙이라는 레이더를 버리고 하나님과의 교류를 갖지 않는 사람에게는 불안만 더해집니다. 자신을 콘트롤할 힘을 잃게 됩니다. 그리하여 자유의 이름으로 시작한 여러 가지 나쁜 습관의 포로가 되어 있는 자신을 의식하게 될 것입니다. 결국은 심한 욕구 불만과 허무에 도달하고 말 것입니다.

신앙이라는 레이더를 움직여 하나님의 신호를 받아 하나님께서 가리키시는 길을 갑시다. 그러기 위해서는 신앙의 문을 두드려야 합니다. 인간의 이성으로 모든 것을 하려고 나서서는 안 됩니다. 이성은 스스로 한계를 지니고 있습니다. 그 한계를 넘을 수 있는 것은 신앙입니다. 이 문을 두드리는 자에게는 열리게 되어 있습니다.

믿음의 조상이라고 불리우는 아브라함은 하나님의 부름을 받고 '목적지도 알지 못하고' 집을 나섰습니다. 그는 하나님의 지시에 따르는 것이 자기가 알고 있는 길을 가는 것보다 값지다는 것을 알고 있었던 것입니다. 우리 모두 하나님의 목소리에 귀를 기울이면서 우리의 삶을 하나님께 맡기고 앞을 향해 나아갑시다.

✚ 기도제목
 1) 주의 말씀으로 우리를 훈계하여 주소서.
 2) 주의 말씀을 믿고 순종하게 하소서.

평강의 길

♣ 성경 예레미야 6:16   찬송 413(470)장 ♣

근대의 등산은 유럽 알프스를 무대로 발달해 온 스포츠이므로, 알프스 등산의 역사는 그 자체가 등산사입니다. 눈을 이고 우뚝 솟은 알프스 봉우리가 처음 정복된 것은 로스메론 봉(3,536m)이며, 1358년의 일이었습니다.

성경에서도 방주로 유명한 노아는 아라랏 산 꼭대기에 도달했다고 하며(창 8:4), 모세는 시내 산에 올랐고, 다윗은 감람 산에 올랐고(삼하 15:30), 예수님은 이 산에서 복음을 전하셨습니다(마 24:3).

우리나라는 1977년 9월 15일 고상돈 대원이 에베레스트 정상에 태극기를 꽂음으로 한국 산악인의 기개를 세계에 떨쳤습니다.

등산은 산에 오르는 것을 말하지만, 오늘날 등산은 하나의 스포츠로 산에 오르는 것 자체에서 즐거움과 보람을 찾고 있습니다. 등산에는 길잡이의 역할을 하는 셰르파의 기능이 큽니다.

인생의 길잡이는 더욱더 중요합니다. 인생에도 여러 갈래의 길이 있습니다. 졸업, 유학, 취직, 결혼 등도 각각 중요한 인생의 갈림길이 될 것입니다. 이때 부모나 선생, 선배의 지도는 고마운 일이 아닐 수 없습니다. 그러나 진정한 만족과 평안을 얻는 길을 걸어가려면 하나님의 인도를 기다릴 필요가 있습니다.

본문의 '옛적 길'이란 모세를 통하여 하나님께서 가르쳐 주신 올바른 길을 가리킵니다. 그것은 성경에 기록되어 있습니다. 성경은 읽는 사람을 바른 길로 인도하는 영혼의 길잡이입니다. 인생의 갈림길에 섰을 때 기도하는 가운데 성경에서 바른 길을 찾아내어 하나님께서 가르쳐 주시는 길을 걸어가면 마음에 평안을 얻고 축복받는 인생을 살 수 있습니다.

✤ 기도제목
 1) 정초에 세웠던 신앙의 계획이 무너지지 않게 하소서.
 2) 선한 길을 걸으므로 마음이 평안케 하소서.

"다 내게로 오라"

♣ 성경 마태복음 11:28   찬송 526(316)장 ♣

어떤 청년이 자기의 고민을 해결하기 위해 부흥회에 참석했는데, 연단 뒤에 크게 써 붙인 오늘의 말씀을 보고 "아니 이곳은 휴게소구나! 난 아직 지쳐 있지 않아 쉴 필요를 느끼지 않아." 하고 곧 밖으로 나왔습니다.
 그 후 그는 실패를 거듭한 끝에 드디어 자살을 결심하고 모르핀 한 병을 호주머니에 넣고 어느 깊숙한 숲속으로 들어갔습니다. 그런데 그 병뚜껑을 열었을 때 이상한 소리가 들려왔습니다. 그것은 "수고하고 무거운 짐 진 자들아 다 내게로 오라"라는 말씀이었습니다.
 그는 깜짝 놀라 주위에 혹시 누가 있나 해서 사방을 살펴보았으나 아무도 눈에 띄지 않았습니다. 또다시 그 말씀이 들려왔습니다. 마음을 가라앉히고 조용히 생각해 보았습니다. 그때 1년 전에 부흥회에 갔다가 연단 뒤에 써 붙였던 말씀이 생각났습니다. 그는 곧 산에서 내려와 교회에 가서 자기의 잘못을 뉘우치고 그리스도를 영접하여 새로운 사람이 되었습니다.

 인생을 고통이 끊임없이 계속되는 망망대해와 같다 하여 고해(苦海)라고도 합니다. 아마도 이 세상을 살기 좋은 곳으로 생각하는 사람은 아무도 없을 것입니다. 사람은 누구나 병이나 그 밖의 육체적인 고통, 애정의 파탄, 사업의 실패 등 어떤 무거운 짐에 시달리고 있습니다. 그리고 신문 지상에는 살인과 강도 등 처참한 사건이 그칠 날이 없습니다.
 인생은 무엇 때문에 이렇게 살기가 어렵고 고통스러울까요?
 그것은 인류의 조상인 아담과 하와를 통해 죄가 침투되었기 때문입니다. 그리하여 이 땅은 저주를 받아 종신토록 수고하면서 살게 되었다고 창세기 3:17에 명기되어 있습니다. 아담과 하와가 마귀의 꼬임에 빠져 범죄한 후 인류는 마귀의 지배를 받게 된 것입니다.
 이것을 회복하기 위해 하나님께서는 오랫동안 이모저모로 역사해 오셨으며, 독생자까지도 십자가에 못박혀 희생이 되게 하신 것입니다.

✚ 기도제목
 1) 수고하고 무거운 짐 진 자들을 예수께 인도하게 하소서.
 2) 아직도 믿지 않는 이웃 친척이 예수를 영접하게 하소서.

그리스도의 멍에

♣ 성경 마태복음 11:29 찬송 272(330)장 ♣

일본이 낳은 세계적인 신앙의 거성 가가와 도요히꼬는 생애의 대부분을 빈민굴에서 보내면서 헐벗고 굶주린 사람들의 벗이 되었고 복음을 전하는 일에 전념했습니다. 그는 자신이 그리스도를 마음에 영접하게 된 동기에 대해 다음과 같이 말하고 있습니다.

"아버지는 마흔 넷을 일기로 뇌막염이라는 병으로 세상을 떠나셨다. 아버지가 별세한 지 두 달만에 어머니마저 서른 넷이란 젊은 나이로 돌아가셨다. 그때 나는 난 지 겨우 4년 6개월밖에 되지 않았다. 열한 살에 나는 절간에서 논어, 맹자를 배웠다. 성인이 되라는 교훈도 귀가 따갑도록 들었지만 내 몸 속에는 성인이나 군자의 피가 없었다. 나의 형인 하시가즈도 아버지 못지않은 술꾼이었다. 그런 형님의 방탕한 꼴을 보고 나도 자칫하면 형님처럼 타락의 구렁텅이 속으로 빠져드는 것이 아닌가 하고 걱정했다.

소학교를 마치고 나는 어떤 사숙(私塾)에 다니면서 중학 교육을 받게 되었다. 숙장은 기독교 신자로 영어를 가르치는 분이었다. 내 일생에 그리스도인과 접촉한 것은 이분이 처음이었다. 그러나 불행하게도 그 숙장은 내게 그리스도에 대해 아무것도 가르쳐 주지 않았다. 그때 어떤 미국인 선교사에게서 영어 공부를 하기 위해 성경을 배우기 시작한 것이 계기가 되어 그리스도의 '멍에를 메고' 그리스도에게서 배우게 되었다."

멍에란 소에게 수레를 끌게 할 때 그 힘의 균형을 조정하기 위해 목덜미에 얹는 횡목을 말합니다. 이것을 메면 소는 자기의 뜻대로 걸어갈 수 없습니다. 인생도 마찬가지입니다. 자기 뜻대로 되지 않아 고뇌에 빠질 때가 있습니다.

그때 그리스도를 마음속에 영접하면, 우리 멍에의 한쪽을 예수님께서 짊어지시고 계신다는 것을 알게 되며, 이때 우리의 마음속에는 진정한 평안이 주어집니다.

✞ 기도제목
1) 나에게 주신 재능을 주와 이웃을 위해 사용하게 하소서.
2) 예수의 멍에를 메고 힘써 배우게 하소서.

복음의 씨를 뿌리자

♣ 성경 빌립보서 2:4~5 찬송 496(260)장 ♣

검은 대륙에 복음의 씨를 뿌린 리빙스턴은 1842년 약 반 년 동안 문명과는 완전히 담을 쌓은 아프리카 오지인 레페롤레라는 곳에서 그곳 토인들과 함께 생활하면서 언어뿐만 아니라 그들의 법도와 풍습과 그 밖의 모든 것을 자세히 연구했습니다.

이 일대에 살고 있는 토인들은 매우 사납고, 이기심이 강하며, 조금이라도 자기들을 의지하는 사람에게는 교만하기 짝이 없었으나, 강자 앞에서는 비굴해지는 족속이었습니다.

이들은 하나님과 추장을 잘 분간하지 못하여, 추장을 하나님이라고 부르기도 했습니다. 그리고 리빙스턴이 옆을 지나갈 때에도 "하나님!" 하고 부르기 때문에 매우 난처했습니다. 그는 이렇게 쓰고 있습니다. "나는 인류가 이렇게 가엾게 퇴화된 사실을 그토록 실감한 적이 없다. 인간이 동물과 같게 되었다는 사실은 슬픈 일이다."

1843년부터 리빙스턴은 마붓사라는 곳에 정착하여 땅을 사서 집을 짓고 전도에 힘썼습니다. 그런데 이곳에서 그는 불행하게도 사자에게 물린 사건이 있었습니다. 리빙스턴은 왼쪽 어깨에 열한 군데나 사자의 이빨 자국이 나 있었으나 다행히 목숨은 건지게 되었습니다.

이 땅에서 사역을 다 마치신 예수님이 승천하시면서 마지막으로 제자들에게 남기신 말씀이 있습니다. 이 말씀은 그냥 말씀이 아니고 예수님의 유언이고 명령입니다. 전도가 그리스도인들에게 주어진 주님의 지상명령인 것입니다. 그래서 전도는 구원 받은 성도들이라면 무엇보다도 우선해서 해야 할 지상 최대의 과제입니다.

리빙스턴이 뿌린 복음의 씨는 아프리카의 복음화 운동에 큰 밑거름이 되었습니다. 오늘날 복음이 세계 방방곡곡에 널리 전파되어 심지어 공산국가에도 성경 보내기 운동이 크게 전개되고 있는 이면에는 이처럼 리빙스턴과 같은 박애정신이 투철한 사람의 노고가 있었던 것입니다.

✞ 기도제목

1) 믿음의 씨, 사랑의 씨를 뿌리는 자가 되게 하소서.
2) 예수의 마음으로 예수의 향기를 풍기게 하소서.

행복한 일생을 보내려면
♣ 성경 마태복음 6:22~23 찬송 321(351)장 ♣

장마철이라 비 오는 날에는 염전 집에 시집간 딸 장사 안 될까봐 속상해 하고, 날씨가 활짝 개인 날에는 우산 집으로 시집간 딸 장사 안 될까봐 한숨만 쉬고 있던 할머니가 있었습니다.
이웃에 사는 사람이 할머니에게 말했습니다.
"할머니, 개인 날에는 염전 집 딸을 생각하고, 비 오는 날에는 우산가게 딸을 생각하면서 사셔요."
그 말에 귀가 번쩍 열린 할머니는 날마다 웃는 얼굴로 살았다고 합니다.

이 세상의 모든 사물에 빛과 어두움이 있는 것처럼 우리의 생애에도 이와 같이 밝은 면과 어두운 면이 있습니다. 만일 당신이 행복한 일생을 보내려고 한다면, 언제나 밝은 면을 보아야 합니다.
가령 친구끼리도 서로 상대방의 결점을 찾고 의심하게 되면 우정은 사라지고 오히려 적대 관계가 형성됩니다. 가정도 마찬가지입니다. 식구끼리 서로의 결점을 끄집어내고 탓하기만 한다면 그 가정은 어둠에 싸이게 됩니다. 그 대신에 서로의 결점을 용서하고 감싸면서 피차의 장점을 보고, 기쁨을 나누고 격려할 수 있다면, 밝고 즐거운 가정이 될 것은 틀림없습니다.
사물은 보는 관점에 따라 그 사물 자체는 변하지 않지만, 이와 달리 인간의 마음은 변하기 마련입니다. 어두운 면만을 보고 있으면 마음도 어두워집니다. 그러나 반대로 밝은 면을 보고 있으면 마음도 밝아져 번민이나 걱정도 사라지고 즐거운 나날을 보낼 수 있습니다.
예수 그리스도를 우리 마음의 주인으로 모시면 긍정적인 사고를 하게 되고 행복한 생애를 살 수 있습니다.

✞ 기도제목
1) 예수 그리스도를 내 마음의 주인으로 삼게 하소서.
2) 영안을 밝게 떠서 유혹에 빠지지 않게 하소서.

48 / 2월 5일

그리스도의 사랑

♣ 성경 마태복음 5:43~44   찬송 303(403)장 ♣

　1942년 10월 19일 여수와 순천에서 반란이 일어나 각각 고등학교와 중학교에 다니던 손양원 목사의 아들 동인과 동신은 좌익 학생들에게 끌려가 목사의 아들이라는 이유로 무수히 얻어맞고, 예수를 버리고 그들에게 협력하라는 요구를 받았습니다.
　그러나 두 형제는 이를 완강히 거절하다 총에 맞아 나란히 쓰러졌습니다. 어린 두 형제는 저들에게 억울하게 총상을 당하면서도 저들을 용서해 주실 것을 하나님께 기원했습니다.
　"아버지여, 무지한 저들을 용서하시고 내 영혼을 받으시……."

　이 소식을 전해 들은 손 목사는 큰 슬픔을 큰 기쁨으로 바꾸어 생각했습니다. 두 아들이 순교하여 하늘나라에서 영광을 차지할 것을 확신했기 때문입니다.
　그는 목자로서 아들을 총으로 쏘아 죽인 자가 당하게 될 책벌과 멸망에 대해 커다란 책임을 느끼게 되었습니다. 그리하여 군 당국을 잘 설득하여 사형직전에 있는 범인 안재선을 데려다가 양자로 삼아 기르기로 했습니다.
　손 목사는 구사일생(九死一生)으로 목숨을 건진 재선의 손을 꽉 잡고 "네가 동인과 동신에게 저지른 죄는 기억하지 않을테니 살아 계신 하나님 앞에 잘못을 뉘우치고 예수를 믿어 훌륭한 일꾼이 되어다오. 그리하여 내 죽은 두 아들이 할 일을 네가 대신 해야 한다."라고 말했습니다.
　재선은 감격한 나머지 눈물만 흘릴 뿐 입을 열지 못했습니다.
　이것이 그리스도의 사랑입니다.

✚ **기도제목**
　1) 용서할 수 없는 자를 그리스도의 사랑으로 용서하게 하소서.
　2) 죄인을 사랑한 그리스도를 널리 전하게 하소서.

인생의 추운 겨울
♣ 성경 여호수아 5:15   찬송 338(364)장 ♣

모세의 후계자인 여호수아는 하나님의 기적에 의해 요단강을 무사히 건너갔으나, 눈앞에 높이 치솟은 여리고의 성벽 앞에 멈춰섰습니다. 그때 칼집에서 검을 빼든 한 사람이 여호수아에게 다가왔습니다. 그가 온 것은 여호수아가 이끄는 군사를 지휘하는 장군으로 왔던 것입니다.

그는 여호수아에게 말했습니다.
"네 발에서 신을 벗으라 네가 선 곳은 거룩하니라"
'신을 벗는다'는 것은 당시에 종이 된다는 표시이며, 절대 복종을 의미합니다. 그러니까 여기서는 하나님의 종을 가리킵니다. "네가 선 곳은 거룩하니라"는 것은, 그곳은 하나님께서 임재하신 곳 즉 하나님께서 함께하시는 곳이라는 뜻입니다. 여호수아는 이것을 인정하고 그대로 했습니다.

괴로운 곳에서도 하나님의 임재를 의식하고 감사하며 복종했던 여호수아는 승리에 승리를 거듭하여 하나님의 영광을 드러내었습니다.

엄동설한의 강추위는 사람의 몸과 마음까지도 얼어붙게 하기가 일쑤입니다. 그러나 겨울은 우리에게 필요한 계절입니다. 겨울 동안에 나무들은 뿌리를 깊이 내리고 연륜(年輪)도 겨울 동안에 생깁니다. 또 살을 에는 듯한 강추위는 땅 속의 해충을 죽여 농작물의 풍작을 대비하게 하고, 성장을 중단시키는 겨울은 흙에 안식을 제공하여 이듬해의 눈부신 활약을 위한 힘을 기르게 합니다.

우리 인생에도 겨울이 있습니다. 때로는 사업에 실패하기도 하고, 중한 병에 걸리기도 하고, 사랑하는 사람과 이별하는 슬픔이 닥치는가 하면, 오해나 박해로 밤마다 잠을 설치는 경우도 있겠으나 여호수아와 같이 하나님의 하나님 되심을 인정하고 모든 것을 그분께 맡기기만 하면 인생의 추운 겨울을 능히 이길 수 있을 것입니다.

✜ **기도제목**
1) 지금 있는 곳에서 하나님을 잘 섬기게 하소서.
2) 인생의 겨울을 만나도 좌절하지 않게 하소서.

영혼의 캄캄한 밤

♣ 성경 욥기 23:10   찬송 341(367)장 ♣

욥은 부유하고 도덕적으로 건전하며, 남을 돕고, 하나님의 뜻에 어긋나는 일이 없었습니다. 그러므로 하나님은 욥을 가리켜 "그와 같이 온전하고 정직하여 하나님을 경외하며 악에서 떠난 자가 세상에 없느니라"(욥 2:3)라고 칭찬하셨습니다. 그런 욥에게 불행한 일이 잇따라 일어났습니다.

갑자기 예기치 않은 폭풍으로 말미암아 막대한 수의 가축을 잃고, 뒤이어 일어난 재앙 때문에 10명의 사랑하는 자녀를 한꺼번에 잃었으며, 그의 몸은 처참하게 병에 걸리고 말았습니다. 그러자 사랑하는 아내도 이를 감당치 못하여 어디론가 도망쳐 버렸습니다. 그런 가운데서도 욥은 하나님을 원망하지 않고 "주신 자도 여호와시요 취하신 자도 여호와이십니다."라고 고백했습니다. 욥이 시련을 마쳤을 때, 하나님께서는 욥의 번영을 되돌려 주시고 재산도 두 갑절로 늘려 주셨습니다.

세상에는 욥의 재난을 죄 때문이라고 탓한 욥의 친구처럼, 악인악과(惡因惡果)의 인과응보로만 생각하는 사람도 있습니다. 그러나 욥기는 모든 슬픔이 죄의 결과라고 단정하지 않고 사랑하는 사람을 잃게 되거나, 육체의 건강을 해치는 것이 하나님의 뜻 가운데 일어나고 있음을 가르치고 있습니다.

욥이 "그가 나를 단련하신 후에"라고 고백하고 있는 것처럼, 그것은 하나님의 시련이라는 것입니다. 이것을 알지 못하면, '영혼의 캄캄한 밤'의 경험은 우리의 확신을 흔들어 떨어뜨리고, 장래의 전망을 어렵게 하여 드디어 자기가 태어난 날을 저주하고, '하나님을 잃어버리고' '죽음을 자처하게' 될 것입니다.

욥은 그 어둡고 캄캄한 밤에 살아 계신 구속의 주이신 하나님을 보았습니다. 지금 영혼의 캄캄한 밤을 지나고 있다면 욥과 같이 살아 계신 하나님을 의지하기 바랍니다.

✚ 기도제목
1) 시련 중에도 하나님을 잊지 않게 하소서.
2) 나를 단련하시기 위해 시련 주심을 감사하게 하소서.

사랑과 질투
♣ 성경 로마서 12:15   찬송 310(410)장 ♣

미인 선발 대회에서 경쟁하다가 아깝게도 2등이 된 사람이 1등이 된 친구를 몹시 질투하고 미워한 끝에 그의 아름다운 얼굴에 유산을 뿌려 큰 상처를 입혔습니다. 그녀는 얼굴에 큰 상처를 입고 절망과 비탄과 분노로 말미암아 자기의 일생을 망친 친구를 죽이고 자기도 죽으려고 결심까지 했었지만 그리스도를 영접하고 세례 받을 결심을 하게 되었습니다.

세례를 주기 전에 목사가 그에게 "예수께서 십자가 위에서 당신을 죽이려는 사람들을 용서하신 것처럼, 얼굴에 유산을 뿌려 큰 화상을 입히고, 자매님의 밝은 인생을 망가뜨린 그 친구를 진심으로 용서할 수 있나요?"라고 물었습니다. 그는 "진심으로 용서할 수 있습니다."라고 분명히 대답했습니다. 십자가의 사랑으로 추악한 자신의 죄를 용서받은 그녀가 상대방의 죄를 용서할 수 있는 인간으로 변화되었던 것입니다. 얼굴의 아름다움을 잃었지만 하나님으로부터 마음의 아름다움을 선물로 받게 된 것입니다.

인간에게는 남의 불행을 동정하면서도 마음 어딘가에 자기의 우월을 기뻐하기도 하며 남의 행복을 축하할 때에도 마음 한구석에는 자기도 알 수 없는 작은 반감이 숨어 있습니다. 그리고 그것이 부지불식간에 '부러워하는 마음' '질투하는 심정'으로 발전하는 경우가 있습니다.

'부럽다'고 생각하고 있는 동안은 아직 괜찮습니다. 부러워하는 것은 남의 행복을 보고 자기도 그렇게 되었으면 하고 생각하는 데 그칩니다. 그러나 질투하는 것은 남의 장점이나 행복을 기뻐하는 대신에, 트집을 잡거나 비방하여 드디어 그 사람이 불행해지기를 바라게 됩니다.

자연 그대로의 인간은 "즐거워하는 자들과 함께 즐거워하고 우는 자들과 함께 울라"라는 사랑의 테스트에 실패하기가 일쑤입니다. 그러나 자기 죄를 뉘우치고 그리스도를 마음속에 받아들인 사람은 그리스도의 십자가의 사랑에 의해 사랑의 테스트에 합격할 수 있습니다.

✚ **기도제목**
  1) 타인의 희로애락을 내 것으로 알게 하소서.
  2) 그리스도의 사랑으로 이웃을 사랑하게 하소서.

사랑과 거짓

♣ 성경 로마서 12:9 찬송 293(414)장 ♣

어느 도시에 아버지는 대학 교수로 신망이 두터운 인격자이고 어머니도 훌륭한 집안 출신으로 교양이 풍부한 부인의 딸이 있었습니다. 그 딸은 아버지의 주선으로 일류 회사에서 근무하게 되었습니다.

그런데 사회는 그녀를 그냥 내버려 두지 않았습니다. 어떤 청년이 온천 여행에 가서 하룻밤 묵고 오자고 끈질기게 유혹했습니다. 물론 그녀는 한마디로 딱 잘라 거절했습니다.

어느 날 그녀는 길을 가다가 무심코 손수건을 떨어뜨렸습니다. 그러자 마침 옆을 지나가던 청년이 그 손수건을 주워 그녀에게 넘겨주었습니다. 그 일이 인연이 되어 자연스럽게 미소를 주고받게 되고, 서로 말도 건네는 사이가 되었습니다.

그러던 어느 날 두 사람은 함께 어깨를 나란히 하고 다방에 들어가 차를 마실 정도로 사이가 진전되어 다음 데이트를 약속하고, 그 다음에는 파티에 함께 가고, 밤이 깊었으므로 집까지 바래다주겠다는 구실로 따라온 청년과 어둠 속에서 처음으로 키스를 했습니다. 청년은 드디어 자기의 본성을 드러냈습니다. 색마의 교묘한 유혹 앞에 세상 물정을 알지 못하는 그녀는 쉽사리 걸려들었습니다.

이 세상에 사랑이 소중한 것은 두말할 필요가 없습니다. 사랑에는 어떤 위선이나 가장, 또는 이면에 다른 동기가 숨어 있어서는 안 됩니다. 어떤 이득을 계산에 넣고 사랑하는 타산적인 애정도 있을 것입니다.

주는 것보다 얻는 것을 목적으로 한 이기적인 사랑은 사랑의 가면을 쓴 욕망입니다. 그것은 인격도 인생도 파괴시킵니다.

사랑에 거짓이 있어서는 안 됩니다. 온천 여행을 한마디로 물리친 순결한 그녀의 모습과 결혼도 하지 않은 이성에게 몸을 맡기는 그녀의 모습 사이에는 큰 거리가 있습니다. 사랑의 가면을 쓴 욕망은, 교묘히 사랑을 파괴로 인도합니다. 가면을 쓴 애정에 속는 것은 위험합니다.

✞ 기도제목
 1) 거짓이 없는 진실한 사랑을 하게 하소서.
 2) 받는 것보다 주는 사랑을 하게 하소서.

사랑은 거룩한 낭비입니다

♣ 성경 요한복음 12:1~3　찬송 50(71)장 ♣

초기의 한국 어느 교회에서 어렵게 돈을 모아 성전을 짓고 있었는데 채 짓기도 전에 돈이 바닥났습니다. 그런데 미국에서 몇 만 불의 돈이 통장으로 들어왔습니다.

성도들은 하나님이 보내신 돈이라고 환호성을 지르며 교회는 금세 축제 분위기가 되었습니다. 넉넉하게 들어온 돈 탓에 처음 예상했던 것보다 과하다 싶을 정도로 최고급 자재를 사용하여 성전을 건축하고 성황리에 입당 예배를 드리던 날 한 장로님을 통해 돈의 출처를 전해 듣게 되었습니다.

미국의 한 가난한 성도가 멀리 한국의 한 교회가 돈이 없어 성전 건축을 중단했다는 소식을 들은 후 몇 날 며칠을 고민했다고 합니다. 그동안 하나님이 베풀어 주신 은혜가 너무 고마워 뭔가 해드리고 싶었던 그가 내린 결론은, 돈 없고 대신 자신의 한 쪽 눈을 팔아서 한국 교회에 보낸 것입니다. 한국 교회 초기에 실제로 있었던 일이랍니다.

사람은 사랑을 먹고 삽니다. '사랑'은 세상에서 가장 아름다운 단어입니다. 우리가 가장 듣고 싶어 하는 말도 "사랑합니다."라는 말입니다. 사랑받은 사람은 받은 사랑의 은혜에 보답을 해야 합니다. 사랑은 거룩한 낭비입니다. 사랑하면 아무리 주어도 아까울 것이 없습니다. 하나도 남김없이 줍니다.

전부를 줄 수 있는 것은 사랑하기 때문입니다. 더 못 줘서 안타까울 뿐입니다. 예수님의 십자가는 가장 완전하고 성스러운 낭비입니다. 기독교의 역사는 마리아처럼 거룩한 낭비를 한 사람들의 역사입니다.

지난날 순교자들의 거룩한 낭비를 통해 현재의 한국 교회가 존재하는 것입니다. 수많은 마리아가 '그토록 값비싼 향유'를 주님께 드린 것처럼 우리도 내가 가진 최고의 것을 주님께 드릴 수 있어야 합니다.

✚ **기도제목**
1) 마리아처럼 감사하며 살게 하소서.
2) 예수님처럼 십자가의 사랑을 실천하며 살게 하소서.

화평케 하는 자의 복

♣ 성경 마태복음 5:9   찬송 406(464)장 ♣

주님, 나를 평화의 도구로 삼아 주십시오. 미움이 있는 곳에 사랑을, 상처가 있는 곳에 용서를, 불화가 있는 곳에 일치를, 의심이 있는 곳에 믿음을, 오류가 있는 곳에 진리를, 절망이 있는 곳에 희망을, 슬픔이 있는 곳에 기쁨을, 어둠이 있는 곳에 광명을 심게 하소서.
　오 거룩하신 주님, 위로를 구하기보다는 위로하게 하시고, 이해를 구하기보다는 이해하게 하시고, 사랑을 구하기보다는 사랑하게 하소서. 우리는 줌으로써 얻고 용서함으로 용서받고 죽음으로써 영생에 이르기 때문입니다. 아멘
　　　　　　　　　　　　　　　　　　　　　　　　　- 평화의 기도 -

　세상에는 분쟁을 일으키는 사람들이 있고, 반대로 분쟁을 사라지게 하는 사람들도 있습니다. 서로 등진 사람 사이를 조정하거나, 불화를 완화하거나 혹은 대립된 감정을 해소시키는 사람들, 이들을 가리켜 화평케 하는 자라고 하며, 이들은 하나님과 비슷한 역할을 하는 사람이라고 할 수 있을 것입니다. 그리스도께서도 이들에게 "하나님의 아들이라 일컬음을 받을 것이다"라고 말씀하셨습니다.
　'하나님의 아들'은 '하나님과 비슷한 역할을 하는 사람'이라는 뜻이며 예수 그리스도께서 "화평하게 하는 자는 복이 있나니 그들이 하나님의 아들이라 일컬음을 받을 것이요"라고 하신 것은 인간과 인간 사이에 올바른 관계를 조성하여 이 세상을 살기 좋은 곳으로 만들려고 하는 자들은 하나님과 비슷한 역할을 하는 사람들이기에 복이 있다는 것입니다.
　그리스도는 우리를 하나님과 화해시켜 주신 분입니다. 죄를 뉘우치고 그리스도를 받아들이면 하나님께서는 누구든지 완전히 새사람으로 거듭나게 하여 화평케 하는 하나님과 비슷한 역할을 하는 인간이 되게 하십니다.

✚ **기도제목**
　1) 나를 화평의 도구로 사용하여 주소서.
　2) 타락한 시대에 주와 화평하는 백성이 늘어 가게 하소서.

의와 핍박

♣ 성경 마태복음 5:10 찬송 393(447)장 ♣

전도하다가 핍박자들이 던진 돌에 맞아 죽어가던 스데반 집사님은 이렇게 기도했습니다. "아버지, 이 죄를 그들에게 돌리지 마옵소서."
 그는 핍박자를 위해서 "아버지 저들을 사하여 주옵소서 자기들이 하는 것을 알지 못함이니이다"라고 기도하셨던 예수님을 닮아 기도했습니다. 그런 기도가 핍박에 앞장섰던 사울이란 청년의 마음에 충격이 되었고, 훗날 회개하여 위대한 사도가 될 수 있었습니다.

 그리스도께서는 "의를 위하여 박해를 받은 자는 복이 있다"고 말씀하셨습니다. 사도 바울은 "무릇 그리스도 예수 안에서 경건하게 살고자 하는 자는 박해를 받으리라"(딤후 3:12)라고 말했습니다. 불의가 판을 치고 있는 비뚤어진 이 세상에서 올바로 살 때는 사람들에게 걸림돌과 같은 취급을 당하기 쉽습니다. 그리고 살아계신 거룩한 하나님께 등을 돌리고, 그릇된 우상 숭배를 하고 있는 나라에서 하나님을 공경하려고 하면 백안시되기 쉽습니다.
 일찍이 기독교를 아편이라 하여 배격하던 공산 국가에도 개방의 바람이 불어 신앙의 자유가 허용되고 있는 것은 반가운 일이라 하겠습니다.
 불신자는 하나님 대신에 연약한 자기를 의지하여, 자기를 정당화 내지는 절대화 하는 경향이 있으며, 자기의 주장이나 전통 및 습성에 따르지 않는 자를 말살하려고 합니다.
 오늘날에도 이런 폐단을 곳곳에서 찾아볼 수 있습니다. 가정이나 직장이나 사회에서 오해를 받거나 박해를 받는 사람들이 적지 않지만, 인내를 갖고 겸허하게 그리고 대담하게 대처해 나가야 합니다.
 예수님은 "천국이 그들의 것임이라······기뻐하고 즐거워하라 하늘에서 너희의 상이 큼이라"라고 말씀하셨습니다.

✟ 기도제목
 1) 주를 위하여 당하는 핍박이라면 달게 받게 하소서.
 2) 지금도 복음을 전파하기 위해 핍박을 받는 자들을 도우소서.

시련과 인내

♣ 성경 야고보서 5:11   찬송 337(363)장 ♣

영국의 조지 왕이 도자기 공장을 방문한 적이 있었습니다.
 특별 전시실에 같은 원료와 타일로 같은 무늬가 새겨져 있으며 같은 유액을 발랐다고 설명되어 있는 두 개의 도자기가 전시되어 있었습니다.
 하나는 윤기와 생동감이 있어서 누가 보아도 예술적 가치가 넘치는 반면 또 하나는 이상하게도 전혀 그런 가치를 느끼지 못할 정도였습니다. 불에 구운 것과 굽지 않은 것의 차이였는데 불이라는 시련이 인생을 얼마나 윤기 있고 생동감 있게 만들며 얼마나 아름답게 하는 것인가를 보여 주기 위해서 전시했다고 관리인은 왕에게 설명하였습니다.

 끝까지 기다리는 자가 구원을 얻습니다. 성경은 마지막을 기다리며 인내하는 자를 복되다고 했습니다(약 5:7~8).
 믿음은 소망을 품게 합니다. 소망을 품은 자는 인내할 수 있습니다. 사랑은 모든 것을 견디는 것입니다. 잘 참고 견뎌야 '거목'이 됩니다. 스포츠 경기의 승부는 끝에 결정됩니다. 인생도 마찬가지입니다. 인생은 실패할 때 끝나는 것이 아니라 포기할 때 끝나는 것입니다. 시련 가운데 끝까지 믿음을 지킨 자들에게는 면류관이 준비되어 있습니다.
 "보라 인내하는 자를 우리가 복되다 하나니 너희가 욥의 인내를 들었고 주께서 주신 결말을 보았거니와 주는 가장 자비하시고 긍휼히 여기시는 이시니라"(약 5:11).
 지금 우리는 마지막 때를 살고 있습니다. 가서 끝까지 기다려야 합니다. 기다리면서 자신을 정결하게 해야 합니다. 사람들이 예수께로 돌아오도록 복음전파에 목숨을 걸어야 합니다. 끝까지 기다리는 자에게 놀라운 평안을 주십니다.

✞ **기도제목**
 1) 시련을 잘 참아 생명의 면류관을 얻게 하소서.
 2) 주여 나를 연단하소서.

사랑의 한마디

♣ 성경 골로새서 3:16   찬송 205(236)장 ♣

프랑스에서 있었던 이야기입니다. 어느 날 렝그랑드라는 실업가가 사장실에서 머리를 움켜쥐고 걱정에 싸여 있었습니다. 그때 한 청년이 문을 열고 사장실에 불쑥 나타나 "실례지만, 자금을 마련하는 문제로 고심하신다면 저에게 맡겨 주십시오." 하고 공손히 말하는 것이었습니다.

놀란 렝그랑드는 "내가 얼굴도 모르는 당신에게 어떻게 부탁한단 말이오. 그런데 무엇 때문에 당신은 생면부지의 나에게 그런 말을 하는 거요?" 하고 말했습니다.

그러자 그 청년 신사는 "생면부지라니 천만의 말씀입니다. 저는 사장님을 결코 잊을 수 없습니다. 저는 어렸을 때 가난하게 살았습니다. 그런데 어느 날 사장님은 당시에 교육장으로서 저희 학교를 참관하러 오셨습니다. 그때 사장님은 남루한 옷을 걸친 저에게 다가오셔서, 저의 머리에 손을 얹으시고, '애야, 영광의 길은 만인에게 열려 있어.'라고 부드럽게 말씀하셨습니다. 저는 그 격려의 말씀으로 사는 즐거움을 느끼게 되었어요." 하고 대답했습니다.

가난한 소년의 마음속에 사는 기쁨을 준 이 부드러운 사랑의 한마디가 이제 그 말을 한 본인에게 축복이 되어 돌아온 것입니다. 사랑스런 말의 축복은 이것으로도 알 수 있으리라고 생각되지만, 이보다도 더 큰 축복을 가져오는 것은 하나님의 사랑, 그리스도의 사랑이 충만한 성경 말씀입니다.

부드러운 사랑의 말은 언제나 그리고 누구에게나 필요합니다. 사랑이 충만한 부드러운 말은, 듣는 사람이나 말하는 사람에게 큰 축복을 주기 때문입니다. 그리스도의 말씀이 인간의 마음속에 심어 준 엄청난 축복은 우리가 헤아릴 수 없을 정도로 큽니다. 그것은 주의 피가 밑받침이 된 사랑의 말씀이기 때문입니다.

✞ 기도제목
1) 그리스도의 말씀으로 내 영혼이 기뻐하게 하소서.
2) 지혜의 말씀으로 가르치며 권면하게 하소서.

작은 일에 충성하라

♣ 성경 누가복음 16:10   찬송 330(370)장 ♣

할레스비 박사는 직업과 관련하여 "당신이 보다 나은 다른 직업을 맡을 만한 재능과 자격을 갖고 있는 것은 사실입니다. 그리고 당신이 좋아하는 직업을 갖고 싶어하는 것은 너무나 당연한 일입니다. 그러나 세상에는 그것을 열망하면서도 뜻을 이루지 못한 젊은이가 얼마나 많은지 모릅니다. 그 원인은 그들이 작은 일에 충성치 못한 데 있다고 한마디로 단정할 수 있어요."라고 말하고 있습니다.

자기의 직업에 만족하지 못하여 직장을 전전하면서 바꾸는 사람을 종종 보게 됩니다. 세상에는 마지못해 부모가 하던 일을 이어받아 하고 있는 사람이 있고, 가정 사정이나 그 밖의 이유로 할 수 없이 지금의 직업에 매달려 있거나, 또는 자기는 좀더 고급 직장에 취업할 만한 재능이나 기술을 갖고 있는데, '어째서 인정받지 못하는 걸까?' 의아해 하는 사람도 적지 않을 것입니다.

어쨌거나 자기의 의지가 없이 직장에 붙어 있는 사람은 소중한 청년 시절을 희생시키고 있다는 생각이 앞서 참을 수 없을지도 모릅니다.

성경에는 주인이 맡긴 돈을 불려 이윤을 남긴 종에게 "착하고 충성된 종아 네가 적은 일에 충성하였으매 내가 많은 것을 네게 맡기리니"(마 25:23)라고 칭찬하시고, 한편 맡은 돈을 불리지 못하고 그대로 내놓은 종에게는 "악하고 게으른 종아"라고 책망하시면서 맡긴 돈을 빼앗았습니다.

자기 의사에 어긋나는 일이라도 맡겨진 일을 충실히 하는 것이 보다 더 큰 일을 맡게 되는 비결이라고 성경은 가르치고 있습니다.

✤ 기도제목
1) 작은 일에, 남이 하지 않는 일에도 충성하게 하소서.
2) 건강할 때 부지런하여 힘써 일하게 하소서.

역경의 은총

♣ 성경 야고보서 1:2~4   찬송 338(364)장 ♣

미국이 낳은 세계적인 대부흥사 무디는 일찍부터 부친을 여의었고 집안이 무척 가난하여 어렸을 때부터 농장에서 일하면서 가난과 싸워야 했습니다. 17세 때에 날마다 똑같은 우유와 옥수수를 먹는 데 진저리가 나서 돈벌이를 위해 혈혈단신 집을 뛰쳐나와 조그마한 일자리를 구했는데, 그가 맡은 일은 독자들에게 신문을 발송하는 일이었으나 서툴러서 곧 해고되었습니다.
 할 수 없이 야속한 마음을 달래면서 터벅터벅 걸어서 집으로 돌아왔습니다. 고향 집 역시 그의 안식처가 되지 못했습니다. 거기에는 찢어지게 가난한 궁핍과 오래 묵은 타성이 남아 있을 뿐이었습니다. 며칠 후 보스턴으로 떠났습니다. 집을 떠날 때 형이 준 5달러의 돈은 밥을 사먹고 잠자는 데 다 써버렸습니다. 일자리를 구하기란 쉬운 일이 아니었습니다. 일자리라야 막노동, 허드렛일이었으나, 그것도 얻기가 여간 어려운 것이 아니었습니다.

 무디는 사람을 낚는 어부로서 많은 사람들을 그리스도 앞에 인도하기 전에 이처럼 고난의 공부를 했던 것입니다. 다시 말해서 신학 공부보다 인생 공부를 먼저 했던 것입니다. 이것은 머리로 하는 공부가 아니라 몸으로 하는 인내의 공부입니다.
 아프리카에서 번데기가 고치에서 뛰쳐나오느라고 몹시 애쓰는 것을 보고 여행자들이 딱하여 칼로 고치를 잘라 주었더니 나방은 쉽사리 나왔으나, 열대 지방의 독특한 그 아름다운 나비의 날개는 퇴색되어 볼품도 없고, 날을 수도 없게 되었습니다. 생물이 어려움과 싸우며 애쓰는 것은 성장을 위해 꼭 필요한 것이었음을 알게 됩니다.
 인생의 시련이나 고난은 오히려 그것에 의해 열대의 나비처럼 아름답게 빛나는 인격을 형성하기 위한 하나님의 선물로 보아야 할 것입니다.

✞ **기도제목**
 1) 나를 단련시켜 정금같이 되게 하소서.
 2) 고난을 통해 주의 뜻을 깨닫게 하소서.

하나님은 중심을 보십니다

♣ 성경 베드로전서 3:3~4 찬송 425(217)장 ♣

다빈치가 그린 「최후의 만찬」이라는 그림에 대한 에피소드입니다. 다빈치는 한 청년을 모델로 하여 하나님의 아들 그리스도의 모습을 그리는데 성공했습니다. 그 후 열한 제자들의 얼굴도 잇따라 그리고 마지막으로 그리스도를 배반한 유다의 얼굴만이 남았습니다. 그는 이 유다의 얼굴만은 아주 추악한 얼굴로 그려야겠다고 생각하여, 이번에는 전과 반대로 추악한 얼굴의 모델을 찾기 시작했습니다. 한번은 뒷골목 술집을 기웃거리다가 한 주정뱅이에게서 자기가 찾는 유다의 모습을 발견했습니다. 그는 그 주정뱅이를 모델로 하여 유다의 얼굴을 그리기 시작했습니다. 그림을 그리던 다빈치를 당황케 한 것은 유다의 모델이 되었던 그 주정뱅이가 전에 그리스도의 모델이 되었던 그 순결한 청년이었다는 사실이었습니다.

「최후의 만찬」에 대한 이 에피소드는 무엇을 말해 주고 있는 걸까요? 말할 것도 없이 인간이란 얼굴 모습은 같아도 아름다워질 수도 있고, 추악해질 수도 있다는 것입니다.

하나님은 중심을 보십니다. 다윗은 "주께서는 중심이 진실함을 원하시오니"(시 51:6)라고 했습니다. 중심은 겉이 아니라 속을 말합니다.

'중심'이란 말을 새번역 성경은 '마음'으로 번역했습니다. 인체를 구성하는 여러 기관들은 눈이나 현미경이나 특수 장비로 볼 수 있고 연구가 가능합니다. 그런데 '마음'은 위치도 모르고 생김도 모르고 색깔도 모릅니다. 그래서 볼 수도 없고 연구하기도 어렵습니다. 그런데 그 마음이 사람의 생각과 사상과 행동을 결정합니다.

중심을 보신다는 말은 마음속에 있는 결심이나 생각, 가치관, 성품을 보신다는 말입니다. 우리의 마음을 새롭게 하시기 바랍니다.

✟ **기도제목**
  1) 외모보다는 마음을 단장하게 하소서.
  2) 진실한 마음을 갖게 하소서.

참된 아름다움
♣ 성경 사무엘상 16:7   찬송 455(507)장 ♣

어느 왕궁의 공주가 결혼할 나이가 되자 왕은 서둘러 신랑을 찾고 있었습니다. 많은 지원자 중 세 명의 젊은이들이 남게 되었습니다. 왕은 그들에게 각각 금, 은, 동으로 만든 세 출입문을 보여 주고 "이 중 한 곳에 공주가 있을 것인데 그 문을 연 사람과 결혼할 것이다."라고 했습니다.

먼저 한 젊은이는 '공주는 아름다우니까 틀림없이 금으로 만든 문 안에 있을 것이다'라고 생각하고 그 문 앞에 섰고, 다른 젊은이는 '금으로 만든 문은 너무 화려하기 때문에 공주와는 어울리지 않는다'고 생각하며 은으로 만든 문 앞으로 갔습니다. 마지막 젊은이는 '공주는 금문 안에도, 은문 안에도 없을 것이다. 왜냐하면 모습도 아름답지만 그 마음씨는 더욱 아름답고 착하기 때문에 이 구리로 만든 문 안에 있을 것이다.'고 생각하며 동으로 만든 문 앞으로 갔습니다.

셋이서 함께 문을 열었을 때 구리 문을 택한 젊은이는 그 안에 있는 공주의 아름다운 모습에 그만 넋을 잃고 말았습니다.

하나님은 인간을 외모의 아름다움에 의해 평가하시지 않습니다. 오히려 그 사람의 내면, 즉 마음의 아름다움으로 평가하십니다. 우리가 질투나 비판이나 저주에서 벗어나려면 십자가밖에는 없습니다.

우리가 자기 마음의 추함을 인정하고 십자가를 똑바로 보면, 자기가 얼마나 하나님으로부터 사랑을 받고 있는지를 알게 될 것입니다. 그렇다면 남의 아름다운 용모를 질투할 필요도 자기의 추한 용모를 저주할 필요도 없을 것입니다. 용모 이상으로 하나님으로부터 사랑을 받고 있으니 말입니다. 그때 비로소 안으로부터 충만한 기쁨이 아름다움이 되어 밖에 나타나게 되는 것입니다.

참된 아름다움은 모든 세속적인 것에서 해방되고, 구원의 은총이 충만한 사람의 마음입니다. 하나님은 우리에게도 이것을 요구하십니다.

✚ 기도제목
1) 사람의 외모보다는 마음을 보게 하소서.
2) 마음이 아름다운 자들이 늘어가게 하소서.

아름다운 가정

♣ 성경 마태복음 7:1~3   찬송 315(512)장 ♣

서로 욕설을 퍼부으면서 불쾌한 나날을 보내고 있는 어느 중년 부부가 어느 날 이웃집에 가서 "어떻게 그 많은 식구가 싸움 한번 하지 않고 살아갈 수 있는지 그 비결을 좀 가르쳐 주셔요." 하고 부탁했습니다.

이웃의 젊은 주인이 웃는 얼굴로 "우리 집에서 싸움을 하지 않는 것은 모두 악인들만 모여 살기 때문이에요. 가령 내가 방 한가운데 놓인 찻잔을 모르고 발로 찼다고 해요. 나는 곧 '내가 그만 무지한 게 나빴어.'라고 말하죠. 그러면 집사람이 '아녜요. 진작 치우지 못한 내가 나빠요.' 하고 말해요. 그러면 어머니가 '아냐, 내가 옆에 있으면서 주의를 주지 않았기 때문이야.' 하고 말해요. 이처럼 우리 집에서는 모두 스스로 악인이 되려고 해요."라고 대답했습니다.

이 말을 듣고, "참 그렇군요." 하고 고개를 끄덕였다고 합니다.

평범한 이야기 같지만, 뜻밖에도 이런 면에 무심코 간과하는 진리가 숨어 있는 것이 아닐까요? 외면의 아름다움보다는 내면의 아름다움을 구하는 것이 무엇보다도 중요합니다. 자기 잘못은 조금도 인정치 않고 남의 실수를 곧잘 지적하는 우리 자신을 먼저 반성해야 할 것입니다.

남의 눈 속에 있는 티는 대들보처럼 크게 보이기 마련입니다. 그러나 아침마다 말씀의 빛에 의해 마음을 비춰보면, 자기 눈 속에 있는 대들보가 보이게 됩니다.

그리고 그것을 고백하고 용서를 구할 때, 그 마음에 하나님의 용서의 은총이 충만하여 남의 눈 속에 있는 티 같은 것은 보이지 않고 오히려 서로 감싸 주게 됩니다. 그렇게 되면 악인만이 살고 있는 가정처럼 자진하여 악인이 될 수 있어 남 보기에도 아름답고 원만한 가정생활을 할 수 있습니다.

✜ 기도제목
1) 남의 눈 속에 있는 티보다 내 눈의 들보를 보게 하소서.
2) 사랑으로 뭉친 아름답고 원만한 우리 가정이 되게 하소서.

역경과 하나님

♣ 성경 야고보서 1:2 찬송 337(363)장 ♣

한 청년이 기술병으로 군에 입대하여 작업하던 중에 부주의로 낭떨어지 아래로 거꾸로 떨어져 목이 부러지고 신경을 다쳐서 손은 물론 발도 전혀 움직여지지가 않았습니다. 다리가 성해 걸어다니는 사람만 보면 얄미웠고 하루라도 빨리 심장이 멎기를 진심으로 바라고 있었습니다. 그가 누워 있는 원호병원에는 원호교회가 병설되어 있었습니다. 그는 교회에 갈 수도 없었지만, 또 가고 싶지도 않았습니다. 절망의 밑바닥을 헤매는 그에게 어느 전도사가 끈덕지게 복음을 전했고, 그의 굳게 닫혔던 마음의 문이 차츰 열리게 되었습니다.

드디어 침대에 누운 채 교회 문을 두드렸습니다. 그는 휠체어를 타고 교회에 가는 것이 큰 소원이었고 죽기 전에 휠체어를 한 번 탈 수 있기를 기도했습니다. 누워서만 보던 세상을 앉아서 똑바로 보고 싶었던 것입니다. 그는 예배를 마치고 다른 동료의 휠체어를 빌려 억지로 탔습니다. 온 몸이 바스러질 줄 알았는데, 예상과는 달리 몸이 편안했습니다. 하나님께서 그의 기도를 들어 주셨던 것입니다. 모두들 박수를 치고 하나님께 감사했습니다.

우리들의 인생 여정 중에는 아픔과 슬픔의 날이 있을 것입니다. 그러나 걱정하지 마십시오. 아들을 주실 만큼(롬 8:32), 자신을 주실 만큼(엡 5:2) 우리를 사랑하신 하나님 아버지와 예수님이 우리를 지키시며 모든 것을 우리에게 주실 것이기 때문입니다.

야고보 사도는 여러 가지 시험과 시련을 당하게 되면 "온전히 기쁘게 여기라"라고 했습니다. 긍정적인 태도로 극복하라는 것입니다. 사실 여러 가지 시험과 시련을 온전히 기뻐해야 할 기회로 삼는 것은 결코 쉬운 일이 아닙니다. 그러나 모든 시험과 시련을 온전히 기쁘게 여기는 긍정적인 태도를 가진 성도는 반드시 모든 시험과 시련을 능히 극복하게 될 줄 믿습니다.

✚ 기도제목
1) 현재의 고난은 장차 임할 영광과 비교할 수 없음을 깨닫게 하소서.
2) 시련에 부딪혀 고민 중에 있는 이웃들을 돌보아 주소서.

환난과 인내

♣ 성경 고린도후서 4:8~10 찬송 339(365)장 ♣

인도의 사도 바울이라 불리우는 썬다 싱은 인도에서 히말라야의 높은 산맥을 무려 15차례나 드나들면서 라마교(불교의 일파)의 나라 티벳에 복음의 씨를 뿌리면서 일생을 보냈습니다. 오랫동안 라마교의 전통에 젖어 있는 미개한 이방인들에게 하나님의 도를 전한다는 것은 목숨을 버릴 각오를 하지 않으면 불가능한 일입니다.

썬다 싱이 일생을 티벳 전도에 바친 결과, 티벳의 하늘 아래 그의 발길이 닿지 않은 곳이 거의 없었습니다. 맹수가 우글거리는 밀림 속을 헤매기도 하고, 동굴에서 박쥐와 함께 잠을 자기가 일쑤였고, 히말라야의 눈사태를 헤쳐 나가야 했으나, 조금도 두려워하지 않았습니다.

그는 하나님의 말씀으로 고된 역경을 이겨 나갔습니다. 아무리 어려운 일을 당해도 초인적인 용기와 인내와 지혜로 묵묵히 개척해 나갔습니다.

우리가 무거운 짐을 지고 먼 길을 갈 때 가장 필요한 것은 참는 힘입니다. 우리에게는 일하는 힘, 싸우는 힘은 있으나 의외로 이 참는 힘은 적습니다.

우리 인생길에는 고난이나 병마 등 많은 무거운 짐들이 있습니다. 이를 이겨 나가는 데 필요한 인내력은 어디서 얻을 수 있을까요? 환난과 재앙 속에 살아온 바울은 '항상 예수의 죽음을 몸에 짊어지고 있다'고 말했습니다. 이것이 잇따른 환난이나 재앙을 이길 수 있었던 그의 비결이었던 것 같습니다.

예수님의 죽음이 바울에게는 자기 죄 때문에 십자가에서 피를 흘리신 구세주의 죽음이었습니다. 계속되는 시련 속에서도 바울은 자기를 위해 십자가 위에서 피를 흘려주신 예수님의 고통을 생각했을 것입니다. 시련을 참아 나갈 수 있는 힘이 그에게 주어진 것은 그 때문이었습니다.

✚ 기도제목
 1) 환난과 핍박 중에도 신앙을 배반치 않게 하소서.
 2) 예수의 십자가를 지고 좁은 길을 가게 하소서.

함께하시는 하나님

♣ 성경 고린도후서 1:3~11   찬송 336(383)장 ♣

인디언 한 부족에는 이런 성년식이 있습니다. 남자아이들에게 칼쓰기, 창던지기, 활쏘기 같은 강도 높은 무술을 가르친 다음, 남자아이가 13세가 되면 깊은 산속에 데리고 가서 혼자 남겨두고 옵니다. 깊은 산속에는 위험한 일도 많은데, 거기에서 살아 돌아와야 성인 대접을 받는 것입니다.

그 부족의 한 소년이 13세가 되었을 때 캄캄한 밤에 눈가리개로 그의 눈을 가리고 말에 태워 깊은 산속으로 데리고 가서 그 소년만 그곳에 남겨두고 왔습니다. 산속에 혼자 남은 소년은 무서워 떱니다. 사방이 무섭습니다. 낙엽 소리가 들려도 호랑이가 접근하는 것처럼 무섭게 느껴집니다. 정말 무서워 떨며 밤을 보내다 깜박 잠이 들었는데, 맹수가 공격해 오는 꿈을 꿉니다. 깜짝 놀라 잠에서 깨어나 보니 동이 트고 있습니다. 조심스럽게 사방을 살펴보는데 저편 바위 옆에서 두리번거리고 있는 한 남자가 눈에 들어옵니다. 자세히 보니 바로 자기 아버지입니다. 창과 칼과 활로 무장한 아버지가 짐승이 아들을 해칠까 봐 밤을 지새우며 살피고 있었습니다.

"아버지!"

그 아들이 얼마나 감격했겠습니까?

우리가 인생을 살다보면 정말 힘들고 어려울 때가 있습니다. 고통과 근심이 있을 수 있습니다. 아픔과 실패가 있을 수 있습니다. 절망과 좌절이 있을 수 있습니다. 시험과 환난이 있을 수 있습니다. 그러나 주님이 함께하시면, 겁날 것 없습니다. 주님은 내 편이시고 나의 하나님이시기 때문입니다.

우리는 하나님의 자녀입니다. 하나님께서는 우리를 버리지 아니하십니다. 주님께서는 지금도 "내가 너를 위로하는데 왜 낙심하느냐? 내가 너와 함께하는데 왜 낙심하느냐? 두려워 말라. 내가 너와 함께함이니라."라고 말씀하십니다. 위로하시는 주님의 음성을 들으시기 바랍니다.

✚ 기도제목
1) 환난 중에 있는 이에게 주님의 따뜻한 위로를 허락하소서.
2) 다른 사람의 눈물을 닦아 주는 위로자로 살게 하소서.

참된 친구

♣ 성경 야고보서 4:4   찬송 445(502)장 ♣

이스라엘의 왕이 된 다윗이 아직 소년이던 시절에, 이스라엘과 블레셋인 사이에 전쟁이 일어났습니다. 다윗 소년이 혼자 골리앗과 싸우겠다고 용감히 나섰습니다.

사울 왕은 속으로 코웃음을 쳤으나 불가불 허락하는 수밖에 없어서 다윗에게 "그럼 이 갑옷과 투구를 걸치고 가라!"라고 말했으나 다윗은 이를 사양하고, 목동의 옷차림 그대로 다섯 개의 조약돌을 무기로 삼고 싸우겠다고 말했습니다. 다윗은 하나님의 도움을 굳게 믿고 과감히 대적했습니다. 그 결과 다윗이 골리앗의 이마를 정통으로 맞혀 쓰러뜨림으로 이스라엘군에게 승리를 안겨 주었고, 백성들이 "사울이 죽인 자는 천천이요, 다윗은 만만이로다"하고 받들게 되자, 사울 왕의 질투로 다윗의 목숨이 위태로워졌습니다. 그때 다윗은 훌륭한 친구를 발견했습니다. 바로 사울 왕의 아들 요나단이었습니다. 그는 다윗을 자기 목숨처럼 사랑하여 다윗을 아버지 사울의 손에서 건져내었습니다(삼상 18-20장).

인간은 언제 역경에 놓이게 될지 알 수 없습니다. 이 요나단이야말로 참된 친구의 모본이라고 하겠습니다. 참된 친구는 요나단처럼 상대방이 역경에 놓여 있을 때에, 힘이 되어 주는 사람입니다.

이 요나단은 예수 그리스도의 그림자이기도 합니다. 예수 그리스도야말로 친구 중의 친구입니다. 그는 하늘의 영광을 버리고, 가난한 목수의 아들로서 남들이 손가락질하는 죄인이나 기생이나 세리, 병든 사람들의 친구가 되어 주셨습니다.

뿐만 아니라 아무 죄도 없이 십자가에 달려 목숨까지 버리셨습니다. 예수님은 우리가 죽어서 받아야 하는 죄의 형벌을 우리 대신에 받으셨습니다. 세상 친구는 나를 버릴 수 있어도 그리스도는 나를 버리지 않습니다.

✚ **기도제목**
  1) 슬픔을 함께 나누는 진정한 친구가 되게 하소서.
  2) 영원히 주만 찬송하게 하소서.

아름다운 우정

♣ 성경 디모데전서 2:1   찬송 434(491)장 ♣

뒤러에게는 한스라는 친구가 있었습니다. 그림에 소질이 있었던 두 사람은 장차 훌륭한 화가가 되고 싶어했습니다. 그러나 두 사람 다 집이 가난하여 그림 공부를 할 수 없었습니다.

한스는 뒤러에게 "뒤러, 자네가 먼저 이탈리아에 가서 그림 공부를 하게. 나는 일해서 자네 학비를 댈 테니까."라고 말했습니다.

이리하여 대장간의 일꾼이 된 한스는 그 후 날마다 해마다 열심히 망치를 휘둘러 학비를 마련하여 뒤러에게 보냈습니다. 이윽고 뒤러는 유명한 화가가 되어 고향으로 돌아왔습니다. 그때 뒤러가 제일 먼저 찾아간 사람은 물론 한스였습니다. 뒤러가 잡은 한스의 손은 오랫동안의 대장간 일로 온통 울퉁불퉁하고 딱딱한 못이 박혀 있었습니다. 도저히 화필을 잡을 손이 아니었습니다.

뒤러는 이 한스의 손을 모델로 하여 그 유명한 '기도의 손'을 그렸던 것입니다. 훌륭한 화가가 되어 주기를 바라는 일편단심에서 친구 뒤러를 위해 오랫동안 자기를 희생하여 망치를 계속 휘둘러온 그 울퉁불퉁한 한스의 손은, 그 우정에 뜨거운 감사를 품은 뒤러의 화필에 의해 세상에 영원히 전해지게 되었습니다.

거칠고 울퉁불퉁한 그러나 경건하게 두 손 모은 모습을 스케치한 '기도하는 손'이라는 제목의 그림 속에는 아름다운 우정 이야기가 숨어 있습니다. 우리는 이 그림에서 깊은 의미를 찾아보게 됩니다. 참된 우정은 경건한 기도에 의해 밑받침이 된다는 것입니다. 경건하게 두 손을 모은 기도의 손길에는 간구와 헌신과 감사가 있을 뿐입니다. 거기에는 어떤 이득도 거래도 교만도 없습니다.

모든 사람을 위해 손을 모아 기도합시다. 기도하는 마음속에 아름다운 우정이 생기고 그 기도에 의해 세상이 윤택해지는 것입니다.

✞ **기도제목**
1) 아름다운 우정의 친교를 하게 하소서.
2) 주 예수여 나의 영원한 친구가 되어 주소서.

잃어버린 자를 찾으시는 예수님

♣ 성경 누가복음 19:10 찬송 524(313)장 ♣

여리고에 살고 있는 삭개오의 가장 큰 관심사는 돈이며, 돈을 얻기 위해서 그는 당시에 사람들이 가장 싫어하는 세리가 되어 백성에게서 많은 세금을 거둬들이고, 치부도 하고, 세리장까지 되었던 것입니다.

이런 악덕 때문에 그는 사람들에게 따돌림을 받아 쓸쓸하게 살아가고 있었습니다. 그러나 그리스도께서는 이런 그를 사랑하셨습니다. 키가 작아 사람들로 에워싸인 예수님을 볼 수 없게 되자 뽕나무 위에 올라가 예수님을 내려다보고 있는 삭개오에게 예수님은 "삭개오야 속히 내려오너라 내가 오늘 네 집에서 유해야겠다"라고 말씀하셨습니다.

깜짝 놀란 삭개오는 급히 뽕나무에서 내려와 예수님을 자기 집에 맞아들였는데, 그때 그는 돈이나 지위나 그 밖의 무엇보다도 존귀한 사랑을 발견하게 되었습니다. 사랑이 충만해진 그는 자신의 과거를 깊이 뉘우치고, 가난한 사람들을 사랑하게 되었습니다.

자기의 어떤 소중한 물건을 잃어버리면 그것을 찾아낼 때까지 사방을 샅샅이 찾아다니게 됩니다. 그것이 어떤 물품인 경우에 찾지 못하면 때로는 체념해버릴 수도 있겠지만 만일 사랑하는 자식이라면 결코 체념할 수는 없을 것입니다.

세상에는 "하나님이 어디 있느냐? 있다면 보여다오. 볼 수도 만질 수도 없는 그런 허황된 하나님을 어떻게 믿는단 말인가."라고 말하며 멋대로 살아가는 사람들이 많습니다. 이들은 자기가 하나님으로부터 멀리 떠나 있는 것도 깨닫지 못하고, 또 살아 계신 하나님께서 자기를 부르고 계신 줄도 까맣게 모르고 있습니다.

하나님은 우리의 감각으로 알 수 있는 대상이 아닙니다. 성경을 통하여 하나님의 깊은 섭리와 경륜과 뜻을 알 수 있으며, 또한 성령을 받아 하나님을 직접 느낄 수 있습니다.

✞ 기도제목
1) 하나님의 존재를 의심하는 자들로 하여금 하나님을 느낄 수 있게 하소서.
2) 그리스도로 인하여 새로운 피조물의 삶을 살게 하소서.

고독에서 탈출하기
♣ 성경 요한복음 14:18 찬송 462(517)장 ♣

영국의 유명한 희극 배우 채플린은 많은 사람을 웃게 하는 사람입니다. 지금도 세계적으로 신화 같은 존재 아닙니까?
채플린이 어느 시골에 가서 공연을 하는데 너무 힘들고 고독하고 외로워 자살 직전까지 이르게 되어 병원을 찾아 갔습니다. 병원에서 진찰을 한참 하더니 의사가 "병은 없는데요. 이 마을에 채플린이라는 사람이 와서 공연 한답디다. 거기 가서 한바탕 웃으면 나을 것 같은데요."
그 사람이 문을 쓱 닫고 나오면서 "내가 채플린인데……."

남을 웃기면서 자기는 울고 있습니다. 딴에는 많은 사람을 행복하게 한다고 하면서 자기는 불행을 되씹고 있는 것입니다. 이것이 인생입니다. 아니, 이것이 생명입니다. 사느냐 죽느냐 하는 문제입니다. 이건 사치스러운 얘기가 아닙니다. 실존적 고민입니다.
우리에게는 "내가 너희를 고아와 같이 내버려두지 아니하리라"라고 말씀하시는 예수 그리스도가 계십니다.
고독은 영의 아버지이신 하나님을 떠나버린 사람에게 찾아옵니다. 그러므로 그 고독은 그가 하나님께로 돌아가기 전에는, 세상의 무엇으로도 채워지지 않습니다.
예수 그리스도는 인간을 고독의 심연에 빠뜨린 원인인 죄를 짊어지고, 십자가 위에서 대속의 제물이 되시고 사흘만에 다시 사시므로, 우리에게 영생의 길을 열어 놓으셨습니다. 누구든지 잘못을 뉘우치고 그리스도를 받아들이면 하나님을 아버지라고 부르게 되며 세상의 무엇으로도 채울 수 없었던 마음도 하나님의 사랑으로 채워집니다. 혹 세상에서 외톨이가 되어도 그리스도께서 동행해 주십니다.

✞ 기도제목
  1) 세상에서는 버린 바 되고 주 안에서는 존귀함을 받게 하소서.
  2) 주 안의 형제들과 아름다운 교제를 하게 하소서.

기도의 위력

♣ 성경 마가복음 9:28~29   찬송 539(483)장 ♣

찰스 시몬은 새벽 4시부터 아침 8시까지 기도했습니다. 웨슬러는 날마다 두 시간씩 기도했습니다. 요한 웰취는 하루에 8시간 내지 10시간을 기도로 보내지 않으면 그날 하루는 잘못 보냈다고 생각했습니다.

루터는 "만일 내가 날마다 새벽에 두 시간을 기도로 보내는데 실패했더라면, 그날의 승리는 마귀에게로 돌아갔을 것이다. 나는 너무나 할 일이 많기 때문에 날마다 3시간을 기도로 보내지 않는다면 결코 이 일을 지탱해 나갈 수 없다."라고 말했습니다.

손양원 목사는 "신도가 기도를 그치면 호흡이 끊긴 생물과 같다. 모든 병고는 기도를 게을리하는 데서 온다."라고 말한 적이 있습니다.

우리는 우선 기도 생활을 통하여 언제나 주님과 연결되어 있어야 하며, 방해하는 모든 것을 배제하고, 한 걸음 한 걸음 주님과 가까워지기 위해 '선한 싸움'을 싸워 나가야 합니다.

아침에 눈을 떴는데도 마음이 냉랭하면 마음을 가다듬어 자기를 온전히 주께 내맡기고 은혜를 간구해야 합니다. 이런 하루하루를 거듭해 나가면 자연히 심령이 다듬어져서 세상과 싸워 이기는 생활을 할 수 있습니다.

더러운 정욕을 품지 않게 되고 시기, 질투, 걱정, 혈기가 사라지면서 감사의 눈물이 솟구치고 주와 동행할 수 있습니다.

기도란 반드시 무릎을 꿇고 눈을 감아야만 하는 것이 아닙니다. 우리는 길을 가면서도 기도할 수 있고, 일을 하면서도 기도할 수 있습니다. 주님을 사모하고 마음을 십자가에 집중시키면 그것이 곧 기도가 될 수 있습니다.

✚ **기도제목**
1) 기도하는 데 더 많은 시간을 쓰게 하소서.
2) 기도로 호흡하고 말씀으로 활동하게 하소서.

여장 준비

♣ 성경 예레미야 29:11 찬송 485(534)장 ♣

루터신학교의 교장이었던 플센은 여행 중에 갑자기 왼쪽 발이 마비되어 수술을 받기 위해 급히 귀국하게 되었습니다. 그때 수술을 받지 않으면 반신불수가 되고, 수술에 실패하면 죽을 우려도 있는 중대한 일이었으므로, 한 친구가 걱정이 되어 위문을 갔더니, 플센은 자기 병에 대해 설명하고 예레미야 29:11의 말씀을 근거해서 이렇게 말했습니다.
"나는 앞으로 몸에 어떤 일이 일어날지 알 수 없지만, '주님은 알고 계시다.'고 말씀하셨네. 나는 이 말씀에서 큰 위로를 받고 있네. 그리고 주님 계획에 의하면, 나에게 재앙이 아니라 평안과 희망을 주시겠다고 하셨으니 지금 내 마음은 매우 평안하네."
플센은 자기 인생의 여로에서 마음의 준비를 갖추고 있었던 것입니다.
그 친구는 플센의 말에 한평생 잊을 수 없는 깊은 인상을 받았습니다.

해외여행자는 길을 떠나기에 앞서 여러 가지 준비로 바쁜 나날을 보냅니다. 해외여행을 하려면 물론 돈도 필요하고, 옷, 여행안내서, 세면도구, 상비약 등 준비에 소홀함이 없어야 합니다. 그런데 이런 외면적인 준비만으로 충분할까요?
사도행전 21:15에는 "여러 날 후에 여장을 꾸려 예루살렘으로 올라갈새"라는 바울의 짧막한 말이 쓰여 있습니다. 바울은 에베소에서 전도여행을 마치고, 예루살렘으로 가려고 가이사랴에 와서 "여장을 준비하고……"라고 말한 것으로 보아, 이 여장은 단지 외면적인 준비가 아닌 것을 알 수 있습니다. 즉 그리스도에게 모든 것을 맡기려는 마음의 여장을 의미합니다. 우리가 날마다 보내고 있는 인생의 여행에 대해서도 같은 여장이 필요합니다.
인생의 여로에는 언제 무슨 일이 일어날지 알 수 없습니다. 그러므로 하나님의 크신 손길에 자기를 맡기고, 말씀 위에 서야 합니다.

✠ 기도제목
　1) 순례자의 길을 가기 위한 여장을 잘 준비하게 하소서.
　2) 하나님의 손길에 전폭적으로 맡기는 삶을 살게 하소서.

희망의 노래

♣ 성경 베드로전서 1:3~4   찬송 484(533)장 ♣

마헤리아 잭슨은 케네디 대통령의 취임식에 특별히 초대되는 등 다섯 분의 대통령 앞에서 노래한 세기의 복음송가 가수입니다. 그녀는 흑인으로 가난한 집에서 태어나 여공으로, 화원 종업원으로 있으면서 쓰라린 인생의 겨울을 보냈습니다. 그러나 그녀는 "인간은 그리스도를 받아들여 그리스도의 말씀에 따라 살아가는 데 진정한 만족과 자유와 기쁨이 있다."라고 말했습니다. 또한 그녀는 "가스펠이야말로 희망의 노래다. 하나님은 나에게 가스펠을 노래하라고 목숨을 주셨다."라고 하며 죽을 때까지 계속해서 주를 찬미했습니다.

봄이 되면 고목 같던 나무에도 꽃이 피어나고 만물이 생기를 되찾게 됩니다. 봄에 대한 희망의 노래가 있으면 아무리 오랜 시련이나 고통스러운 인생의 겨울도 즐거운 마음으로 힘차게 살아나갈 수 있습니다.

술꾼인 남편 때문에 날마다 눈물로 보내면서 오직 자식의 장래를 위해 참고 살아가는 부인, 마약에 중독되어 있는 아들을 둔 어머니, 대학에 간신히 들어가기는 했으나 무엇 때문에 공부해야 하는지 알 수 없어 고민하는 학생 등등 세상에는 희망을 잃은 사람들로 가득차 있습니다. 거기에다 모든 사람에게 닥치는 죽음은 우리에게서 일체의 희망을 앗아갑니다.

얼어붙은 마음에 희망의 빛을 가져다주는 분이 계십니다. 그분은 죽었다가 살아나신 예수 그리스도입니다. 십자가에 달리셔서 우리를 죄에서 건져 주시고, 부활에 의해 죽음을 멸해 주신 예수 그리스도야말로 믿는 사람들에게 하나님과 함께 영원히 살 수 있는 희망과 기쁨을 안겨 주신 분입니다. 예수 그리스도를 받아들이면 고난 속에서도 희망의 노래를 부를 수 있습니다.

✟ 기도제목
 1) 고난 속에서도 주님을 바라보며 이겨내게 하소서.
 2) 썩지 않고 쇠하지 않는 산소망이 넘치게 하소서.

잠에서 깰 때
♣ 성경 로마서 13:11~14   찬송 347(382)장 ♣

감리교의 창시자인 존 웨슬레는 매일 새벽 4시에 침상에서 일어났습니다. 새벽에 일어나 규칙적으로 말씀을 보고 기도하였던 웨슬레는 깨어 있음으로 당시 산업화와 도시화 속에서 얼룩지고 부패한 영국 사회를 복음으로 구원하였던 것입니다.

바울이 드로아에서 말씀을 전할 때에 3층루 다락에 앉아 졸고 있던 유두고는 3층에서 떨어져 죽는 자가 되었습니다(행 20:7~9). 사사였던 삼손도 여인의 무릎에서 깊이 잠들음으로 머리가 깎이고 눈이 뽑혀졌으며 연자맷돌을 돌리는 비참한 신세가 되었습니다.

봄은 졸리는 계절입니다. 학자의 말에 의하면, "심한 추위에서 해방되어 혈액 순환도 좋아지고, 뇌의 혈액이 적어져서 일종의 침정(沈靜) 상태가 되기 때문"이라고 합니다.

잠에는 꾸벅꾸벅 조는 잠에서 깊은 잠에 이르기까지 여러 가지가 있지만, 양지 바른 곳에 앉아서 조는 것도 기분이 좋습니다. 그러나 차를 운전하면서 조는 것은 매우 위험한 일입니다. 졸면서 운전하면 차가 정상적인 길에서 벗어나는 것을 모르기 때문에 사고를 일으킬 수 있습니다.

우리가 영적으로 잠들어도 마찬가지라고 생각합니다. 근래에 사람들은 도덕적이거나 예의 바른 일을 싫어하고, 오히려 부도덕하고 파렴치한 일을 좋아하는 경향이 있습니다. 그리고 분명히 하나님의 뜻에 어긋나는 일을 하고도, 별로 나쁜 짓이라는 의식을 갖지 않는 것 같습니다. 이 때문에 사회를 더럽히고, 가정을 파괴하고, 자기 몸을 망치게 되어도 이에 대한 충고나 경고를 배격합니다.

지금이야말로 잠에서 깰 때입니다.

✚ **기도제목**
  1) 영적인 잠을 자지 않게 하소서.
  2) 그리스도를 더욱 굳게 붙잡게 하소서.

영적인 말을 알아듣는 귀

♣ 성경 마가복음 4:9   찬송 524(313)장 ♣

크리스천 맹인 한 분이 이런 말을 한 적이 있습니다.
"당신은 내가 얼마나 부자유스러울까 하고 생각하겠지만, 나는 귀가 아니라 눈을 잃게 된 것을 오히려 고맙게 여기고 있어요. 귀가 들리지 않는 사람은 상대방의 말을 알아듣지 못하므로 그 성격까지 비뚤어지기 쉬워요. 그런 점에서 보면 나는 상대방의 말을 들을 수 있으므로 대화도 가능하고, 또 상대방의 심정도 헤아릴 수 있어 다행이에요."
그는 귀로 말을 들을 수 있는 행복에 대해 강조했습니다.

오늘 본문의 "귀 있는 자는 들으라"라는 말씀에서 '귀 있는 자'란 무엇을 의미하는 것일까요?
세상에 귀가 없는 사람도 있나요? 누구나 갖고 있는 귀에 대해 '귀 있는 자'라고 지적한 데에는 그럴 만한 까닭이 있는 것입니다. 이 귀는 보통 귀가 아니라 영적인 말을 알아듣는 귀를 가리킵니다.
유대의 교권자들이 예수님이 하나님의 아들 그리스도인 것을 알지 못한 것은 그들이 이 신령한 귀를 갖지 못했기 때문입니다. 성경에 쓰여 있는 말씀도 마찬가지입니다. 성경은 여느 책과 달리 성령을 충만히 받은 사람이 쓴 글이므로 신령한 귀가 열려 있지 않으면 듣기 어렵습니다. 이것이 성경과 여느 책의 큰 차이점입니다.
예수님 당시에 제사장, 서기관, 바리새인 이외에도 신령한 말씀을 제대로 알아듣지 못하는 사람들이 많았습니다. 때로는 제자들까지도 예외가 아니었습니다. 그래서 예수님은 영적으로 중요하고 깊은 말씀을 하신 다음에는 으레 "귀 있는 자는 들으라"라는 말씀을 하셨습니다.
우리 모두 그런 신령한 귀를 갖기를 소원합니다.

✞ **기도제목**
1) 주의 말씀에 항상 귀를 기울이게 하소서.
2) 영적인 귀가 열려 주의 말씀을 깨닫게 하소서.

소망 주시는 하나님의 음성
♣ 성경 로마서 10:11   찬송 540(219)장 ♣

사라가 자식을 낳지 못하자 아브라함은 사라의 권유로 사라의 여종 하갈을 첩으로 삼았습니다. 하갈의 몸에서 이스마엘이 태어난 후부터 이 가정은 불화가 그치지 않았습니다. 이 집안의 가정불화는 사라에게 아들 이삭이 태어나자 최고조에 달하였고, 이삭이 젖을 떼게 된 날에 하갈은 이스마엘과 함께 아브라함의 집에서 쫓겨났습니다. 가엾은 모자는 약간의 떡과 물을 갖고 광야에서 헤매게 되었습니다.

브엘세바 광야에서 마실 물 한 모금도 없어 죽음만을 기다리게 된 하갈은 아이를 떨기나무 아래에 두고 자식이 죽는 것을 차마 볼 수 없어서 얼마간 떨어져 마주 앉아 바라보면서 대성통곡을 했습니다. 그때 하나님의 사자가 하늘에서 "하갈아 무슨 일이냐 두려워하지 말라"라며 하갈을 불렀습니다. 성경은 "하나님이 하갈의 눈을 밝히셨으므로 샘물을 보고 가서 가죽부대에 물을 채워다가 그 아이에게 마시게 하였더라"라고 말씀합니다.

실의에 빠져 하나님을 잊어버렸던 하갈에게는 아무것도 보이지 않았습니다. 그러나 하나님의 음성을 듣고 하나님을 믿었을 때, 하갈에게는 하나님께서 마련하신 생명의 샘물이 보였던 것입니다. 하갈과 이스마엘은 그 생명의 샘물을 마시고 소생했습니다.

오늘날에도 실망과 좌절의 광야에 쓰러져 있는 사람이 적지 않을 것입니다. 하갈처럼 버림을 받은 사람, 청춘의 꿈이 깨져 실의의 밑바닥에 떨어진 사람, 모든 것을 빼앗기고 빈털터리가 되어 인생의 광야에 던져진 사람도 있을 것입니다.

하나님께서는 그런 사람에게 "사랑하는 ○○야!" 하고 그 이름을 부르고 계십니다. 하나님을 멀리하고 있는 사람에게는 아무 소리도 들리지 않을 테지만, 하나님께서는 십자가 위에서 말씀하고 계십니다. 그 하나님을 바라보면 절망은 사라지고 새로운 생명의 세계가 열립니다.

✞ 기도제목
  1) 절망 중에 소망을 주시는 하나님의 음성을 듣게 하소서.
  2) 주의 말씀으로 내 영을 새롭게 하소서.

죄인을 찾으시는 하나님

♣ 성경 마태복음 9:13 찬송 89(89)장 ♣

뉴잉글랜드의 한 작은 마을의 치안판사가 처음으로 결혼식 주례를 맡게 되었습니다. 예식이 끝났는데도 이 부부는 무슨 말이 또 있으나 않은가 하고 계속 판사 앞에 서 있었습니다. 그러자 판사는 종교적인 말로 식을 끝마치려고 시도하며 더듬거리는 말로 "이제 모두 끝났으니, 가서 죄를 짓지 말고 살아라."라고 말했습니다.

하나님께서는 인류의 조상 아담과 하와가 죄를 지은 후로 오늘에 이르기까지 언제나 인간을 찾고 계십니다.

인간은 서로 속이고 자기 마음을 숨길 수는 있으나 하나님의 눈을 속일 수는 없습니다. 아담과 하와가 하나님으로부터 도망칠 때 그들의 등 뒤에서 "네가 어디 있느냐?"라고 하시는 하나님의 목소리를 모른 체 할 수는 없었던 것은 인간에게 하나님의 형상대로 지음을 받은 본질이 있었기 때문입니다. 그래도 인간은 자기 죄를 인정하려고 하지 않습니다.

아담은 자기 죄를 하와의 탓으로 돌리고, 하와는 자기 죄를 뱀의 탓으로 돌리고 말았습니다. 서로 자기 죄의 책임을 남에게 전가하는 이 추한 모습, 이것이 오늘날 우리들의 모습일 것입니다.

하나님은 오늘날에도 "너는 어디 있느냐?"라고 우리를 부르고 계십니다. 인류가 창조 질서를 회복하고 축복된 생활을 하려면 먼저 자기 죄를 그대로 인정하고 잘못을 뉘우치고 나서 하나님 앞에 서야 합니다.

하나님과 인간의 교류가 회복되어야 비로소 하나님과 인간과 자연을 사랑하는 본래의 인간으로서의 축복된 생활이 회복됩니다. 지금도 우리를 부르고 계시는 하나님께로 돌아갑시다.

✞ **기도제목**
  1) 자연을 보존하고 가꾸는 일에 힘쓰게 하소서.
  2) 우리를 부르고 계시는 하나님께로 나아가게 하소서.

이혼의 죄

♣ 성경 마태복음 19:9   찬송 220(278)장 ♣

혼인법학자 아서피에라르는 "이혼은 분명히 선이 아니다. 하지만 그것은 악에 대한 구제"라고 말하였습니다. 존 스토트는 이혼을 가리켜 "인간의 죄성으로 말미암은 가슴 아픈 양보"라고 했습니다. 이혼에 대한 동정론이나 책임론이 이혼을 정당화시켜 주는 것이 아닙니다.

본문 말씀은 어떤 이유로 남편이 아내와 헤어져도 무방하느냐는 이혼 문제에 대한 예수님의 답변입니다.

하나님은 처음부터 사람을 남자와 여자로 지으시고 "남자가 부모를 떠나 그의 아내와 합하여 둘이 한 몸을 이룰지로다"라고 말씀하셨습니다. 결혼은 하나님께서 창세 초에 제정하신 것으로 그들은 두 사람이 아니라 일체입니다. 그러므로 하나님께서 합치신 것을 인간이 떼어 놓아서는 안 됩니다. 이와 같이 예수님은 결혼의 신성성을 강조하셨습니다.

그리고 이혼이 죄임을 말씀하십니다. 마태복음 5:32에서도 "음행한 이유 없이 아내를 버리면 이는 그로 간음하게 함이요 또 누구든지 버림받은 여자에게 장가드는 자도 간음함이니라"라고 했습니다. 이혼은 간음죄를 범하는 것이라고 가르칩니다.

반면 이혼의 합법성에 대해서도 말씀하십니다. "음행한 이유 외에"라는 말씀이 그것입니다. 배우자의 음행에 의해 헤어졌을 경우는 합법적인 이혼이 성립될 수 있다고 하셨습니다.

그러나 이혼은 신성한 결혼의 결합을 깰 뿐만 아니라, "간음하지 말라"라는 하나님의 계명을 어기고 죄를 범하는 것이므로 하나님의 축복을 잃고 본인이나 상대방뿐만 아니라 자식들까지도 불행하게 만드는 것입니다. 하나님께서 허락하신 행복한 가정을 만듭시다.

✞ **기도제목**
1) 이혼이 늘어가는 현대인들의 불의가 그쳐지게 하소서.
2) 현대의 무너진 성도덕이 주의 말씀으로 정화되게 하소서.

아름다움

♣ 성경 마태복음 5:41 찬송 455(507)장 ♣

6·25전쟁 때 인민군이 후퇴하면서 한 집사님을 붙잡아서는 군수품을 짊어지고 가게 했습니다. 뜨거운 불볕더위에 20리를 가자고 하더랍니다. 그 집사님은 불평 한마디 없이 짐을 지고 갔습니다. 20리를 다 가자 인민군이 짐을 내려놓으라고 하였지만 집사님은 "괜찮습니다. 아직 더 갈 수 있습니다."라고 말했습니다. 10리 정도를 더 가주니까 인민군이 친절한 말씨로 그만 돌아가라고 했습니다. 그러면서 "20리 지점에서 당신을 총살하려고 하였지만 당신의 친절에 감동해서 살려주겠소."라고 말하더랍니다.

이삭의 아내 리브가는 아름다움을 지닌 여인이었습니다. 그 아름다움은 화장한 외적인 아름다움이 아니라 숨겨진 내적 아름다움이 밖으로 나타난 것이었습니다. 이삭의 신붓감을 물색하러 온 늙은 종이 그녀에게 물을 달라고 했을 때, 요구대로 물을 준 데 그치지 않고 자진하여 낙타에게도 물을 주었다고 성경에 쓰여 있습니다.

이는 오 리를 가자고 할 때 십 리를 동행하는 사랑의 마음에서 비롯된 것으로 보입니다. 자기가 당연히 해야 할 일을 마지못해 하는 사람은 오 리를 가는 사람입니다. 그러나 자기가 할 필요가 없는 일까지 자진해서 하는 사람은 '십 리를 가는 사람'입니다.

그리고 그녀의 아름다움은 믿음에서 비롯된 것이었습니다. 그 증거로 그녀는 늙은 종으로부터 아브라함 집안의 사명과 이삭에 대한 이야기를 들었을 때, 이 일은 하나님으로부터 말미암은 것이라 생각하여 이삭과 결혼할 것을 결심하게 되었습니다.

리브가는 이와 같이 사랑의 여인, 신앙의 여인이었기 때문에 나이를 먹을수록 닦이고 닦인 품위의 아름다움을 지닐 수 있었을 것입니다.

✚ **기도제목**
1) 우리의 겉사람은 후패하나 속사람은 말씀으로 새롭게 하소서.
2) 외적인 아름다움을 자랑치 말고 내적인 아름다움을 자랑케 하소서.

높여 주신 여성의 지위
♣ 성경 요한복음 8:11   찬송 461(519)장 ♣

'세계여성의 날'은 1908년 열악한 작업장에서 화재로 불타 숨진 여성들을 기리며 미국 노동자들이 궐기한 날을 기념하는 날로, 세계 여성의 지위와 권리의 향상을 위하여 1975년부터 매년 3월 8일 UN에 의하여 공식 지정되었습니다.

예수님은 이 땅에 계실 때에 죄의 밑바닥에 떨어진 많은 여인들을 그 죄 가운데서 구출하시고 하나님의 귀한 그릇으로 쓰시므로 그들의 지위를 높여 주셨습니다.

오늘 말씀은 간음하는 현장에서 붙잡힌 여자에게 하신 말씀으로, 구약의 율법에 의하면 그와 같은 여자는 돌로 쳐 죽이게 되어 있었습니다. 간음하는 현장에서 예수님 앞에 끌려온 여자는 자기 죄를 인정하고 그리스도의 심판에 몸을 맡겼습니다.

예수님께서는 "너희 중에 죄 없는 자가 먼저 돌로 치라"라고 말씀하시면서 이 여자를 고발하는 자들의 손에서 구출하시고 "나는 너에게 벌을 내리지 않겠다"라고 말씀하시며 그녀를 용서하시므로 죄에서 벗어나게 하셨습니다.

하나님은 독생자를 우리에게 대속물로 주셔서 죄로 더럽혀진 과거를 지닌 사람을 깨끗이 씻어, '복음의 사도'로 삼기도 하십니다. 사도 바울의 경우가 그렇습니다. 그는 예수를 믿는 사람을 잡아 감옥에 가두는 일에 앞장섰던 사람입니다.

중요한 것은 오늘 말씀에 등장하는 여자처럼 겸손하게 자기 죄를 인정하고 예수 그리스도에게 자신을 맡기는 일입니다.

✞ 기도제목
 1) 여인들이 정절로 단장하게 하소서.
 2) 믿음으로 내조하고 자녀를 양육하는 여인들이 되게 하소서.

고통과 축복
♣ 성경 시편 119:71   찬송 472(530)장 ♣

아픔을 느끼지 못하는 어느 나환자들의 이야기입니다.
"우리 나환자들은 감각 신경이 무뎌져서 아픔을 느끼지 못하는 경우가 있어요. 때로는 살이 불에 닿아 노린내를 코로 맡을 때까지 자기 살이 타고 있는 것을 모르는 경우도 있어요." "나병에 걸렸다는 선고를 받았을 때 세상에 태어난 것을 저주하고 죽고 싶었습니다. 그러나 그리스도를 만나 어둠에서 빛으로 옮겨졌어요. 만일 내가 그 고통을 몰랐더라면 십자가의 사랑도 영원한 생명의 기쁨도 알지 못했을 거예요. 그러므로 나는 나환자가 된 것을 오히려 다행한 일로 생각하고 있어요."

신경에는 감각신경과 운동신경 이외에 무의식중에 움직이고 있는 자율신경이라는 것이 있어 소화, 호흡, 심장의 고동 등을 주관하고 있습니다. 그런데 이 자율신경에는 힘차게 활동하게 하려는 교감신경과 조용히 움직이게 하려는 부교감신경이 있어서 그것이 서로 균형을 유지하고 있으므로, 평안하게 숨을 쉬고 소화를 시키며, 심장이 뛰고 있는 것입니다. 이와 같이 놀라운 신경 작용에 의해 우리는 날마다 보호를 받고 살아가므로 이런 신경을 우리에게 주시고 살아가게 하신 하나님께 감사해야 할 것입니다.

우리는 세상을 살아가면서 아픔이나 괴로움을 느낄 때 짜증부터 부립니다. 그러나 짜증 부리기 전에 오히려 감사해야 할 것입니다. 달아오른 쇠붙이에 닿아 '뜨겁다'고 느끼는 순간 곧바로 그 쇠붙이에서 떼며, 배가 아플 때에는 통증을 느끼고 의사를 찾아가서 고침을 받는 것처럼 인생의 고통이나 괴로움이 우리를 하나님과 구세주 앞으로 인도하는 계기가 되므로 오히려 다행한 일이 아니겠습니까? 고통 뒤에 축복이 있음을 기억하시기 바랍니다.

✚ 기도제목
1) 질병으로 고통당하는 자들을 불쌍히 여겨 주소서.
2) 육체의 질병으로 시달리는 자들이 예수로 마음이 평안케 하소서.

혀를 잘 사용하는 지혜

♣ 성경 야고보서 3:1~11   찬송 304(404)장 ♣

미국의 전직 대통령 로널드 레이건은 대통령 재임 중에 권총 저격을 받은 적이 있습니다. 구급차가 급히 달려오고 간호사들이 응급조치를 하기 위해 그의 몸을 만지기 시작했습니다. 그러자 그는 간호사들에게 "우리 낸시한테 허락받았습니까?"라는 조크를 던졌습니다. 물론 간호사들은 "네! 이미 낸시 여사님에게 허락을 받았습니다."라고 응수했다고 합니다.

레이건은 수술 준비를 서두르던 의사들에게 "당신들이 지지하는 정당이 공화당입니까, 아니면 민주당입니까?"라고 물었고, 한 의사가 "각하! 오늘부터 열성적인 공화당원이 되겠습니다!"라고 했답니다.

위급한 상황 속에 대통령을 치료한다는 무거운 부담감 속에 긴장하고 있던 의료진을 위해 조크를 던진 레이건과 또한 조크로 응수하여 마음을 편안케 했던 의료진들 모두 지혜로운 사람들입니다.

혀는 작은 지체이지만 엄청난 위력을 가지고 있습니다. 가장 용기를 줄 수 있는 동시에 반대로 가장 상처를 줄 수 있습니다. 습관적으로 무의식적으로 하는 말들이 듣는 사람을 행복하게 만들기도 하고, 불행하게 만들기도 합니다.

이 작은 혀가 이토록 엄청난 위력을 지니고 있는데, 우리는 하루에도 수없이 혀를 움직이며 살아갑니다. 쉬지 않고 움직이는 혀가 희망을 주고 행복을 주고 있는지, 반대로 다른 사람에게 상처를 주고 고통을 주고 자신의 생애도 황폐하게 만들고 있는지 늘 자신을 점검해 보는 지혜가 필요합니다.

듣는 사람에게 은혜를 끼치는 말, 덕을 끼치는 말, 희망과 용기를 주는 말을 많이 사용하십시오. 이것이 혀를 잘 사용하는 지혜입니다.

✝ **기도제목**

1) 위로부터 난 지혜로 말미암아 모두를 행복하게 하는 삶을 살게 하소서.
2) 이 불신의 시대에 하나님의 지혜와 지식의 풍요함이 넘치게 하소서.

핍박하는 자를 축복하라

♣ 성경 로마서 12:14~21   찬송 372(420)장 ♣

지금은 고인이 되신 김우영 목사가 육군 교도소의 군목으로 있을 때, 약 2천 명의 수감자 중에 극악무도한 사형수 김태수가 있었습니다. 김 목사는 김태수를 그리스도 앞으로 인도하기 위해 기도하기 시작했습니다.

김 목사가 이곳 육군 교도소에 부임한 지 두 달쯤 지난 어느 날, 김태수가 먼저 만나기를 요청하였습니다. 교도과장이 만류하였으나 김 목사는 사형수의 감방 문을 열고 들어갔습니다. 그러자 김태수는 무릎을 꿇고 앉아 눈을 감고 울면서 김 목사를 맞아 주었습니다.

"목사님, 나 같은 놈도 예수 믿을 수 있을까요?"

김 목사는 한 손으로 그를 껴안고 다른 손을 그의 머리에 얹고 안수기도를 했습니다. 군목과 사형수는 쏟아져 내리는 눈물을 걷잡을 수가 없었습니다. 김태수는 죽기 4일 전에 세례를 받고 처형되는 날 찬송을 부르면서 집행장으로 걸어갔습니다. 그는 "나 같은 죄인을 구원해 주신 하나님의 은혜에 감사합니다. 여러분도 예수 믿고 하나님나라에서 함께 만납시다."라는 유언을 남겼습니다.

핍박자는 악을 행하는 자들입니다. 핍박자는 원수입니다. 이때는 로마가 권력을 동원해 기독교를 박해하고 있었습니다. 야고보를 죽였고, 베드로를 구속했고, 바울을 재판에 회부해 로마로 호송했습니다. 그런데 바울은 그 원수들을 축복하라고 합니다. 기독교는 잡아가면 끌려가고, 죽이면 죽고, 감옥에 집어넣으면 그냥 들어갔습니다. 주목할 것은 그토록 핍박했던 로마의 권력, 정권은 망했습니다. 그러나 원수 갚을 엄두도 내지 못하던 기독교는 세계를 점령했습니다.

악으로 악을 갚는 것은 주먹 세계에서나 통하는 윤리입니다. 신앙의 세계는 선으로 악을 갚는 것입니다. 이것이 승리의 방법이며 "선으로 악을 이기라"라는 주님의 가르침입니다.

✞ **기도제목**
1) 날마다 하나님을 경험하는 삶을 살게 하소서.
2) 이웃의 불신자들에게 주의 선하심을 맛보아 알게 하소서.

혀와 말

♣ 성경 야고보서 3:2 찬송 429(489)장 ♣

모간 블레이크(Morgan Blake)란 사람이 전에 미국 애틀랜타 신문에 이런 기사를 썼습니다.

"나는 치명적인 타격을 가할 수 있는 힘과 기술을 가지고 있습니다. 나는 죽지 않고도 승리할 수 있습니다. 나는 가정과 교회와 국가를 파괴할 수 있습니다. 나는 수많은 사람의 인생을 파괴할 수 있습니다. 나는 바람 날개를 타고 다닙니다. 아무리 순결한 사람도 내게는 무력하며 아무리 정갈한 사람도 내게는 별게 아닙니다. 나는 진리와 정의와 사랑을 경멸합니다. 나는 나를 통해 희생된 자를 전 역사와 전 세계에 갖고 있습니다. 나는 바다의 모래보다 더 많은 노예를 거느리고 있습니다. 내 이름은 중상모략입니다."

혀는 우리 몸의 작은 기관이지만 대단히 중요한 기관입니다. 만일 혀가 없으면 맛도 모르고 음식을 씹을 수도 삼킬 수도 없습니다. 그리고 말을 하려면 혀가 있어야 합니다. 성경은 "혀는 능히 길들일 사람이 없나니 쉬지 아니하는 악이요 죽이는 독이 가득한 것이라"라고 가르치고 있습니다. '독'은 사람을 해치고 때로는 생명을 빼앗아 갑니다. 이와 마찬가지로 '혀'가 거짓말이나 속임수나 험구에 사용되면 설사 무심코 한 말이라도 남은 물론이고 자기 생명도 해치게 됩니다.

"온순한 혀는 곧 생명나무이지만 패역한 혀는 마음을 상하게 하느니라"(잠 15:4)라고 했습니다.

그럼 어떻게 하면 '혀'가 이런 폐단에서 벗어날 수 있을까요? 그것은 혀보다 더욱 깊은 곳, 즉 마음을 바로잡는 데 있습니다.

입을 열면 난폭한 말이 쏟아져 나오던 자라도 그리스도를 마음속에 받아들이면 부드러운 혀를 가진 자로 탈바꿈을 하게 됩니다.

✟ 기도제목
1) 나의 입에서 나오는 말이 위로와 화평이 되게 하소서.
2) 모든 성도들에게 말에 실수가 없게 하소서.

생명 주시기 위해

♣ 성경 레위기 17:11   찬송 284(206)장 ♣

이탈리아의 작가로 유명한 지오바니 파피니(1881-1956)는 원래 무신론자요 반기독교도로서 교회를 핍박하던 사람이었으며, 허무주의자이면서 철저한 실용주의자였습니다.

그러던 그가 난치병에 걸려서 죽을 지경에 이르게 되었을 때 그의 어머니는 아들을 살리려고 백방으로 노력을 하였으나 백약이 무효였습니다. 그의 어머니는 마지막으로 자기의 허벅다리 살을 베어서 요리를 만들어 아들에게 먹였는데 어머니의 살을 먹은 아들은 그것을 알리가 없었습니다. 그 뒤로 아들의 병은 날로 호전되어 갔습니다.

그러던 어느 날 그의 어머니가 두 번째 허벅지 살을 베었다가 그만 쓰러지고 말았습니다. 이 사실을 안 그는 죽어 가는 어머니를 부둥켜안고 몸부림치며 울었습니다. 그때 그의 어머니가 죽어가면서 아들에게 한 말은 "나는 죄 많은 인간이다. 나는 죄인으로 죄인의 살을 아주 조금 네게 주었을 뿐이다. 그러나 예수님은 죄 없는 하나님의 독생자로서 인간의 몸을 입고 오셔서 인간을 구원하시기 위해 십자가에서 찢기시고 피 흘려 주셨으니 너는 그 예수를 믿어야 한다."라는 참으로 우리의 심금을 울리고도 남는 말을 남기고 숨을 거두었습니다.

그 후 그는 어머니의 말씀대로 예수를 믿고 회개한 뒤로 '막다른 골목의 사나이' '그리스도 전' 같은 불후의 명작을 쓰게 되었습니다.

혈액은 병과 싸우는 중요한 역할을 합니다. 육체의 생명에 피가 중요한 것처럼 영적인 생명에도 피가 소중합니다. 성경은 "우리는 그리스도 안에서 그의 은혜의 풍성함을 따라 그의 피로 말미암아 속량 곧 죄 사함을 받았느니라"(엡 1:7)라고 하였습니다. 인간은 흠과 티가 없는 그리스도의 피에 의해 죄 사함을 받아 구원에 이르게 되는 것입니다. 그 때문에 예수님께서 고귀한 피를 흘리신 것입니다.

우리에게 생명 주시기 위해 피 흘리신 은혜의 주님께 감사합시다.

✟ 기도제목
 1) 나 위해 보배 피를 흘리신 주님께 감사하는 삶을 살게 하소서.
 2) 거듭난 사람답게 새로운 삶을 살게 하소서.

피와 구원

♣ 성경 히브리서 9:22   찬송 288(204)장 ♣

전라도 광주의 검찰청 수사대에 한 범죄 수배자가 있었습니다. 그는 3년 전 고구마를 팔기 위해 무면허 운전을 하다가 적발되었습니다. 벌금 70만원을 내지 않고 도망다니는 중이었습니다. 마침내 수사관들이 한 시장에서 그를 붙잡았습니다. 벌금을 징수하려고 사글세 집을 찾아갔는데 생활보호대상자로, 배우자는 지체장애자이고, 자녀 2명은 중·고교생이었습니다. 어떻게 하면 좋을까 고민하던 중에 그 집 창고에서 고구마 50여 박스가 썩어가고 있는 것을 보았습니다. 수사관은 상관에게 이런 사정을 보고하고, 고구마 얘기를 했습니다. 상관은 "요즘 고구마는 웰빙 식품이 아니냐"라며, 그 고구마 50박스를 모두 구입, 도움을 주었던 것입니다. 그래서 고구마를 판 값으로 벌금을 납부했다는 것입니다.

죄인을 잡아다가 처벌해야 할 검찰에서 죄인의 형편을 보니까 죄 값을 치를 능력도 없고 오히려 도와주어야 할 상황이었던 것입니다. 죄로 말미암아 사단에게 매여 죄의 종이 된 인간은 죄악의 노예에서 벗어날 수가 없기에 죄 없는 그리스도께서 죄인의 모습으로 십자가에서 처형되어 대신 그 죄의 값을 치르신 것과 같은 의미입니다.

하나님은 죄로 말미암아 멸망해 가는 인간을 구원하시려 하셨습니다.

죄가 없으신 하나님의 아들이 흘리신 피만이 우리의 죄를 맑힐 수 있고, 사하실 수 있습니다. 여기에 신앙의 뿌리가 있는 것입니다. 목숨을 버려 주시지 않고서 즉 피를 흘리지 않으시고는 우리를 죄에서 구할 길이 없었던 것입니다. 그러나 이 죄사함이 유효하기 위해서는 그 용서를 받아들여야 합니다. 중요한 것은 받아들이는 신앙입니다.

그리스도의 피에 의해 믿음으로 의롭다는 인정을 받게 됩니다(롬 5:9). 그리스도의 피야말로 우리를 하나님의 아들로 삼아 승리와 희망의 인생을 살게 합니다.

✟ 기도제목
1) 조상으로부터 유전된 망령된 행실을 끊게 하소서.
2) 구원받은 자의 삶을 살게 하소서.

실패의 의의

♣ 성경 베드로전서 5:7　찬송 214(349)장 ♣

일본의 신학자 우찌무라 간조는 입시 낙방생을 위로하는 글을 다음과 같이 쓰고 있습니다.

"학교는 성공에 이르는 유일한 길이 아니다. 인생은 넓다. 성공에 이르는 길은 많이 있다. 세상에는 학교를 별로 다니지 않고서도 성공한 사람이 많다. 그런데 이것을 잊고 학교를 다니지 않으면 훌륭한 사람이 되지 못한다고 생각하여 입시에 낙방했기 때문에 인생에 낙제한 것처럼 생각한다. 이보다 더 큰 잘못은 없다. 학교는 물론 성공을 위한 하나의 길이기는 하다. 나는 물론 학교를 가볍게 보지 않는다. 나 자신도 학교 출신이다. 그러나 많이 배우지 못한 사람 중에는 성공한 사람이 얼마든지 있다. 우리는 학교 교육이 반드시 인생의 길이 아니라는 것을 알아야 한다."

옛날부터 "실패는 성공의 어머니"라는 말이 전해 내려오고 있습니다. 성경에 실패로 뜻하지 않은 성공을 거둔 이야기가 많이 나옵니다. 사도 바울도 이들 중 한 사람입니다. 성령의 가로막음으로 인해 소아시아 선교를 실패한 그가 드로아 항구에 도착했을 때에는 실의에 가득 차 있었습니다. 그런데 그는 그날 밤에 환상을 보았습니다. 그것은 "마게도냐로 건너와서 우리를 도와주시오"라고 말하는 마게도냐인의 환상이었습니다.

그때 바울은 이것을 하나님의 부름으로 확신하고 곧 마게도냐로 건너가서 복음을 전했습니다. 그 결과 오늘날 복음이 유럽을 비롯하여 전 세계에 전해진 계기가 되었습니다.

바울의 눈에 실패로 보인 일을 통하여 하나님께서는 바울 자신이 생각지도 못했던 큰 사업을 일으키게 하셨던 것입니다.

실패 중에 하나님을 바라봅시다. 자기 생애를 하나님께 맡기고 하나님께서 인도하시는 길을 갑시다.

✞ **기도제목**
　1) 실패한 자리에서 겸손하게 하나님을 찾게 하소서.
　2) 성공해도 교만하지 않고 하나님을 찾게 하소서.

주 안에서 형제와 화목하라
♣ 성경 데살로니가전서 5:12~13 찬송 304(404)장 ♣

충청남도 예산군 대흥면 동서리에는 이성만 형제의 '효제비'가 있습니다. '신증동국여지승람'에 보면 대흥호장 이성만과 이순 형제의 우애를 소상하게 기록하고 있습니다. 부모님이 세상을 떠난 후에 형은 어머니의 묘소를 관리하고, 동생은 아버지의 묘소를 관리하였습니다.

3년의 복제를 다 마치고 아침에는 동생이 형의 집에, 저녁에는 형이 아우의 집에 들렀다고 합니다. 한 가지 음식만 생겨도 형제가 만나지 않으면 안 먹을 정도로 형제의 우애는 극진했습니다.

1497년 연산군 3년에 왕은 후세 사람들에게 귀감이 되게 하기 위하여 조정에서 기념비를 건립해 주었습니다.

어떤 이유로든지 주 안에서 형제와 다투고 싸우는 일은 마귀가 좋아하는 일입니다. 예수님은 우리의 화목을 위하여 십자가를 지셨습니다. 그리고 우리들에게 화목케 하는 직책을 주셨습니다. 불화하면 기도가 막히고 화목하면 원수라도 친구가 됩니다.

지금은 말세 현상으로 사랑이 식어가는 때입니다. 이럴 때일수록 성도는 피차 뜨겁게 사랑하므로 원수 마귀에게 틈을 주지 말아야 합니다.

화목하기 위해서는 남에게 짐을 지우지 말고 무거운 짐을 먼저 자기가 져야 합니다.

그리하여 그리스도의 사랑의 법을 지켜야 합니다. 양초는 자기 몸을 녹여 빛을 발하고 소금은 제 몸을 희생해서 맛을 냅니다. 우리가 빛이고 소금일 때 성령님은 우리를 떠나지 않습니다.

✠ 기도제목
 1) 주 안에서 화목을 이루게 하소서.
 2) 화목하기 위해 내가 먼저 희생하게 하소서.

용서와 사랑

♣ 성경 마태복음 18:22   찬송 302(408)장 ♣

어느 교회 목사님이 설교하는 도중에 성도들에게 질문을 했습니다. "혹시 성도님들 중에 미워하거나 싫어하는 사람이 한 사람도 없으신 분은 손들어 보세요." 아무도 손을 들지 않았습니다. 목사님이 다시 물었습니다. "아무도 없습니까? 괜찮으니까 계시다면 한 번 손들어 보세요." 그때 맨 뒤에 앉으신 나이 많으신 할아버지 한 분이 손을 드셨습니다. 놀란 목사님이 물었습니다. "정말로 미워하는 사람이 한 사람도 없으십니까?" 할아버지의 대답이 걸작이었습니다. "응! 옛날엔 나도 많았었는데 이젠 다 죽어서 하나도 없어!"

오늘 말씀은 제자 베드로가 "주여 형제가 내게 죄를 범하면 몇 번이나 용서하여 주리이까 일곱 번까지 하오리까"라고 물었을 때에 대답하신 예수님의 말씀입니다.

베드로는 한 사람이 같은 잘못을 여러 번 되풀이하였으므로 그 마찰을 견디기 어려워 "일곱 번 용서하면 그것으로 족하다"라고 대답하실 줄 알고 동의를 구하러 예수님께 물었던 것입니다.

그런데 예수님의 대답은 "일곱 번뿐 아니라 일흔 번씩 일곱 번이라도 용서하라"라는 것이었습니다. 그것은 숫자적으로 490번 용서하라는 의미가 아닙니다. 유대에서는 7이라는 숫자는 완전을 나타내는 수이므로, 남을 용서할 경우에는 무한히 즉 그때마다 언제나 용서하라는 의미에서 말씀하신 것입니다.

우리도 살아가면서 타인과 마찰이 있을 때마다 우리의 짐을 대신 지고 십자가에 달리신 예수님의 깊은 사랑을 기억해야 할 것입니다. 그러면 남을 용서하게 되고, 그렇게 함으로써 아름다운 성품을 지니게 될 것입니다.

✞ **기도제목**
  1) 주의 사랑으로 원수를 용서하게 하소서.
  2) 타인과 마찰이 있을 때에 주의 사랑으로 대하게 하소서.

나의 십자가를 지고

♣ 성경 베드로전서 2:24   찬송 151(138)장 ♣

한 자매가 신앙생활을 하며 믿음으로 이겨가고 있었지만 너무도 힘들었습니다. 어느 날 꿈을 꾸었는데 그녀가 커다란 십자가를 질질 끌고 가고 있었습니다. 그때 예수님을 만나게 되었습니다. "주님, 너무 힘듭니다. 주님은 목수이시지 않습니까? 이 십자가를 잘라 주세요."
　이에 주님은 빙그레 웃으시면서 잘라 주셨습니다. 이 자매는 세 번씩이나 자기의 십자가를 잘라달라고 하였습니다. 한결 가볍고 편안한 듯하였습니다. 그런데 갑자기 눈앞에 요단강이 보였습니다. 다른 사람들은 커다란 십자가를 강에 턱 놓더니 그 십자가를 다리 삼아 건너갔습니다. 그런데 그 자매의 십자가는 이미 손안에 들어올 정도로 너무 작아졌습니다. 그때 "아무든지 나를 따라오려거든 자기를 부인하고 날마다 제 십자가를 지고 나를 따를 것이니라"라는 주님의 음성이 들려왔습니다.

　사순절은 삶을 돌아보고 죄를 회개하며 십자가의 사랑이 얼마나 큰지를 묵상하며 고난보다는 부활을 향해 가시는 예수님의 모습을 보는 시기입니다.
　우리는 지금까지 예수를 믿으면서 십자가는 보지 않고 십자가 이후의 영광을 바라보지 않았습니까? 십자가를 지지 않고 예수님을 따르려는 것은 그 어떤 것도 사탄의 계략입니다. 끊임없이 사탄이 우리 성도에게 노리는 것이 있다면 십자가를 지지 말라는 것입니다.
　왜 예수님은 제자들에게 십자가를 지고 따라오라고 하셨을까요?
　냄새 나는 죄를 가지고는 하나님을 따라갈 수 없으며 거룩할 수 없기 때문입니다.
　십자가를 지려면 '절제'가 필요합니다. 절제가 없는 신앙은 방종으로 흐르기 쉽고 그리스도의 고난을 생각하지 않는 신앙은 자기중심적인 신앙에 빠지기 쉽습니다.

✞ **기도제목**
　1) 나의 십자가를 잘 감당하며 살게 하소서.
　2) 그리스도의 사랑이 온누리에 퍼지게 하소서.

유다가 사랑한 돈

♣ 성경 마태복음 10:4   찬송 212(347)장 ♣

이해인 수녀의 시 가운데 이런 시가 있습니다.
"주여 당신의 생애는 그렇게도 철저한 나눔의 생애로 부서졌지만 우리의 날들은 어찌 이리 소유를 위해 숨이 차게 바쁜지 시시로 당신 앞에 성찰하게 하소서…… 아무것도 가져온 것이 없고, 아무것도 가져갈 것이 없는, 이승의 순례객인 우리가 이기와 탐욕의 노예가 되지 않게 하소서."

예수 그리스도의 수난사에서 결정적인 역할을 한 유다라는 이름에는 '하나님의 찬미'라는 아름다운 의미가 있습니다. 이런 이름을 가진 사람이 어떻게 인류 역사를 통하여 가장 경멸의 대상이 되었을까요?

그 원인은 돈에 대한 욕심으로부터 비롯되었습니다. 유다는 예수와 그 제자들의 경리 담당자로 그들의 생계를 유지하는 공동의 전대를 맡을 정도로 예수님의 신뢰도 받았습니다. 그런데 돈을 사랑한 그는 자기의 위치를 이용하여 그 전대 속에 있는 돈의 일부를 자기 몫으로 허비했습니다.

예수님은 하나님과 재물을 겸하여 섬길 수 없다고 말씀하셨습니다. 그래서 유다는 더욱 양심이 찔려 기를 펴지 못했습니다. 결국 유다는 자기가 사랑한 돈에 대해 예수께서 통박하셨으므로 자연히 예수님을 미워했습니다. 그러던 어느 날 그는 갑자기 돈을 벌 수 있는 길이 발견되자 스승에게서 떠나는 동시에 은 30으로 스승을 팔아 넘겼습니다.

스승을 팔아 넘겨 십자가에서 처형되자 양심의 가책을 못 이겨 은 30을 제사장들에게 돌려주러 갔으나 그들이 상종하지 않자, 떨리는 손으로 은 30을 성소에 던지고 물러나 스스로 목을 매어 목숨을 끊었습니다.

하늘나라로의 지름길을 가다가 그 발길을 지옥으로 돌려 버린 유다를 통해 처참한 죄의 결말에 대해 배울 수 있기를 바랍니다.

✞ **기도제목**
1) 죄는 이름이라도 멀리하게 하소서.
2) 나의 사욕이나 수단으로 예수를 믿지 않게 하소서.

십자가의 승리

♣ **성경** 베드로전서 1:3 **찬송** 154(139)장 ♣

아시시의 성자 프란체스코는 십자가의 사랑을 깊이 깨달은 뒤에 모든 가산을 다 팔아서 구제사업을 하고 일생을 주님 위해 바친 유명한 수도사였습니다.

어느 날 그는, 떠오르는 아침 해를 바라보면서 하나님께 기도드리기를, "주 예수님, 제가 죽기 전에 꼭 두 가지의 은혜를 내려주시기를 바랍니다. 첫째는 저로 하여금 육체와 영혼이 괴로움을 겪어 십자가를 체험하게 하옵시고, 둘째는 주님이 그토록 우리 죄인을 위하여 지불하셨던 그 뜨거운 사랑을 내 마음에 간직할 수 있게 하옵소서."라고 했습니다.

주께서 육을 입고 이 땅에 오신 가장 큰 목적은 십자가를 지는 것이었습니다. 이 십자가의 죽음은 위대한 희생인 동시에 놀라운 승리였습니다. 주님은 죽으심으로 말미암아 승리하시고, 인류에게 영생의 큰 소망을 안겨 주셨습니다. 이는 신앙적으로나 영적으로 사실이요 진리입니다.

우리는 여기서 참된 진리는 이성이나 이론을 초월한다는 것을 성령을 통해 실감하게 됩니다. 성령이 우리의 진리를 보증해 주고 있는 것입니다. 성경은 겟세마네 동산의 십자가에 주께서 못 박혀 흘린 피가 우리의 죄와 결정적으로 관련이 있다고 가르치고 있습니다.

"예수의 피가 우리를 모든 죄에서 깨끗하게 하실 것이요"(요일 1:7).

즉 주님의 피는 우리 죄를 사하시고 우리를 하늘나라로 인도하는 유일한 요소입니다.

주의 보혈로 말미암아 인간은 비로소 천국 백성이 될 수 있습니다. 첫째 아담은 인간에게 사망을 주었으나, 둘째 아담(예수)은 우리에게 영생을 주신 것입니다.

✝ **기도제목**
1) 나의 영이 주의 피로 맑아지게 하소서.
2) 십자가의 사랑에 힘입어 승리하는 삶을 살게 하소서.

우리 대신 죽으신 예수님

♣ 성경 요한복음 18:14   찬송 150(135)장 ♣

한 꼬마가 동화 테이프를 즐겨 들었습니다. 그 중에서도 '그가 내 대신 매를 맞았다'라는 제목이 붙은 테이프를 가장 즐겨 들었습니다. '그가 내 대신 매를 맞았다'라는 동화의 줄거리를 잠깐 소개하자면 다음과 같습니다. 교실이 하나뿐인 어느 시골 학교에 나쁜 짓만 골라서 하는 어린 학생이 있었습니다. 그 어린 학생은 어느 날 자기보다 훨씬 나이가 많은 학생의 도시락을 훔쳐 먹다가 선생님께 들켜 매를 맞게 되었습니다. 그때 점심을 도둑질 당한 큰 학생이 점심을 훔친 나이 어린 학생을 대신해서 매를 맞겠다고 했습니다. 그리고는 자기가 대신해서 매를 맞았습니다.

십자가에서의 예수 그리스도의 죽음은 '속죄의 죽음'이었습니다. 그런데 예수를 죽인 적중에 뜻밖에도 그것을 발설한 사람이 있었습니다. 그는 당시의 대제사장 가야바였습니다. 그는 여러 사람들 앞에서 말했습니다. "당신들은 아무것도 모르오. 한 사람이 백성을 위하여 죽어서 온 민족이 망하지 않게 되는 것이 당신들에게 유익한 줄을 왜 모르오."

그는 무심코 여기서 하나님의 뜻과 본질적으로 같은 말을 했던 것입니다. 물론 그의 본심과 하나님의 뜻은 정반대입니다. 하나님의 뜻은 "전 인류가 자기의 죄 가운데 죽기보다는 내 아들이 죽는 편이 낫다."는 것이었습니다. 그것은 말로 표현할 수 없는 사랑이었습니다. 그러나 가야바는 자기가 지위를 잃기보다는 '이 사나이(예수)가 죽는 편이 낫다'는 생각을 하고 있었던 것입니다. 이것은 야비한 자기애입니다.

결국은 유다의 배반을 이용하여 예수를 붙잡아 로마 정부에 인도했는데, 오늘날에도 자기의 종교적인 지위를 잃게 되는 것이 두려워 예수의 가르침을 어기거나 그의 가르침을 따라 거듭나는 것이 싫어 예수를 증오하는 사람들이 있습니다. 그러나 예수는 우리 대신 죽으셨습니다.

✞ 기도제목
1) 목회자들이 교권주의에 빠지지 않게 하소서.
2) 자신의 지위와 신분으로 믿지 않는 이들에게 복음을 전하게 하소서.

예수 그리스도의 보혈

♣ 성경 요한복음 6:52~55   찬송 147(136)장 ♣

예루살렘에서 AD 70년쯤에 일어난 유대 반란은 예루살렘을 통제 불가능한 도시로 만들었고, 결과적으로 로마 티토의 군대는 예루살렘을 함락시켰습니다. 그때 수천 명의 사람들이 십자가에 못 박혀 죽었던 역사가 유세비우스에 의해 증언되고 있습니다.

십자가는 그만큼 고통의 상징이요 흉악범과 정치범을 처벌하는 하나의 형틀이었습니다. 그런데 그 십자가에서 주님이 흘리신 보혈은 하나님의 사랑의 상징, 구원의 상징, 용서의 상징, 화목의 상징, 승리의 상징, 능력의 상징이 되었습니다.

예수님께서 골고다의 십자가에서 흘리신 피는 보혈이었습니다. 부족하고 연약하며, 아직 죄인이며 하나님과 원수 된 관계로 살아가던 우리의 죄를 씻기 위한 대속의 보혈이었습니다.

우리의 생각과 판단으로 지은 죄를 대속하기 위해 가시 면류관을 쓰시고 보혈을 흘리셨습니다. 우리 손과 발, 행함으로 지은 죄를 대속하기 위해 양손과 발에 대못이 박혔습니다. 그리고 허리는 창에 찔림으로 마음으로 범한 각종 죄악을 대속하셨습니다.

예수 그리스도의 보혈은 우리들을 죄와 사망과 지옥의 권세에서 건져내시고 하나님의 자녀, 천국백성으로 살아가도록 하신 생명의 보혈이었습니다. 예수님은 본문에서 자신의 살과 피를 먹고 마시지 않으면 생명이 없다고 말씀하셨습니다.

주님의 보혈의 은혜가 먼저 나의 것이 되는 복을 받아야 합니다. 그리고 우리 가정과 교회, 이웃과 민족의 복이 되어야 합니다. 그러기 위해 보혈을 주시기까지 눈물과 땀을 흘리신 예수님의 삶의 발자취를 따라가는 성도가 됩시다.

✞ **기도제목**
1) 나의 십자가를 잘 감당하게 하소서.
2) 예수께서 십자가에 달리신 의미를 이웃에게 전하게 하소서.

억지로 진 십자가

♣ 성경 마태복음 27:32   찬송 143(141)장 ♣

베드로는 고기를 잡기 위해 밤이 새도록 수고하였지만, 잡은 것이 없었습니다. 그래서 그물을 씻고 있었습니다. 그런데 예수님은 깊은 데로 가서, 그물을 내려 고기를 잡으라고 하셨습니다. 어부의 자존심을 자극하는 말씀으로 순종하기 힘들었지만, 말씀에 의지하여 억지로라도 순종했습니다.

그 결과 그물이 찢어질 정도로 심히 많은 고기를 잡아 다른 배의 동무들에게 와서 도와달라고 하여, 두 배에 채우매 잠기게 되었습니다. 그리고 베드로는 예수님께 사람을 취하는 종으로 쓰임받는 존재가 되었습니다.

그리스도의 수난사와 관련하여 사람들은 선보다는 악을 택했으나, 그런 가운데서 이 구레네 시몬은 선한 쪽을 택하여 예수님을 위해 십자가를 졌습니다. 결과론적으로 구레네 시몬이 선한 쪽을 택하게 되었으나, 이는 선택이라기보다는 억지로 지워진 것으로 보아야 할 것입니다.

유월절을 축하하기 위해 구레네에서 예루살렘으로 가던 구레네 시몬은 그곳에서 사형수의 행렬을 만나게 되었습니다. 군중에 섞인 채 이 행렬을 바라보던 구레네 시몬은 뜻밖에도 병사에게 끌려 나와 예수님의 십자가를 지게 되었습니다. 그렇게 그는 십자가를 억지로 지고 예루살렘 반대 방향의 갈보리 언덕까지 가게 되었던 것입니다.

그것은 그의 인생에서 가장 보람되고 영광된 일이었습니다.

우리 인생에도 자기 의사와는 반대 방향으로 나가게 되는 경우가 있습니다. 그럴 때 억지로 십자가를 진 시몬을 생각합시다. 그날 구레네 시몬은 억지로 메워진 십자가에 의해, 주님으로부터 특별한 기억을 받아 영생의 길로 인도되었을 것입니다. 억지로 지워진 멍에라도 끝까지 메기로 합시다. 주님의 일은 자원해서 하면 좋지만, 때로는 억지로라도 해야만 합니다.

✞ **기도제목**
1) 억지로 지워진 멍에라도 끝까지 메게 하소서.
2) 주의 고난에 조금이라도 동참하게 하소서.

예수를 증거한 백부장

♣ 성경 마태복음 27:54 찬송 147(136)장 ♣

빌리 그래함 목사님은 "전도하는 교회는 부흥되고 전도하지 않는 교회는 망한다."라고 했고, 신학자 하르낙은 "반드시 기억할 것은 교회의 가장 중요한 직무는 오직 복음 곧 구속과 영생의 메시지를 전파하는 일이다. 만일 진리가 모호해지고 복음이 사람의 인기를 위하여서든지, 사회적 선언서로 변한다면 종교로서의 기독교는 종말을 고할 것이다."라고 했습니다.

예수 처형의 책임자가 된 백부장과 함께 예수를 지키던 자들은 예수는 의인이고 하나님의 아들이었다고 증거했습니다. 무엇이 그를 이렇게 만들었을까요? 그것은 오늘 말씀대로 그가 누구보다도 예수님의 십자가 근처에 서서 그 자초지종을 눈으로 보았기 때문입니다.

형장이 있는 갈보리 언덕에 도착한 백부장은, 먼저 예수님의 옷을 벗기고 지상에 놓인 십자가 위에 얼굴을 위로 향하게 하고 반듯이 눕힌 다음 양손과 양발에 쇠못을 박고 나서 십자가를 일으켜 세웠습니다. 세 개의 굵은 쇠못으로 육체를 지탱하셔야 했던 예수님의 그 고통은 말로 다 표현할 수 없었습니다. 그런 가운데서 예수께서 처음으로 하신 말씀은 "아버지여 저들을 용서해 주소서 저들은 자기가 하는 일을 알지 못하나이다"라는 기도였습니다. 백부장은 자기가 죽이려고 하는 자의 '자기를 위한 기도소리'를 듣고, 예수가 보통 사람이 아니라 의인이요 하나님의 아들임을 직감했을 것입니다.

예수님이 십자가에 달려 돌아가실 때 성소 휘장이 위에서 아래로 두 조각으로 찢어졌고, 땅이 흔들리고, 바위가 깨지고, 무덤이 열려 성도가 일어났습니다. 이것을 목격한 백부장은 감탄하여 예수가 하나님의 아들임을 증거했던 것입니다.

✞ **기도제목**
1) 주의 험한 십자가를 달게 지게 하소서.
2) 겟세마네 동산의 예수의 기도를 늘 기억하게 하소서.

중보의 기도

♣ 성경 누가복음 23:34   찬송 148(142)장 ♣

1999년 코소보전쟁 중 포로로 잡혔던 미군 세 명 중 한 명인 크리스토퍼 소토운은 석방된 후에 자기를 가둬 놓았던 보초를 위해 꼭 기도를 해주고 떠나겠다고 고집을 부렸습니다. 결국 허락을 받아 그 감옥의 보초에게 가서 그를 위해 기도해 주고 떠났습니다. 분노와 원한을 품고 떠날 수도 있었으나 축복의 기도를 해주고 떠난 그 군인은 건강과 마음의 안정을 빨리 회복했습니다.

십자가의 고통 속에 최초로 예수님의 입에서 흘러나온 오늘 본문 말씀을 통해 예수님의 위대하신 신앙을 발견할 수 있습니다. 일반적으로 선의에서 행한 일이 악의로 받아들여지거나 혹은 정의가 불의에 의해 짓밟힐 경우에는 신앙인도 과연 하나님이 계신가 하고 의심하기 쉽습니다. 그러나 그런 경우에도 예수님의 신앙은 미동도 하지 않았습니다.

뿐만 아니라 예수님은 자신을 죽이려는 사람들을 용서해 달라고 하나님께 간구하셨습니다. 예수님의 위대한 사랑 즉 인간 이상의 하나님의 사랑을 발견할 수 있습니다.

예수님은 중보기도를 하실 때, "저들은 자기들이 하는 것을 알지 못함이니이다"라는 이유를 아울러 말씀하셨습니다. 보통 피해자는 가해자의 나쁜 점을 지적하여 호소하게 마련입니다.

그러나 예수님은 가해자가 주는 고통이 절정에 달했을 때 자기의 고통을 잊으시고 가해자의 운명 때문에 걱정하고 변호하셨습니다. 이 큰 사랑의 변호 속에서 우리 모두에 대한 깊은 위로를 발견하실 수 있기를 바랍니다.

예수님은 오늘도 우리를 위해서 같은 기도를 하고 계십니다.

✞ **기도제목**
  1) 우리도 예수님처럼 용서의 기도를 하게 하소서.
  2) 주의 사랑에 감격하여 주를 위해 더욱 헌신하게 하소서.

한쪽 강도의 회개를 통한 교훈

♣ 성경 누가복음 23:43   찬송 86(86)장 ♣

프랑스의 수학자, 물리학자, 철학자로 독실한 크리스천이었던 파스칼(Blaise Pascal 1623~1662)의 「팡세」를 보면 '내기 이론'이 있습니다. 그는 예수님을 만나고 구원의 기쁨으로 가슴 벅차했습니다. 그런데 너무나 많은 사람들이 고집을 부립니다. 그게 너무 안타까웠습니다. 그래서 수학자답게 확률적으로 한번 따져보자고 제안합니다. 자신은 물론 천국을 확신하지만, 천국이 없다고 가정할지라도 예수 믿는 게 결코 손해가 아니라는 겁니다. 오히려 예수 믿지 않으면 큰 손해가 난다는 겁니다.

예수님께서는 십자가 위에서 한쪽 강도가 회개했을 때 "오늘 네가 나와 함께 낙원에 있으리라"라고 말씀하셨습니다. 이 말씀 속에서 우리는 영원히 변치 않는 세 가지 사실을 볼 수 있습니다.

첫째, 아무리 극악무도한 악한이라도 진심으로 잘못을 뉘우치고 그리스도를 받아들이면 확실히 구원을 받는다는 사실입니다.

둘째, 믿으면 바로 천국 백성이 될 수 있다는 것입니다. 여기서 믿는다는 것은 머리로만 막연히 의지하는 것이 아니라 진심으로 그리스도를 마음의 기둥으로 모시는 것을 의미합니다. 이렇게 되면 그의 마음속에 천국이 임하고 또 실제로 하늘나라에 갈 수 있는 자격자가 되는 것입니다. 이것이 예수 그리스도께서 강도에게 하신 약속이었습니다.

셋째, 임종 때에 비로소 믿어도 구원을 얻는다는 것입니다. 이 강도는 죽음이 임박하여 회개하고 그리스도를 받아들여 구원을 얻게 되었습니다. 한쪽 강도처럼 자기 죄를 솔직히 인정하고 예수 그리스도를 마음속에 받아들이십시오. 그리고 겸허한 마음으로 주를 불러 보십시오.

✞ **기도제목**
1) 예수 그리스도를 주인으로 모시고 살게 하소서.
2) 예수님께서 나를 용서하신 것처럼 나도 타인을 용서하게 하소서.

사랑의 배려

♣ 성경 요한복음 19:26~27   찬송 220(278)장 ♣

신문에 아이들과의 대화가 부족한 아빠들에게 아이가 게임에 매달리고 있다면 "너는 또 컴퓨터냐? 공부 좀 해라."하고 야단치지 말고 그 아이와 함께 컴퓨터 게임을 하라는 재미있는 기사가 실려 있었습니다. 어느 아빠가 스타크래프트라는 게임을 배우고 아이와 함께 게임을 했습니다.
  이 게임은 전쟁을 내용으로 하는 것인데 적의 공격 앞에 아군을 양성하고 진지를 구축하고 적을 물리치고 적의 진지를 파괴하는 그런 게임이라고 합니다. 게임을 하던 아빠가 감동이 되어 눈물을 흘렸다고 하는데 내용인즉슨 그 아들이 아빠가 적의 공격에 속수무책으로 무너지고 있는 것을 보고 자기 진지를 과감히 포기하고 아빠를 도우려고 달려오더라는 것입니다.

  예수님은 십자가 위에서 육친에 대한 배려도 결코 잊지 않으셨습니다. 요한을 향한 "보라 네 어머니라"라는 예수님의 말씀은 자식을 먼저 보내는 슬픔에 잠긴 어머니에 대한 위로입니다. 십자가의 고통 속에서도 자기 자신을 생각하지 않고 오히려 그들의 앞날을 염려하셨습니다.
  우리도 고통당할 때, 자기 일을 생각하지 않고 남을 생각하고 배려하신 예수 그리스도를 바라봅시다. 그러면 어떤 고통도 이길 수 있습니다.
  십자가는 우리에게 해야 할 사명을 줍니다. 성경에는 "그 때부터 그 제자가 자기 집에 모시니라"라고 쓰여 있습니다. 사랑하는 사람이 죽으면 "나는 이제 살아갈 가치가 없게 되었다."라고 말하기도 합니다. 그러나 살아남은 자식이나 친구가 이 말을 들으면 어떻게 생각할까요? 당신에게 그들은 어떤 존재입니까? 아무 가치도 없는 그런 존재들입니까? 그렇지 않습니다. 지금이야말로 이들은 당신과 더 깊은 의미를 갖는 사이가 됩니다. 이 말씀은 남아 있는 가까운 사람들에게 서로 살아갈 사명이 있다는 것을 말해 주고 있습니다.

✚ **기도제목**
  1) 주의 사랑으로 가족을 잘 돌보게 하소서.
  2) 고난 중에도 남을 먼저 생각하고 배려하신 예수님을 기억하게 하소서.

고통의 외침

♣ 성경 마태복음 27:45~46   찬송 151(138)장 ♣

루터는 주님의 고난 전체 과정 속에서, 가장 의미심장하고 감동적인 이 부분 곧 "엘리 엘리 라마 사박다니"라고 하신 말씀을 깊이 묵상하는 중에, 오랫동안 음식도 먹지 않은 채, 같은 자세로 꼼짝 않고 의자에 앉아 있었다고 합니다. 그러다가 섬광처럼 떠오르는 생각에 놀라서 이렇게 외쳤다고 합니다. "하나님께서 하나님을 버리셨다! 누가 그것을 이해할 수 있는가?"

F. W. 크룸마허는 "엘리 엘리 라마 사박다니"라고 외치신 주님의 부르짖음에 대하여 "나는 그 고난의 잴 수 없는 깊이를 접근한다는 생각이 날 때, 오히려 두려울 뿐이다. '엘리 엘리 라마 사박다니!' 그 소리에 대하여 글을 쓰거나 말하기보다는, 차라리 긴 침묵을 지킨 채 얼굴을 묻고 울고 싶을 따름이다!"라고 하였습니다.

"엘리 엘리 라마 사박다니" 죄 없는 하나님의 아들이 어찌하여 이런 소리를 지르셨을까요? 예수님도 잠시나마 하나님으로부터 버림을 받게 되었습니다. 그래야만 하나님께 드리는 대속의 제물이 될 수 있었습니다.

이 외침에서 죄 없는 하나님의 아들 예수께서 인류의 죄를 확실히 짊어지셨다는 것을 알 수 있습니다. 이에 대해 성경은 "친히 나무에 달려 그 몸으로 우리 죄를 담당하셨으니 이는 우리로 죄에 대하여 죽고 의에 대하여 살게 하려 하심이라"(벧전 2:24)라고 증거하고 있습니다.

그리고 예수님은 우리의 영혼 구원의 확실한 보증이 됨을 알 수 있습니다. 성경은 "하나님이 죄를 알지도 못하신 이를 우리를 대신하여 죄로 삼으신 것은 우리로 하여금 그 안에서 하나님의 의가 되게 하려 하심이라"(고후 5:21)라고 약속했습니다. 또한 우리가 예수님을 믿고 있는 이상 하나님으로부터 버림받는 일이 없다는 것을 보여 주고 있습니다. 그러므로 우리는 어떤 역경 속에서도 십자가를 바라보아야 합니다.

✚ 기도제목
  1) 어떤 역경 중에도 주의 고난을 생각하게 하소서.
  2) 주의 십자가를 의지하며 살아가게 하소서.

그리스도의 갈증

♣ 성경 요한복음 19:28 찬송 251(137)장 ♣

한 여인의 사랑에 주리고 목말랐던 영국 왕 에드워드는 그 여인을 위하여 영국 왕위를 버리게 됩니다. 그래서 엘리자베스 여왕이 영국 여왕이 되었고 여왕의 아들 찰스가 황태자가 됩니다. 거기에서 비련의 여인 다이애나 왕세자비가 나오게 됩니다. 에드워드 왕의 심슨 부인에 대한 주림과 목마름이 없었다면 영국 왕실의 역사는 다르게 쓰여졌을 것입니다. 적어도 비련의 여인 다이애나는 없었을 것입니다.

"내가 목마르다"라는 오늘 본문 말씀은 머리에 가시관을 쓰시고 손과 발에는 커다란 대못으로 박히신 주님께서 골고다 십자가에 달리시어 하신 말씀입니다. 이 말씀은 십자가 위에서 하신 말씀 중에서 육체적인 고통을 나타낸 유일한 외침입니다.

예수님은 일찍이 골고다 언덕에 이르렀을 때 병사들이 몰약에 포도주를 타서 주었으나 마시지 않았습니다. 그것은 신경을 마비시켜 통증을 완화시키는 것이었으므로 인류를 대신하여 죄의 고통을 받으시려고 이를 거절하셨습니다. 그러나 지금은 인류의 구속의 대도를 완성하신 것을 아시고 "내가 목마르다"라고 말씀하셨을 것입니다.

'갈증의 고통'이 어떤 것인지는 실지로 경험한 사람이 아니고서는 모른다고 합니다. 예컨대 조난을 당한 자가 구명정에 있는 동안의 갈증이야말로 가장 두려운 고문이라고 합니다. 그리고 외과 수술을 받은 분들도 이와같은 갈증을 말하고 있습니다. 그들은 '목마르다'는 것밖에는 아무것도 생각하지 않는다고 합니다.

그런데 예수님은 이 갈증 이외에 가난, 고독, 박해, 멸시, 조소 등 갖은 고통을 당하셨습니다. 그러므로 우리가 당하는 고통을 잘 아시고, 우리를 도와주십니다. 지금 목마른 사람은 주의 십자가를 바라봅시다.

✞ 기도제목
1) 도움을 원하는 이웃의 손길을 외면하지 않게 하소서.
2) 남을 섬기고 남을 돕게 하소서.

구원의 완성

♣ 성경 요한복음 19:30 찬송 144(144)장 ♣

알렉산더 우턴이라는 괴짜 복음전도자가 있었습니다. 어느 날 한 사람이 찾아와 다소 비꼬는 투로 "구원받으려면 어떻게 해야 합니까?"라고 물었습니다. 우턴은 그가 진지하지 않음을 알고 "너무 늦었습니다."라고 대답했습니다. 그러자 그 사람은 깜짝 놀랐습니다. "안 됩니다. 나는 구원받아야 합니다. 제발 구원받는 길을 가르쳐 주세요."하고 간청했습니다. 우턴은 빙그레 웃으며 "늦었습니다! 이미 다 이루어져 있습니다."라고 말했습니다.

하나님으로부터 인류의 구원이라는 대업을 위임받은 예수님은 크나큰 고통을 당하셨습니다. 그런데 이 일을 성공적으로 마쳤습니다. 십자가 위에서 여섯 번째로 하신 "다 이루었다"라는 말씀이 이를 보여 주고 있습니다. 예수님의 이 외침은 일생의 대업을 마치신 승리의 환성이었습니다.

그리스도의 대업이란 하나님을 등진 인류를 하나님께로 돌아가게 하는 것입니다. 그러기 위해서는 죄의 형벌인 죽음을 인류 대신에 체험해야만 하셨던 것입니다. 또한 예수님의 이 외침은 고생한 사람의 안도의 환성이라고 할 수도 있을 것입니다.

굉장한 저항 속에서 이 대업을 성취시키셔야만 했던 예수님의 생애 마지막에 마귀가 다시 나타났습니다. 예수께서 "아버지여 만일 아버지의 뜻이거든 이 잔을 내게서 옮기시옵소서"라고 기도하신 것이 그 증거라고 하겠습니다. 그렇게 기도하신 예수님은 곧 "그러나 내 원대로 마시옵고 아버지의 원대로 하옵소서"라고 하시며 승리하셨습니다.

십자가의 구속은 완성되었습니다. 인간이 여기에 첨가할 것은 없습니다. 우리에게 필요한 것은 다만 이것을 감사하는 마음으로 받아들이는 것입니다.

✞ **기도제목**
  1) 십자가의 완성을 기억하게 하소서.
  2) 주의 고통이 나의 고통이 되게 하소서.

죽음에 대한 승리

♣ 성경 누가복음 23:46 찬송 149(147)장 ♣

많은 성도들이 임종 때 "아버지여 내 영혼을 아버지 손에 부탁하나이다." 하고 숨을 거두었습니다. 최초의 순교자인 스데반이 그러했습니다. 존 후스도 형장에 끌려가면서 몇 번이나 이 말을 외쳤습니다. 어거스틴, 제롬, 루터, 그 밖의 많은 성도들이 이 말씀을 마지막으로 남기고 조용히 눈을 감았습니다.

인간이 죽음을 앞두고 숨을 거두기 전에 한 말은 의미심장합니다. 본문에 기록된 예수님의 이 마지막 말에도 각별한 의미가 있습니다.

이 말씀은 기도였습니다. 그리스도를 받아들여 죄 용서함을 받은 사람은 죽음에 의해 영혼이 육체에서 떠나도 영혼은 구원받게 되어 있습니다. 그리스도의 이 마지막 말씀은 이와 관련되어 있습니다.

우리의 영혼은 하나님의 손에 있을 때 비로소 안전합니다. 이 안전을 신앙으로 확신하고 있는 사람은 죽음의 공포에서 해방되어 평안과 소망 가운데 죽음을 맞아들일 수 있습니다.

예수님께서 임종 때에 이 말씀으로 기도하신 것은 33년에 걸친 지상의 생애에서 자주 이 말씀을 상기하셨기 때문일 것입니다. 이는 죽음에 대한 예수님의 견해를 분명히 보여 주고 있습니다. 예수님에게 죽음이란 영혼이 육체를 떠나는 것이었습니다. 그리고 이 영혼은 때가 되면 다시 영체로 변화할 것입니다. 그날은 사흘 만에 다가왔습니다. 그날에 아버지의 손에 맡긴 영혼은 영광된 영체로 변하여 영원한 생명체로 변화되었습니다.

예수님께서는 이 마지막 말씀에 의해 우리에게 죽음에 대한 승리와 희망을 주셨습니다. 주의 십자가의 고통을 생각하면서 그 의미를 깊이 묵상하시기 바랍니다.

✟ 기도제목
 1) 나의 삶을 주님께 의탁하며 살게 하소서.
 2) 십자가를 바라보며 나의 고통을 인내하게 하소서.

예수 그리스도의 부활

♣ 성경 로마서 4:25   찬송 165(155)장 ♣

바울은 예수 믿는 사람들을 잡아서 감옥에 보내는 일에 앞장섰던 사람이었지만 변화된 이후에 그는 이렇게 말하고 있습니다.
"그리스도께서 만일 다시 살지 못하셨으면 우리의 전파하는 것도 헛것이요 또 너희 믿음도 헛것이며 또 우리가 하나님의 거짓 증인으로 발견되리니"(고전 15:14~15).

'죽은 사람이 다시 살아났다.'는 말을 믿을 사람은 그리 많지 않을 것입니다. 생전에 지상에서 예수님으로부터 "십자가에 달려 죽었다가 사흘만에 다시 살 것이다."라는 말씀을 여러 번 들은 제자들도 전혀 믿지 않았으며, 부활하신 날 아침에 맨 처음 예수님을 만난 마리아도 부활하신 예수님을 동산지기인 줄 알았습니다.
그리고 무덤에서 돌아온 여자들로부터 부활하신 예수님의 이야기를 듣게 된 제자들은 어리석은 잠꼬대를 하는 것으로 생각하고 아무도 믿으려고 하지 않았습니다. 그런 그들도 자기들의 눈앞에서 보여 주신 손바닥의 못 자국과 식사하시는 예수님을 보고 나서야 비로소 믿게 되었습니다. 만일 그리스도의 부활이 없었더라면 오늘의 기독교회도, 선교도 무의미할 것이며, 목숨을 바쳐 그 신앙을 지킨 순교자들은 가장 가엾은 자가 될 것입니다.
이처럼 그리스도의 부활은 우리의 신앙에 큰 의의를 줍니다. 우리의 죄를 짊어지고 우리 대신에 형벌을 받아 죽으신 예수 그리스도의 부활에 의해, 믿는 우리가 사함을 받아 의롭다고 인정을 받는 것이 입증된 것입니다.
그리스도는 참으로 부활하셨습니다. 그래서 믿는 자는 죄 용서함을 받고 하나님의 자녀가 되는 자격을 갖는 것입니다.

✝ 기도제목
  1) 예수의 부활을 확신케 하소서.
  2) 부활의 예수님을 전하게 하소서.

주님을 바라봅시다

♣ 성경 마태복음 14:22~32 찬송 519(251)장 ♣

아프리카의 한 모슬렘이 그리스도인으로 개종하였습니다. 놀란 친구들이 그에게 물었습니다.
"자넨 왜 그리스도인이 되었나?" 그가 아주 명쾌하게 대답했습니다.
"우리가 길을 가는데 갑자기 갈림길이 나타나 어디로 가야 할지 모른다고 가정해 봅시다. 때마침 갈림길 두 방향에 사람이 있는데, 한쪽 길에는 죽은 자가 누워 있고, 다른 길은 산 자가 서서 안내하는 상황이라면, 자네들은 누구에게 길을 묻겠는가?"

주님을 바라보지 않고 바람을 보면 물에 빠집니다. 바람이 문제가 아닙니다. 환경도 문제가 아닙니다. 주님을 바라보지 못하는 것이 문제입니다. 우리가 신앙생활을 하면서 사람을 바라보고 환경을 바라보기 때문에 넘어지게 되는 것입니다.

베드로가 바람을 보고 싶어서 본 게 아닙니다. 믿음이 적어서 주님을 바라보던 시선이 바람을 보고 빠진 것입니다. 우리도 마찬가지입니다. 믿음이 없는 것이 아니라 믿음이 적을 때 사람을 보고 환경을 보고 흔들리는 것입니다. 하나님께 큰 믿음을 구해야 됩니다. 태풍이 불어도 시험이 와도 주님만 바라보고 걸어갈 수 있는 큰 믿음 달라고 기도해야 합니다.

우리가 세상을 살아가는 동안 우리 곁에는 항상 크고 작은 바람이 있습니다. 바람을 바라보면 결국 빠져버리게 됩니다. 바람을 잔잔케 하시는 주님을 바라보아야 합니다. 환경을 바라보지 않고 환경을 다스리시는 주님을 바라보는 것이 믿음입니다. 주님과 함께 주님만 바라보며 걸어가면 됩니다. 어떠한 인생의 위기라도 큰 믿음을 갖고 나아가기를 기도합시다.

✟ **기도제목**
1) 위기 가운데 있는 사람들이 믿음으로 주님을 바라보게 하옵소서.
2) 평온한 삶을 살아가는 성도들의 신앙이 나태해지지 않게 하옵소서.

부활을 믿지 못했던 도마
♣ 성경 요한복음 20:27 찬송 162(151)장 ♣

덜렁이 아내 때문에 아침마다 평안이 깨지는 가정이 있었습니다. 아침에 이부자리도 정리 안하고 잠옷도 아무렇게 벗어 던지고 사는 부인에게 오늘따라 남편이 점잖게 말했습니다. "여보, 예수님은 무덤 속 그 정신없는 상황, 아픈 몸으로도 입고 계시던 세마포를 단정히 정돈하고 부활하셨어요." 부인이 상냥하게 웃으며 대답했습니다. "여보, 미안해요. 제가 아직 부활을 못해서 그래요."

그리스도의 제자인 도마는 예수께서 다시 사셨다는 말을 듣고 "내가 그 손의 못자국을 보며 내 손가락을 그 못자국에 넣으며 내 손을 그 옆구리에 넣어 보지 않고는 믿지 아니하겠노라"라고 말했습니다.

그는 예수님이 부활하시고 처음 제자들에게 나타나셨을 때에 그 현장에 있지 않았습니다. 그래서 예수 그리스도께서는 도마를 마음에 두고 계셨습니다.

부활하신 지 8일째 되는 날에, 제자들이 모인 곳에 다시 오신 예수께서는 누구보다도 먼저 도마에게 가셔서 부드러운 목소리로 "믿음 없는 자가 되지 말고 믿는 자가 되라"라고 말씀하셨습니다.

도마는 믿어지지 않아 고민했습니다. 자기 양심에 충실했던 도마는 부활을 기뻐하는 제자들과 함께 있어도 기뻐할 수 없었습니다. 마음속에 의문이 남아 있었던 것입니다. 그러나 주께서 그의 의혹을 풀어주셨기 때문에 "예수님은 나의 주시며 나의 하나님이시니이다"라고 하며 기뻐하게 되었습니다.

우리들도 "예수님은 나의 주 나의 하나님이시니이다"라고 고백할 수 있기를 바랍니다.

✞ **기도제목**
1) 성경을 불신치 않게 하소서.
2) 보지 않고 믿는 믿음을 갖게 하소서.

부활과 신앙

♣ 성경 사도행전 17:32~34   찬송 165(155)장 ♣

러셀 코넬이라는 군대 지휘관이 어린아이 링에게 전쟁 중에 잃어버린 지휘봉을 찾아오라고 말했습니다. 적속에서 지휘봉을 찾다가 총에 맞은 어린아이는 피흘려 죽어가는 몸을 끌고 나와 "나는 죽음을 두려워하지 않습니다. 부활하신 주님을 따라 나도 부활할 것을 믿기 때문입니다."라는 말을 남기고 눈을 감았습니다.

그때까지 예수를 믿지 않았던 코넬은 "오! 주여! 이 어린아이가 부른 주님을 위하여 내 모두를 바치겠습니다."라고 말했습니다. 그는 신학교에 들어가 공부를 하였습니다. 그리고 그의 전 재산을 바쳐서 미국 보스턴 근처에 '골든 코넬 신학대학원'을 세웠습니다.

오늘 본문은 사도 바울에게서 부활하신 그리스도의 이야기를 들은 아덴 사람들의 반응입니다. 에피크로스파는 인생의 선이란 곧 쾌락이며, 쾌락을 떠나서 달리 선이 있을 수 없다는 쾌락지상주의를 주장했고, 스토아파는 "인간을 행복하게 하는 것은 지식뿐이다."라고 주장했습니다.

인생은 단지 머리의 문제만이 아니라, 살아 있는 마음의 문제도 있습니다. 설사 남에게 가르칠 만한 지식을 알고, 사물의 이치를 깨달은 사람이라도 막상 병상에 누워 임종을 기다리는 처지가 되면 이야기가 달라집니다. 어떤 공산주의자는 반역죄로 기소되어 사형 선고를 받게 되자, 옥중에서 부인에게 보낸 편지에 "유물론자이고 무신론자인 내가 이런 글을 쓰면 비웃을지 모르지만, 이제 나도 신앙을 갖고 싶소."라고 고백하였습니다.

마음속의 절실한 요구를 무시하고, '부활의 신앙'을 조소로 맞아들인 아덴인들은 어리석기 짝이 없는 착각과 독단에 빠졌던 것입니다. 우리를 영원히 살리신 부활의 예수를 믿는 자는 죽음도 이길 수 있습니다.

✝ 기도제목
1) 죽음을 이기신 그리스도를 내가 믿게 하소서.
2) 향락과 관능주의에 빠진 세상에 부활을 외치게 하소서.

부활의 소망

♣ 성경 요한복음 11:25~26 찬송 167(157)장 ♣

미국 매사추세츠 주의 한 교회학교에 다니는 여덟 살짜리 소년 톰이 있었습니다. 그는 몸이 늘 아프고 힘이 들어서 휠체어에 실려 교회에 나왔습니다. 부활주일을 앞두고 선생님은 아이들에게 속이 비어 있는 플라스틱 계란을 주며 그 속에 무엇이든 생명이 있는 것을 넣어 오라고 했습니다. 부활절 아침, 아이들이 차례로 계란을 열어 보았습니다. 꽃, 나뭇잎, 곤충 등 아이들은 생명이 있는 여러 가지를 준비해 왔습니다. 그런데 톰의 계란은 비어 있었습니다. 그걸 본 몇몇 아이들은 깔깔거리며 웃었지만 앓고 있는 톰을 동정해서 교사는 "준비하지 못했어도 괜찮아. 톰이 많이 아팠나 보구나."라고 위로하였습니다. 하지만 톰은 이렇게 대답하는 것이었습니다. "선생님, 저는 생명을 준비했어요. 이것은 예수님의 무덤이에요. 예수님은 다시 살아나셨기 때문에 그 무덤이 비어 있잖아요."

부활 예수를 만난 사람들에게 놀라운 일들이 나타났습니다.

첫째, 슬픔으로 가득 찼던 막달라 마리아가 큰 기쁨의 소유자가 되었습니다(요 20:11~18, 마 28:8). 부활 예수를 만나면 기쁨이 넘칩니다. 이 기쁨은 세상의 그 무엇을 소유한 자의 기쁨과는 확연히 다릅니다.

둘째, 두려움으로 벌벌 떨고 있던 제자들이 부활 예수를 만난 후 남은 생애 자신들이 무엇을 해야 할지를 분명하게 깨달았습니다. 자신감과 활력이 생겼습니다. 목표가 뚜렷해졌습니다. 담대함과 평강이 넘쳤습니다. 부활 주님을 만나는 순간 두려움, 슬픔, 불안, 초조함이 눈 녹듯 사라졌습니다.

셋째, 사울은 다메섹도상에서 부활 예수를 만나는 순간, 그의 인생관과 가치관이 완전히 바뀌었습니다. 전혀 다른 길을 걸어가는 사람이 되었습니다. 그야말로 사울이 바울이 된 것입니다.

이와 같이 부활 예수를 만난 사람에게는 소망이 생깁니다.

✞ 기도제목
 1) 부활의 소망으로 가득하게 하소서.
 2) 재림의 주님을 사모하게 하소서.

부활하신 예수

♣ 성경 히브리서 7:25   찬송 161(159)장 ♣

인도에서 스탠리 존스 선교사가 노방전도를 하는데 이슬람교도 한 사람이 이렇게 외쳤습니다. "우리는 당신네 기독교인들이 못 가진 것 하나를 갖고 있소." 스탠리 존스 선교사가 물었습니다. "그것이 무엇입니까?" "우리 이슬람교는 사우디아라비아 메카에 마호메트의 시신이 들어 있는 무덤이 있어서 우리는 정말 그가 있었다는 것을 알 수 있지만, 당신네 기독교인들은 예루살렘에 가도 빈 무덤밖에 볼 수 없지 않소?"

이 말에 스탠리 존스 선교사가 이렇게 대답했답니다. "바로 그것이 당신네 이슬람교와 우리 기독교의 다른 점입니다. 예수님은 부활하셨기 때문에 무덤 안에 계시지 않습니다. 우리는 빈 무덤을 자랑합니다."

사도신경에 "장사한 지 사흘 만에 죽은 자 가운데서 다시 살아나시며"라는 고백이 있습니다. 십자가상에서 죽으신 예수를 장사한 후 사흘째 되는 날 이른 아침에 천사가 와서 돌을 굴려 예수께서 다시 사신 것을 보여 주었습니다. 부활하신 예수님을 만난 제자들 그리고 오순절 날 약속된 보혜사 성령을 받은 제자들은 딴 사람처럼 강력한 부활의 증인이 되었고, 예수의 이름으로 많은 이적을 행하였습니다.

즉 십자가의 비통한 사건 후에 실망하고 좌절했던 제자들을 분연히 떨치고 일어나게 한 것은 예수님의 부활이며, 박해에서 박해로 이어지는 가운데 교회를 오늘날까지 존속시키고 주일마다 계속해서 예배를 드릴 수 있게 한 것도 예수의 부활입니다. 만일 예수님의 부활이 아니었다면 예수님은 한 인간으로 격하되어 우리는 십자가에 의해 죄 용서받지도 못할 뿐만 아니라 우리의 신앙도 헛될 것입니다.

그러나 오늘 말씀은 부활하신 예수님은 언제까지나 살아 계시며, 그를 믿고 하나님 앞에 나오는 이들을 반드시 구원하신다고 증거합니다.

✞ 기도제목
1) 예수 부활의 사실을 많은 사람들이 믿게 하소서.
2) 예수 부활의 기쁨이 항상 넘치게 하소서.

승천하신 예수

♣ 성경 베드로전서 3:22 찬송 175(162)장 ♣

영국의 위대한 설교가 스펄전 목사가 하루는 새장 속의 새를 괴롭히는 불량소년을 보았습니다. "새를 어떻게 할래?" 스펄전이 묻자, 소년은 "괴롭히다가 죽일 거예요."라고 대답했습니다. 스펄전은 2파운드를 주고 그 새를 사서 멀리 날려 보냈습니다. 이틀 후 부활주일에 스펄전은 이렇게 설교했습니다. "마귀는 인간을 괴롭히다가 죽이려고 했습니다. 그러나 하나님께서는 독생자를 내주는 엄청난 값을 지불하고 우리를 자유케 하셨습니다. 이 사건이 예수님의 십자가 사건이요, 부활의 역사입니다."

갈보리산 십자가 위에서 인류를 구원하는 성업을 완성하신 예수 그리스도는 장사한 지 사흘 만에 다시 살아나 40일 동안 많은 제자들에게 나타나신 후 감람산에서 하늘로 오르셨습니다.

성경에는 "주께서 하늘에 오르사 하나님의 우편에 계셨다"라고 기록되어 있습니다. 기독교회는 초기부터 사도신경에서 "하늘에 오르사 전능하신 하나님 우편에 앉아 계시다가"라고 고백하고 있습니다. '오른편'이란 권위와 권능을 상징합니다. 이 땅에 오셔서 구속의 성업을 완성하시고 하나님께로 다시 돌아가신 그리스도께서는 지금도 하나님의 권능으로 우리를 위해 역사하고 계십니다.

첫째는 대제사장으로서의 역사입니다. 예수 그리스도가 자신의 피권세로 우리의 죄를 말끔히 씻어 주십니다.

둘째로 왕으로서의 역사입니다. 본문을 보면 "천사들과 권세들과 능력들이 그에게 복종하느니라"라고 했는데, 이것은 예수께서 하늘나라의 왕으로서 전권을 장악하고 계신 것을 보여 주고 있습니다.

셋째는 구원의 주로서 역사하십니다. 예수께서는 우리를 위해 거처를 예비하기 위해 먼저 하늘에 오르신 것입니다.

✠ 기도제목
1) 우리를 위해 간구하시는 주님께 나아가게 하소서.
2) 모든 사람이 예수의 이름 아래 굴복하게 하소서.

재림하실 예수

♣ 성경 마가복음 13:33 찬송 179(167)장 ♣

문학가 회원들이 런던의 어떤 클럽에서 만나서 흘러간 과거의 빛났던 사람들에 관한 이야기를 시작했습니다. 그 중 한 사람이 물었습니다. "만약 밀턴이 이 방안으로 걸어 들어온다면 어떻게 하시겠습니까?" 그러자 다른 어떤 사람이 "그가 지상에 살아 있을 때 제대로 인정받지 못했던 것을 보상하기 위해서라도 열렬한 환영으로 맞이하겠지요."라고 말했습니다.

그러자 또다시 "그럼 셰익스피어가 걸어 들어온다면 어떻게 하시겠습니까?" 하고 물었습니다. 또 다른 사람이 "모두 일어나서 문학과 노래의 거장으로서 그에게 영광스러운 관을 씌워야겠죠."라고 대답했습니다.

그러자 그 질문자는 "그러면 만약 예수 그리스도께서 걸어 들어오신다면 어떻게 하시겠습니까?"라고 물었고, 차알스 램은 이렇게 대답했습니다. "우리 모두가 그의 발아래에서 얼굴을 땅에 대고 경배드려야 할 것입니다."

예수님은 모든 인간을 공의롭게 심판하시기 위해 이 땅에 다시 오실 것입니다. 성경은 이 하나님의 진노와 심판에 대해 불같다고 가르치고 있습니다. 그날에는 천체도 불타버리고, 모든 인간도 심판을 받아 많은 사람들이 불구덩이에 던져지게 됩니다.

이 두려운 날에 피할 수 있는 피난처를 갖고 있습니까? 그리스도의 십자가 밑에 서면 구원을 얻을 수 있습니다. 그리스도께서 우리를 대신하여 형벌을 받으셨기 때문입니다. 주께서 참고 계실 때 회개하고 그리스도를 마음에 모셔 들이고 갈보리의 십자가 밑을 피난처로 삼으십시오.

주의 관용은 모든 사람들에게 구원의 복음을 전하기 위해서입니다. 예수님에 대한 예언의 말씀은 다 이루어지고 이제 재림의 약속이 남아 있습니다. 언제 오실지, 그것은 예수님 자신도 모르고 천사도 모르고 하나님만 알고 계신다고 말씀하셨습니다. 뜻하지 않은 때에 도적같이 오신다고 경고하셨습니다. 준비하는 신앙이 되시기를 바랍니다.

✚ 기도제목
1) 주님의 재림에 대한 확신을 갖게 하소서.
2) 주님 오실 때까지 늘 깨어 기도하게 하소서.

은혜의 기회를 놓치지 말라
♣ 성경 고린도후서 6:1~2   찬송 523(262)장 ♣

어떤 서점에 어느 날, "내일은 책을 무료로 드립니다."라는 현수막이 나붙었는데 책을 사기 위해 서점에 왔던 사람들이 그 현수막을 보고는, 내일 다시 와야 하겠다고 생각하고 다음날 아침 일찍 서점으로 갔더니 서점은 공짜로 책을 받아 가려는 사람들로 북새통을 이뤘습니다. 욕심껏 책을 가지고 사람들이 즐거운 표정으로 서점을 나오는데, 이상하게 출입구 쪽의 계산대에서는 여전히 돈을 받고 있었습니다. 사람들이 서점 주인에게 따졌습니다. "아저씨, 오늘 책을 무료로 준다고 해 놓고서는 왜 돈을 받는 겁니까?" 주인은 조용히 대답했습니다. "아, 현수막을 보시고 그러시는 것 같은데, 그 현수막에는 내일 무료로 드린다고 했지, 오늘 무료로 드린다고 하지 않았습니다. 그러니 오늘은 돈을 내셔야 합니다." 이 말을 들은 손님들이 우르르 몰려나가 현수막을 다시 보았습니다. 그 현수막에는 여전히 "내일은 책을 무료로 드립니다."라고 적혀 있었습니다.

　주를 만나는 기회를 얻는 사람, 하나님이 주신 기회를 잡아 기도하는 사람에게 오는 축복이 있습니다. 그것은 홍수가 범람하지 못한다는 것입니다. 여기서 말하는 홍수란 예기치 않은 환난이나 갑자기 닥치는 재앙을 뜻합니다. 환난이나 재앙이 올 때 주를 만나 기도하는 사람들에게는 범람하지 못하는 것입니다. 범람이란 차고 넘쳐 헤어나지 못하는 것입니다.
　그러나 주님을 찾고 만나고 기도하는 사람들은 홍수가 와도 함몰되거나 빠져 죽지 않습니다. 승자는 기회를 잡는 사람입니다. 타자를 향해 투수가 던진 강속구, 시속 160km로 날아오는 공을 겁내는 타자는 홈런왕이 못됩니다. 기회를 잡아 적시타를 때리는 사람이 홈런을 날리게 됩니다. 기회를 잡으십시오! 기도하십시오! 홍수를 겁내지 마십시오!

✞ **기도제목**
　1) 주를 만나는 기회를 얻게 하소서.
　2) 주의 사랑의 줄로 나를 굳게 잡아매소서.

인생의 계획

♣ 성경 잠언 19:21   찬송 430(456)장 ♣

영국 어느 대학의 한 우등생에게 교목이 물었습니다.
"당신은 학교를 마치고 무슨 일을 하려 하오?" "나는 민사(民事) 전문의 변호사가 되려고 합니다." "그거 참 좋은 생각이군요. 그 다음에는 어떻게 하겠소?" "마음에 맞는 여자와 결혼하고, 대회사의 고문 변호사가 되어 윤택하게 살아가지요."
"그 다음은?" "글쎄요. 60세쯤 되어 은퇴하여 조용한 전원생활이나 할까 해요." "좋지요. 그리고 그 다음에는요?"
목사의 끈덕진 질문 공세에 화가 난 학생은 "그 다음이라, 그 다음엔 죽을 일만 남았지요, 뭐." 하고 대답했습니다. 그런데 목사는 여전히 다시 물었습니다. "그 다음은요?"

당신이라면 이 경우에 뭐라고 대답하시겠습니까? 이런 질문에 대해 생각해 본 적이 있습니까? 사람들의 마음속에는 여러 가지 즐거운 꿈이나 계획이 있습니다. 그러나 뜻하지 않은 때, 중병에 걸리거나 교통사고를 당하거나 혹은 죽음이 닥쳐와 자기의 계획을 무참히 깨어 버리는 경우도 있습니다.

그럴 때 상기하십시오. "여호와의 뜻이 완전히 서리라"는 것을. 그러므로 자기의 계획이 깨어졌을 때 하나님의 계획은 이루어진다는 것을 알고 하나님께로 돌아가 하나님의 뜻에 따르기로 합시다. 하나님께로 돌아가면, 인생의 시련이나 고난은 하나님의 사랑의 수단이라는 것을 알 수 있습니다. 모든 일이 서로 유익이 되도록 하시는 것이 하나님의 의도입니다. 이것을 알게 되면 모든 것을 하나님의 손에 맡길 수 있을 것입니다.

자기의 계획이 깨져 실의에 빠져 있습니까? 하나님께로 돌아가 모든 것을 선하게 이루시는 하나님의 손에 모든 것을 맡깁시다.

✞ 기도제목
1) 나의 모든 일을 주의 손에 맡길 수 있는 믿음을 주소서.
2) 나를 주의 도구로 사용하소서.

인생과 모험
♣ 성경 예레미야 29:11 찬송 440(497)장 ♣

뉴질랜드에 앤디 폴디(Andi Pauldi)라고 하는 여자가 있었습니다.
한때는 술집 호스티스로 일했고, 나이가 든 후 트럭을 운전하며 거칠게 살아가던 그녀가 어느 날 예수님을 영접하고 구원받게 되었습니다. 그때부터 그녀의 삶이 변화되기 시작했습니다.
어느 날 그녀가 성경을 읽다가 이사야 35장에 나오는 "사막이 백합화같이 피어 즐거워한다"라는 말씀을 읽다가 마음에 꿈이 생겼습니다.
"하나님! 사막에 꽃을 피게 할 수 있다고 했는데 제가 그 일을 하게 하소서!"
그녀는 사하라 사막으로 갔습니다. 사람들은 그녀를 비웃고 만류했습니다. 그러나 그녀는 수많은 난관을 이겨내고 사하라 사막에서 밀을 수확했습니다. 그 뒤 그녀는 항상 말합니다. "참고 견디면 사막에도 꽃이 피게 할 수 있습니다."

젊은이의 특징은 뭐니뭐니해도 모험심입니다. 젊은이가 이 모험심을 잃으면, 이미 젊은이가 아닐 것입니다. 학교나 직업을 택하고, 결혼 상대를 고르는 것도 어느 의미에서는 모험이 아닐 수 없습니다. 더구나 영혼의 영원한 운명을 거는 종교를 택하는 것은 인생 최대의 모험일 것입니다.
학자이며 마니교의 신자이고, 육욕의 노예였던 어거스틴이 회개하고 하나님 앞으로 돌아간 것은 큰 모험이었을 것입니다. 그러나 그는 "하나님에 의해 하나님 때문에 지음을 받은 인간은 하나님에게 돌아가지 않고서는 평안이 있을 수 없다."라고 고백했습니다.
우리가 믿는 하나님은 평안을 주시며 우리의 앞날을 열어 주시고 우리에게 소망을 주십니다. 신앙은 인생의 최대 모험이기도 합니다. 그러나 그리스도인에게는 평안과 장래의 소망이 약속되어 있습니다.

✞ **기도제목**
  1) 주의 평안을 누리게 하소서.
  2) 오직 예수 안에서만 살게 하소서.

하나님만 우러러보라

♣ 성경 사무엘하 16:11~12   찬송 191(427)장 ♣

아프리카의 어느 나라엔 길 가는 남자들이 해골을 차고 다닌답니다. 그것은 자기나 자기의 가족을 해한 사람을 보면 목을 쳐서 그 해골을 차고 다니는데 그 해골이 많을수록 대장부로 인정받고, 자랑스럽게 생각한답니다. 이 이야기가 사실인지는 모르겠지만 대부분의 사람은 원수에게는 복수하려는 마음, 손해를 입힌 사람에게는 앙갚음을 하려는 마음을 갖고 있습니다.

다윗왕이 쫓겨나 바후림에 이르렀을 때, 사울가의 한 족속인 시므이라는 사나이가 다윗왕에게 돌을 던지고 욕을 했습니다. 이 욕설을 듣고 참지 못하는 부하 아비새를 다윗이 타이른 것이 오늘 말씀입니다.

다윗은 본문 11절 상반부에서 "내 몸에서 난 아들도 내 생명을 해하려 하거든 하물며 이 베냐민 사람이랴"라고 하며 타이릅니다.

예수 그리스도의 경우를 생각해 봅시다. 예수님만큼 억울한 중상모략과 욕설과 저주를 받으신 분은 없을 것입니다. 그러나 예수님은 "욕을 받으시되 대신 욕하지 아니하시고 고난을 받으시되 위협하지 아니하시고 오직 공의로 심판하시는 자에게 부탁하시매"라고 베드로가 증언한 대로 중상이나 욕설에 대해 끝까지 입을 다무시고, 하나님께서 저들에게 그렇게 시키시는 것으로 받아들여 묵묵히 하나님의 뜻에 따랐습니다.

오늘날 이유 없는 비난과 중상에 시달리고 있는 사람은, 다윗이 "여호와께서 저에게 명하신 것이니 저로 저주하게 버려두라"라고 말하고, 그 괴로움 속에서 하나님을 우러러본 것처럼 하나님을 우러러보십시오.

하나님을 믿고 따른다는 것은 하나님께 자기의 모든 것, 심지어 생사까지도 맡기고 그 처분을 기다리는 마음의 자세를 말하는 것입니다. 그런 자만이 어떤 중상도 이길 수 있습니다.

✢ **기도제목**
 1) 중상을 당해도 오직 주님만 의지하게 하소서.
 2) 하나님에 의한 승리를 확신하게 하소서.

자기변명

♣ 성경 사무엘상 22:8 찬송 452(505)장 ♣

4살짜리 꼬마의 그럴듯한 변명입니다. 36, 37℃를 오르내리고, 밤에도 푹푹 찌는 열대야 현상이 나타나던 어느 무더운 여름날, 4살짜리 꼬마가 이불에 지도를 그렸습니다. 깨어나 한참을 고민하던 꼬마가 방문을 열고 들어오는 엄마에게 늘어놓는 변명, "엄마, 방이 너무 더워서 땀이 다 고추로 나왔어요."

왕이 된 사울은 왕으로서의 자기 임무에 충실하려고 노력했을 것입니다. 그러나 그는 무의식중에 자기의 총명과 이지적인 판단을 과신하여, 어느새 하나님의 말씀을 경청하여 행동에 옮길 수 없게 되었습니다. 그러고도 사울은 번번이 하나님께 변명을 했습니다.

그는 언제나 "백성이…… 블레셋인이……" 하고 자기의 실수를 남에게 전가하였습니다. 자기를 변호하고 자기의 지위를 지키고 자기주장이나 계획을 집행하려고 하면, 남의 비판을 두려워하고 남의 성공을 기뻐할 수 없는 소인이 되기가 일쑤입니다. 사울은 젊고 유능한 신하 다윗의 명성을 질투하고 그의 충성을 의심하여 드디어 그를 죽이려고 할 정도로 딱한 인간이 되어 버렸습니다.

하나님의 말씀을 따르지 않고 자기변명만 하게 되면, 이 사울과 같이 비열하고 타락한 파괴적인 소인이 되기 쉽습니다. 사울의 일생을 통하여 배울 수 있는 것은, 건전하고 도량이 큰 유능한 인간이 되려면 자기를 부정하고 하나님의 말씀을 따라야 한다는 진리입니다.

예수님은 결코 자신을 변호하지 않고, 자기 마음을 비우고 죽기까지 하나님께 순종하셨습니다. 그리스도를 본받을 때, 자기변명에서 해방된 너그럽고 아량 있는 인간이 될 수 있습니다.

✞ **기도제목**

　1) 자기변명을 하지 않게 하소서.
　2) 오직 주의 명령만 따르게 하소서.

116 / 4월 14일

경멸에 대한 대처

♣ 성경 잠언 16:32 찬송 407(465)장 ♣

다윗과 골리앗의 싸움이 하나님과 골리앗의 싸움으로, 지금 나와 문제와의 싸움이 하나님과 문제와의 싸움으로 바뀌는 것입니다.
　불신앙인들은 자신의 지혜를 의지하지만, 하나님의 사람들은 나를 믿으시고 나를 사용하시는 하나님의 지혜의 부요함을 믿습니다.

　경멸에 지면 이로 말미암아 파괴에 이르게 됩니다. 그러나 경멸에 지는 것 자체를 경멸하면 기쁨을 얻을 수 있습니다. 다윗 왕은 여러 차례 심한 모욕을 받았습니다. 그때마다 그는 하나님의 도우심을 구했습니다.
　거인 골리앗과의 싸움에 나섰을 때도 그러했습니다. 거인 골리앗의 비웃음에 대해 다윗은 "너는 칼과 창과 단창으로 내게 나아오거니와 나는 만군의 여호와의 이름 곧 네가 모욕하는 이스라엘 군대의 하나님의 이름으로 네게 나아가노라"라고 대답했습니다.
　이 대답은 자기의 이득에 관한 관심도, 모욕에 대한 보복도 없는 참으로 하나님에 대한 신뢰의 표명이었습니다. 다윗은 하나님을 신뢰하고 있었으므로 골리앗의 잔인성을 두려워하지도 않고, 저주스러운 욕설에도 귀를 기울이지 않고, 또 그 모욕을 마음에 담아 두지도 않았습니다. 마침내 그는 골리앗의 검을 빼앗아 그 목을 베어 버림으로 이스라엘에게 승리를 안겨 주었습니다.
　누구든지 경멸을 당하거나 모욕을 받으면 화가 납니다. 그러나 그럴 때 하나님을 의지하고 마음을 열고 그리스도를 맞아들이십시오. 그러면 다윗처럼 교만한 사람의 검을 빼앗아 그 목을 베고 승리를 가져올 수 있으며, 우리가 그리스도의 사람인 것을 입증할 수 있습니다.

✚ 기도제목
　1) 어떠한 경멸이나 모욕도 참게 하소서.
　2) 어디서나 부드러운 태도를 갖게 하소서.

모세의 인내
♣ 성경 히브리서 11:27　찬송 325(359)장 ♣

미국의 사업가, 강철왕 카네기(Andrew Carnegie ; 1835~1919)는 "승부를 가리는 데 있어서 가장 중요한 것은 인내다."라고 말했습니다. 그는 또한 "참고 있으면 반드시 기회가 생긴다."라고 했습니다.

출애굽기 5장을 보면 모세는 하나님의 메시지를 가지고 바로 왕 앞에 섰습니다. 모세는 바로 왕의 냉혹한 모욕과 반대를 참아야만 했습니다. 왕관을 머리에 쓴 바로가 미디안 땅에서 온 일개 양치기인 모세를 무시하는 것은 당연한 일이었습니다. 바로는 하나님의 메시지를 가져온 모세에게 "여호와가 누구이기에 내가 그의 목소리를 듣고 이스라엘을 보내겠느냐 나는 여호와를 알지 못하니 이스라엘을 보내지 아니하리라"(출 5:2) 하고 거절했습니다.

모세는 또 군중의 근거 없는 불평도 참아야 했습니다. 이스라엘 백성은 하나님의 손에 의해 이집트의 노예 생활에서 탈출할 수 있게 되었습니다. 그리고 역시 하나님의 손에 의해 홍해를 건너고, 바위에서 물을 내어 받아먹고, 날마다 일용한 양식으로 하늘에서 내리는 만나를 먹고, 낮에는 구름 기둥, 밤에는 불 기둥의 인도를 받았습니다. 이스라엘 백성으로서는 그 이상 필요한 것이 없었으나 그래도 그들은 불평불만을 했습니다.

모세가 이런 참기 어려운 반항이나 불평을 끝까지 참아 내었는데, 그 비결은 어디에 있었을까요? 그것은 모세가 '신앙에 의해 보이지 아니하는 자를 보고 있었기' 때문입니다.

그리스도는 눈에 보이지 않는 분이십니다. 그러나 그분은 결코 당신을 배반하지 않습니다.

✠ 기도제목
1) 주님은 보이지 않지만 항상 동행해 주시는 분임을 깨닫게 하소서.
2) 모세와 같은 인내를 주소서.

역경 중에 함께하시는 하나님

♣ 성경 이사야 35:4~6 찬송 336(383)장 ♣

1664년 영국 런던에 가공할 만한 페스트가 발생했습니다. 수백 명의 런던 시민이 삽시간에 목숨을 잃었습니다. 케임브리지대학에 다니던 한 청년은 전염병을 피해 울즈도르프라는 시골로 내려갔습니다. 학문연구에 정신없이 몰입했던 청년은 모처럼 여유를 즐겼습니다. 한번은 청년이 뜨락에 앉아있는데 사과나무에서 사과 하나가 뚝 떨어졌습니다. 그는 이것에 의문을 품었습니다. '사과가 왜 옆이나 위로 떨어지지 않고 밑으로만 떨어지는 것일까? 땅에 사과를 잡아당기는 힘이 존재하는 것은 아닐까?' 이 청년의 이름은 '과학의 아버지'로 불리는 뉴턴이었습니다. 이날 청년이 발견한 것은 그 유명한 '만유인력'의 법칙이었습니다. 페스트라는 전염병이 뉴턴을 세계적인 과학자로 만드는 데 기여할 줄은 아무도 몰랐습니다.

성경은 역경에 놓인 사람들에게 오히려 하나님께서 일종의 특권을 부여하고 계신 것을 보여 주고 있습니다. 예컨대 요나단의 아들 므비보셋은 다윗 왕의 사랑을 한몸에 받아, 특별히 왕궁에서 거주하는 것이 허용되고 왕과 함께 식사도 할 수 있었습니다. 그렇다면 영광의 주 예수 그리스도께서 불구자에게 다윗 이상으로 깊은 애정을 쏟지 않으실까요?

또한 성경은 하나님께서 병자를 들어 쓰시는 것을 말해 주고 있습니다. 예컨대 엘리사 시대에 아람군에게 포위된 사마리아의 거리에 있던 네 사람의 문둥병자는 퇴각한 아람군의 진지에서 많은 군량을 발견하여 왕에게 알렸습니다. 하나님께서는 이 위급한 때에 이스라엘 백성을 구하기 위해 사람들이 혐오스럽게 생각하는 문둥병자를 들어 쓰셨던 것입니다. 하나님은 사람들의 눈에 보잘것없게 보이는 사람에게 하나님과 인간에게 봉사할 수 있는 길을 열어 주셨습니다.

역경 중에 함께하시는 하나님만 의지하시기 바랍니다.

✢ **기도제목**

1) 나에게 부닥치는 역경을 오히려 감사케 하소서.
2) 주님을 의지하며 역경을 이겨 내게 하소서.

교만은 마침내 멸망케 합니다

♣ 성경 역대하 26:15~16   찬송 488(539)장 ♣

옥스퍼드의 사상가 C. S. 루이스는 "본질적인 악, 최고의 악은 교만이다. 이에 비하면 부정, 탐욕, 술 취함, 그리고 그 외 모든 악은 벼룩에 지나지 않는다. 천사가 사탄이 된 것은 바로 교만을 통해서였다. 교만은 다른 모든 악으로 이끌기에 가장 근본적인 최고의 악이다."라고 말합니다.

하나님의 은혜를 잊고 자기가 강성해진 것은 자기 힘이라고 생각하는 등 교만할 대로 교만해진 웃시야 왕은 하나님의 벌을 받아 문둥병자가 되어 죽는 날까지 별궁에서 격리되어 살아야 했습니다. 웃시야 왕은 이런 비참한 반생을 자초했는데, 그것은 성경에 쓰여 있는 대로 '그가 강성하여지매 그의 마음이 교만하여 악을 행하였기' 때문입니다.

역사상 많은 사람들이 출세한 후에 쓰러진 것을 볼 수 있습니다. 우리가 높은 지위에 올랐을 때에도 겸손한 마음을 갖고 있어야 할 것입니다. 풍족한 생활을 즐길 때에도, 전에 어려운 처지에 놓여 인생의 여로에 지쳐 있던 당시를 잊지 말아야 할 것입니다.

품성의 테스트는 곤궁한 시대가 아니라 오히려 높은 지위에 오르거나 돈을 많이 벌어 사람들이 부러워할 무렵에 나타나게 됩니다. 웃시야 왕은 곤궁을 견디었으나 번영에는 견디지 못했습니다. 전쟁에는 견디었으나 성공에는 견디지 못했습니다. 임무에는 견디었으나 출세에는 견디지 못했습니다. 그는 번영하고 부유해지고 성공하고 출세했을 때 마음이 교만하여 마침내 멸망을 자초한 결과를 얻게 되었습니다.

출세했을 때, 높은 지위와 명예를 얻을 때에 그 근원이 어디에 있나를 생각해 보십시오.

✟ 기도제목
1) 겸손한 마음을 주소서.
2) 과거의 고난을 기억하게 하소서.

과학자의 신앙

♣ 성경 히브리서 13:7 찬송 478(78)장 ♣

리더스 다이제스트에 과학자가 하나님을 믿는 일곱 가지 이유를 어느 과학자의 입을 빌어 실은 적이 있는데 그 중 다음과 같은 이야기가 있습니다.
 "만일 지구가 23도로 비스듬히 기울어져 있지 않다면 바다에서 증발한 수증기가 남극과 북극에 몰려 땅은 얼음으로 덮여 버릴 것이다. 바다의 깊이와 달과 태양의 거리와 부피, 태양의 온도, 태양의 주위를 공전과 자전하는 속도 등은 모두가 정밀하게 계산된 것이다. 그리고 동물의 본능과 지혜를 고찰해 보면 놀랍기만 하다.
 유럽의 연못이나 호수에 사는 뱀장어가 수만리나 되는 바닷길을 가로질러 버뮤다 부근의 깊은 바다에 알을 낳고 죽으면, 이 알에서 부화된 뱀장어 새끼들은 어미들이 가로질러온 길을 따라 어미가 떠나온 연못이나 호수로 되돌아간다. 이런 것들을 어찌 우연의 소산이라고 말할 수 있겠는가."

 에디슨은 "사후에서의 생명의 계속은 나의 신앙입니다."라고 말했습니다. 죽은 후의 생명에 대한 이와 같은 과학자의 신앙이 위대한 사업을 성취시킨 최대의 원인이 되었습니다.
 미국에서는 많은 생물학자들이 다윈의 진화론의 오류를 지적하여 가끔 학교에서 진화론만 가르치고 창조론을 도외시하는 데 대해 항의가 잇따라 일어나고 심지어 주(州)에 따라서는 소송을 제기하여 창조론도 함께 가르치게 한 경우도 있습니다.
 우리나라에서도 10여 명의 과학자들이 '창조과학회'를 발족시켜 미국에서처럼 교과서에 창조론을 취급하게 하는 운동을 전개하였습니다. 우리는 자연과 생명의 신비에 대해 경외감을 가져야 할 것입니다. 또한 발전된 과학을 통해 믿음이 깊어져야 합니다.

✚ **기도제목**
 1) 과학을 통하여 하나님을 더 밝히 깨닫게 하소서.
 2) 한국의 교과서에도 창조론이 실리게 하소서.

영혼의 해갈

♣ 성경 요한복음 4:13~14   찬송 309(409)장 ♣

미국의 존 홉킨스 대학의 교수요 외과의사인 켈리 박사는 전도자로도 유명합니다. 그는 양복에 늘 장미꽃을 꼽고 다니는데 그 꽃이 왜 그런지 한참을 지나도 시들지를 않았습니다. 그는 의아해 하는 사람들에게 꽃이 시들지 않는 이유를 공개했습니다. 양복 섶의 밑바닥에는 조그마한 물병주머니가 따로 있었고 장미꽃은 그 작은 물병에 꽂혀 있었습니다. 이때 그는 말하기를 "사람들이 시들지 않고 향기 나는 인생을 살기 위해서는 삶의 뿌리를 언제나 그리스도에게 두어야 한다."라고 하면서 전도했다고 합니다.

과학 기술이 발달됨에 따라 한편으로는 불행도 늘어간다는 현대문명의 모습은, 사람들이 과학 기술을 과대평가하여 이를 자랑하는 것을 현대판 바벨탑에 대한 하나님의 심판으로 보는 사람도 있을 정도입니다.

바벨탑은 인류가 당시의 과학과 기술의 진수를 모아 그 꼭대기가 하늘에 닿게 하려고 만든 탑이지만, 그 탑이 하나님에 의해 무너지고, 사용하는 말이 달라져 서로 의사가 상통되지 않게 되었습니다. 이것은 하나님에 의해 창조된 인류가 하나님을 멀리하고, 자기들이 하나님의 지위에 오르려고 했기 때문에 받게 된 하나님의 심판이었습니다.

현대의 과학 기술이 아무리 발달해도 이로 말미암아 인간의 영혼이 충족되지 않으며, 과학의 발달이 인간에게 진정한 행복에 이르도록 해주지 못하는 모순 속에 있습니다.

인간 소외 속에서 영혼의 갈증을 느끼고 있지 않습니까?

예수 그리스도께서는 과학기술의 물을 마시고 영혼의 갈증을 느끼고 있는 현대의 우리들에게 "내가 주는 물을 마시는 자는 영원히 목마르지 아니하리라"라고 말씀하십니다.

영혼의 갈증은 인간의 능력으로는 해결할 수 없습니다.

✚ 기도제목
1) 주님만이 생수의 근원이심을 믿게 하소서.
2) 영생하도록 솟아나는 샘물로 살게 하소서.

노하기를 더디하라

♣ 성경 시편 37:8, 잠언 16:32 찬송 585(384)장 ♣

우리 속담에 "장독을 보아서 쥐를 치지 못한다."라고 하는 말이 있습니다. 장독 사이로 쥐가 왔다 갔다 하는데 돌멩이를 들고 그냥 한방 내리치고 싶은데 내리쳤다가는 장독 깰까 봐서 그 돌멩이를 내려놓는다는 얘기입니다.

우리가 무엇을 하려고 할 때, 혹은 어떤 목적을 이루기 위해 노력할 때 누가 우리 앞을 가로막고 훼방하면 우리는 화를 내거나 혹은 폭력을 휘두르는 경우가 있습니다.

분노나 폭력으로 목적을 달성할 수 있을까요? 설사 올바른 이유가 있더라도 분노는 결과적으로는 그 행실을 악에 물들게 합니다. 솔로몬도 "노하기를 더디하라"라고 가르칩니다.

그리스도는 분노에서 생기는 폭력을 경계하여 이렇게 말씀하고 계십니다. "네 칼을 도로 칼집에 꽂으라 칼을 가지는 자는 다 칼로 망하느니라"(마 26:52).

이것은 그리스도를 십자가에서 처형하려고 하던 적들이 그리스도를 체포했을 때, 제자인 베드로가 격분하여 대제사장의 종의 한쪽 귀를 쳐서 떨어뜨리자 예수께서 베드로를 책망하신 말씀입니다.

분노와 폭력은 반드시 보복을 불러 파괴를 가져옵니다. 반대로 훼방을 받아도 사랑과 겸허한 태도로 대하면 오히려 일이 쉽게 풀립니다.

우리는 불의한 노를 품지 않도록 해야 하며, 혹 어떠한 이유로 노를 품었다 할지라도 "해가 지도록 노를 품지 말라"라는 말씀을 기억하고 지혜롭게 화해하고 용서해야 될 것입니다.

✙ **기도제목**
1) 화나 분을 내지 않게 하소서.
2) 견책을 달게 받게 하소서.

마음의 병
♣ 성경 잠언 15:13 찬송 516(265)장 ♣

존경하던 한 남성으로부터 유희의 대상이 된 것을 알고, 복수심에 복받쳤던 한 여성이 자기의 이성 관계가 무서운 범죄였음을 알고 양심의 가책을 받아 정신착란에 빠져 자살 미수로 병원에 이송되었습니다.

그녀의 병은 분명히 나쁜 감정에서 비롯된 것이며, 그 근원은 죄입니다. 이 죄로 말미암아 받은 마음의 상처는 의사의 치료나 약으로는 고쳐지지 않았습니다. 그런데 요한복음 8장에 간음하다가 발각되어 잡혀 온 여인에 대한 예수님의 말씀을 배우며 자기 죄를 짊어지고 십자가에 달리신 그리스도의 위대한 사랑을 깨닫고 진심으로 회개하고 죄의 용서를 기원했습니다. 이윽고 그녀의 마음속에는 죄를 용서받은 확신이 생기게 되었고 지금은 평안과 생기에 넘치는 활동을 하고 있습니다.

콜로라도 의과대학의 프랭클린 에보우 박사는 일반 질환 중의 3분의 1은 인체 기관에서 일어난 장애이고, 3분의 1은 감정적인 것과 기관상의 병이 결합된 것이며, 나머지 3분의 1은 감정적인 것이라고 말했습니다.

병을 앓은 경험이 있는 사람은 누구나 원한이나 증오, 악의나 질투, 복수와 같은 마음의 상태가 병을 일으키는 원인이었다는 것을 인정할 것입니다. 육체상의 화학적인 반응은 감정의 격동으로 일어나는 것으로 그 결과 몸의 컨디션이 불균형을 이루게 되고 이런 흥분 상태를 오래 지속시키면 육체의 모든 기관이 쇠약해집니다.

예수께서는 전도하러 나가는 제자들에게도 귀신을 몰아내고 병든 자를 치료하는 권능을 주셨습니다. 질병은 악령과 죄와 무관하지 않아 주께서 악령을 내쫓고 죄를 사해 주시니 죄사함을 받은 즉시 병이 나은 사례가 많습니다.

마음의 병을 주님께 내어놓고 치료받는 은혜가 있기를 바랍니다.

✞ **기도제목**
   1) 구속의 은총 주심을 감사하는 신앙을 갖게 하소서.
   2) 마음의 평안을 주소서.

겸손과 섬김

♣ 성경 에베소서 4:1~6 찬송 212(347)장 ♣

톨스토이가 산책을 하고 있었습니다. 한 거지가 다가와서 손을 내밀며 자비를 베풀어 줄 것을 요청해 왔습니다. 공교롭게도 그날따라 돈이 한 푼도 없었습니다. 그래서 거지에게 부드러운 목소리로 "여보게, 어떡하지 지금은 가지고 있는 돈이 없다네."라고 말하자 거지는 "괜찮습니다."라고 하며 밝은 웃음을 띠곤 사라졌습니다. 이것을 본 다른 거지가 "자네는 얼마나 받았길래 그리도 좋은가?"라고 물었습니다. 그 물음에 "돈은 주지 않았어. 그렇지만 나더러 거지라고 부르지 않고 여보게라고 정중하게 불러주셨지. 인간다운 대우를 해주셔서 사람대접 받아서 좋은 거라네."라고 대답을 했습니다.

예수님은 겸손하시고 온유하십니다. 하나님은 겸손한 자에게 은혜를 주십니다. 교만한 사람은 하나님께서 물리치십니다. 예수님은 선생으로서 제자들의 발을 씻기셨습니다. 이것은 자신을 낮추고 상대를 높이며 섬기는 모습의 본입니다. 다른 사람을 행복하게 할 때 자신도 행복해집니다. 다른 사람들의 장점을 보고 칭찬하는 것이 이웃을 섬기는 것입니다.

언제나 부정적이고 비판적이며 단점을 꼬집어 헐뜯기를 좋아하는 사람이 있습니다. 이런 사람은 결국 불행한 인생이 됩니다. 예수님이 우리를 용서해 주시고 주님 안에서 새롭게 거듭났다면 이웃을 용서하고 사랑하며 높일 수 있어야 합니다. 그럴 때 우리는 서로 하나 될 수 있습니다. 예수님처럼 살면 성공이요 탁월한 인생이 됩니다. 예수님은 크고자 하는 자는 섬기는 자가 되라, 으뜸이 되고자 하는 자는 종이 되라고 하셨습니다.

✝ **기도제목**
1) 주님의 섬김을 본받게 하소서.
2) 겸손의 삶을 살게 하소서.

스트레스 해소법
♣ 성경 마가복음 6:31   찬송 486(474)장 ♣

밤마다 회사 서류를 집으로 한아름 안고 와서 자정이 넘도록 일을 하던 어떤 실업가가 드디어 병으로 쓰러졌습니다. 의사는 그에게 다음과 같은 처방을 내렸습니다. "날마다 두 시간씩 산책해야 합니다. 한 주일에 반나절은 묘지에서 보내야 하구요."
　실업가는 의사의 말을 듣고 깜짝 놀랐습니다. "뭣하러 내가 묘지에서 반나절씩이나 보내야 하죠?" "나는 당신이 묘지를 돌아다니면서 그곳에 잠들어 있는 사람들의 비석을 바라보면서, 그들의 대부분도 당신과 마찬가지로 전세계가 자기의 양 어깨에 달려 있다고 생각하던 사람일지도 모르는데, 지금은 그곳에 누워 있다는 사실을 잘 생각해 주었으면 해요."
　그는 이 의사의 말을 듣고 비로소 자기의 발걸음을 한 박자 늦추게 되었습니다. 그리고 자기가 하는 일을 남에게 나눠 맡기게 되었습니다. 그러자 그의 마음에 초조감 대신 평화가 자리잡기 시작했습니다.

　우리의 생활 속도는 과학 기술이 발전할수록 빨라지는 것 같습니다. 그래서 피로가 쌓여 누구나 스트레스 해소에 신경을 쓰게 되었습니다. 어떤 사람은 직장에서 퇴근길에 몇 잔의 생맥주로 하루의 스트레스를 풀려고 하고, 어떤 사람은 프로 야구로, 낚시로, 골프로 스트레스를 풀려고 합니다.
　급속히 산업 사회로 접어든 우리나라 대다수의 사람들이 시간에 쫓기기 때문에 필요 이상으로 화를 내거나 걱정을 하며 정력을 낭비함으로써 그 만큼 많은 피로를 느끼고 있는 것 같습니다.
　본문 말씀은 오늘 우리에게도 하신 말씀입니다. 내게는 한적한 곳을 찾아 쉴 시간적 여유가 없다고 말하는 사람이 있을지도 모르겠습니다. 그러나 시간이 없을수록 한 박자 늦춰서 몸과 마음의 여유를 가져야 합니다. 그것이 보다 밝은 내일을 설계하는 지혜가 아닐까요?

✝ **기도제목**
　1) 바쁠수록 기도하게 하소서.
　2) 자신을 맹신하지 않게 하소서.

수면 건강법
♣ 성경 시편 4:8 찬송 440(497)장 ♣

어떤 나라에서 왕이 신하들에게 명령하기를 "세상에서 가장 행복한 모습을 담은 사람을 그림으로 그려 오라."라고 했습니다. 신하들이 전국을 누비며 가지고 온 그림 가운데 고르고 고른 끝에 결정한 가장 행복한 것은 아가의 잠자는 모습이었다고 합니다. 아가의 잠자는 모습은 어떤 걱정도, 불행함도 없는 행복 그 자체입니다.

 어떤 권위 있는 의학자의 보고에 의하면, 미국 병원에 마련된 두 침대 중의 하나는 병균에 침범되었거나 사고로 인한 부상이나 기관의 장애 때문이 아니라, 자기감정을 조절하거나 제어할 수 없다는 이유로 누워 있는 환자가 차지하고 있다는 것입니다.
 대부분의 환자들은 그들의 마음속에 병적인 생각을 그들의 육체에 계속해서 보내고 있다고 합니다.
 전혀 부족함이 없는 솔로몬이 고백하기를 "여호와께서 집을 세우지 아니하시면 세우는 자의 수고가 헛되며 여호와께서 성을 지키지 아니하시면 파수꾼의 깨어 있음이 헛되도다 너희가 일찍이 일어나고 늦게 누우며 수고의 떡을 먹음이 헛되도다 그러므로 여호와께서 그의 사랑하시는 자에게는 잠을 주시는도다"라고 했습니다.
 수면은 자연스러운 건강 회복의 방법입니다. 그러나 수면제는 인간에게 건전한 수면을 제공할 수 없습니다. 그리고 의사도 사람들에게 편안한 잠을 줄 수 없습니다. 약도 의학도 사람들의 마음속에서 긴장과 걱정을 제거할 수 없기 때문입니다. 참으로 평안하게 깊이 잠들 수 있는 수면을 주시는 분은 오직 예수 그리스도뿐입니다.

✚ 기도제목
 1) 평안한 잠을 자게 하소서.
 2) 영과 육이 건강하게 하소서.

밝은 인생
♣ 성경 시편 34:5 찬송 354(394)장 ♣

모세가 가나안 땅에 보낸 12명의 정탐꾼들 중 열 명은 "가나안 땅은 참으로 좋은 곳이지만 그곳에 사는 사람들은 대단히 억세고 성읍은 견고하고 무척 큽니다."라고 보고했습니다.

그러나 여호수아와 갈렙 두 사람은 "우리는 반드시 이길 수 있습니다. 여호와께서 우리를 기뻐하시면 반드시 우리가 승리할 것입니다."라고 보고하여 사람들을 격려했습니다. 여호수아와 갈렙의 말을 따라 가나안 땅에 쳐들어가 승리할 수 있게 되었습니다.

밝은 인생을 보내기를 바라지 않는 사람은 없을 것입니다. 같은 사물을 보아도 소극적으로 어두운 면을 보는 사람과 적극적으로 밝은 면을 보는 사람 사이의 생활 태도에는 큰 차이가 있습니다.

어떤 역경 가운데 있어도 먼저 하나님을 앙망합시다. 그러면 용기와 자신감이 생겨 밝은 인생을 보낼 수 있습니다.

우리가 잘 아는 베토벤도 그러했습니다. 어느 날 오후 그는 여느 때와 마찬가지로 산책을 하고 집으로 돌아왔습니다. 그런데 그날 밤에 갑자기 고열이 나면서 귀가 잘 들리지 않았습니다. 황급히 병원으로 달려갔으나 이미 때가 늦었습니다. 그는 30세의 젊은 나이에 청각을 잃어 소리를 들을 수 없게 되었습니다.

음악가에게 생명이나 다름없는 소중한 귀를 잃은 그는 마치 산송장이나 다름없었습니다. 그러나 그의 음악 인생이 결코 그것으로 끝장난 것은 아니었습니다. 왜냐하면 그는 이런 역경에 놓여 있어도 여호와를 의지했기 때문입니다.

주를 앙망하십시오. 그리하면 밝은 인생을 맞이할 수 있습니다.

✞ **기도제목**
1) 주를 앙망하고 빛을 입게 하소서.
2) 언제나 밝은 면을 보게 하소서.

마음의 노래

♣ 성경 느헤미야 8:10   찬송 542(340)장 ♣

영국의 속담에 이런 말이 있습니다. "하루를 기쁘게 살려는가? 이발을 하라. 한 주간을 기쁘게 살려는가? 자동차를 사라. 한 달을 기쁘게 살려는가? 결혼을 해라. 한 해를 기쁘게 살려는가? 새 집을 지어라." 멋을 내는 이발소와 편리한 자동차가 인간에게 기쁨을 주는 것은 사실입니다. 하지만 그 기쁨은 결코 오래 가지 못하는 것을 알 수 있습니다. 뿐만 아니라 새로 결혼한 가정도 시간이 지나면 마냥 기뻤던 행복 대신에 갈등과 고민이 찾아오는 것입니다. 새 집을 짓고 손보면서 살아가는 사람에게도 역시 기쁨이 그리 오래 갈 수 없다고 말해 줍니다.

어떤 사람은 이어서 이렇게 말하고 있습니다. "평생을 기쁘게 살려는가? 정직한 인간이 되라."

오늘 말씀은 '여호와를 기뻐하는 것이 힘'이라고 하였는데, 하나님을 모르고는 기뻐할 수 없습니다.

프랑스의 수학자 파스칼은 명상록 「팡세」에서 "세상 사람들은 모두 고뇌에 빠져 있다. 왕도 귀족도 젊은이도 늙은이도 예외가 아니다."라고 했는데, 이 세상의 생활은 확실히 고뇌로 가득차 있습니다. 날마다 신문 사회면 기사에는 살인, 강도, 폭력 사건이 보도되고 있습니다. 확실히 인생에는 어두운 면이 많습니다. 언뜻 행복하게 보이는 사람들도 마음속으로는 자기 나름의 걱정과 불안과 고독을 느끼고 있습니다.

이 경우에 우리는 어떻게 해야 할까요? 여호와를 앙망해야 문제를 근원적으로 해결할 수 있습니다. 인간의 고독이나 불안은 조물주이신 하나님께 등을 돌리는 데서 비롯되는 것입니다. 예수 그리스도는 하나님을 등진 우리의 죄를 대신하여 십자가를 지시고, 우리로 하여금 하나님께로 돌아갈 길을 마련하시고 우리에게 영생을 보장해 주셨습니다. 여호와를 기뻐하며 노래가 넘쳐나는 생활을 합시다.

✚ 기도제목
1) 여호와를 앙망하는 삶을 살게 하소서.
2) 우리의 가진 모든 것을 주를 위해 사용하게 하소서.

충실해야 합니다
♣ 성경 로마서 13:1~7   찬송 304(404)장 ♣

어떤 청년이 백화점 왕 존 와나메이커를 찾아가 일거리를 하나 달라고 청했습니다. 와나메이커는 마땅한 일거리가 없다고 처음엔 거절을 했습니다. 그래도 그 청년은 무엇이든 좋으니까 좀 시켜 달라고 부탁을 했습니다. 와나메이커는 할 수 없이 "굳이 일을 하려면 이 유리를 닦으시오."라고 말했습니다. 그래서 이 청년은 유리창 닦는 일을 시작했는데 얼마나 충실하게 일을 했던지, 유리 닦는 청소부에서 시작한 이 청년이 나중에는 그 백화점의 대표가 되었습니다.

그리스도인들은 국가권력이 요구하는 것에 적극적으로 복종해야 하는데 그 이유는 세금을 내지 않으면 처벌을 받기 때문이라기보다는 신앙의 양심을 따라 국가권력을 주신 하나님을 두려워하는 마음 때문입니다(롬 13:5 참조).

예를 들어 구체적으로 그리스도인들은 국가에 대한 납세의무를 충실히 감당해야 할 것을 말씀하고 있습니다. 국가에 대한 납세의무는 국민의 의무로서 그것은 국가라는 공동체가 원활하게 이루어지기 위해 노력해야 한다는 것을 의미하는데, 그리스도인들은 좋은 시민으로서 납세의무를 정직하고 충실하게 감당해야 하는 것입니다.

만약 어떤 그리스도인이 교회 안에서 신앙생활은 열심히 하는데 세금을 체납하거나 정직하게 내지 않는 것은 하나님의 뜻에 어긋나는 것임을 알아야 할 것입니다.

이처럼 모든 그리스도인들은 국가권력은 하나님께로부터 온 것임을 기억하면서, 대통령을 비롯한 권세자들이 주어진 권력을 하나님의 뜻에 맞게 잘 사용할 수 있도록 기도해야 하며, 동시에 우리 스스로 국민으로서의 의무를 충실하게 감당해야 합니다.

✚ 기도제목
1) 충실한 그리스도인이 되게 하소서.
2) 복음의 빚진 자로서 복음전도의 사명을 충실히 감당하게 하소서.

평화의 조약

♣ 성경 이사야 54:10   찬송 410(468)장 ♣

독일의 학자요 시인이었던 괴테는 "한 사람이 임금이 되든, 천하를 호령하는 장군이 되든 자기 가정에서 행복을 찾지 못하는 자는 가장 불행한 자이다."라고 했습니다.

아무리 최고의 권력을 가지고 천하를 호령한다고 할지라도 가정에서 편안한 안식과 행복을 누리지 못하고 산다면 불행한 사람입니다.

하나님께서는 인간에게 하신 언약은 반드시 지키십니다. 하나님의 언약은 어떤 일이 있어도 요지부동입니다.

오늘 주신 말씀을 보면 하나님과의 평화도 마찬가지입니다. 이 평화는 나라와 나라와의 조약과는 달리 영구적인 평화조약입니다. 예수 그리스도께서는 거룩한 하나님과 죄 많은 인간 사이에 영구적인 평화의 언약을 맺게 하시기 위해 우리들의 죄를 대신 짊어지고 십자가에서 양손과 양발이 쇠못에 박힌 채 산 제물이 되셨습니다. 그러므로 우리가 죄를 깊이 뉘우치고, 그리스도를 맞아들일 때, 이 하나님과의 평화를 자기 것으로 만들 수 있습니다. 이 평화는 세계와 자기 자신에게 아무리 큰 변화가 일어날지라도 끄떡도 하지 않는 평화입니다.

그리스도께서 우리 마음속에 들어와 진정한 평화를 이루어 주시지 않으면, 이 지상에 평화를 유지하기는 대단히 어려운 것입니다.

우리 마음이 그리스도에 의해 하나님의 평화를 얻을 때, 우리는 이 세상이 평화로운 세상이 되도록 영향을 미칠 수 있습니다.

그리스도에 의해 주어지는 참된 평화가 우리와 이 나라에 언제까지나 계속 유지되도록 기도합시다.

✞ 기도제목
  1) 평화를 만드는 자가 되게 하소서.
  2) 참된 평화가 영원히 넘치게 하소서.

신앙과 덕
♣ 성경 로마서 14:19 찬송 401(457)장 ♣

허버트 험프리는 미국 부통령을 지낸 거물입니다. 그의 장례식 때 닉슨 전 대통령이 참석하였습니다. 닉슨 대통령과 험프리는 서로 험담을 하던 정적이었습니다. 그런데 험프리가 죽기 3일 전에 잭슨이라는 흑인 목사가 병원을 찾아왔습니다. 그때 험프리가 부탁하기를 "죽기 전에 닉슨을 만나게 해 달라."라고 했습니다. 잭슨 목사가 놀라면서 "평생의 원수인데 왜 닉슨을 만나려고 하느냐?"라고 물었습니다. 그러자 험프리는 "하나님의 용서를 받아야 할 터인데 닉슨에게 꼭 사과를 하고 하나님께 가야 하기 때문입니다."라고 했습니다. 결국 두 사람이 만나 서로 용서하고 함께 기도하였습니다. 덕을 세우는 일에 서로 함께한 것입니다.

하나님의 은혜 가운데 거듭나서 아홉 가지 성령의 열매를 맺음으로써 몸에 배인 덕과, 하나님과 동떨어져서 인간의 힘으로 무엇을 본받거나 수도하여 얻은 덕은 비슷하면서도 다릅니다. 전자는 하나님의 빛을 드러내는 덕이고, 후자는 인간의 능력을 나타내는 덕입니다.

하나님을 공경하고 그리스도를 믿지 않아도 수도에 힘쓰면 죄를 짓지 않게 됩니다. 더구나 산 속 깊숙이 파묻혀 책이나 읽고 마음을 밝히면 죄에서 벗어날 정도가 아니라 상당한 수준의 덕을 쌓을 수 있습니다. 그러나 이것은 구원과 아무 관계가 없습니다. 왜냐하면 인간적으로 아무리 덕스럽게 보여도 예수를 믿지 않으면, 그 믿지 않는 것 자체가 하나님께서 제일 싫어하시는 일 곧 범죄가 되는 것이기 때문입니다.

그리스도로부터 멀리 떠나 있다가 마음속에 그리스도를 모시면 우선 이와 같이 모든 가치의 기준이 달라집니다. 바울도 주의 성령이 함께 하실 때에 자기의 죄상을 깊이 깨닫고 스스로 죄인의 괴수라고 말했습니다. 가치 기준과 사고방식이 완전히 바뀐 것입니다.

주 안에서 덕을 세워가시기 바랍니다.

✞ **기도제목**
  1) 주 안에서의 덕을 갖추게 하소서.
  2) 주님을 더욱 의지하게 하소서.

새로운 피조물의 사명

♣ 성경 고린도후서 5:17~19 찬송 285(209)장 ♣

구세군의 창설자 윌리엄 부스는 20세기의 가장 큰 위험에 대하여 "종교는 있으나 성령은 없고, 기독교는 있으나 예수가 없고, 속죄는 전파되나 중생의 사실은 무시되며, 도덕은 있으나 하나님께 대한 두려움은 없고, 천당은 말하나 지옥은 말하지 않는 시대적 흐름이 될 것이다."라고 예언하였으며, 요한 플레처는 사람들을 보니 "그리스도 안에 있는 것 같은데 이전 것은 지나가지 않았고, 하나님의 자녀인 양 싶은데 하나님의 형상은 지니지 않았고, 성령으로 거듭난 것 같은데 성령의 열매는 없다."라고 했습니다.

본래 인간은 하나님과 친밀한 교제를 나누며 살아야 하는 존재였으나 수시로 하나님께 불복하고 도전하므로 하나님과 불편한 관계를 갖게 되었습니다. 문제는 사람은 근본적으로 하나님과의 불편한 관계를 지속한 채 살아갈 수 없는 존재라는 데 있습니다.

우리의 사명은 하나님과의 화목을 가르치고 전하는 것입니다.

새로운 피조물, 즉 화목케 된 자의 사명에 대하여 본문 18절을 보면 "우리에게 화목하게 하는 직분을 주셨다"라고 했고, 19절에는 "화목하게 하는 말씀을 우리에게 부탁하셨다"라고 했습니다.

여기에 두 가지 뜻이 있습니다. 첫째는 계속하여 화목하라는 뜻입니다. 하나님을 거역하거나 그 뜻을 거스르는 것은 다시 불화를 조성하는 것입니다. 우리는 날마다 씻어야 합니다. 그 신앙을 생활화해야 합니다. 둘째는 화목을 전하라는 뜻입니다. 내가 새로운 피조물 된 사건을, 내가 예수 믿고 마음의 평화를 얻게 된 기적을, 내가 하나님과 화목하고 나서 변화되고 새롭게 된 모습을 다른 사람에게 가르치고 전하라는 뜻입니다.

✞ **기도제목**
1) 새로운 피조물답게 살아가게 하소서.
2) 아직도 남아 있는 구습을 벗어 버리게 하소서.

노동의 신성함

♣ 성경 데살로니가후서 3:10   찬송 496(260)장 ♣

메이데이는 노동절을 일컫는 말로, 우리나라에서는 '근로자의 날'로 부르고 있습니다. 기원은 1821년 5월 1일 이탈리아 루카시의 견사 노동자들이 새로운 노동조건을 요구하면서 시위운동을 한 것으로 시작되었습니다. 1884년 미국의 노동자가 전국노동조합 창립대회에서 8시간 노동제를 요구하고, 1886년 5월 1일 노동자들이 총동맹파업을 하고 최초로 데모를 하였는데, 1889년 파리에서 열린 제2인터내셔널 창립대회에서 이들 노동자들의 투쟁을 기념하여 해마다 5월 1일을 노동자의 국제적인 명절로 정했습니다.
그 후 해마다 5월 1일에는 노동자의 열악한 근로조건을 개선하고 지위를 향상시키기 위해 각국의 노동자들이 연대의식을 다지게 되었습니다.

노동절인 오늘, 성경에서 노동에 대해 배워봅니다. 인간이 일하여 그 일용할 양식을 얻게 된 것은 하나님의 분부였습니다. 그러기에 바울은 "일하기 싫어하는 자는 먹지도 말라"라고 말했던 것입니다. 그리고 그는 선교에 힘쓰면서도 자비량하여 손수 노동의 신성함에 대해 본을 보였던 것입니다. 노동이 하나님의 명령이라는 본래의 의의를 알게 되면, 그 종류나 보수의 다소에 의해 귀천을 느낄 필요가 없습니다.
그러나 현실적으로 사람들에게 노동이 무거운 짐이나 고통이 되기도 합니다. 그리고 그것을 사회 구조나 노동 조건이 나쁘기 때문이라고 생각하는 사람들이 많습니다. 노동이 고통이 된 것은 인간이 하나님을 거역하고 죄에 빠졌기 때문입니다. 그렇다면 사회 구조나 노동 조건의 개혁보다는 인간 자체의 근본적인 개조가 선결 과제가 되는 것입니다.
죄를 회개하고 그리스도를 믿어 하나님과의 올바른 관계에 들어간다면, 죄의 저주에서 벗어나 노동은 단지 일용할 양식을 얻기 위한 수단이 아니라 하나님으로부터 위탁된 것임을 알게 될 것입니다.

✚ 기도제목
1) 노동의 신성함을 깨닫게 하소서.
2) 힘써 일하게 하소서.

성경은 마음을 비추는 거울

♣ 성경 시편 119:105 찬송 200(235)장 ♣

어떤 부인의 말입니다. "저는 남에게 조금이라도 도움이 되었으면 해서 암 센터에서 자원봉사원으로 일하게 되었어요. 봉사원은 무료로 검진을 받을 수 있다기에 검진을 받았더니 글쎄 제가 암이라지 뭐예요. 얼마나 놀랐는지 몰라요. 그러나 초기에 발견되었기 때문에 수술도 가볍게 끝나 지금은 말짱하지만, 내 몸이 고장난 것도 모르고 살았다니 참으로 어처구니가 없어요."

성경에 의해 자기의 진정한 모습을 알고 그리스도의 평가로 다른 사람을 볼 수 있게 되면, 인간은 결코 교만해질 수 없으며 전체주의나 유물론자들처럼 교만한 태도로 사람을 지배할 수 없게 됩니다. 뿐만 아니라 그리스도께서 자기를 사랑하고 계시다는 것을 알게 되면 결코 열등감에 빠질 수 없습니다.

주의 말씀은 우리 삶의 등불입니다. 그 말씀이 기록된 성경은 인간에게 자기 자신을 올바로 평가하게 하며 바르게 사는 지혜를 제공합니다. 성경에 의하면 인간은 최고의 피조물로서 하나님의 형상대로 지음을 받았으며 하나님은 인간에게 만물을 다스릴 영광을 주셨습니다.

그런데 인간이 주어진 자유 의지를 남용하여 하나님의 명령을 어겼기 때문에, 마치 집을 뛰쳐나간 탕자나 길을 잃은 어린 양처럼 되어 버린 사실을 분명히 밝히고 있습니다. 그러나 동시에 그리스도는 개개인의 영혼을 매우 가치 있는 존재로 평가하고 계신 것을 알 수 있습니다.

성경은 성령의 영감을 받아 기록한 하나님의 말씀으로, 우리의 마음을 비추는 거울입니다. 어리석은 자에게 지혜를 주고 자기의 진상을 알게 하여 올바른 인생을 살게 합니다.

✞ **기도제목**
 1) 성경을 통하여 지혜를 얻게 하소서.
 2) 주의 말씀만 의지하게 하소서.

법도로서의 성경

♣ 성경 시편 119:104 찬송 305(405)장 ♣

한 젊은 여자가 과속으로 딱지를 떼이고 판사 앞에 섰습니다. 판사가 소환장을 읽고 말하기를 "유죄요? 무죄요?"라고 묻자 그 여자는 '유죄'라고 했습니다. 판사는 망치를 두드리고 100달러의 벌금을 부과했습니다. 그런데 놀라운 일이 발생했습니다. 판사가 일어나더니 법복을 벗고 정면으로 내려가 지갑을 꺼내서는 벌금을 지불했습니다. 그 판사는 그녀의 아버지였던 것입니다. 그는 그의 딸을 사랑했기 때문에 기꺼이 법복을 벗고 정면으로 내려와서 아버지의 자격으로 대신 벌금을 지불했던 것입니다.

헌법은 국민의 고유한 자유와 권리와 생존을 보장하지만 그 헌법이나 그 밖의 법률을 지키지 않을 때에는 법에 따라 제재를 받게 됩니다.
하나님을 섬기는 데도 지켜야 할 율법이 있습니다. 여호와께서 야곱의 열두 아들을 택하여 당신의 백성으로 삼고 이들이 지켜야 할 법도를 처음으로 발표하신 것은 모세 때였습니다. 즉 여호와께서 모세를 영도자로 내세워 이집트의 압제에 시달리는 당신의 백성을 가나안 땅으로 인도해 내게 하실 때, 이들에게 '십계명'이라는 대헌장을 주신 것입니다.
이 십계명을 하나님의 헌법이라고 한다면 율법은 민법이나 형법과 같은 다른 법률에 해당합니다. 하나님께서는 모세를 통해 십계명을 반포하시고, 당신의 백성들이 잘 준행하나 아니하나 시험하셨습니다. 그리하여 잘 지키면 축복을 내리시고, 지키지 않으면 벌을 내리셨던 것입니다.
그런데 "율법은 아무것도 온전하게 못할지라"(히 7:19)라고 하였으므로 예수께서 육을 입고 이 땅에 오셔서 대속의 피를 흘리시고 믿음으로 의로워지는 길을 열어 놓으셨습니다. 이런 은혜 안에 있는 사람은 기록된 자유의 율법대로 살아야 합니다(약 2:12). 다시 말해서 성령의 인도를 받아 은혜 안에서 양심껏 살아야 하는 것입니다.

✟ 기도제목
 1) 주의 법을 지키게 하소서.
 2) 주의 말씀을 매일매일 사모하게 하소서.

부모를 용납하라

♣ 성경 고린도후서 11:1 찬송 220(278)장 ♣

아주 비좁은 데서 살던 한 식구가 큰 집으로 이사했습니다. 동네 아주머니가 일곱 살 된 그 집 아들에게 새집이 어떠냐고 물었습니다.

효자인 아들이 "아주 마음에 들어요. 이젠 저도 방이 따로 있고, 누나들도 둘 다 자기 방을 갖게 되었어요. 그렇지만 우리 엄마는 불쌍해요."라고 말하였습니다.

동네 아주머니가 다시 물었습니다. "엄마가 왜 불쌍하냐?"

"나도 방이 있고 누나들도 방이 있는데 엄마는 방이 없어서 아직도 아빠랑 한 방을 쓰고 있으니 엄마만 불쌍해요."

"원하건대 너희는 나의 좀 어리석은 것을 용납하라 청하건대 나를 용납하라"(고후 11:1). 고린도교회 성도들을 향한 바울의 말입니다. 용납, 용서해 달라는 말입니다.

부모님이 살아계시든지, 이미 돌아가셨든지 그 부모님을 용납하기 바랍니다. 지금 무척이나 바쁜데 오고가게 만들고, 주책없이 잔소리가 많은 부모님, 구시대의 관습에 사로잡혀 있는 부모님, 경제적 부담을 주는 부모님, 치매에 걸려 엉뚱한 소리와 행동을 일삼고 어린아이처럼 되어 버린 부모님, 한없는 상처만 안겨주고 나의 꿈을 접게 만들어 버린 부모님, 전혀 도움이 되지 않는 부모님을 용납하길 바랍니다.

부모님은 우리를 기다려 주지 않습니다. 부모님을 생전에 따뜻하게 모시지 못하면, 돌아가신 다음 가슴치며 후회하게 되는 법입니다. 돈이 있으나 없으나 부모는 쓸쓸한 존재입니다. 병들면 자식들을 더욱 그리워하십니다. 얼굴, 자주 보여드립시다. 겉옷, 즉 따뜻하게 해드립시다. 하늘소망을 가지도록 최선을 다합시다.

✞ 기도제목
1) 부모를 존경하고 자식을 사랑하게 하소서.
2) 예수의 사랑으로 가족과 이웃을 감화시키는 생활을 하게 하소서.

어린이와 그리스도

♣ 성경 마태복음 18:4~6   찬송 565(300)장 ♣

한 어머니가 아이에게 먹일 비타민을 사려고 약국에 들어갔습니다. "비타민 주세요." 약사가 물었습니다. "비타민에는 종류가 많은데 어떤 비타민을 원하십니까? 비타민 A를 드릴까요? 비타민 B를 드릴까요? 그리고 비타민 C도 있는데요?" 그러자 어머니의 대답이 이랬습니다. "아무거나 괜찮아요. 우리 아이는 아직 글을 모르는데요, 뭘!"

어리석게도 우리는 이런 실수를 저지르며 부모의 역할을 수행해 갑니다. 예수님은 어린이에 대해 각별한 관심을 가지셨습니다. 오늘 본문 말씀 이외에도 "어린 아이들이 내게 오는 것을 용납하고 금하지 말라 하나님의 나라가 이런 자의 것이니라"(눅 18:16), "어린 아이들과 같이 되지 아니하면 결단코 천국에 들어가지 못하리라"(마 18:3)라는 말씀 등이 그것입니다.

이런 말씀에는 어린이에 대한 예수님의 깊은 사랑이 깃들어 있습니다. 그런데 어린이에 대한 우리의 일상적인 태도를 돌이켜보면, 어른들이 자기 멋대로 어린이의 마음을 짓밟는 경우가 많은 것을 알 수 있습니다. 그리고 어른을 위해서는 광대한 골프장이나 경마장 그 밖의 오락시설이 계속 늘어가고 있으나, 이에 비해 어린이들을 위한 시설은 열악합니다.

"어린이는 인간으로서 존중되어야 한다. 어린이는 사회의 일원으로서 좋은 환경 속에서 길러야 한다."라는 어린이 헌장이 무색할 정도입니다. 이 어린이 헌장은 1924년의 '제네바 선언'의 정신을 담고 있으며, 어린이에 대한 이와 같은 미래는 성경에서 비롯된 것입니다. 어린이에게 최고의 가치를 부여하신 분은 예수 그리스도이십니다.

✟ 기도제목
   1) 어린이와 같은 마음을 주소서.
   2) 어린이를 신앙으로 교육하게 하소서.

어린이 훈계

♣ 성경 잠언 23:12~14   찬송 569(442)장 ♣

어떤 집에 대학 입시에 떨어지고 재수, 삼수를 거쳐 장수에 들어간 아들이 하나 있었습니다. 아이가 집에 와서 공부를 한다 그러면 온 집안 식구들이 긴장을 합니다. 말 한마디 하는 것도 조심스럽습니다. '미끄러진다, 떨어진다'는 말은 입에 담지도 않습니다. 밥을 먹는데 젓가락이 뚝 떨어지니까 "아이고, 젓가락이 땅에 붙었네." 길을 걸어가다 할머니가 눈길에 쭉 미끄러지니까 "아이고, 궁뎅이가 땅에 붙네." 그러더랍니다.

자녀를 양육하다보면 버겁지 않은 가정이 어디 있겠으며 걱정과 염려가 없는 가정이 어디 있겠습니까?

현대는 핵가족 시대로 자녀가 한둘밖에 되지 않아 가정에서의 자녀 교육이 특히 문제가 되고 있습니다. 자녀의 과잉보호가 문제가 되고, 가정불화나 이혼율의 증가에 따라 불량소년소녀가 양산되는 바람직하지 못한 추세에 있습니다.

어머니들은 태교육이라 하여 일찍부터 자녀 교육에 많은 관심을 갖게 되었고, 어머니의 자녀교육이 자녀의 장래를 좌우한다고 말해도 과언이 아닙니다.

어떤 사람은 어린이를 징계하거나 회초리로 때리는 것에 대해서는 저항을 느낄 것입니다. 물론 이와 같은 체벌에는 문제가 없진 않습니다. 그러나 어렸을 때부터 선악의 구별을 분명히 가르치는 것은 중요한 일입니다. 어린 자녀가 나쁜 짓을 했을 때 별로 나무라지 않았기 때문에 자녀의 장래를 망치게 한 예가 많습니다.

오늘 본문 말씀을 명심하고 먼저 우리의 자녀로 하여금 하나님의 은총 아래 있게 해야 합니다.

✟ 기도제목
1) 자녀를 주의 말씀으로 훈계하게 하소서.
2) 자녀들이 주의 은총 아래 살게 하소서.

훈계의 기준
♣ 성경 에베소서 6:4 찬송 202(241)장 ♣

어떤 명문고교의 학부모 모임에서 한 어머니가 교사에게 물었습니다. "선생님, 우리 아이가 자기 차 갖기를 바라는데 사 줘야 할지, 사 주지 말아야 할지 잘 모르겠어요. 차를 사 주면 사방으로 놀러 돌아다니다가 사고를 내지 않을까 걱정이고, 사 주지 않으면 욕구 불만으로 빗나가지 않을까 걱정이에요. 어떻게 하면 좋을까요?"
교사는 이 말을 듣고 "그런 일은 남에게 물을 것이 아니라 어머님이 알아서 하셔야지요. 어머니이시니까요."라고 대답했다고 합니다. 그 교사의 말에 의하면 그와 같은 상담을 받는 경우가 최근에 늘고 있다는 것입니다.

예수 그리스도는 "사람이 떡으로만 살 것이 아니요"(마 4:4)라고 말씀하셨는데, 이 말씀은 인간은 물질만으로는 마음에 만족을 느낄 수 없다는 뜻입니다. 그러므로 이 어머니가 자식이 원하는 것을 계속 제공하더라도 이것 때문에 자식이 욕구 불만을 느끼지 않고, 비행을 저지르지 않는다고 생각하는 것은 잘못된 생각이라고 하지 않을 수 없습니다.
오히려 그것이 욕구 불만을 조장하여 비행을 촉구하게 될지도 모릅니다. 어쨌든 자식의 마음은 물질만으로는 충족되지 않는다는 것을 알아야 할 것입니다.
또 우리가 생각해야 할 것은 이 어머니가 자식을 훈계하려고 하는 기준입니다. 이 어머니는 훈계의 기준을 잃은 것 같습니다. 그래서 자신을 갖고 자식의 요구에 응하지 못하는 것입니다.
부모도 교사도 모두가 다 청소년 훈계의 기준을 잃고 있는 것이 오늘의 문제입니다. 그럼 무엇을 기준으로 자식을 훈계해야 할까요?
하나님 말씀이 기록된 성경은 이에 대해 그리스도의 훈계, 즉 성경의 가르침을 기준으로 하여 자식을 키울 것을 요구하고 있습니다.

✞ 기도제목
1) 어거스틴의 어머니와 같이 기도의 부모가 되게 하소서.
2) 자녀를 주의 교양과 훈계로 양육하게 하소서.

어버이날

♣ 성경 출애굽기 20:12   찬송 579(304)장 ♣

어느 날 강도가 할머니를 납치해서 인질로 잡아놓고 아들 집에 전화를 하니 며느리가 전화를 받았습니다.
인질범, "너의 시어머니를 내가 데리고 있다. 천만 원을 가져 오면 풀어 주마." 며느리, "어림없는 소리, 마침 잘됐다. 골치 아픈데 네 맘대로 해라." 인질범, "좋다. 그럼 너의 시어머니를 너희 집에 도로 데려다 놓겠다." 이때 당황한 며느리 황급한 목소리로 "여보세요, 강도님, 은행 계좌 번호가 어떻게 되죠?"

교회에서 처음 시작된 '어머니날'은 1973년에 '어버이날'로 개칭되었는데, 그 배후에는 하나님의 섭리가 있었던 것을 생각하지 않을 수 없습니다. 기념일을 정하여 일 년에 하루만이라도 어머니에게 감사를 표시하는 것은 인간으로서 아름답고 또 존귀한 일입니다.

자녀들은 날마다 어버이날로 생각하고 살아야 할 것입니다. 부모는 일 년 중에 어느 특수한 날에만 자식을 사랑하는 것이 아니기 때문입니다. 오히려 날마다 부모의 사랑 가운데서 살아가고 있습니다.

마틴 루터는 "네 부모를 공경하라"라는 계명을 설명하면서 "부모는 한 가정의 규율과 질서를 유지하기 위한 하나님의 대표자이다. 그러므로 하나님은 부모를 당신의 다음 위치에 놓으셨다. 따라서 부모는 사랑할 뿐 아니라 존경해야 한다."라고 가르치고 있습니다.

우리에게 부모님을 주신 분이 바로 하나님이시라는 것을 알게 될 때 자녀들은 부모를 진심으로 존중하게 되며 따라서 부모에 대한 감사도 올바로 할 수 있게 됩니다. 하나님에 대한 올바른 신앙에 의해 어버이날의 정신이 비로소 생기게 된다는 것을 그 기원이 교회에서 비롯된 것으로도 알 수 있습니다.

✚ **기도제목**
1) 부모를 잘 공경하게 하소서.
2) 부모의 사랑을 깨닫게 하소서.

훈계와 신앙
♣ 성경 누가복음 2:52 찬송 453(506)장 ♣

자녀가 집을 나설 때 한국의 부모들은 "애야, 누구한테도 지면 안 돼."라고 말한다고 합니다. 반면 일본의 부모들은 "다른 사람에게 폐를 끼치지 말라."라고 하고, 미국의 부모들은 "남에게 도움이 되는 사람이 되어라."라고 말한다고 합니다.

유대인들은 어려서부터 "나 없는 하나님은 있어도 하나님 없는 나는 없다. 나는 하나님의 도구다."라고 배운다고 합니다.

과정이 생략된 채 좋은 결과를 기대하기는 어렵습니다. 그런 의미에서 성장과정은 무엇보다 중요합니다. 교육은 바로 성장과정에 영향력을 행사해 좋은 인생의 열매를 맺게 합니다.

오늘 본문 말씀은 예수님의 어린 시절 성장 모습을 보여 주고 있습니다. 이 말씀은 완전한 인간의 모습과 이상적인 인간 형성을 위한 교육이 무엇인가를 보여 주고 있습니다. 즉 인간은 키를 신장시키려는 체육과 지혜를 더하려는 지육, 사람에게 사랑을 받게 하는 덕육, 그리고 하나님께 사랑을 받게 하려는 영육의 네 방면에 걸쳐서 교육을 받지 않으면 이상적인 인간이 될 수 없습니다.

근대의 교육은 '지혜로운 악마'를 만든다는 말이 있는데, 말할 것도 없이 지식 자체는 선도 아니고 악도 아닙니다. 단지 그것을 사용하는 인간에게 문제가 있는 것입니다. 칼날 자체에 죄가 있는 것이 아니라 가진 사람이 어떻게 사용하는가에 문제가 있습니다. 여기에 도덕 교육의 중요성이 있습니다. 그러나 윤리나 도덕은 바뀔 수가 있습니다.

그러므로 영혼의 교육이 필요한 것입니다. 어렸을 때부터 거룩한 하나님을 알고 그 은혜 안에서 올바로 살아가도록 인도를 받게 되면, 남이 보건 말건 하나님을 상대로 생활하게 됩니다.

✟ 기도제목
1) 부모로서 먼저 올바른 신앙을 갖게 하소서.
2) 체, 지, 덕, 영을 균형 있게 교육하게 하소서.

사랑의 높이

♣ 성경 로마서 5:6 찬송 563(411)장 ♣

프랑스의 어떤 신학자는 "하나님께서는 당신의 사랑을 지상에 널리 전하기 위해 어머니를 지으셨다."라고 말했습니다. 세상에는 여러 가지의 사랑이 있으나 어머니의 사랑만큼 아름다운 사랑은 없습니다. 성경은 "사랑은 하나님으로부터 비롯된다."라고 가르치고 있는데 이 모성애도 바로 하나님의 선물입니다. 이 모성애를 통해 하나님의 사랑, 즉 그리스도의 사랑을 알 수 있는 것입니다.

인간은 누구나 태어나면서부터 자기중심적입니다. 그러므로 자기를 사랑해 주는 사람을 사랑할 수는 있어도 자기를 비난하거나 해치는 사람을 진심으로 사랑한다는 것은 어려운 일입니다. 그러나 자식에 대한 어머니의 사랑은 그렇지 않습니다. 설사 자식이 육체적인 결함을 갖고 있거나, 어머니의 얼굴에 먹칠을 하는 불량자녀라도 혹은 바보라 하더라도 오히려 다른 자식보다 그 자식에게 더욱 사랑이 쏠리게 됩니다. 이것은 어머니의 본능입니다.

어머니의 사랑은 '내가 없는 사랑'입니다. 거기에는 "네가 정말로 나를 사랑한다면"이라는 동기 같은 것은 없습니다. 참으로 어머니의 사랑은 고결합니다. 그러나 이렇게 아름다운 어머니의 사랑도 완전하다고는 할 수 없습니다. 자식을 버리는 어머니도 있고, 부모 자식 간에도 교환 조건이나 이해타산이 개입되는 경우가 있습니다. "너를 위해 이렇게 고생했으니 조금은 부모의 처지도 생각해 줘야지. 자식이 부모를 돌보는 건 당연하잖아."라고 말하기도 합니다.

그런데 그리스도께서는 하나님을 등지고 사랑 받을 자격이 없는 우리를 위해 목숨을 버려 주셨습니다. 어머니의 사랑을 능가하는 하나님의 사랑을 알아야 비로소 우리는 사랑하며 살 수 있습니다.

✞ 기도제목
  1) 어머니의 사랑을 깨닫게 하소서.
  2) 하나님의 큰 사랑을 잊지 않게 하소서.

사랑의 깊이

♣ 성경 요한일서 4:8~10   찬송 294(416)장 ♣

　깊은 모성애를 자원으로 하여 그리스도를 대신해서 가난하고 헐벗은 자와 병들어 신음하는 자들을 돌보며 평생을 살아온 한 여성이 있습니다. 그녀는 20세기 성녀 테레사입니다. 그녀는 다음과 같은 기도를 하였습니다. "날마다 우리의 생활 속에서 일어나고 있는 고통과의 싸움을 인간으로서 성장하고 더욱 당신을 닮는 자가 되는 기회로 알고 받아들일 수 있게 해주옵소서!" 테레사는 연약하고 작은 한 여성이었지만 그리스도를 본받아 강하고 위대하게 큰일을 해내었습니다.
　갈아입을 단벌옷에 고희를 넘은 노구가 소유의 전부인 그녀는 세상에서 버림받은 가엾은 사람들을 위해 개미처럼 부지런히 일하면서, 오직 마음의 주인으로 모신 주님만을 생각하므로 기도와 생활이 일치되었고, 설교와 언행이 같았습니다.

　어머니 사랑의 또 하나의 아름다운 점은 그 사랑이 깊다는 것입니다. 깊은 사랑이란 상대를 대신하여 괴로워하는 사랑으로, 상대를 위해 기꺼이 희생되기를 꺼리지 않습니다.
　이 어머니의 마음속에 있는 깊은 사랑을 더듬어 가면 우리는 "많은 사람의 죄를 대속하기 위해 내 생명을 주노라"라고 말씀하시고, 또 그것을 그대로 실행하신 그리스도의 끝없이 깊은 사랑을 대하게 됩니다.
　사도 바울은 "그리스도의 사랑이 우리를 에워싸고 있다."라고 말했습니다. 인간은 그리스도의 사랑 안에서 살아갈 때 가장 큰 기쁨을 느낄 수 있습니다.
　제임스 맥그라나한은 하나님의 사랑을 이렇게 노래하였습니다.
　"아 하나님의 은혜로 이 쓸데없는 자 왜 구속하여 주는지 난 알 수 없도다."

✠ 기도제목
　1) 그리스도의 이름으로 행하는 일을 축복하소서.
　2) 하나님의 사랑을 실천하는 자가 되게 하소서.

사랑의 넓이

♣ 성경 갈라디아서 3:28 찬송 309(409)장 ♣

자녀 셋을 잘 키운 한 여인이 있었습니다. 하루는 심방을 온 목사님이 그녀에게 물었습니다. "지금까지 자녀 셋 중 누구를 가장 사랑했나요?" 그러자 여인이 웃으며 대답했습니다. "막내가 병들었을 때, 그때는 막내를 가장 사랑했습니다. 둘째가 집을 떠나 방황했을 때, 그때는 둘째를 가장 사랑했고요. 큰아이가 학교 성적과 이성문제로 괴로워할 때, 그때는 큰아이를 가장 사랑했답니다." 이것이 부모의 사랑입니다. 자녀가 고통스러워할 때 그것을 피하지 않고 사랑으로 끌어안는 사람이 바로 부모입니다.

인간은 누구나 사랑하고 싶고, 또 사랑받고 싶은 욕구를 갖고 있습니다. 그런데 인간의 마음속에 있는 이와 같은 사랑의 욕구는 강하지만, 그 사랑이 대단히 비좁다는 것을 깨닫게 됩니다. 예컨대 세계에서 사회 문제의 하나인 인종 차별이 그러합니다.

그러나 어머니의 사랑은 확실히 넓습니다. 자식을 아무리 많이 낳아도 모두 평등하게 사랑할 수 있습니다. 그런데 이 어머니의 사랑도 어머니로서의 넓이는 있어도, 결코 그 이상으로 남의 자식에게까지 미치지는 못합니다. "아이들 싸움이 어른 싸움이 된다."라는 말이 있듯이, 아무래도 자기 자식이 남의 자식보다 귀여운 것입니다. 결국 인간이 나면서부터 갖고 있는 사랑은 '내가 사랑하고 싶은 자를 사랑한다.'는 테두리를 벗어나지 못합니다.

성경에 "유대인이나 헬라인이나 차별이 없음이라 한 분이신 주께서 모든 사람의 주가 되사 그를 부르는 모든 사람에게 부요하시도다"(롬 10:12)라고 한 것처럼, 오직 십자가를 바라볼 때 민족, 계급, 성별, 나이를 초월해 모든 것을 포용하는 그리스도의 사랑에 접할 수 있습니다. 우리는 주의 은총 안에서 하나의 위대한 형제 관계에 들어갈 수 있습니다.

✟ 기도제목

1) 그리스도 안에서 차별이 없어지게 하소서.
2) 그리스도로 누구나 한 형제가 되게 하소서.

사랑의 길이

♣ 성경 마태복음 28:20 찬송 302(408)장 ♣

존 마세슨이라는 사람은 갑자기 시력을 잃게 되어 사랑하는 약혼자로부터 약혼 취소의 선고를 받고, 고독과 절망에 빠져 있었습니다. 그러나 이처럼 깊은 실의와 슬픔 중에서도 그리스도의 위대한 사랑에 접했을 때, 그는 "영원한 사랑이여 나는 당신 안에서 살리라. 당신이 생명의 대해에서 나를 부르누나! 허망한 이 세상에 기쁨을 주고 하늘에는 무지개를 세우는도다. 핏빛 십자가 우러러보고, 나의 눈물은 곧 마르노니."라고 찬양하였습니다.

어머니의 사랑이 갖는 또 하나의 아름다움은 어머니 사랑의 길이입니다. 남녀가 서로 사랑하는 사이라도, 저녁에 맺었다가 이튿날 아침에 사라져 버리는 경우도 있을 만큼 허망한 것입니다. 그리고 검은 머리가 희게 될 때까지 변치 말자고 굳게 맹세한 사이라도 환경에 따라 변하는 것이 남녀의 사랑이 아닐까요? 부부가 이혼 일보 직전에 있으면서도 자식에 대한 애정 때문에 갈라서지 못하는 경우도 많은 것 같습니다. 이와 같이 부모와 자식 간의 사랑이 남녀의 사랑보다 깁니다. 특히 어머니의 자식을 향한 사랑은 계속됩니다.

그런데 어머니의 사랑이 아무리 고귀해도 그것은 역시 인간의 사랑입니다. 그러므로 시간과 장소의 제약을 받는 것은 어쩔 도리가 없습니다. 그러나 하나님의 사랑은 시간과 장소의 제약을 받지 않습니다. 그것은 모든 인간적인 제약을 초월하여 영원히 계속되는 사랑입니다. "볼지어다 내가 세상 끝날까지 너희와 항상 함께 있으리라"라고 말씀하신 대로 그리스도는 우리를 무덤 속에까지 지속되는 사랑으로 품어 주십니다.

그리스도의 이 무한한 사랑을 접할 때 어떤 고난 속에서도 인간은 비로소 떨치고 일어날 용기를 얻게 됩니다. 뿐만 아니라 인간적인 사랑도 하나님의 사랑에까지 높아지고 길어집니다.

✝ **기도제목**
1) 허망한 사랑보다 예수의 사랑으로 살게 하소서.
2) 영원한 사랑을 놓치지 않게 하소서.

이중의 어머니

♣ 성경 마태복음 17:17   찬송 304(404)장 ♣

어거스틴은 "나의 어머니는 나에게 이중의 어머니였다."라고 말하며, 자기 어머니에 대해 감사하였습니다. 어거스틴의 어머니 모니카는 그가 청년 시절 방탕에 빠졌을 때, 하나님께 아들을 새사람으로 만들어 달라고 간절히 기도했습니다. 그 어머니의 기도는 드디어 상달되었고, 어거스틴은 하나님께로 돌아와 위대한 신학자가 되었습니다. 이와 같이 어거스틴의 어머니 모니카는 어거스틴을 육체로 낳았을 뿐만 아니라 그에게 제2의 생명 즉 영생을 얻게 하기 위해 또 한 번의 산고를 치렀던 것입니다.

부부란 하나님의 크신 창조의 손길에 의해 쓰여지고 있다고 볼 수 있습니다. 그러므로 자식은 내 자녀이기 전에 하나님의 자녀인 것입니다. 다시 말해서 하나님께서 우리를 택하여 자녀의 양육을 맡기신 것입니다. 그렇기에 자녀는 하나님의 뜻에 따라 양육해야 합니다.

예수님은 "그 아이를 이리로 데려오라"라고 말씀하셨습니다. 자식에게 어렸을 때부터 참된 창조주를 가르쳐 주고, 기도로 자녀를 예수님 앞으로 인도한다면 그야말로 어머니로서의 사명을 다하는 것이 됩니다. "어머니의 믿음은 아버지가 자식에게 몰래 주는 재산보다 낫다."라는 서양 속담이 있듯이 어머니가 독실한 신앙을 갖고 있는 것 이상으로 자녀의 앞날에 큰 축복은 없습니다.

성경에 보면 사무엘은 어머니 한나의 기도와 하나님의 말씀을 따른 교육을 받아 선지자가 되었습니다. 초대교회의 디모데 목사를 가리켜 사도 바울은 "이 믿음은 먼저 네 외조모 로이스와 네 어머니 유니게 속에 있더니 네 속에도 있는 줄을 확신하노라"라고 칭찬했습니다. 모든 어머니들이 자녀들로부터 "나의 어머니는 나에게 이중의 어머니였다."라는 말을 들을 수 있는, 즉 자녀들에게 우러러보이는 어머니가 됩시다.

✚ 기도제목
   1) 모니카와 같은 어머니가 되게 하소서.
   2) 주 안에서 자녀를 양육하게 하소서.

하나님은 사랑이시라

♣ 성경 요한복음 3:16~17 찬송 500(258)장 ♣

종두법의 발견으로 인류는 큰 시름 하나를 덜게 되었습니다. 종두법을 발견한 사람은 영국인 에드워드 제너입니다. 그가 종두법을 발견하게 된 경위는 이러합니다.

그가 해부학자 헌터 교수의 문하생으로 있을 때 '천연두'라는 진단을 받고, "저는 우두에 걸린 적이 있으므로 포창에 걸릴 리가 없는데요."라고 하는 한 소녀의 말에서 힌트를 얻게 되었다고 합니다.

제너는 그 후 20여 년 동안 연구를 거듭하였습니다. 사람의 몸에 우두를 놓아 천연두에 걸리지 않게 한다는 생각은 좋았으나, 막상 실험 단계에 이르게 되자 우두를 맞으면 '소'가 된다는 터무니없는 두려움 때문에 아무도 실험에 협조하지 않았습니다. 그래서 8세가 되는 자기 아들에게 처음으로 종두를 실시하여 천연두를 예방할 수 있다는 것이 확인됨으로써 드디어 종두법이 성공하게 되었던 것입니다.

하나님은 그리스도인들에게 사랑을 명하십니다. 그리스도인들이 사랑해야 하는 이유는 하나님께서 아무런 대가도 바라지 않고 아들을 내어주는 사랑을 우리에게 베푸셨기 때문입니다.

하나님께서는 우리 인간을 구원하시기 위해 하나밖에 없는 아들을 내어 주셨습니다. 우리를 위해 무조건적으로 아들을 십자가에 못 박으신 것입니다. 하나님은 사랑이시기 때문입니다.

하나님의 사랑은 죄 가운데 있는 우리를 구원하시려고 예수 그리스도를 보내시고, 십자가에 못 박히게 하신 피의 사랑입니다. 그 어떤 사랑도 하나님의 사랑과 비교할 수 없습니다.

하나님의 형상으로 지은 바 된 그리스도인은 그 무엇보다 그 사랑을 배우고 실천하는 사람이 되어야 합니다.

✞ **기도제목**
1) 남을 배려하는 마음을 주소서.
2) 희생의 예수 그리스도를 본받게 하소서.

주님과 함께

♣ 성경 요한복음 15:9~10   찬송 93(93)장 ♣

프랑스 어느 마을에 새로 부임한 목사가 교인 집을 다녀간 후 아내가 일터에서 집으로 돌아온 남편에게 말했습니다.
"오늘 새로 오신 목사님이 다녀가셨어요." "목사님이 뭐라 하셨는데?"
"목사님은 제게 묻기를, '이 가정에 그리스도께서 함께하십니까?' 하시는 거예요. 전 그 말이 무슨 뜻인지 몰랐어요."
이 말을 들은 남편의 얼굴이 시뻘겋게 달아오르기 시작했습니다.
"아니, 그럼 당신은 우리가 점잖고 훌륭한 가문의 자손이라고 말하면 되잖아." "저도 처음엔 그러려고 했지만, 그게 아니란 말이에요."
이 부부는 여러 날 동안이나 목사님이 하신 이 심상치 않은 물음의 의미가 무엇일까 고민하였습니다. 그러는 사이 조금씩 변화가 일어났습니다. 이 부부는 그리스도를 갈망하게 되었고, 죽으신 분이 아니라 다시 사신 부활의 주님을 생각하기 시작했습니다. 마침내 그리스도의 위대하신 사랑과 영광과 신비하고 놀라운 체험을 통하여 그분을 알게 되는 것이 아닌, 그리스도께서 그 가정에 진정으로 거하시게 되었습니다.

요한복음 15:5을 보면 "나를 떠나서는 너희가 아무것도 할 수 없음이라"라고 하셨습니다. 주님과 함께하면 모든 문제가 다 해결된다는 뜻입니다. 요한복음 15:7을 보면 "무엇이든지 원하는 대로 구하라"라고 했습니다. 무엇이든지는 모든 것, 모든 문제를 포괄합니다.
예수님을 만난 사람들의 모든 문제는 해결되었습니다. 앉은뱅이가 걷고, 앞을 못 보는 사람이 눈을 떴고, 손 마른 사람이 고침받고, 나환자도 고침받고, 죽은 나사로가 살아나고, 바다의 풍랑이 잔잔해졌습니다.
우리는 나를 누구에게 어떻게 맡기느냐가 중요합니다. 나를 책임져 줄 분, 나를 끝까지 인도하실 분, 내 문제를 모두 책임져 줄 분이 누구입니까? 바로 예수 그리스도입니다. 그래서 주님과 함께해야 합니다.

✞ 기도제목
1) 근심과 고통 가운데 있는 이들에게 주의 긍휼과 자비를 내려 주소서.
2) 하나님을 떠난 이들이 주님의 품으로 다시 돌아오게 하소서.

최선을 다해 기도하라
♣ 성경 창세기 18:16~33   찬송 361(480)장 ♣

아브라함의 일대기만큼 하나님이 어떤 분이신지, 그분이 우리를 향하여 어떤 마음을 가지고 계시는지를 실감나게 보여 주는 스토리도 찾아보기 어렵습니다. 어느 날 아브라함 앞에 낯선 길손 세 사람이 나타납니다. 지나가려던 저들을 아브라함이 붙잡았고, 그는 접대하기 위해 동분서주합니다. 아브라함은 신속하지만 융숭한 식탁을 차렸습니다. 식사가 끝나자 저들은 아브라함을 떠나 어디론가를 향하고 있습니다.

세 사람 중 한 분은 여호와 하나님이십니다(창 18:1). 나머지 두 사람은 천사였습니다(창 19:1). 최종 목적지는 소돔성이었습니다(창 18:22). 공의의 하나님이 범죄와 타락의 도시인 소돔성을 더 이상 그대로 방치할 수 없으셔서 심판하시려고 나타나신 것입니다.

하나님께서는 왜 목적지인 소돔성으로 곧장 가시지 않고, 아브라함에게로 먼저 오셨을까요? 의외의 일은 하나님께서 소돔성의 모습을 직접 눈으로 확인해 보시겠다는 것입니다. 그리고 아브라함을 만나 이런저런 대화를 주고받으시고, 축복까지 하시고는 심판 아래 놓인 소돔성을 언급하십니다.

이렇게 하시는 하나님의 의도가 과연 무엇일까요? 우리는 이 모든 의문에 대한 해답을 창세기 18:23 이하에서 발견할 수 있습니다. 아브라함을 먼저 찾아오신 이유도, 가시지 않고 머뭇머뭇하시는 이유도, 계속 소돔성을 언급하시는 이유도 하나님의 심판 아래 놓인 그 성을 놓고 중보기도하라는 깊은 뜻이 담겨있었던 것입니다. 다행히도 아브라함은 하나님의 이 뜻을 알아차렸습니다. 그래서 기도를 시작합니다.

기도는 우리의 강력한 무기입니다. 최선을 다해 기도합시다.

♰ 기도제목
1) 끝까지 기도하는 신실한 그리스도인들이 되게 하소서.
2) 기도와 전도하는 일에 최선을 다하게 하소서.

충성된 사람

♣ 성경 마태복음 25:14~30 찬송 336(383)장 ♣

어느 고을에 두 명의 머슴을 둔 사람이 농사를 짓고 있었습니다. 어느 날 주인은 이들 두 머슴에게 세경을 주기로 하고 그들을 불렀습니다. "이보게, 자네들 지금까지 우리 집 일 해주느라 고생이 많았네. 내일은 내가 자네들에게 세경을 줄 것이니 오늘 마지막으로 새끼를 꼬아 주겠나?"
그러자 한 머슴은 아무 말 없이 짚을 가져다가 물을 추겨 새끼를 꼬기 시작했습니다. 마지막으로 주인 위해 일하는 것이니 잘 해주고 가리라 마음먹었습니다. 또 한 머슴은 '내일이면 이 집을 나가는데 새끼를 꼬라고 하나' 하면서 투덜거렸습니다. 일을 하기는 싫고, 하는 둥 마는 둥 한 발 정도 시작하다가 "에라, 모르겠다." 하고는 이내 잠을 청하고 말았습니다.
다음날 아침 주인은 꼰 새끼를 가져 오라고 하더니 새끼줄 길이만큼 엽전을 꿰어서 가져가라고 했습니다. 항상 주인 눈치만 살피던 머슴은 한 발 정도밖에 안 되는 새끼줄에 엽전을 가져가야 했습니다.

오늘 본문 21절에서 말하는 '적은 일'은 가벼워서 누구나 들 수 있고 마음만 먹으면 누구나 할 수 있는 일입니다.
사람들에게는 큰 것을 생각하고 높이는 근성이 있습니다. 그래서 제일 큰 나라, 제일 큰 다리, 제일 높은 빌딩, 제일 큰 회사, 제일 높은 자리를 탐하고 뽐냅니다. 그러나 중요한 것은 작은 일에 충성하는 사람이 큰 일에도 충성할 수 있습니다.
누구에게나 일을 맡길 수 있습니다. 그러나 누구나 일을 잘할 수 있는 것은 아닙니다. 최선을 다하지 않는다면 일을 잘할 가능성조차 없어집니다. 내가 맡은 것이 무엇이냐, 얼마나 크냐 작으냐, 중요하냐 중요하지 않으냐 하는 것은 문제가 되지 않습니다. 정말로 중요한 것은 최선을 다했느냐는 것입니다. 우리의 달란트를 묻어 두지 맙시다. 그것을 투자합시다. 하나님을 위해 쓰고, 일합시다.

✚ 기도제목
1) 작은 일에 충성되고 지혜롭게 하소서.
2) 성령의 능력으로 충만하게 하소서.

말씀은 사람을 살립니다

♣ 성경 사도행전 18:1~11 찬송 200(235)장 ♣

조지 워싱턴은 미국의 초대 대통령으로 취임하는 자리에서 "성경이 아니면 세계를 다스릴 수 없다."라고 하면서 성경에 손을 얹고 선서를 했습니다. 토마스 제퍼슨은 미국 독립선언서의 작성자로서 "미합중국은 성경을 반석으로 삼아 서 있다."라고 강조하였습니다.

링컨은 가난하여 제대로 학교 교육을 받지 못했으나 언제나 성경을 그의 곁에 두고 부지런히 읽고 그 말씀대로 살려고 힘을 썼습니다. 대통령이 된 뒤에도 그는 집무하는 책상 위에 성경을 두고 읽었으며 "성경은 하나님께서 주신 가장 좋은 선물입니다."라고 고백했습니다.

바울은 아덴에서 전도하다가 실패한 후에 고린도 지방으로 건너왔습니다. 왜 실패했을까요? 그것은 자신의 지식만을 의지했기 때문입니다. 즉 아덴이라는 도시는 철학의 도시이기에, 바울은 자기의 지식을 마음껏 사용해서 그들을 압도하고자 했습니다. 그러나 실패하고 말았습니다. 심령의 변화는 성령의 도우심이 없이는 불가능하기 때문입니다.

결국 아덴에서 실패한 바울은 고린도 지방으로 넘어와 복음을 전하면서 한 가지 중요한 결심을 합니다. 그의 고백은 고린도전서 2:1~2에 나옵니다. "형제들아 내가 너희에게 나아가 하나님의 증거를 전할 때에 말과 지혜의 아름다운 것으로 아니하였나니 내가 너희 중에서 예수 그리스도와 그가 십자가에 못 박히신 것 외에는 아무것도 알지 아니하기로 작정하였음이라"

바울의 고백은 놀라운 것이며 너무나 당연한 것입니다. 사람을 살리는 것은 지식이 아닙니다. 돈이 아닙니다. 세상의 권력도 아닙니다. 오직 복음입니다. 예수가 십자가에서 흘리신 보혈뿐입니다. 하나님 말씀뿐입니다. 이것이 사람을 살립니다.

✚ 기도제목
 (1) 오직 말씀 중심으로 살게 하소서.
 (2) 복음을 전하기에 힘쓰게 하소서.

나라를 위한 봉사

♣ 성경 느헤미야 1:1~11   찬송 211(346)장 ♣

미국에 이민해서 살고 있는 한인 2세가 명문 컬럼비아대 의과대학에 지원했습니다. 공부도 잘해서 SAT 시험에 만점을 받았습니다. 집안 형편도 부유해서 무난히 합격되리라고 믿었습니다. 그런데 불합격 통지서가 날라 왔습니다. 불합격 사유란에는 이렇게 적혀 있었습니다.

"귀하의 성적은 아주 우수합니다. 가정 형편이나 여러 조건들도 만족스럽습니다. 그런데 귀하의 서류 어디를 보아도 헌혈했다는 기록이 없습니다. 남을 위해서 헌혈한 경험도 없는 귀하가 어떻게 환자를 돌볼 수 있겠습니까. 귀하는 의사될 자격이 없습니다."

하나님께서 우리들에게 원하시는 것 가운데 하나는 봉사입니다. 에베소서 2:10에 보면 하나님께서 우리들을 창조하신 이유가 "선한 일을 위하여 지으심을 받은 자"라고 했습니다. 바로 하나님의 창조의 목적이요 성장케 하는 과정이요 비결이기 때문입니다.

나라와 민족을 위한 최고의 봉사는 기도입니다. 한 사람의 기도가 민족을 살리는 역사가 있습니다. 더 나아가 우리가 삶 속에서 어떻게 행할 것인지 기도하며 실천해야 합니다.

우리 민족의 희망은 교회라고 말하는데, 교회가 정말 민족을 가슴에 품고 눈물로 기도해야 합니다. 더불어 그리스도인들이 진실하게 살며 힘써 복음을 전한다면 우리 나라가 제사장 나라로서 크게 쓰임받게 될 것입니다. 오늘을 살아가는 우리 모든 성도들이 이 시대의 느헤미야로서 우리 민족을 다시 한 번 새롭게 하는 일꾼들이 될 수 있기를 바랍니다.

✞ 기도제목
1) 봉사의 향기가 나게 하소서.
2) 작은 일이라도 정성껏 하게 하소서.

하나님을 사랑하는 자의 복

♣ 성경 로마서 8:28   찬송 563(411)장 ♣

성 아우구스티누스(Aurelius Augustinus ; 354~430)는 "인간은 알고 있는 것에 의하여 평가되는 것이 아니라 그가 사랑하는 것에 따라서 평가되어야 한다."라고 말했습니다. 왜냐하면 사랑하면 그 사랑하는 것을 따라가게 되고, 또한 사랑하는 것에 모든 것을 바치기 때문입니다.
　자기를 사랑하는 사람은 결국 욕심과 탐욕에 빠집니다. 돈을 사랑하는 사람은 돈 때문에 죄를 짓게 되고, 명예와 권세를 사랑하는 사람은 불법과 비리에 빠지게 됩니다.

　하나님은 당신을 사랑하는 사람에게 길을 열어 주십니다. 하나님의 뜻대로 살면 잘되게 해주십니다. 사실 사람도 자신을 좋아하는 사람을 좋아하게 됩니다. 하나님은 더욱 그러하십니다. 우리를 무척 사랑하시기에 우리가 드리는 사랑 고백을 듣기 원하시고, 사랑하는 자들에게 엄청난 은혜와 복을 주시기를 원하십니다.
　하나님이 우리를 얼마나 사랑하실까요?
　성경은 이렇게 말씀합니다. "너희 중에 계신 너희의 하나님 여호와는 질투하시는 하나님이신즉 너희의 하나님 여호와께서 네게 진노하사 너를 지면에서 멸절시키실까 두려워하노라"(신 6:15).
　하나님은 우리를 질투하시기까지 사랑하십니다. 그러기에 우리에게도 하나님 사랑할 것을 요구하십니다. 그리스도인은 순수하게 하나님을 사랑해야 합니다. 하나님보다 더 사랑하는 것이 있다면 우상숭배라는 사실을 기억하고, 철저히 버려야 합니다. 그리고 진실하게 찬양하고 예배드림을 통하여 하나님께 사랑을 고백해야 합니다. 하나님을 사랑하는 것이 삶의 의미와 목적이 되어야 합니다.

✞ 기도제목
　1) 복의 근원이신 하나님보다 복을 좇는 잘못된 신앙을 버리게 하소서.
　2) 하나님을 더욱더 사랑하게 하소서.

"허락하지 아니하시면"

♣ 성경 마태복음 10:29   찬송 569(442)장 ♣

육군 신병이, 군인생활을 하면서 일생 추억에 남을 만큼 좋은 군인생활을 하고 싶다는 마음에 선배 되는 병장에게 물었습니다. "군인생활을 좀 깨끗하게, 명예롭게 하고 싶은데 어떻게 하면 좋겠습니까? 좀 자세하게 가르쳐 주십시오."

선배 되는 병장은 웃으면서 간단하게 대답했습니다. "군인생활은 그렇게 복잡하지 않아. 오직 상관의 명령에 복종하면 되느니라. 명령 떨어지는 대로만 복종하면 돼." "아, 간단하군요."

가만있다가 이 청년이 다시 질문합니다. "그런데 여러 사람이 동시에 이 사람은 이렇게 하라, 저 사람은 저렇게 하라 하고 여러 상관이 명령을 각자 다르게 내리면 그때는 어떻게 하면 좋습니까?" "이 사람아, 별걸 다 걱정하는군. 그럴 때는 말이야, 최고 계급자에게 순종하면 돼."

오늘 본문을 보면 예수님께서 "참새 두 마리가 한 앗사리온에 팔리지 않느냐"라고 말씀하셨습니다. 그리고 예수님은 인간의 눈으로 볼 때 값이 싸고 아무 가치도 없어 보이는 참새도 "너희 아버지께서 허락하지 아니하시면 그 하나도 땅에 떨어지지 아니하리라"라고 말씀하셨습니다.

이 말씀 가운데서 "너희 아버지께서 허락하지 아니하시면"이라는 말씀에 유의하시기 바랍니다. 이 말씀으로 예수 그리스도는 천지 만물의 창조주이신 하나님께서 우리들의 아버지시라는 것과 또한 이 세상에서 일어나는 아무리 작은 일이라도 아버지 하나님의 허락이 없으면 하나도 일어나지 않는다는 것을 우리에게 가르쳐 주고 계십니다.

은혜 안에 있는 사람의 배후에는 하나님께서 계십니다. 우리는 그 하나님의 손에 잡혀 있는 것입니다. 이렇게 되면 살아가는 데 아무것도 걱정할 필요가 없습니다. 고뇌에 시달리고 있습니까? 모든 것을 하나님께 맡기시기 바랍니다. 반드시 기쁨과 평안으로 가득 차게 될 것입니다.

✢ **기도제목**
1) 내 짐을 주께 맡기게 하소서.
2) 하나님 아버지의 뜻을 깨닫게 하소서.

성령충만은 능력충만

♣ 성경 누가복음 24:49   찬송 182(169)장 ♣

오순절은 성령강림의 날입니다. 오순절 즉 '펜테코스트'는 그리스어로 '제50일'이라는 뜻으로, 예수께서 부활하시고 나서 50일째가 되는 날입니다. 그날에 120명의 신도들이 예루살렘의 한 다락방에 모여 기도하고 있었습니다. 그때 갑자기 강한 바람이 부는 듯한 요란한 소리가 들리면서 불꽃처럼 갈라지는 것이 그들에게 보이더니 모두 성령을 충만히 받아 힘차게 그리스도를 증거하기 시작했습니다.

그날에 베드로의 설교를 듣고 죄를 뉘우치고 그리스도를 영접한 자가 3천 명이나 되어 지상에 처음으로 교회가 탄생되었습니다.

오늘날 많은 사람들이 그리스도를 믿게 된 것은 인간의 힘이 아니라 성령의 역사입니다. 본문을 보면 예수님께서는 "내가 내 아버지께서 약속하신 것을 너희에게 보내리니"라고 말씀하셨습니다. '아버지의 약속하신 것'이란 다름 아닌 성령을 가리킵니다. 다음에 "위로부터 능력으로 입혀질 때까지"라고 하셨습니다. 옷을 입으면 육신이 보이지 않게 되는 것처럼, 자기 모습이 보이지 않게 될 때까지 성령으로 충만할 때 능력을 받게 된다는 뜻입니다.

예수님은 "이 성에 머물라"라고 말씀하셨습니다. 그래서 제자들은 예루살렘 성에 머물러 약속하신 성령을 충만히 받을 때까지 기도하면서 기다렸던 것입니다. 드디어 그들은 기다리던 성령을 받고 마음이 일변했습니다.

오늘날 우리도 예수님의 제자들처럼 자기 죄를 깊이 뉘우치고 십자가를 바라보고 기도하면서 기다리면 성령충만하여 새 힘을 얻고, 그들처럼 담대하게 그리스도를 증거하는 용사로 바뀌어 예수의 이름을 위해 고통과 치욕을 받는 것을 오히려 영광으로 여기게 될 것입니다.

✞ **기도제목**
 1) 성령으로 충만케 하소서.
 2) 성령의 능력을 받아 주의 일에 힘쓰게 하소서.

성령과 열매

♣ 성경 갈라디아서 5:22~23 찬송 197(178)장 ♣

성령의 아름다운 아홉 가지 품성의 열매는 모두 사랑 자체의 여러 가지 형태로 볼 수도 있습니다. 그 첫째인 '희락'은 날개를 펴고 날아가는 사랑, '화평'은 하나님의 품 안에 있는 사랑, '오래 참음'은 참고 견디는 사랑, '자비'는 서로 어울리는 사랑, '양선'은 활동에서의 사랑, '충성'은 신뢰하는 사랑, '온유'는 자기를 낮추고 있는 사랑, '절제'는 자기 이득을 자제하는 사랑일 것입니다. 이렇게 보면 사랑은 우리들의 마음속에 형성되는 모든 품성을 완성하는 것임을 알 수 있습니다.

성령의 역사를 가로막지만 않는다면, 아름다운 품성의 열매를 맺을 수 있습니다. 성령의 역사를 가로막는 것은 무엇입니까?
첫째, 성령을 근심스럽게 하는 것입니다. 우리가 더러운 말을 할 때에 무엇보다도 성령을 근심스럽게 한다고 쓰여 있습니다(엡 4:29~30).
둘째, 성령을 소멸시키는 것입니다. 데살로니가전서 5:19~20을 보면 성령을 소멸하지 말고 예언을 멸시하지 말라고 쓰여 있습니다. 예언을 경시하는 것은 말씀을 경시하는 것으로, 우리가 성경을 읽지 않고 설교를 경시할 때 성령을 소멸시키게 됩니다.
셋째, 성령을 거역하는 것입니다. 우리의 마음이 완악해지고 고집을 부리는 것이 성령을 거스리는 것임을 알 수 있습니다(행 7:51).
마음속에 사랑의 아름다운 품성을 이루기를 원하면서도 악담이나 험담, 비방 등 언짢은 말을 예사로 내뱉는 것은 성령을 거역하는 것이 됩니다. 하나님과 그리스도는 직접 움직이지 않고 성령으로 역사하시는데, 이것을 거역하는 것은 하나님과 그리스도를 거역하는 것이 됩니다. 우리가 그리스도인으로서 입을 조심하고 성경 말씀을 귀히 알고, 겸허하게 자기 잘못을 뉘우치면 성령의 열매를 풍성히 맺을 수 있습니다.

✚ 기도제목
 1) 부정한 입술을 숯불로 태워 주소서.
 2) 성령의 열매를 맺게 하소서.

성령 안에서 기도하라

♣ 성경 에베소서 6:18 찬송 183(172)장 ♣

사도행전 12장에는 예수님의 제자인 베드로가 폭군 헤롯에게 체포되어 투옥된 이야기가 쓰여 있습니다. 16명의 병사들이 견고한 감옥의 쇠사슬에 묶인 베드로를 교대로 지키고 있었습니다. 처형을 앞두게 된 것입니다. 그때 신도들이 모여 무슨 위원회 같은 것을 만들어 국왕에게 탄원서를 보낸 것이 아닙니다. 교회에 모여 베드로가 그 감옥에서 해방되도록 열심히 하나님께 간구했습니다. 그러자 놀라운 일이 벌어졌습니다. 베드로의 팔을 묶은 사슬이 스스로 풀리고, 감옥의 간수들은 깊이 잠들고, 철문이 잇따라 열려, 베드로는 감옥에서 무사히 나올 수 있었습니다.

성령에 의해 간구하는 기도의 특징 중 하나는 계속적인 기도입니다. 성령은 우리를 언제나 끊임없이 기도하는 사람으로 만들어 주십니다.

기도는 열과 성의를 다하여 드려야 합니다. 수시로 열심히 기도하기 위해서는 성령의 도움을 받아야 합니다. 자기만을 위해서가 아니라 모든 성도를 위해 기도해야 합니다. 성령이 충만했던 초대교회의 신도들은 수시로 기도하고 또 다른 성도를 위해 열심히 기도했습니다.

기도는 하나님을 움직이고, 일에 변화를 일으킵니다. 믿음의 조상으로 불리우는 아브라함도 기도의 사람이었습니다. 그는 언제나 열심히 기도하고 하나님의 음성을 듣고 자기의 갈 길을 택하였습니다. 하나님으로부터 소돔과 고모라 성을 멸망시키겠다는 말씀을 들었을 때에도, 그는 하나님 앞에 무릎을 꿇고 열심히 기도했습니다. 그의 기도가 응답을 받아 롯과 그의 가족이 구출되었습니다.

그러나 기도인이 기도하지 않을 때에는 실패합니다. 그는 기근을 만났을 때 기도하지 않고 하나님의 음성을 듣지 않고 이집트로 도망쳤기 때문에 남의 비웃음을 사게 되었습니다.

✞ 기도제목
  1) 기도의 용사가 되게 하소서.
  2) 무시로 성령 안에서 기도하게 하소서.

받은 줄로 믿으라

♣ 성경 마가복음 11:24   찬송 369(487)장 ♣

어떤 어린 아이가 해수욕장 구조대원에게 다음과 같은 질문을 했습니다. "아저씨, 아저씨는 저렇게 많은 사람들이 물속에서 시끄럽게 떠들어대고 있는데, 저 사람들 중에서 어떤 사람이 물에 빠져 살려 달라고 외치는지 어떻게 알아요?" "아무리 시끄럽고 혼잡할 때도 아저씨 귀에는 살려달라는 소리만 들린단다." 우리도 종종 하나님을 상대로 이 어린 아이와 같은 의문을 품을 때가 있습니다. '오늘도 지구상의 수많은 사람들이 기도하고 있을텐데 과연 하나님께서 내 기도 소리를 들으실까?' 하고 말입니다.

"받은 줄로 믿으라"는 말씀에서 '받은'의 원어 뜻은 '취하다, 잡다, 붙잡다, 꽉잡다, 받다'입니다. 하나님이 이 말씀을 주신 이유는 할 수 있기에, 될 수 있기에 말씀하신 것입니다.

하나님은 우리가 100% 신뢰할 수 있는 대상이십니다. 따라서 말씀의 약속을 믿고 구해야 합니다. "내가 다 해결해 줄게.", "괜찮아, 걱정마!"라고 말씀하시는 하나님께 우리는 무엇이든지 요청해야 합니다. 이것이 우리의 올바른 기도의 모습입니다. 그리고 이 사실을 믿는 사람은 감사하며 살 수 있게 됩니다.

이제부터 믿음으로 구하시기 바랍니다. 받은 줄로 믿고 구하십시오. 우리가 믿는 하나님은 믿음의 기도에 신속하게 응답해 주십니다. 야이로 딸의 죽음에 "두려워하지 말고 믿기만 하라"(막 5:36)라고 말씀하면서 살려 주신 이가 우리의 하나님이시기 때문입니다. 그러므로 비가 오지 않아 비 오기를 위해 기도하는 모임에 홀로 우산을 준비해 온 아이의 믿음처럼, 우리 역시 믿음을 가지고 기도해야 합니다. 받은 줄로 믿고 기도하는 우리의 기도에 하나님은 놀랍게 응답해 주실 것입니다.

✢ 기도제목

1) 모든 그리스도인들이 받은 줄로 믿는 믿음의 기도를 드림으로써 응답받는 신앙생활을 하게 하소서.

2) 전지전능하신 하나님을 100% 신뢰하는 그리스도인들이 되게 하소서.

겸손해야 합니다
♣ 성경 마태복음 11:29~30 찬송 455(507)장 ♣

예수님께서 탄생하신 베들레헴에 가보면 콘스탄틴대제 때 어머니 마리아를 기념하여 말구유 자리에 세운 기념 예배당이 있습니다. 요사이도 성지를 순례하는 사람들은 으레 그 예배당에 한 번 들어가 봅니다. 그런데 이상한 것은 기념 예배당은 꽤 큰데 출입구는 하나뿐입니다. 그것도 아주 좁고 낮아서 허리를 굽히지 않으면 들어갈 수 없을 정도입니다. 예수님을 만나려는 사람은 겸손해야 한다는 것을 말하고 있습니다.

겸손은 자신의 부족함을 깨닫는 데서 출발합니다. 천국에서 큰 자는 '자기를 낮추는 사람'입니다. 겸손의 적극적인 표현은 섬기는 것입니다.

예수님께서는 제자들에게 "누구든지 첫째가 되고자 하면 뭇사람의 끝이 되며 뭇사람을 섬기는 자가 되어야 하리라"(막 9:35)라고 말씀하셨습니다.

예수님은 섬기는 자가 오히려 크게 되고, 종이 되는 자가 오히려 으뜸이 된다고 말씀하십니다. 예수님은 섬김을 받으러 오지 않으시고 섬기려 하고 오히려 많은 사람을 위한 대속물로 오셨다고 하셨습니다.

그리스도인은 섬김의 절정인 십자가 안에서 자기 존재와 삶을 발견합니다.

본문에서 주님은 온유하고 겸손한 주님을 배우면 마음에 평안을 얻을 것이라고 말씀하십니다. 그리스도인이 겸손해야 할 이유는 주님이 겸손하셨기 때문입니다.

하나님 앞에서의 내 모습을 들여다보며 겸손할 수 있도록 힘써야 합니다. 어린아이처럼 자신을 낮춰 천국에서 큰 자가 되어 세상을 변화시키는 성도들이 되시기 바랍니다.

✝ **기도제목**
1) 자신의 부족함을 깨닫고 겸손히 살아갈 수 있게 하소서.
2) 교만으로 인한 분쟁이 생기지 않게 하소서.

말씀에 붙잡혀 삽시다

♣ 성경 시편 119:101~102 찬송 205(236)장 ♣

　스펄전을 회심시킨 것은 콜로체스터의 예배당에서 있었던 어느 감리교의 평신도 설교자의 설교가 아니었습니다. 그를 변화시킨 것은 하나님의 말씀이었습니다.
　"나를 바라라. 그리하면 땅 끝까지라도 함께하리라."
　스펄전은 그 순간을 이렇게 회상했습니다.
　"그 설교자는 그다지 많은 것을 전하지 않았습니다. 그러나 내가 하나님께 감사하는 것은 그로 하여금 계속 그 말씀을 되풀이하게 하신 것입니다. 적어도 나에게는 그 말씀 이외에 필요한 것은 아무것도 없었습니다."

　'말씀에 붙잡혔다'는 것은 그리스도와 연합됨을 말합니다. 하나님의 말씀을 마음에 새기고, 그 말씀에 복종하는 생활을 가리켜 말씀에 붙들렸다고 할 수 있습니다. 오직 말씀 중심으로 사는 삶을 의미합니다. 살아도 주를 위하여 살고, 죽어도 주를 위하여 죽는, 오직 주의 영광을 위하여 살아가는 삶입니다.
　주님의 말씀에 붙잡힌 사람은 세상의 포로가 되지 않습니다. 물질의 노예가 되지 않습니다. 옛 습관의 노예가 되지 않습니다. 즉 주님의 말씀에 붙잡혀 진리 안에서 자유를 누리며 사는 사람입니다. 말씀에 붙잡힌 예레미야는 "내가 다시는 여호와를 선포하지 아니하며 그의 이름으로 말하지 아니하리라 하면 나의 마음이 불붙는 것 같아서 골수에 사무치니 답답하여 견딜 수 없나이다"(렘 20:9)라고 말했습니다.
　우리 모두 말씀에 붙잡힌 자들이 되시기를 바랍니다. 말씀을 전하지 않으면 마음이 불타는 것 같은 그런 성도들이 됩시다.

✚ 기도제목
　1) 하나님 말씀에 붙잡힌 삶을 살게 하소서.
　2) 말씀 중심의 삶을 통하여 영혼 구원을 이루게 하소서.

우리를 향한 하나님의 사랑

♣ 성경 이사야 43:4   찬송 428(488)장 ♣

미국의 방송 목사로 유명한 빈센트 피르 목사에게 한 부인이 찾아와서 하소연했습니다. "저는 지금 절망에 빠져 있어요. 그래서 아무 일도 못하고 있는데 어쩌면 좋아요?" 빈센트 피르 목사는 이 부인과 많은 대화를 나눈 후에 말했습니다. "당신은 학문도 있고, 지위도 있고, 건강도 있어요. 그리고 부부 사이도 원만하구요. 절망할 일이 하나도 없어요. 다만 마음이 절망하고 있는 거예요. 다시 시작하세요. 하나님께서는 당신에게도 기대를 걸고 계시니까요." 이 말을 듣고 그녀는 "목사님, 참으로 그러합니다. 잘 알겠습니다." 하고 힘찬 발걸음으로 집에 돌아갔다고 합니다.

나 자신보다 타인이 나에 대해 더 잘 알고 있는 경우가 허다합니다. 그러므로 혼자서 자신을 판단하는 것은 바람직하지 않습니다. 그리고 중요한 것은 하나님께서 평가하고 계신 자기 자신을 아는 것입니다.

그리스인은 인간을 '안스로폰'이라고 불렀습니다. 그것은 위로 향한다는 뜻이라고 합니다. 인간은 동물과는 달리 서서 얼굴을 들고 걸어가기 때문에 생긴 낱말이겠지만, 위를 향해 하나님께 기도하고 하나님과 교류하기 때문이라고 생각하면 의미가 더욱 깊어집니다.

성경에 보면 인간은 모든 피조물 중에서 하나님과 대화를 나눌 수 있는 유일한 정신적인 존재로 지음을 받았다고 쓰여 있습니다. 그러므로 하나님은 "내가 너를 보배롭고 존귀하게 여기고 너를 사랑하였다."라고 말씀하신 것입니다. 우리는 하나님께서 만드신 걸작 중의 걸작이며 가장 큰 사랑의 대상입니다. 우리가 하나님의 품으로 돌아가 하나님과의 교류를 화복할 수 있게 하기 위해 독생자 예수까지 희생하신 것입니다.

이 하나님의 사랑과 이 하나님의 평가를 알게 되면 아무리 보잘것없는 존재라고 생각하는 인간도 살아가는 기쁨을 느끼게 될 것입니다.

♣ 기도제목
1) 하나님만 바라보게 하소서.
2) 살아가는 기쁨이 넘치게 하소서.

주를 의지하라

♣ 성경 시편 34:7~8   찬송 500(258)장 ♣

철도 자살을 시도한 한 청년이, 양쪽 다리만 잘린 채 빈사상태에 빠졌으나 목숨은 붙어 있었습니다. 곧 병원에 이송되어 의식을 되찾아 아직 자기가 살아 있다는 사실을 알게 된 그는, 심한 육체의 고통 속에 불구자의 몸으로 살아 있다는 사실에 더욱 큰 실의에 빠졌습니다. 그는 자기의 과거를 증오하고 현재를 저주하며 장래에 대한 불안 때문에, 자살을 시도하기 전보다 더욱 암담한 나날을 보내게 되었습니다.

그런데 어느 날, 그는 복음 방송을 듣게 되었습니다. 처음에는 귓전으로 듣고 흘려버렸으나 차츰 그의 굳게 닫힌 마음에 한 가닥 빛이 스며들었습니다. 이윽고 성경을 읽는 중 "죽으나 사나 우리는 여호와의 것이라"라는 말씀을 통해 자기의 잘못을 깨닫게 되었습니다.

어떤 청년이 "저는 하나님께 의지할 만큼 약하지 않습니다. 저는 젊고 원기 왕성하므로 내 힘으로 인생을 헤쳐 나가겠어요."라고 말했습니다. 대단히 씩씩한 말이지만 과연 인간은 이 청년의 말대로 강한 존재일까요? 젊고 건강하고 인생 경험이 적을 때에는 누구나 그렇게 생각하기 쉽습니다. 그러나 나이를 먹고 병으로 고생하고 심각한 인생 문제에 부딪혀 고민하게 되면 사람은 저마다 자기 자신이 얼마나 무기력한가를 알게 됩니다.

인간은 남 앞에서는 큰 소리를 쳐도 마음속으로는 연약한 자기 자신을 절실히 느끼게 됩니다. 시련이나 유혹에 쉽사리 넘어가는 비참한 자기 자신을 보고 '차라리 죽는 편이……' 하고 생각하기도 합니다.

하나님을 우러러보고 그리스도를 의지하십시오. 그러면 그리스도를 힘입어 행복한 인생의 문이 열리게 됩니다.

천하보다 귀한 생명의 주인은 하나님이십니다. 하나님의 사랑을 깨닫고 그분을 의지하십시오.

✟ 기도제목
1) 자살을 계획하는 자들이 복음을 듣게 하소서.
2) 자학에 빠진 자들이 하나님의 사랑을 깨닫게 하소서.

하나님의 눈

♣ 성경 사무엘상 16:7   찬송 255(187)장 ♣

사진기가 발명된 것은 1839년, 프랑스의 타게르에 의해서였으며, 우리나라에는 조선 고종 때 민영익의 비서로 초빙되었던 미국인 로우얼의 수록 사진이 공개되어 그것이 우리나라에서 사진을 찍은 시초로 보고 있습니다. 그는 1884년 「아름다운 나라」라는 책을 저술했는데 그 속에 한국의 풍물, 건축, 황족, 풍속 등을 사진을 곁들여 상세히 기록하고 있습니다. 그 후 서화가인 김규진이 일본에 가서 사진 기술을 배워 가지고 귀국하여 종로에 '천연당'이라는 사진관을 차린 것이 사진 기술의 시초였습니다.

오늘날에는 사진 기술이 크게 발달되어 렌트겐 사진, 분광 사진, 적외선 사진 등이 의학이나 과학 연구에 쓰이고 있으며, 수중 사진, 천체 사진, 고속 사진 등에 의해 우리가 평소에 육안으로 볼 수 없는 현상까지 정확히 파악할 수 있게 되었습니다.

사진기는 피사체를 정확하게 파악합니다. 카메라의 눈은 엄숙합니다. 그런데 더욱 엄숙한 것은 하나님의 눈입니다. 사람은 외모를 보지만 하나님은 중심을 보십니다. 하나님께서 우리의 마음을 들여다보신다면 무엇이 비칠까요? 거짓말과 기만, 질투, 교만, 정욕이나 탐욕 등 부모나 친구, 학교 선생님의 눈에는 보이지 않는 더러운 생각이나 죄가 아닐까요?

하나님의 필름에는 우리의 죄도 실수도 모두 찍혀 나옵니다. 그러나 하나님께서는 독생자 예수 그리스도의 십자가의 피로 그 죄를 모두 소멸하는 길을 마련해 주셨습니다. 하나님께서는 "나는 나를 위하여 네 허물을 도말하는 자니 네 죄를 기억하지 아니하리라"(사 43:25)라고 하는 놀라운 약속의 말씀을 우리에게 하고 계십니다. 이 구원의 길은 예수님께서 십자가를 지셨기 때문에 비로소 가능했던 것입니다.

지금 하나님의 필름에 찍힌 우리의 모든 죄는, 회개하고 그리스도를 받아들 때 그리스도의 은총의 빛에 의해 소멸될 수 있습니다.

♣ 기도제목
1) 주께 영광을 돌리게 하소서.
2) 하나님 앞에서 정직한 모습으로 살아가게 하소서.

복음은 전파를 타고

♣ 성경 요한계시록 14:6~7   찬송 505(268)장 ♣

잘못간 메일, 강원도에 사는 사업가가 어느 해 초여름에 부산으로 출장을 갔습니다. 도착하자마자 그는 아내에게 이메일을 썼습니다. 그런데 그만 실수로 아내의 이메일 주소를 잘못 쳐서 메일이 엉뚱하게도 이제 막 장례식을 마치고 슬픔에 젖어 있는 어느 가정의 부인에게 발송되고 말았습니다. 그 부인은 이메일을 읽고 그만 기절하고 말았습니다.
거기엔 다음과 같이 써 있었습니다. "여보, 무사히 잘 도착했소. 그런데 여기는 말로만 듣던 대로 정말이지 무척 뜨거워서 견딜 수가 없구려!"

전파는 인간이 발을 들여놓을 수 없는 곳에까지 복음을 전해 줍니다. 그리하여 종교나 인습의 벽을 넘어 사람들에게 생명의 은총을 베풀게 됩니다. 그리고 전파는 한 사람 한 사람에게 개별적으로 되풀이하여 들려 줄 수 있습니다.

전파는 이와 같은 특색을 갖고 있으므로 모든 사람이 복음에 접할 수 있는 기회를 갖게 합니다. 그러나 그렇다고 해서 누구나 영원한 축복을 받는 것은 아닙니다. 사람이 라디오의 스위치를 넣고 틀어주지 않으면 복음이 전달되지 못합니다.

"믿음은 들음에서 나며 들음은 그리스도의 말씀으로 말미암았느니라"라는 로마서 10:17의 말씀 그대로입니다. 자기가 직접 복음 전하기가 어렵다면 기독교 방송의 프로를 소개할 수는 있을 것입니다.

아내가 교회에 나가는 것을 가로막고 핍박했던 남편이 친구의 소개로 기독교방송을 듣던 중에 그리스도를 받아들여 세례 교인이 된 예가 적지 않습니다. 우리는 전도에 좀 더 적극성을 띠고 모든 기회를 풀가동해야 할 것입니다. 그 중에서 전파에 의한 전도는 오늘날 큰 몫을 차지하고 있습니다.

✠ **기도제목**
1) 한국의 기독교, 극동방송에 은혜를 주소서.
2) 나도 전파 선교사가 되게 하소서.

세기의 기인
♣ 성경 요한복음 8:12   찬송 406(464)장 ♣

　삼중고의 성녀(聖女)로 불리우는 헬렌 켈러는 생후 19개월에 성홍열을 앓아 소경에 귀머거리에 벙어리라는 삼중고에 시달리게 되었으나, 박사학위까지 마치고 교육가요 저술가로 활약하는 한편 신체장애자를 위해 생애를 바쳤습니다.
　그녀가 이런 기적을 연출하게 된 것은 부모의 정성어린 뒷바라지와 헌신적인 설리반 여사의 지도 덕택은 말할 필요가 없지만, 그녀 자신의 신앙이 큰 힘이 되어 준 것도 간과할 수 없습니다.
　그녀는 자기 자신이 남에게 불행한 자의 표본으로 보이겠지만, 진정한 의미에서 행복한 사람이라는 것을 알게 되었습니다. 그녀는 말하고 있습니다. "아이언스 박사로부터 테니슨의 「인 메모리엄」이라는 시를 배웠을 때, 사랑하는 하나님의 모습이 비로소 내 마음의 호수에 분명히 그림자를 떨어뜨렸습니다. 그 후부터 나는 이웃을 사랑하지 않을 수 없게 되었습니다." 이 말 속에 그녀가 연출한 기적의 비밀이 담겨 있는 것 같습니다.

　하나님을 아는 것, 그 끝없는 사랑을 느끼는 것은 눈이 보이지 않고 귀가 들리지 않는 사람도 할 수 있는 일입니다. 아니 하나님을 알기 위해서는 육신의 눈이 오히려 방해가 되는 경우가 적지 않습니다.
　6월은 비가 많이 내려 울적한 날이 계속될 것입니다. 그러나 그 비구름의 그 위는 언제나 맑게 개어 있습니다. 우리들의 인생에도 비 오는 날이 계속되고, 폭풍이 몰아치기도 할 것입니다. 그러나 신앙의 눈으로 인생 비구름의 배후에서 빛나는 하나님의 모습을 마음의 호수에 비추는 것이 무엇보다도 소중한 것입니다.
　그렇게 되면 어떤 역경에서도 행복이 찾아들 것입니다. 또 예수 그리스도를 따를 때 마음속에 예수 그리스도의 빛을 얻게 됩니다.

✚ 기도제목
　1) 예수의 빛으로 살게 하소서.
　2) 우리의 영안을 밝혀 주소서.

좁은 길과 넓은 길

♣ 성경 마태복음 7:13~14 찬송 341(367)장 ♣

오래 전에, 잘나가던 여성 인재 한 분이 있었습니다. 유학을 가서 박사학위만 받아오면 '그 여대 장래 총장감'이라고 할 정도로 인정을 받는 재원이었습니다. 유학준비를 하던 중에, 덜컥 한 남자를 사귀게 되었습니다. 두 사람이 서로에게 미쳐버렸습니다. 그 장래가 촉망되던 여성 인재는 유학이고, 박사고, 교수고 다 내던져버리고 그 남자와 결혼해서, 애 낳고 시집살이 하면서 시부모 모시고 살게 되었습니다. 촉망되던 장래를 한순간에 모두 접어버리고 그냥 그 평범한 전업주부의 길을 그렇게 갈 수 있느냐고 주위에서 안타까워했습니다. 그런데 정작 본인은 시부모를 모시며, 남편을 내조하고, 애를 키우며 사는 그 '좁은 길'이 행복하다는 것입니다.

'인생은 길'이라는 말이 있습니다. 어떤 길을 택하느냐에 따라 그 사람의 생애가 결정됩니다. 예수님은 "인생에는 두 길이 있다. 한쪽은 좁은 문으로 들어가는 좁은 길이고, 또 한쪽은 큰 문으로 들어가는 넓은 길이 있다."라고 말씀하셨습니다.

이 넓은 길은 세상의 많은 사람들이 걸어다니는 길이며 편하고 쉬운 길이지만, 좁은 길은 대중이 잊어버린 길이며 이 길을 가려는 사람은 대단히 적습니다. 이 두 길에는 각각 행선지가 정해져 있습니다. 찾는 사람이 적은 좁은 길은 영원한 생명에 이르게 되지만, 많은 사람들이 함께 가는 넓은 길은 멸망에 이르게 됩니다.

"좁은 문으로 들어가라"라는 예수님의 말씀에 귀를 기울이십시오. 물론 세상의 흐름에 휩쓸리지 않는 것은 쉬운 일이 아닙니다. 용기도 필요하고 노력도 있어야 합니다. 그러나 참으로 보람 있는 인생을 살기 원한다면, 그리스도의 부름에 응하여 생명의 길을 택해야 합니다. 비록 그 길이 좁고 험난하지만 그 길에는 영생의 면류관이 예비되어 있습니다.

✞ **기도제목**
  1) 세상 풍조에 휩쓸리지 않게 하소서.
  2) 좁은 길을 가게 하소서.

행하는 믿음
♣ 성경 야고보서 2:12   찬송 495(271)장 ♣

황해도 은율읍교회의 이찬영 장로는 평소에도 많은 자선사업을 하는 사람으로 특별히 1929년에는 자신의 회갑을 맞아 인근에 사는 불쌍한 걸인 100여 명을 청하여 성대한 잔치를 베풀었습니다. 그리고 잔치에 참석한 모든 걸인에게 미리 준비한 의복 한 벌씩을 나누어 주었으며, 이 장로 스스로 걸인의 손을 잡고 풍악소리에 맞추어 춤도 추고 노래도 하며 흥겹게 놀아 이것을 본 많은 사람들을 감동케 했고, 하나님께 영광을 돌렸습니다.

예수님은 마태복음 13:3~8에서 그리스도인의 마음가짐에 대해 비유로 가르쳐 주셨습니다. 현재 자기 자신의 믿음이 길가도 아니고 돌짝밭도 아닌 바로 옥토에 씨를 뿌린 것과 같다고 자부할 수 있습니까?

우리는 자기 자신을 한번 냉정히 돌이켜 보아야 할 것입니다. "너 자신을 알라."라는 소크라테스의 말은 신앙인에게도 해당됩니다. 자기 자신을 깊이 알게 되면, 자기 믿음은 아직도 옥토에 뿌려진 씨가 되기에는 멀었다는 것을 깨닫게 될 것입니다.

신앙에는 언제나 이런 자기 반성이 따라야 합니다. 그리하여 이러한 반성의 토대 위에서 자기 잘못을 더욱 많이 발견하여 깊이 뉘우치면서 하루하루 마귀와 싸워 나가야 합니다. "천국은 침노하는 자가 빼앗는다"라고 하였습니다. "하나님이 세상을 이처럼 사랑하사 독생자를 주셨으니 이는 저를 믿는 자마다 멸망치 않는다"라고 해서, 믿기만 하면 다 되는 줄 알면 어느새 마음이 해이해져서 마귀가 틈타기 쉽습니다.

믿음이 구원에 이르게 하는 것은 사실이지만, 성경에 보면 "너희는 자유의 율법대로 심판 받을 자처럼 말도 하고 행하기도 하라"(약 2:12)라고 하였습니다. 말과 행실을 조심하라는 것입니다. '영혼 없는 몸이 죽은 것같이 행함이 없는 믿음은 죽은 것'이기 때문입니다.

✚ 기도제목
1) 마음밭이 옥토가 되게 하소서.
2) 말씀이 마음에서 잘 자라서 행함이 있는 믿음을 갖게 하소서.

하나님을 바라보는 모세
♣ 성경 출애굽기 14:1~14 찬송 545(344)장 ♣

앞에는 홍해, 뒤에는 애굽 군대를 만나게 된 상황에서의 이스라엘 민족의 즉각적인 반응은 원망이었습니다. 그들은 지도자 모세에게 불만을 터뜨리며, 애굽으로 돌아가는 것이 차라리 낫겠다는 부정적인 반응을 보입니다(출 14:11~12). 지금 그들은 이제까지 애굽에서 하나님이 그들을 건져내실 때, 행하신 놀라운 이적을 잊어버렸습니다. 단지 현재의 환경을 바라보고 원망하고 있습니다. 그들의 기준은 오직 눈앞에 비춰지는 환경이었기 때문에 근심하고 원망하며, 지도자에게 불평하는 모습을 보여 주고 맙니다.

똑같은 상황에서, 백성들이 자신을 향해 불만을 토해내고 있음에도 지도자 모세는 태연하고 당당했습니다. 그에게는 하나님이 도와주실 것이라는 분명한 믿음이 있었기 때문입니다. 모세는 하나님을 인격적으로 만났고, 하나님의 임재하심을 경험했습니다. 자신의 삶 속에서 역사하시고, 일하시는 하나님을 보았습니다. 그러기에 사면초가의 상황 속에서도 하나님을 바라보면서 용기를 잃지 않을 수 있었습니다.

사면초가의 상황은 분명 힘든 순간입니다. 그러나 앞뒤, 좌우가 다 막힌 상황에서도 위는 뚫려 있듯이, 인간으로서는 할 수 없는 상황이지만 하나님은 하실 수 있습니다. 아니 하나님이 역사하시기에 가장 좋은 순간입니다.

그리스도인들은 어떤 순간에도 하나님을 바라보아야 합니다. 사면초가의 상황에서 이스라엘 민족에게 홍해 바다를 육지처럼 만들어 건너가게 하신 하나님께서 믿음으로 하나님을 바라보는 백성에게 오늘도 함께하시고, 역사해 주시기 때문입니다.

이제부터 환경을 보지 말고, 하나님을 바라보기로 다짐하시기 바랍니다. 낙망하지 말고 기도하십시오. 하나님은 반드시 도우십니다.

✞ **기도제목**
 1) 사면초가의 상황에서 모세와 같이 하나님께 기도할 수 있게 하소서.
 2) 어려운 이들을 위해 기도하는, 믿음의 사람이 되게 하소서.

믿음의 기도

♣ 성경 마가복음 11:24 찬송 365(484)장 ♣

가난하지만 행복한 부부가 있었습니다. 어느 날 사랑하는 아내가 알 수 없는 병에 걸려 시름시름 앓게 되었습니다. 그렇게 누워 있는 아내를 바라만 볼 수밖에 없는 남편은 마침내 어려운 결정을 하게 되었습니다. 그토록 사랑하는 아내를 속이기로 한 것입니다.

남편은 꿈을 꾸어 산삼을 구했다고 하고 인삼 한 뿌리를 아내에게 건네 주었습니다. 말없이 잔뿌리까지 꼭꼭 다 먹는 아내를 보고 자신의 거짓말까지도 철석같이 믿어 주는 아내가 너무나 고마워 눈물을 흘렸습니다. 인삼을 먹은 아내의 병세는 놀랍게도 금세 좋아지기 시작했습니다.

아내의 건강이 회복된 뒤 남편은 아내에게 용서를 빌었습니다. "여보 미안해! 내가 당신에게 준 삼은 산삼이 아니고 인삼이었어." 그러자 아내는 "저는 인삼도 산삼도 먹지 않았어요. 당신의 사랑만 먹었을 뿐이에요."

하나님이 가장 기뻐하시는 것은 믿음입니다(히 11:6). 그래서 기도 역시 믿음으로 드릴 때, 응답해 주십니다. 믿음의 기도를 드리는 이유는 분명합니다. 기도를 드리는 대상이 하나님이시기 때문입니다. 우리는 아무 능력도 행할 수 없는 우상에게 기도를 드리는 것이 아닙니다. 기도의 대상이신 하나님은 정말 엄청나신 분이십니다.

그 하나님은 창조주이시며 크고 광대하신 분이십니다. "여호와여 위대하심과 권능과 영광과 승리와 위엄이 다 주께 속하였사오니 천지에 있는 것이 다 주의 것이로소이다"(대상 29:11).

또한 좋은 것 주시기를 원하는 하나님이십니다. "너희가 악한 자라도 좋은 것으로 자식에게 줄 줄 알거든 하물며 하늘에 계신 너희 아버지께서 구하는 자에게 좋은 것으로 주시지 않겠느냐"(마 7:11).

이런 하나님을 믿기에 기도하는 자는 확신을 갖고 기도해야 합니다. 믿음대로 반드시 이루어 주실 것입니다.

✠ **기도제목**
1) 믿음의 기도를 드림으로써 응답받게 하소서.
2) 전지전능하신 하나님을 온전히 신뢰하게 하소서.

진리의 길

♣ 성경 요한복음 14:6~7 찬송 457(510)장 ♣

아프리카 선교사 한 분이 선교지를 답사하는 도중 정글에서 길을 잃어버렸습니다. 그래서 그 지역에 사는 토인 한 사람을 가이드로 고용했습니다. 그런데 이 사람이 이상한 데로 헤매며 끌고 다니는 것 같았습니다. "당신 도대체 길을 아는 거요, 모르는 거요?" 하고 물으니 "정글에는 길이 없습니다. 내가 곧 길입니다. 나만 따라오시오."라고 했답니다.

생명에 이르는 길이 좁은 것은 그것이 진리의 길이고 사랑의 길이기 때문이며 동시에 고귀한 길이기 때문입니다.

그리스도에 의해 새로 거듭난 영혼은 전에 좋아하던 더러운 일이 싫어지고 전에 싫어하던 깨끗한 일이 좋아집니다. 생명에 이르는 길은 정결하고 좁은 길이지만, 거듭난 그리스도인에게는 고통스러운 길이 아니라 오히려 기쁨과 찬미의 길입니다.

죄 많은 더러운 습관과 유혹을 하나님의 말씀과 성령의 힘에 의해 이기고, 과감히 전진하게 됩니다.

이런 생애를 원치 않으십니까? 만일 원하신다면 마음의 문을 열고 그리스도를 받아들이십시오. 그러면 이런 훌륭한 인생이 우리의 것이 될 수 있습니다.

그리스도께서는 지금도 우리를 부르고 계십니다. 회개하고 좁은 문으로 들어가십시오. 지금 결단을 내리십시오. 이 길을 가는 사람이 적다고 해서 많은 사람들과 함께 넓은 길을 가면 멸망밖에 없다는 것을 성경은 가르치고 있습니다. 하나님의 말씀은 일점일획도 땅에 떨어지지 않고 그대로 이루어집니다.

✞ **기도제목**
 1) 진리의 길을 가게 하소서.
 2) 욕심의 유혹을 버리게 하소서.

물과 생명

♣ 성경 욥기 36:27~28 찬송 408(466)장 ♣

전쟁 중의 군인들이 죽어갈 때 군종 목사님이 마지막 임종기도를 드리기 때문에 대부분 그 목사님들이 임종자들의 유언을 듣게 됩니다. 전쟁시 전사자들이 마지막 남기는 유언 가운데 가장 많은 말이 무엇일까요? 마지막 숨을 거두면서 찾는 것은 우리가 생각하는 것처럼 "엄마! 아빠!" 찾고, "여보!" 찾는 것이 아니라고 합니다. 90% 이상이 "물! 물! 물!" 마지막 찾는 것이 물이라고 합니다. 인간이 물 없이 생존할 수 없기 때문에 마지막 죽는 순간까지도 물을 찾게 되어 있습니다.

인간은 체내에 수분이 모자라면 갈증을 느낍니다. 그리고 체내의 영양이 결핍되면 굶주림을 느끼게 됩니다. 그러나 인간의 마음은 이보다도 더욱 절실한 갈망을 갖고 있습니다. 사람들은 그 공허한 마음을 채우기 위해 여러 가지 쾌락을 추구합니다. 그러나 마음 한구석에서는 허전한 사막과 같은 쓸쓸함을 느끼게 마련입니다.

은혜의 물줄기가 메마른 집안은 어떨까요? 부모와 자식, 형제와 자매 등 혈족이 한 지붕 아래 살고 있으면서도 평화를 누리지 못하는 가정, 마치 하숙집과 같은 가정도 있습니다. 그리하여 부부싸움과 부모 자식 간의 갈등이 그치지 않는 어두운 가정도 있습니다.

인간이 생수의 근원이신 하나님(렘 2:13)을 멀리 떠나 살아가기 때문에 개인도, 가정도, 사회도, 국가도 거치른 사막처럼 되어 버렸을 때, 하늘에 계신 아버지 하나님께서는 이 멸망의 길을 가고 있는 인류를 사랑하시어 독생자 예수 그리스도를 이 세상에 보내셨습니다.

예수 그리스도는 십자가 위에서 인류의 죄를 짊어지시고 대속의 제물이 되시어 그 피로 죄를 씻게 하심으로써 죄로 말미암아 멀어졌던 하나님과 인간 사이를 가까이 결합시켜 주셨습니다.

✞ 기도제목
  1) 생수의 근원이신 하나님을 항상 찾게 하소서.
  2) 우리 가정에 은혜의 물줄기가 넘치게 하소서.

물과 심판

♣ 성경 마태복음 24:38~39 찬송 500(258)장 ♣

한 여인이 작은 시골 상점에서 물건을 사고 있었습니다. 몇몇 젊은이들이 하는 일 없이 빈둥거리고 있다가 그녀가 그리스도인이라는 사실을 알고는 그녀에게 농담을 걸기 시작했습니다. "예수가 다시 온다고 믿는다면서요." 그녀는 "믿고말고요."라고 밝은 표정으로 대답했습니다. "예수가 다시 온다고 정말로 믿어요?" 하고 그들이 묻자 "물론이지요." 하고 대답했습니다. "그렇다면 빨리 집에 가서 준비해야지요. 예수님이 지금 오고 있는지도 모르잖아요!" 하자 그녀는 그들을 쳐다보며 말했습니다. "난 더 준비할 것이 없어요. 늘 준비되어 있으니까요!"

인간을 살리는 물도 인간을 멸하는 무서운 파괴력이 있습니다. 해마다 장마철에는 집중 호우가 있으며, 우리나라는 제방이나 집이 무너지고, 길이 끊기는 피해뿐만 아니라 귀중한 인명까지 빼앗기는 일이 정도의 차이는 있으나 해마다 되풀이 되고 있습니다.

물의 위력이라고 하면 먼저 노아의 홍수를 생각하게 됩니다. 홍수 이전 노아 시대의 특징은 성적 문란과 폭력이 난무했다고 할 수 있을 것입니다. 그래서 하나님은 지상에 인간 지으신 것을 후회하시고, 홍수로 인간들을 멸하고 의롭게 사는 노아를 인류의 제2의 조상으로 하여 일대 인간 개조를 단행하시기 위해 노아에게 커다란 방주를 만들도록 지시하셨습니다. 사람들은 비로소 살길을 찾아 허둥지둥했으나 이미 때가 늦어 모두 멸망하고 말았습니다. 성경은 "이윽고 심판의 큰 날이 다가오지만, 하나님께서는 한 사람도 멸망하는 것을 원치 않고 모든 사람이 회개하기를 기다리고 계신다"라고 가르치고 있습니다.

오늘날 세상은 노아 시대 대홍수의 전야를 방불케 합니다. 부디 성경의 메시지에 귀를 기울이고 하나님께로 돌아오십시오.

✟ 기도제목
1) 타락한 세대가 하나님의 말씀에 귀를 기울이게 하소서.
2) 타락한 시대에 무시로 전도하게 하소서.

시간과 삶

♣ 성경 누가복음 12:20 찬송 200(235)장 ♣

몽테뉴가 한 말입니다.

"누가 당신에게 돈을 빌려달라고 하면 당신은 주저할 것입니다. 그런데 어디로 놀러가자고 하면 당신은 쾌히 응할 것입니다. 사람은 시간을 빌려주는 것을 쉽게 생각합니다. 만일 사람들이 돈을 아끼듯이 시간을 아낄 줄 알면 그 사람은 남을 위해 보다 큰일을 하며 크게 성공할 것입니다."

성경은 시간을 하나님과의 관계에서 인생과 결부시켜 말합니다.

첫째, 시간은 하나님의 것입니다. 누가복음 12장에 보면, 하나님께서 부유한 농부에게 "오늘 밤에 네 영혼을 도로 찾으리니"(20절)라고 말씀하셨을 때, 그 농부의 지상에서의 시간은 그날 밤으로 끝났습니다.

우리의 시간은 하나님의 것이므로 하나님께서 도로 찾아가시면 그것으로 끝나는 것입니다.

둘째로, 시간은 하나님으로부터 위탁받은 것입니다. 하나님께서는 '당신의 시간'을 우리에게 맡기고 계신 것입니다. 그러므로 그 시간을 어떻게 사용하는가는 우리들의 책임입니다.

셋째로, 다가오는 시간은 인생에 대한 테스트입니다. 우리에게는 지나간 시간을 지배할 힘이 없습니다. 그러나 앞으로 다가오는 시간은 우리가 영적으로나 도덕적으로 어떤 선택을 하는가를 테스트합니다.

즉 지난날의 실패나 죄는 돌이킬 수 없지만, 앞으로 무엇을 하는가는 우리들의 선택에 달려 있습니다. 우리는 다음 순간에 거짓말을 할 수도 있고 정직할 수도 있습니다.

예수 그리스도는 어떻게도 할 수 없는 과거의 시간을 처리하시고, 미래의 죄나 유혹을 이길 수 있는 힘을 주십니다.

✞ **기도제목**
1) 선한 시간의 청지기가 되게 하소서.
2) 성령을 위하여 열심히 심게 하소서.

평화의 도구

♣ 성경 로마서 12:18　찬송 419(478)장 ♣

독일 속담에 "부정한 평화일지라도 옳은 전쟁보다는 낫다."라는 말이 있습니다. 아무리 정당한 전쟁이라도 그 결과는 언제나 참혹하기 때문입니다. 총알이 빗발치듯 쏟아질 때 이웃이 쓰러져 죽어가고, 남편이, 아내가 피를 흘리며 죽어가고, 자식들이 굶주려 죽는 것을 두 눈으로 지켜볼 때의 그 심정이 어떠하겠습니까?

우리는 전쟁을 막아야 합니다. 전쟁은 하나님이 원하시는 바가 아닙니다. 하나님이 원하시는 것은 평화입니다. 하나님은 "화평하게 하는 자가 복이 있다"라고 하셨습니다(마 5:9).

본문 말씀을 보면 "할 수 있거든 너희로서는 모든 사람과 더불어 화목하라"라고 했습니다. '할 수 있거든'이라는 수식어를 앞에 쓴 것은 평화하기가 쉽지 않기 때문입니다.

평화라는 단어가 담고 있는 뜻을 두 가지로 분류할 수 있습니다. 하나는 '샬롬'입니다. 샬롬은 히브리어입니다. 평안 혹은 평화로 번역할 수 있습니다. 샬롬은 위로부터 내려오는 평화를 뜻합니다. 다시 말하면 하나님께서 내려 주시는 평화를 샬롬이라고 할 수 있습니다.

다른 하나는 '팍스'입니다. 팍스는 라틴어입니다. 그 뜻은 수평적 의미로 지상에서 인위적 노력과 접근으로 얻는 평화를 말합니다. 빼앗고 공격하고 점령해 얻어내는 평화가 팍스입니다. 그런 의미에서 우리가 찾고 구하는 평화는 팍스가 아닙니다. 샬롬입니다.

내 마음이 먼저 평안해야 합니다. 내 가정이 평화로워야 합니다. 그리고 교회가 평화 공동체가 되어야 합니다. 그래야 이 땅에 평화가 정착될 수 있습니다. 우리 모두 평화의 도구로 쓰임받기를 바랍니다.

✚ 기도제목
1) 우리 교회가 평화의 공동체가 되게 하소서.
2) 우리 모두 평화의 도구가 되게 하소서.

주님 오심을 소망

♣ 성경 누가복음 2:25~33   찬송 95(82)장 ♣

아들과 함께 악명 높은 나치의 집단 수용소에 끌려간 아버지가 아들을 데리고 수용소 건물 한 구석으로 가서 어렵게 구한 '버터' 한 조각을 진흙으로 만든 주발에 넣고 거기에 심지를 꽂은 뒤 불을 붙였습니다.

촛불을 구할 수 없어 버터 불을 켠 것입니다. 아버지가 아들에게 말했습니다. "사람은 밥을 먹지 않아도 3주간을 살 수 있단다. 물을 마시지 않고도 3일을 버틸 수 있단다. 그러나 희망이 없으면 단 하루도 살 수 없단다. 어둠을 밝히는 이 불이 곧 희망이란다. 우리는 살아 계신 여호와에 대한 희망을 가져야 한단다." 아들은 아버지의 속삭임에 고개를 끄덕였습니다.

다른 소망이 다 끊어져도 주님이 오신다는 소망만 있으면 우리는 세상의 어려움을 모두 이길 수 있습니다. 초대교회의 성도들은 그런 소망으로 로마의 박해를 이겼습니다. 그리스 신화를 보면, 판도라가 궁금증을 이기지 못해 열어서는 안 된다는 상자를 열었는데 그 속에서 전쟁과 질병, 재앙 등 온갖 좋지 않은 것들이 튀어나와 지상에 퍼졌고, 희망은 나오기 전에 뚜껑을 닫아 그 안에 남았는데, 그때부터 사람들은 어려움에 시달리면서도 희망을 갖고 살 수 있게 되었다고 합니다.

예루살렘의 시므온은 그리스도를 보기 전에는 죽지 아니하리라는 성령의 지시를 받고 그 소망을 갖고 살았습니다. 시므온이 살던 시대는 로마의 식민지 시대로 어려운 일들이 많았는데 시므온은 그 소망을 갖고 어려움을 이겼습니다.

우리들도 시므온처럼 소망을 새롭게 하며 예수님을 맞이할 준비를 해야 합니다. 예수님은 말씀과 예배와 기도 속에 오십니다. 우리는 시므온이 의롭고 경건하게 살았던 것처럼 예배와 말씀 묵상과 기도에 힘써야 합니다. 소망을 가지고 어려움을 이기며 경건하게 사시기 바랍니다.

✞ **기도제목**
 1) 주님에 대한 소망을 갖고 살게 하소서.
 2) 다시 오실 주님을 맞이할 준비의 신앙을 갖게 하소서.

시간은 하나님께서 주신 선물

♣ 성경 고린도후서 6:2   찬송 483(532)장 ♣

시카고 대학의 정신의학과 조교수인 큐블러 로스 박사가 200명이 넘는 암환자에게, 이제 남은 여생이 얼마 되지 않음을 전하고 그 반응을 살펴본 보고서에 의하면 죽음을 선고 받은 사람은 다음의 다섯 단계를 거친다고 합니다. 먼저 '노'입니다. 자기가 암에 걸렸을 리가 없다고 펄쩍 뛴다고 합니다. 다음에는 '분노'를 느낀다는 것입니다. "어째서 다른 사람이 아니고 하필이면 내가 암에 걸렸단 말인가." 하는 어찌할 수 없는 분노입니다. 셋째는 '거래'입니다. 즉 조금이라도 생명을 연장시켜 달라고 의사나 목사에게 애원한다는 것입니다. 다음은 '우울'입니다. 자기가 죽은 후에 가족들이 살아갈 걱정을 하고, 세상과 영원한 작별을 하기 위한 준비를 해야 하는 슬픔을 맛보게 되는 것입니다. 그리고 마지막이 '수용'입니다. 새끼줄에 달린 오징어처럼 모든 것을 단념하고 조용히 죽음을 기다리는 것입니다.

우리가 우리 것으로 생각하고 있는 시간은 하나님께서 주신 선물이며, 인간의 힘으로는 이것을 연장시킬 수 없는 엄숙한 것입니다. 그런데 우리가 자신에게 주어진 시간, 즉 수명이 이제 종말에 가까워지고 있다는 것을 알게 된다면 어떻게 될까요?

성경에는 "한 번 죽는 것은 사람에게 정하신 것이요 그 후에는 심판이 있으리니"(히 9:27)라고 분명히 쓰여 있습니다. 만일 인간이 죽는 것으로 끝장이라면 위에서 말한 다섯 단계를 거쳐서 괴로워하면서 죽음을 받아들이게 될 것입니다. 그런데 죽은 후의 심판은 얼른 수용하기 어려울 것입니다.

시간은 지금 건강하여 원기 왕성한 우리에게도 어김없이 다가와 이윽고 우리를 이 세상에서 앗아갈 것이나, 그리스도는 "내 말을 듣고 또 나 보내신 이를 믿는 자는 영생을 얻었고 심판에 이르지 아니하나니 사망에서 생명으로 옮겼느니라"라고 말씀하셨습니다.

✢ 기도제목
  1) 은혜의 때에 힘써 일하게 하소서.
  2) 오늘도 시간 주심을 감사하며 살게 하소서.

근심해법

♣ 성경 베드로전서 5:7~11   찬송 382(432)장 ♣

어떤 여자가 남편과 두 번째 사별하고 한 믿음직한 남자와 세 번째 결혼을 했습니다. 새로 맞은 남편은 아내를 지극한 마음으로 사랑해 주었습니다. 그런데 행복에 겨워야 할 부인은 날로 몸이 약해지고 얼굴마저 날이 갈수록 핼쑥해져만 갔습니다. 보다 못한 남편이 물었습니다.
"어디 불편한 일이라도 있는 거요?" 그러자 부인은 단지 마음의 병이라고만 대답했습니다.
이에 진실한 남편은 자신이 잘못해 주는 것이 아닌가 생각하고 어떻게 더 사랑해 주면 되겠느냐며 무슨 말이라도 하라고 하자 부인의 대답은 이러했습니다. "당신이 또 죽으면 어떻게 하나요?"
즉 걱정 때문에 몸이 말라간다는 뜻이었습니다.

야베스는 기도했습니다. "환난을 벗어나 근심이 없게 하소서." 그는 근심을 없게 하시는 분이 하나님이심을 믿었습니다. 이사야 25:8을 보면 "여호와께서 모든 얼굴에서 눈물을 씻기시며 자기 백성의 수치를 온 천하에서 제하시리라"라고 말씀하셨습니다. 울며 살던 이스라엘, 나라가 망하고 포로로 끌려가 수치를 당하던 이스라엘, 얼굴을 들지 못하고 살던 그들을 회복시키시겠다는 것입니다. 그날이 오면 울던 그들이 웃게 되고 수치와 근심으로 낯을 들지 못하던 그들이 떳떳이 얼굴을 들고 살게 된다는 것입니다. 다시 말하면 근심이 없어진다는 것입니다.
근심해법! 간단합니다!
베드로전서 5:7을 보면 "너희 염려를 다 주께 맡기라 이는 그가 너희를 돌보심이라"라고 했습니다. 우리의 죄 짐, 염려, 근심, 질병을 대신 지신 십자가의 예수 그리스도를 바라봅시다. 그리고 모든 것을 맡깁시다. 근심을 다 털어 놓읍시다. 염려를 맡겨 버립시다.

✟ **기도제목**
1) 염려와 근심을 모두 주께 맡기게 하소서.
2) 모든 일에 믿음으로 승리하게 하소서.

결단의 때

♣ 성경 열왕기상 17:8~16 찬송 586(521)장 ♣

미국의 대통령 클리블랜드는 젊었을 때 나쁜 친구의 유혹에 빠져 밤마다 술집 순례에 나섰습니다. 이래서는 안 된다고 마음속으로 생각하면서도 거절할 용기가 없었던 것입니다.

그런데 어느 날 밤, 여느 때와 마찬가지로 친구와 함께 술 마시러 가던 도중에 교회 앞에 이르렀을 때, 교회의 현수막에 쓰여진 "죄의 삯은 사망이라"라는 성구가 눈에 띄었습니다. 그런데 이 성구에 한 대 얻어맞기라도 한 것처럼 그 말씀이 그의 가슴에 무겁게 와 닿았습니다. 그래서 그는 발길을 멈추고 친구에게 "여보게, 오늘 밤은 술 마시러 가는 대신 교회에 가세."라고 말했습니다.

그 후 30년이라는 세월이 흘렀습니다. 그는 고학하여 대학을 마치고, 형무소 간수장에서 시장이 되고 지사가 되고 드디어 대통령이 되었습니다.

인생에는 무슨 일을 하든지 때가 있습니다. 만일 일을 제때에 하게 되면 두 개의 톱니바퀴가 잘 맞아 돌아가는 것처럼 일이 잘 풀려 뜻을 이루게 되지만, 제때에 하지 못하면 일이 자꾸 꼬여 뜻대로 진행되지 않기 때문에 실패로 끝나는 경우가 많습니다. 이와 같이 일이 성취되고 안 되는 것은 때를 어떻게 포착하느냐에 따라 좌우됩니다.

우리의 부주의나 태만으로 인하여 모처럼 찾아온 기회를 놓치는 경우가 적지 않을 것입니다. 특히 우리의 양심이나 도덕상의 문제에 있어서 그런 경우를 많이 발견할 수 있을 것입니다.

예컨대, 해야 할 때에 선을 행하지 않고, 해서는 안 될 때에 불의를 저질렀다거나 혹은 불의를 바로잡고, 음주를 그만두고, 방탕을 그치고, 불효를 저지르지 않을 기회를 맞이하고도 결단을 망설이다가 그것을 놓치고 오늘에 이르기까지 차일피일 미루는 경우가 그것입니다.

기회를 놓쳤습니까? 지금이 바로 회개할 가장 적합한 시기입니다.

✙ **기도제목**
1) 아직도 결단하지 못하는 자들의 마음을 움직여 주소서.
2) 태만으로 전도의 기회를 놓치지 않게 하소서.

둘도 없는 귀한 존재

♣ 성경 이사야 43:4   찬송 215(354)장 ♣

미카엘 코스타라는 음악가는 200명이 넘는 악사들이 연주하는 대오케스트라를 지휘한 사람인데, 한번은 지휘하다 말고 갑자기 큰소리로 외쳤습니다. "피콜로는 어떻게 된 거야? 피콜로는?" 피콜로는 보잘것없는 조그마한 피리입니다. 이 피콜로를 부는 사람의 피리 소리가 들리지 않자 그는 연주를 중단시켰던 것입니다. 이 대음악가의 귀에는 그 피콜로가 없어서는 안 되는 하모니의 중요한 일부였던 것입니다.

현대의 젊은이들은 자살에 대한 유혹을 꽤 많이 느낀다고 합니다. 경제가 성장하고 선진국 대열에 서게 되었으나 오늘의 젊은이가 여러 가지 부작용으로 인해 자살 운운하다니, 참으로 안타까운 일입니다.

자살하려고 하는 사람은 저마다 자기 나름대로 말할 수 없는 마음의 무거운 짐을 지고 있을 것입니다.

그 죽음의 공통점은 '고독과 절망'이 원입니다. '나 같은 위인은 아무 짝에도 쓸모가 없다. 나 같은 건 있으나 마나한 존재야.' 만일 이렇게 생각한다면 그것은 큰 착각입니다.

우리들은 보잘것없이 이름도 없는 존재일지도 모릅니다. 학력도 없고, 가문도 형편없고, 지능도 없으니 세상에 있으나 마나한 인간이라고 생각할지도 모릅니다. 그러나 부모에게 둘도 없는 자식이고, 자식에게는 이 세상에 하나밖에 없는 아버지이고 어머니입니다.

남의 눈에 어떻게 비치고 자신의 마음에 자신이 어떻게 생각될지는 알 수 없으나 하나님의 눈에는 둘도 없는 귀한 존재입니다.

하나님께서는 우리를 사랑하사, 우리를 위해 독생자를 십자가에서 대속의 제물이 되게 하시므로 우리를 영원한 파멸에서 구하셨습니다.

✚ **기도제목**
1) 나를 세상에 보내신 목적을 깨닫게 하소서.
2) 예수를 위해 나를 희생하게 하소서.

주의 사랑을 받아들일 때
♣ 성경 요한복음 14:18 찬송 434(491)장 ♣

유명한 소경 시인 조인 마세슨은 대학 시절에 실명하여 사랑하는 약혼자로부터 파혼을 당했습니다. 그러나 그 고독과 좌절의 밑바닥에서 영의 눈이 뜨여 그리스도의 십자가에 나타난 무한한 하나님의 사랑을 우러러보게 된 그는, "변함없는 사랑이여, 나는 그대에게 돌아가리라." 하고 노래하면서 자기의 생애를 하나님께 바치고, 하나님과 인간에게 봉사하는 생애를 보냈습니다.

고독은 인생을 공허하게 합니다. 지금 이 고독에서 벗어나기 위해 무엇을 하고 있습니까? 장난감과 과자를 손에 갖고 있으면서 불에 데기라도 한 것처럼 울며 보채는 미아를 본 적이 있습니까? 그것은 건강과 돈과 애정에 충족되어 있으면서도 여전히 고독에 빠져 있는 사람의 모습입니다. 그러나 그 배후에는 그 아이보다도 가슴을 조이면서 미친 듯이 그 아이를 찾고 있는 부모가 있습니다.

하나님께로부터 등을 돌리고 멋대로 살아온 우리의 죄가 영혼까지도 영원한 고독 속에 몰아넣고 있는 것입니다. 하나님께서는 하나님을 떠나 고독에 빠진 우리를 열심히 찾고 계십니다. 그 모습이 예수 그리스도의 십자가입니다.

예수 그리스도는 고독의 원인인 우리의 죄를 짊어지고 십자가에 달리셔서 우리가 받아야 할 영원한 형벌을 대신하여 받으시고, 우리가 하나님으로부터 버림을 받지 않도록 구원의 길을 열어 놓으셨습니다.

이 그리스도의 사랑을 받아들일 때 우리는 무엇으로도 채울 수 없었던 깊은 고독에서 벗어날 수 있습니다.

예수 그리스도께서는 오늘도 "내가 너희를 고아와 같이 버려두지 아니하고 너희에게로 오리라"고 말씀하고 계십니다.

✚ 기도제목
1) 그리스도의 사랑을 받아들여 고독에서 벗어나게 하소서.
2) 고독에 빠져 고민하는 자들을 돌보아 주소서.

참된 효도
♣ 성경 에베소서 6:2~3 찬송 579(304)장 ♣

독일의 말틴 미네르라는 목사님은 히틀러 치하에서 본 회퍼라는 사람과 함께 감옥에 갇혀 많은 고문을 당했습니다. 본 회퍼는 죽고, 생존한 미네르 목사님은 출옥한 후 정치를 해야겠다고 생각했습니다.
 그런데 꿈을 꾸었습니다. 모든 사람들이 주님의 심판대 앞에 서 있었습니다. 아주 심각한 표정을 하고 열을 지어 서 있었습니다. 주님께서 "너는 네가 한 일을 변명해 보라."라고 했습니다. 자기도 거기서 머리를 숙이고 있는데 자기에게 그 말을 하지 않고 자기 뒤에 있는 사람들에게 그 말을 하는 것이었습니다. 그들은 주님의 물음에 "나를 반대하고 욕하는 사람만 있었지 나에게 예수를 전해 주는 사람은 없어서 믿지 않았다."라고 했습니다. 일곱 밤을 계속해서 이 꿈을 꾸게 된 그는 목사가 되었습니다.

 예수님은 아버지의 장례를 치르기 위해 집에 다녀와야겠다고 하는 제자에게 "죽은 자들이 그들의 죽은 자들을 장사하게 하고 너는 나를 따르라"(마 8:22)라고 하셨습니다. 하나님께 충성하는 것과 부모에게 효도하는 법도 중에서 전자를 앞세우신 것입니다.
 "죽은 자들이 장사를 지내게 하라"라는 말씀에서 '죽은 자들'이란 이스라엘 백성을 가리키는 것입니다. 다시 말해서 예수님은 비록 하나님의 선민이라 할지라도 당신을 따르지 않으면, 이방인과 마찬가지로 간주하신 것입니다. 즉 영적으로 죽은 사람이라는 것입니다.
 세상에는 인간의 눈으로 볼 때에는 큰일 같지만 하나님의 눈으로 볼 때에는 하찮은 일이 있고, 또 이와 반대로 인간의 눈으로 볼 때에는 하찮은 일도 하나님 보시기에는 큰일인 경우도 있습니다. 그리스도인은 모든 일을 통하여 하나님의 영광을 드러내야 하는 것입니다.
 부모 공경은 부모가 이 세상에 계실 때 잘해야 하고 가장 큰 공경은 예수를 믿도록 전도하는 것입니다. 이것이 참 효도입니다.

✟ 기도제목
 1) 하나님 중심의 삶을 살게 하소서.
 2) 육신의 부모도 잘 공경하게 하소서.

주의 교양과 훈계로

♣ 성경 에베소서 6:4 찬송 446(500)장 ♣

바이올란 오왈덴 목사가 뉴욕 근교에 심방을 갔을 때 마침 어머니가 설거지를 하고 있는데 아이가 와서 묻습니다. 엄마는 산더미처럼 쌓인 설거지를 그대로 놓아두고 수건으로 손을 닦고 와서 아이를 소파에 앉혀 놓고 그 아이가 이해될 때까지 약 40분 정도를 설명하고 아이가 "알았어. 엄마!" 하고 나간 후에 설거지를 합니다. 이 광경을 우연히 바라보고 있던 목사님이 "어떻게 산더미 같은 일거리를 놓아두고 그렇게 할 수 있습니까?"라고 했더니 "설거지는 평생 할 일이지만 우리 아들은 이런 질문을 가지고 두 번 다시 오지 않을 것이기 때문입니다. 설거지보다 우리 아이를 더 사랑하기 때문이지요."라고 했습니다.

오늘날 인류가 당면한 가치의 혼돈시대, 인간의 소외시대, 불확실성의 시대를 초래하게 된 근본 원인은 하나입니다. 사람들이 하나님을 멀리한 데 있습니다. 인간이 하나님을 의지하고 않고, 자기 힘을 의존한 데 큰 원인이 있는 것입니다. 그러므로 우리는 하나님의 품으로 돌아가 아버지 하나님을 올바로 섬겨야 합니다.

우리에게는 영의 아버지와 육의 아버지가 계십니다. 우리는 눈에 보이는 아버지만 소중히 여기고 눈에 보이지 않는 아버지는 소홀히 대해 왔습니다. 이것은 우리의 큰 불찰입니다.

아버지로서의 소임을 소홀히 한 제사장 엘리의 자식들은 멸망의 길을 걸어 하나님의 저주를 받아 전쟁에서 죽고, 엘리 자신도 목이 부러져 죽는 비참한 끝을 보여 주고 있습니다. 하나님께서는 이에 대해 "이는 그가 자기 아들들이 저주를 자청하되 금하지 아니하였음이니라"(삼상 3:13)라고 말씀하셨습니다. 육의 아버지 된 자도 자신을 지으신 영의 아버지 하나님을 공경하고 그 말씀을 따라야 합니다.

✟ 기도제목
 1) 타락한 세대가 하나님을 깨닫게 하소서.
 2) 하나님께 순종하는 삶을 살게 하소서.

잊지 말라

♣ 성경 신명기 8:11~18 찬송 429(489)장 ♣

하루야마 시게오 박사가 인간의 뇌를 연구하여 발표하였는데 시게오 박사의 연구 결과에 의하면 사람의 뇌에서 모르핀이 분비된다고 합니다. 그런데 모르핀의 분비량이 많으면 많을수록 유쾌하고 건강하게 살아간다는 것입니다. 그 모르핀이 많이 분비되려면 감사해야 할 일을 잊지 않는 것이라고 하였습니다.

이솝 우화 가운데 개미와 베짱이 이야기는 초등학교 아이들도 잘 압니다. 이 이야기의 교훈의 핵심이 무엇입니까? 개미는 겨울이 올 것을 알고 준비했지만 베짱이는 겨울이 올 것을 몰랐다는 것입니다. 아니 베짱이는 겨울이 올 것을 알았어도 곧 잊어버렸다는 것입니다. 그저 인생이 계속 여름만 계속되는 줄 알았다는 것입니다.

본문은 하나님의 백성인 이스라엘에게 그런 건망증에 걸리지 말라고 주신 경고입니다. 본문 11절을 보면 "내가 오늘 네게 명하는 여호와의 명령과 법도와 규례를 지키지 아니하고 네 하나님 여호와를 잊어버리지 않도록 삼갈지어다"라고 했습니다. 그리고 본문 18절을 보면 "네 하나님 여호와를 기억하라"라고 했습니다.

최악의 건망증은 하나님을 잊어버리는 것입니다. 반대로 최고의 회복은 하나님을 다시 찾는 것입니다. 이스라엘이 잊으면 안 되는 그 하나님은 어떤 분이십니까? 천지를 창조하신 하나님, 이스라엘을 부르시고 택하신 하나님, 번성하게 하시고 복 주신 하나님이십니다. 그리고 그들을 애굽에서 이끌어내신 하나님이십니다. 그 하나님의 은혜를 잊지 말라는 것입니다. 하나님이 나에게 행하신 일들을 잊어버리는 것은 곧 하나님을 잊어버리는 것입니다. 세상 모든 것을 다 얻고 기억하더라도 하나님을 잊어버리면 인생도 성공도 행복도 끝입니다.

✟ 기도제목
1) 세우신 위정자들과 지도자들이 주를 기억하게 하소서.
2) 우리 모두 주의 뜻을 좇게 하소서.

신앙 훈련

♣ 성경 사사기 6:11~18 찬송 288(204)장 ♣

박태환은 어릴 때부터 한결같이 12년 동안 습관적으로 수영만 했고 선수로 발탁되었습니다. 철저한 준비의 결과는 엄청난 결과를 얻게 했습니다. 그것은 곧 자기와의 싸움에서 이기는 훈련에서 승리한 결과입니다. 마라톤 선수들이 하나같이 말하는 내용이 있습니다. 마라톤 경기에서 가장 힘든 부분은 어떤 고갯길을 오르내리는 과정이 아니라 '자기와의 고독한 싸움'이라는 사실입니다.

신앙훈련이란 바로 '보는 연습'입니다. 답답한 현실 앞에서 무력한 나를 보는 것이 아니라, 그 현장에 여전히 나와 함께 계시는 임마누엘의 하나님을 보는 것입니다. 이것은 오직 훈련으로만 가능합니다. 끊임없는 기도로 '눈 감는 연습'과 끊임없이 말씀을 사모하는 '눈 뜨는 연습'을 계속해야 합니다.

믿음의 선조들은 끊임없이 자신의 모습과 자신이 처한 환경을 넘어 나와 함께하시는 하나님을 바라보는 연습을 게을리하지 않았습니다.

내 자신이 기드온처럼 보잘것없는 존재로 여겨지고, 내 주위의 환경이 미디안 대군이 쳐들어와 둘러싸고 있는 절망적인 형국처럼 보이더라도 여전히 나와 함께하시는 하나님을 볼 때 나는 큰 용사가 되어 환경을 정복할 수 있습니다. 그래서 믿음은 바라는 것들의 실상인 것입니다(히 11:1).

그래서 우리는 끊임없이 '보는 연습'에 집중해야 합니다. 기도를 통해 눈을 감아야 합니다. 하나님의 말씀에 집중해야 합니다(행 17:11). '영적 보기 연습', '영적 안구 연습'을 끊임없이 반복하며 기도와 말씀에 집중할 때, 놀라운 일이 일어나게 될 것입니다.

✚ 기도제목
1) 임마누엘의 하나님을 바라보게 하소서.
2) 늘 기도와 말씀에 집중하게 하소서.

은밀한 행위

♣ 성경 마태복음 6:18   찬송 218(369)장 ♣

4세기경에 지중해의 동해안에 위치한 뤼카아국에 니콜라스라는 사람이 살고 있었습니다. 어느 해 12월 23일 밤에 그는 거리를 지나가다가 어떤 집에서 울음소리가 들려 문틈으로 그 집을 엿보게 되었습니다. 그 집에 한 노인이 세 딸과 함께 배가 고파 울고 있었습니다. 그래서 그는 호주머니 속에 들어 있는 금화를 문틈으로 던져 넣었습니다. 그리고 다음 날, 또 그 다음 날 밤에도 쭉 계속해서 몰래 같은 일을 되풀이했습니다.

그런데 결국은 이 일이 알려지게 되었습니다. 그리하여 이 가족들이 그에게 고맙다고 입에 침이 마르도록 말하자 그는 "내게 감사할 것 없어요. 그건 하나님께서 나를 시켜 하신 일이니까요."라고 말했다고 합니다. 그 후로 그는 해마다 12월 24일이면 커다란 자루에 어린이들이 좋아하는 물건을 가득 넣어 가지고 거리를 돌아다니면서 나눠주었다고 합니다. 이것이 산타클로스의 시작이었습니다.

은밀한 사랑의 봉사는 사람들의 마음에 빛과 생기와 기쁨과 희망을 줍니다. 생각해 보면 우리의 하루하루의 생활은 그런 분들의 사랑의 봉사 위에 세워져 있습니다.

성경은 "우리가 멸망치 않는 것은 여호와의 사랑이 그치지 않기 때문이라"라고 하였습니다. 예수 그리스도는 우리의 눈이 닿지 않는 2천년 전에 갈보리 언덕에서 당신을 희생하여 하나님께 바쳤습니다. 죄와 죽음과 영원한 형벌이라는 어둠 속에서 살고 있는 자에게, 이 그리스도의 사랑만큼 큰 생명과 희망을 주는 빛은 없습니다.

이 세상은 숨어서 일하는 봉사자를 필요로 하고 있습니다. 여호와의 사랑을 알게 된 사람들은 아무도 보고 있지 않은 곳에서도 기꺼이 봉사하는 자로 바뀌게 됩니다.

✞ **기도제목**
  1) 은밀한 중에 남을 돕게 하소서.
  2) 남을 위해 봉사하는 삶을 살게 하소서.

인생의 경주자와 인내

♣ 성경 히브리서 12:1 찬송 354(394)장 ♣

박지성 선수는 어린 시절, 발등 구석구석마다 적어도 3000번씩 공이 닿아야 감각이 생기고, 다시 3000번이 닿아야 어느 정도 볼을 안전하게 다룰 수 있다는 코치의 말을 듣고 쉴 새 없이 연습했다고 합니다.

다른 선수들은 슈팅과 멋진 드리블을 연습했지만 박지성은 융통성이 없다는 얘기를 들을 정도로 기본기를 다지기 위해 인내하며 연습한 결과, 세계 수준의 체력과 기본기를 갖춘 지금의 박지성 선수가 된 것입니다.

인생의 경기장에 선수로 참가하고 있는 우리는 어떤 자세로 임해야 할까요?

성경은 우리에게 경기에 임할 때 "모든 무거운 것과 얽매이기 쉬운 죄를 벗어버리라"라고 가르칩니다.

무거운 짐을 지고 있으면 경기에서 이길 수가 없습니다. 선수는 되도록 홀가분한 차림을 해야 합니다. 그리고 오락이나 욕망도 장애가 된다면 버려야 합니다. 무거운 모든 짐을 그리스도의 십자가 아래 풀어 놓읍시다. 또한 악착같이 달라붙는 죄를 모조리 고백하고 예수 그리스도의 피로 씻어 버립시다.

또한 성경은 "경주를 인내로 해 나가"라고 말씀하고 있습니다. 즉 어떤 실패에도 좌절하거나 절망하지 말고, 참고 달리는 불굴의 인내가 필요한 것입니다. 우승자는 포기하고 싶은 유혹을 이기고 참았기 때문에 그에게 우승의 영광이 주어진 것입니다.

인생의 올림픽에 참가하고 있는 우리는 결코 고독하지 않습니다. 우리의 근심과 걱정, 그리고 모든 죄는 예수 그리스도에게 갖고 나아가 근본적으로 해결해야 합니다. 어떤 실패와 역경에도 굴하지 말고 그리스도를 힘입어 끝까지 이겨 나가십시오.

✟ 기도제목
1) 인생의 경주자로서 승리하게 하소서.
2) 어떤 일에나 그리스도를 힘입게 하소서.

인내로써 경주를 하며
♣ 성경 히브리서 12:1~10   찬송 359(401)장 ♣

황영조는 "훈련 중 힘들게 뛰는 나를 감독이 뒤에서 차로 밀어붙일 때면, 차들이 질주하는 맞은편 차도로 뛰어들고 싶었다."라고 했습니다.
이봉주는 "고통을 생각하는 것 자체가 고통"이라고 말했습니다. 그러나 그들은 끝까지 인내하여 마침내 승리자의 영광을 얻었습니다.
인생과 신앙의 경주도 마찬가지입니다. 그래서 "인내는 쓰나 그 열매는 달다."라는 금언이 있고, 성경은 "인내로써 우리 앞에 당한 경주를 하며"라고 하였습니다.

우리의 인생은 종종 마라톤과 같은 장거리 경주에 비유됩니다. 경주에 임하는 선수는 주변의 여러 좋은 경치에 신경을 빼앗겨서는 안 되며 오직 목표를 생각하고 달려갈 길에 집중해야만 합니다. 더욱 믿음의 경주자인 성도들은 죄의 짐과 잡념들을 떨쳐버리고 오직 예수만 바라보고 승리해야 하겠습니다.
'토끼와 거북이'라는 동화에 보면 잡념을 버리고 목표점을 향해서 쉬지 않고 달려간 거북이가 승리하게 됩니다.
오늘날 경제학적인 접근으로 해석하면 선택과 집중의 원리에 충실한 사람이 성공한다는 말이 됩니다. 예수를 처음으로 믿고 순수하게 신앙생활을 열심히 하면 할수록 많은 갈등과 관계적인 상처로 어려움을 경험하게 됩니다.
예수님은 현재 당하고 있는 십자가의 고난을 넘어서서 그 앞에 이루어질 하나님나라의 더 즐거운 목표를 선택했고, 그 목표를 이루기 위해 하나님나라의 핵심 가치에 집중하며 모든 고난을 인내로 극복했습니다.

✞ 기도제목
1) 예수가 우리의 신앙 목표가 되게 하소서.
2) 신앙의 목표 지점에 이를 때까지 인내하게 하소서.

흔적으로 사랑을 말하다

♣ 성경 사사기 6:19~24   찬송 311(185)장 ♣

한국 초기 선교사님들 가운데 마포삼열 목사님은 모금을 잘하기로 유명했다고 합니다. 그렇게 된 이유는 오직 하나입니다. 던지기와 박치기의 명수요, 평양의 유명한 조폭이었던 이기풍이 한참 건축하고 있는 평양 장대현교회를 때려 부수고, 그것도 모자라 마포삼열 목사님이 길거리에서 전도할 때 물에 적셔서 눈 속에 묻어 얼려놓은 솔방울을 던졌습니다. 그래서 목사님의 얼굴에 큰 상처가 남게 되었습니다.

그 상처는 어디에 가서 설교하든 모두에게 은혜가 되었습니다. 자연히 모금이 잘 될 수밖에 없었다는 것입니다.

기드온이 여호와의 사자를 대접하기 위해 바위 위에 올려놓은 음식을 여호와의 사자가 불살라버리자, 기드온은 그곳에 제단을 쌓고 그곳을 '여호와 살롬'이라고 했습니다. 제물이 다 타버린 그 현장에 보이는 것은 바로 '흔적'이었습니다. 하나님이 기드온을 사랑하신 흔적이었습니다. 오래오래 기억되도록 사랑의 흔적을 남겨 주셨습니다. 그냥 잡수시고 떠나면 흔적이 남지 않으니 바위 위에 흔적을 남기신 것입니다.

그 현장에 와서 검게 그을린 자국을 볼 때마다 하나님이 어떻게 역사하셨는지를 떠올리게 만든 것입니다. 그리고 그것은 기드온이 하나님을 사랑한 흔적이었습니다. 그는 그 어려운 때에 온 마음과 정성을 다해 음식을 준비했습니다. 하나님께서는 그 정성을 그냥 냉큼 받아 처리해 버리실 수 없었습니다. 그래서 그것을 흔적으로 남기신 것입니다.

우리가 주님을 사랑하노라고 고백한다면 우리 삶의 현장에도 예외 없이 크든 작든 흔적이 있어야 합니다. 사랑은 흔적을 남기기 때문입니다.

내 몸에, 그리고 내 삶의 현장에 내가 하나님을 사랑한 흔적, 그리고 하나님이 나를 사랑하신 흔적이 있어야 합니다.

✝ **기도제목**
1) 주님께 감사하는 삶을 살게 하소서.
2) 하나님께 영광 돌리는 삶을 살게 하소서.

마음의 문둥병

♣ 성경 마태복음 8:2~3 찬송 471(528)장 ♣

어느 병원 수술실에서 환자가 도망을 나왔습니다. 온 병원에 비상벨이 울리고 직원들이 동원된 뒤 마침내 수위실에서 환자가 붙잡혔습니다. 수위 아저씨가 환자를 붙들고 물었습니다. "무슨 수술인데 그렇게 겁을 내요?" "맹장 수술이요." "그까짓 맹장 수술 가지고 그렇게 겁을 내면 어떡해요?" 그러자 환자 하는 말, "수술실에서도 간호사가 똑같은 얘기를 했어요. 그런데 문제는 간호사가 나한테 한 얘기가 아니라 수술하는 풋내기 의사한테 했단 말이오. 그래서 내가 도망 나온 거란 말이오."라고 하더랍니다. 사람은 그 풋내기 의사처럼 어설픈 치료자입니다. 우리 마음의 상처를 완벽하게 치료해 주실 분은 우리의 구원자이신 주님이십니다.

성경은 죄 때문에 나병에 걸린 사람들에 대해 기록하고 있습니다.
미리암은 동생 모세가 하나님의 은총을 특별히 많이 입고 있음에 질투하여 하나님으로부터 벌을 받아 문둥이가 되었습니다. 엘리사의 종 게하시는 이웃 나라 수리아의 장군 나아만이 문둥병을 고침받고 그 답례로 금은보화를 엘리사에게 주려고 하였으나 엘리사가 받지 않는 것을 보고 탐이 나서 교묘히 사취한 죄 값으로 문둥병에 걸렸습니다.
이들로 하여금 범죄케 한 마음의 문둥병은 육신의 문둥병 못지않게 무섭습니다. 세상 사람들은 저마다 이 마음의 문둥병에 걸려 시달리고 있습니다. 현대 의학이 크게 발달되어 육신의 문둥병은 고칠 수 있지만, 마음의 문둥병은 의학으로는 고칠 수 없습니다. 그 치료 방법은 오직 한 가지, 2천년 전의 문둥병자처럼 주 앞에 나아가 "주여 원하시면 저를 깨끗케 하실 수 있나이다"하고 외쳐야 합니다. 그렇게 하면 "깨끗함을 받을지어다"라는 한마디로 문둥병을 고쳐 주신 예수께서 우리로 시달리게 하는 영혼의 난치병을 근본적으로 고쳐 주실 것입니다.

✞ 기도제목
 1) 마음의 문둥병을 깨끗이 씻어 주소서.
 2) 병든 자들이 예수를 만나게 하소서.

좋은 이웃

♣ 성경 로마서 12:14~21 찬송 220(278)장 ♣

제노비스의 경우(Genovese Case)라는 말이 있습니다. 1964년 뉴욕 퀸스에서 키티 제노비스가 공격을 받고 살해당했을 때, 창문을 열고 소리 지르는 이 여인을 내다본 사람이 38명이나 되었지만 아무도 그를 도와주지 않았고, 신고하지도 않았습니다. 경찰에서 조사했을 때 모두가 "다른 사람이 도와줄 줄 알았다."라고 대답했습니다. 그 후 미국의 몇몇 주에서는 다른 사람의 이러한 위기를 보고도 도와주지 않으면 처벌하도록 하였습니다.

사람은 혼자 사는 존재가 아니라 더불어 살아가는 존재입니다. 그러므로 좋은 사람, 좋은 이웃을 만나는 것이 큰 복입니다. 자녀들이 좋은 스승이나 좋은 친구를 만나는 것은 복입니다. 성도들이 좋은 교회와 목회자, 그리고 좋은 신앙의 동역자들을 만나는 것은 복입니다. 이것은 소극적인 만남의 복입니다.

성경에서는 보다 적극적인 만남의 복을 말씀하십니다. 그것은 내가 다른 사람에게 좋은 만남이 되는 것입니다. 내가 먼저 좋은 친구가 되고, 내가 먼저 좋은 이웃이 되는 것입니다.

본문 15절에서 "즐거워하는 자들과 함께 즐거워하고 우는 자들과 함께 울라"라고 말씀하십니다. 즐거워하는 자들과 함께 즐거워하는 것은 비교적 쉽습니다. 그러나 우는 자들과 함께 울기는 쉽지 않습니다. 축하하는 자리에는 사람들이 몰리지만, 위로가 필요하고 눈물을 흘리는 자리에는 사람들이 많이 오지 않습니다. 좋은 이웃이 되는 길은 슬퍼하는 자리에 함께 있어 주는 것이요, 고통 중에 있는 이웃과 함께 아파하고 눈물을 흘려 주는 것입니다.

어려움에 처한 사람, 삶의 위기에 빠진 이웃을 향하여 손을 내밀어 위로하고 격려할 때에 진정한 이웃이 될 수 있습니다.

✣ 기도제목
 1) 이웃을 위해 나를 희생하게 하소서.
 2) 어려움과 고통 중에 있는 이웃들의 마음을 위로해 주소서.

부와 인생

♣ 성경 디모데전서 6:17 찬송 487(535)장 ♣

미국의 어떤 신문사가 돈에 대한 정의를 모집한 적이 있었습니다. 그때 "돈은 천국을 제외한 모든 곳에 갈 수 있고, 행복 이외의 모든 것을 살 수 있다."라는 표어가 1위를 차지했다고 합니다.

프랑스의 스탕달도 "인간이 이 세상에 존재하는 것은 부자가 되기 위해서가 아니라, 행복해지기 위해서이다."라고 말했습니다. 입선한 그 표어나 이 스탕달의 말은 사실 뒤집어보면, 세상에는 돈만 있으면 행복해질 수 있다고 생각하는 사람이 많다는 것을 말해 주고 있습니다.

돈은 인간을 행복하게 하지 못합니다. 예수 그리스도께서 "솔로몬의 모든 영광으로도"(마 6:29)라고 말씀하신 그 솔로몬이 이것을 잘 입증하고 있습니다. 그는 역사상 가장 큰 영화를 누린 왕의 한 사람입니다. 장엄한 왕궁, 호화로운 식탁, 화려한 행사 등 모두가 그의 권력과 부에 어울리는 것이었습니다. 그리고 그는 '현자 솔로몬'이라고 불리울 정도였으며, 그에게서 지혜를 듣기 위해 여러 나라에서 사람들이 모여들 정도였습니다. 물론 쾌락도 극도로 즐겨 700명의 왕비와 300명의 후궁을 거느리고 있었다고 합니다. 그런데 그 솔로몬은 "헛되고 헛되니 모든 것이 헛도되다"(전 1:2)라고 탄식했습니다.

이와 같이 돈은 인간의 마음을 충족시키지 못하는 반면에 부를 구하는 사람을 오히려 멸망시키는 경우가 있습니다. 솔로몬도 "부는 이를 저축하는 임자에게 해를 끼치는 경우가 있다"라고 말했습니다.

오늘 말씀은 재물에 소망을 두지 말고, 모든 것을 후히 주시는 하나님께 두라고 가르치고 있습니다. 우리가 하나님을 믿는 것은 어떤 물질적인 이득을 얻기 위해서가 아닙니다. 하나님의 존재를 알고 그 사랑을 알기 때문입니다. 소망을 하나님께 두면 행복한 삶이 됩니다.

♱ **기도제목**
1) 하나님께 소망을 두는 삶이 되게 하소서.
2) 모든 가치판단의 기준을 주님께 두게 하소서.

부의 사용법

♣ 성경 누가복음 16:9 찬송 516(265)장 ♣

어떤 수전노가 오랫동안 모은 소중한 금화를 상자에 넣어 뜰 안 한 구석에 묻어 놓았습니다. 그리고는 아침저녁으로 몰래 그것을 보러 가서 "있군, 있어!"하고 황금빛을 보고 즐거워했습니다. 그런데 이것을 알게 된 하인이 어느 날 밤 그 금화 상자를 훔쳐가지고 도망쳐 버렸습니다.
  이튿날 아침에 그것을 알게 된 수전노는 깜짝 놀라 엉엉 소리내어 울부짖었습니다. 그러자 이웃에서 웬일인가 해서 뛰어와 까닭을 묻고 이렇게 위로했습니다. "뭐 그렇게 울고불고할 것 없잖아요. 대신 벽돌이라도 쌓아두고, 그걸 금화로 생각해요. 어차피 묻어 두기만 할 거라면 금화나 벽돌이나 마찬가지 아녜요."

  강철 왕 카네기는 "돈은 본래 사람들에게 고루 나눠져야 한다. 사회를 위해 여러 사람의 행복을 위해 아까워해서는 안 된다. 많은 돈을 가족을 위해 남겨 두는 것은 가장 부끄러운 일이다."라고 했습니다.
  예수님은 "불의의 재물로 친구를 사귀라"라고 말씀하셨습니다. 여기 불의의 재물이란 부정한 방법으로 벌어들인 재물을 가리키는 것이 아닙니다. 재물 자체는 선도 아니고 악도 아닙니다. 그것을 쓰는 사람의 마음가짐에 따라 선도 되고 악도 되는 것입니다. 그리스도께서 하시고자 한 말씀은 불의한 청지기의 것과 같은 그런 재물로 이 세상을 하직할 때 천국에서 너를 맞아들일 수 있는 친구를 사귀라는 뜻입니다.
  다시 말해서 네가 바친 그 돈이 복음 선교에 쓰여 세계 어느 곳에서 누가 구원을 받게 된다면, 이윽고 네가 이 세상을 떠날 때 천국에서 너를 맞아들이게 된다는 것입니다.
  하나님은 복음을 전파하기 위해 목숨을 아낌없이 바치는 사람과 동시에 재정적인 밑받침을 해 주는 사람도 필요로 하고 계십니다.

✞ **기도제목**
  1) 가진 재물을 이웃을 위해 쓰게 하소서.
  2) 천국 창고에 보물을 쌓게 하소서.

누구에게 열리는가?

♣ 성경 신명기 28:1~14   찬송 309(409)장 ♣

성 프란시스가 경영하는 수도원에 어느 날, 두 사람이 새로 입원 수속을 했습니다. 성 프란시스는 곧 그들을 데리고 수도원 농장으로 갔습니다. 그리고 배추를 심으라고 하면서 이렇게 설명했습니다. "뿌리는 흙 위로 드러나게 하고, 줄거리는 땅속에 파묻어라." 그 중의 한 사람은 시키는 대로 했고, 다른 한 사람은 무엇인가 잘못되었음을 말했습니다. "교부님, 배추는 그렇게 심는 것이 아닙니다." 성 프란시스는 이에 대답했습니다. "아, 그대는 우리 수도원에 적합하지 않네." 그리고 그 자리에서 그를 퇴원시키고 말았습니다. 프란시스는 제자가 될 사람의 심성과 순종의 도를 살펴본 것입니다. 하나님은 순종하는 자에게 복을 주십니다.

갈멜산 꼭대기에서 두 부류가 하늘문이 열리기를 간절히 부르짖었으나, 하늘문은 아무에게나 열리지 않습니다.

바알 선지자 450명은 아침부터 정오까지 바알의 이름을 부르며 "응답하소서! 불을 내리소서!" 소리쳤으나 아무 응답도 없었는데, 한 사람뿐인 엘리야가 길지 않은 시간 하나님 앞에 기도하니 하늘문이 열리고 불이 쏟아져 제물을 다 태워버렸습니다. 그가 하나님 앞에 기도하니 이번에는 삼년 육 개월 동안 메말랐던 땅에 장대비가 쏟아졌습니다. 이렇게 하늘문은 어떤 원칙에 의해 열리는 것을 발견할 수 있습니다.

하늘문을 여는 열쇠는 바로 순종입니다(신 28:13~14). 순종은 주님을 내 인생의 주어로 삼는 것을 말합니다. 사람들은 언제나 자신이 주어이고 하나님을 목적어, 즉 내 야망과 목적을 이루기 위한 도구로만 삼습니다. 그러나 순종은 '나'라는 주어를 십자가에 못 박고 주님만을 진정한 주어로 삼는 것입니다. 우리는 그동안 순종하지 못할 이유와 변명이 참 많았습니다. 이제부터라도 순종을 선언해야 합니다.

✢ **기도제목**
 1) 주님 중심의 삶을 살게 하소서.
 2) 순종의 삶을 살게 하소서.

지식의 근본
♣ 성경 잠언 1:7~9   찬송 205(236)장 ♣

그리스 신화를 보면 아테네라는 지혜의 여신이 나옵니다. 그런데 이 아테네라는 여신은 부엉이를 가장 사랑했습니다. 왜 부엉이를 가장 사랑했을까요? 부엉이는 어두운 밤중에도 사물을 분명히 볼 수 있고, 그래서 길을 정확하게 찾을 수 있기 때문입니다. 앞이 보이지 않는 어둠 속에서도 정확하게 방향을 찾아내는 방향 감각 그것이 지혜이기 때문입니다.

성경에 보면 솔로몬이 쓴 잠언(금언, 격언)이 3000이고, 노래는 1500편이나 되며, 그의 지혜는 스바의 여왕을 위시한 여러 나라의 왕들이 사신을 파견하여 듣게 할 정도였다고 합니다. 사실 그의 잠언은 당시의 사람들뿐만 아니라 오늘날 세계의 모든 사람들이 배워야 할 많은 교훈으로 가득차 있습니다.

본문에서 말하는 '여호와'는 천지의 창조주이며, 인류의 아버지이신 하나님을 가리킵니다. '경외한다'는 것은 겸허한 마음으로 두렵게 섬기는 것을 가리킵니다.

그리고 '지식'이란 단지 어떤 현상을 아는 것이 아니라, 그 상호 관계를 알고 거기 나타나 있는 하나님의 뜻을 깨닫는 것을 가리킵니다. 다시 말해서 단지 아는 데 그치지 않고, 영적으로 깨닫는 것입니다. 그리고 '근본'이란 원리를 의미합니다.

그러므로 '여호와를 경외하는 것이 지식이 근본'이란 천지의 창조주이신 하나님을 마음속으로 두렵게 섬겨야 비로소 진정한 의미의 지식을 가지게 된다는 뜻입니다.

✞ **기도제목**
1) 하나님을 경외하는 것이 지식의 근본임을 잊지 않게 하소서.
2) 여호와를 경외하는 삶을 살게 하소서.

깨달음과 구원
♣ 성경 잠언 2:1~5 찬송 204(379)장 ♣

조지 폭스는 어느 날 두 친구에게 이끌려 어떤 요리집으로 갔습니다. 와서는 안 될 곳에 왔다고 알아차린 그는 세 사람분의 술값을 모두 치르고 그곳을 뛰쳐나와 조용한 곳에서 하나님께 기도했습니다. 그러자 하나님은 그에게 영음(靈音)을 들려 주셨습니다.

"젊은이는 헛된 일을 추구하고, 늙은이는 땅의 일을 걱정한다. 그들에게서 떠나 있으라!" 그래서 그는 큰 결심을 하고, 그 후로는 불량한 친구와의 교제를 끊고 하나님의 은총 안에서 생활하여 후에 프렌드파의 시조가 되었습니다.

인생 최대의 것은, 하늘과 땅의 창조주이신 하나님을 깨닫고 하나님을 아는 지식입니다. 사람은 이윽고 사라지게 될 이 세상의 금은보화를 위해 어떤 수고도 아끼지 않습니다. 그런데 우리를 참으로 살리는 이 영적인 깨달음과 지혜를 얻기 위해서 얼마나 열성을 기울이고 있을까요?

솔로몬의 지혜를 배우기 위해 스바의 여왕은 멀리 아비시니아에서 예루살렘까지 왔다고 하는데 이 정도의 성의가 필요한 것입니다.

영적인 깨달음과 지혜는 우리를 구원으로 인도합니다. 잠언에 보면 "근신이 너를 지키며 명철이 너를 보호하여 악한 자의 길과 패역을 말하는 자에게서 건져내리라"(잠 2:11~12)라고 하였습니다.

하나님을 두렵게 섬기는 사람은 죄의 길에서 벗어납니다. 잠언 2:16에서는 "지혜가 또 너를 음녀에게서, 말로 호리는 이방 계집에게서 구원하리라"고 하였습니다. 여기서 말하는 음녀는 풍기 문란한 여자, 남의 이목을 끄는 옷차림을 한 여자, 자연미보다 인공미를 즐기는 여자, 실질보다 외형을 존중하는 여자 등이 음녀라는 것이며, 하나님을 두렵게 섬기는 사람은 이런 여자들로부터 구제됩니다.

✝ **기도제목**
1) 주의 계명에 귀를 기울이게 하소서.
2) 육체의 정욕을 이기게 하소서.

사랑의 회초리

♣ 성경 잠언 3:11~12   찬송 341(367)장 ♣

어떤 사업가는 성냥 공장에 산더미처럼 쌓아 둔 목재가 홍수로 하룻밤 사이에 몽땅 떠내려가는 바람에 공장 문을 닫고 빚더미에 올라앉게 되었습니다. 이제 자기 인생은 끝장이라고 생각한 그는 강물에 몸을 던지려고 했습니다. 그 순간 그는 무심코 호주머니에 손을 넣다가 문득 종이쪽지 한 개를 꺼내게 되었습니다. 그것은 친구인 목사가 써 보낸 엽서였는데 거기에는 잠언 3:11~12의 성경 말씀이 쓰여 있었습니다.

그는 그 성경 구절을 읽고 '가만 있자, 만일 이 말이 사실이라면, 나의 파산은 혹시 하나님이 나를 징계하시는 사랑의 회초리일지 모른다'고 생각하며 자살을 중단하고, 그 길로 교회에 가서 그리스도를 맞아들이고 새로운 인생을 살게 되었습니다. 그 뒤 그는 신앙적으로나 물질적으로도 놀라운 축복을 받아 크게 성공하게 되었습니다.

인생에는 으레 고뇌가 따릅니다. 바보나 천치가 아닌 이상 아무 근심 걱정 없는 사람은 사실상 하나도 없을 것입니다. 그런데 그 골칫거리를 어떻게 받아들이는가에 따라 그 사람의 인생이 크게 좌우됩니다.

만일 고뇌를 무슨 인연이나 재화나 혹은 운명으로 받아들인다면, 그 인생은 먹구름 걷힐 날이 없을 것입니다. 그리하여 스스로 목숨을 끊으려고 하는 사람도 있을 것입니다.

그런 사람은 오늘의 말씀을 상기하기 바랍니다. "내 아들아 여호와의 징계를 경히 여기지 말라 그 꾸지람을 싫어하지 말라 대저 여호와께서 그 사랑하시는 자를 징계하시기를 마치 아비가 그 기뻐하는 아들을 징계함 같이 하시느니라"(잠 3:11~12). 하나님은 축복을 주시기 위해 때로는 우리에게 사랑의 채찍을 내리시는 경우가 있습니다.

지금 절망적인 고난을 당하고 있습니까? 좌절하지 말고 사랑이신 하나님의 이 말씀을 한 번 상고해 보시기 바랍니다.

✚ 기도제목
1) 사랑의 채찍을 달게 받게 하소서.
2) 말씀이 내 속에서 역사하게 하소서.

마음을 지키라

♣ 성경 잠언 4:23 찬송 336(383)장 ♣

다윗은 "내가 주께 범죄하지 아니하려 하여 주의 말씀을 내 마음에 두었나이다"라고 말하였습니다. 그러나 이처럼 범죄를 두려워했던 다윗도 암몬과의 전쟁이 일어나 우리아가 왕을 위해 전쟁을 할 때 그의 아내를 범하고 죄를 감추기 위해 우리아를 죽게 했습니다. 다윗은 실로 간음죄와 살인죄를 한꺼번에 저지르고 만 것입니다. 이제 멸망의 심연으로 떨어질 것이라 생각했을 다윗은 결코 하나님으로부터 버림을 받지 않았습니다.

하나님께서는 선지자 나단을 다윗에게 보내어 그의 죄를 신랄하게 지적하게 하셨습니다. 그러자 다윗은 자기 죄를 하나님 앞에 깊이 뉘우치고 눈물로 회개했습니다. "내가 탄식함으로 피곤하여 밤마다 눈물로 내 침상을 띄우며 내 요를 적시나이다"(시 6:6). 그리하여 그는 드디어 하나님으로부터 용서를 받게 되었습니다.

인간에게는 지켜야 할 일이 많이 있습니다. 건강이나 품격도 지켜야 하고, 사람에 따라서는 명예와 지위와 재산 등도 지켜야 합니다. 그런데 이런 것들 이외에 가장 소중히 지켜야 할 것은 오늘 본문 말씀대로 '마음'일 것입니다. 인생의 계획은 여기서 세워집니다. 마음이 무너지면 전인격, 전인생이 파멸되고 맙니다. 천재이지만 사욕에 마음이 빼앗긴 사람, 영웅이지만 색욕의 노예가 된 사람, 그리고 명예에 사로잡혀 목숨까지 잃은 사람도 얼마든지 볼 수 있습니다.

어떻게 하면 마음을 지킬 수 있을까요? 성경 말씀의 거울 앞에 서서 자기 마음을 비춰보고, 자기 마음의 오염과 약점과 죄 등을 발견하고 겸허한 마음으로 깊이 뉘우치며 그리스도를 마음속에 영접해야 합니다. 그러면 우리의 마음속에 사시는 그리스도께서 반드시 말씀에 의해 우리 마음과 생각을 지켜 주십니다.

✞ **기도제목**
1) 마음을 지키는 자가 되게 하소서.
2) 눈물의 기도자가 되게 하소서.

행복한 가정

♣ 성경 잠언 5:15~18 찬송 559(305)장 ♣

동한(東漢)의 광무제는, 누이를 송홍이라는 사람에게 출가시키려고 했습니다. 그런데 그렇게 하기 위해서는 먼저 송홍을 젊었을 때 결혼한 그의 시골 아내와 이혼시켜야만 했습니다. 그래서 그의 의향을 확인하기 위해 병풍 하나를 사이에 두고 누이를 앉히고, 송홍에게 "속담에도 '부자가 되면 친구를 바꾸고 출세를 하면 아내를 바꾼다.'고 했네. 이것이 인지상정이 아니겠는가?" 하고 물었습니다. 그러자 송홍은 "가난했을 때의 친구를 잊지 말고, 조강지처는 버리지 말라고 했습니다."라고 하며 젊었을 때 결혼한 아내를 소중히 여겼다고 합니다.

오늘 본문 말씀에 쓰여 있는 '우물', '물', '샘', '도랑물' 등은 모두 아내를 나타내는 비유이지만 이것을 염두에 두고 다시 읽어 나가면 가정의 행복은 합법적인 결혼에 의해서만 가능하다는 것과, 부부의 사랑 이외의 향락을 구하여 외도를 하는 것을 경계하고 있다는 것을 알게 됩니다.

본문 18절의 "네 샘으로 복되게 하라 네가 젊어서 취한 아내를 즐거워하라"라는 말씀을 마음에 새겨 두시기 바랍니다. 말할 것도 없이 성욕은 자손을 보존하기 위해 인류에게 주신 하나님의 선물입니다. 이것을 남용하면 태어나는 자녀에게 화가 되지만, 하나님의 뜻에 합당하게 올바로 사용하면 축복이 됩니다. "보라 자식들은 여호와의 기업이요 태의 열매는 그의 상급이로다"(시 127:3)라고 하였습니다.

정상적인 결혼에 의해 주어진 자식은 하나님의 축복으로 여겨 왔습니다. 참으로 행복하고 축복받은 가정은 하나님을 중심으로 한 부부 위에만 만들어집니다. 참으로 행복한 가정을 원한다면 오늘 주신 말씀을 명심해야 합니다.

✞ **기도제목**
  1) 주님만을 섬기는 가정이 되게 하소서.
  2) 아내를 잘 다스리는 남편이 되게 하소서.

개미에게서 배우라

♣ 성경 잠언 6:6~8   찬송 575(302)장 ♣

봄베이에 거주하는 걸인들이 작은 개미에게서 하나의 교훈을 받은 일이 있었습니다. 믿음이 독실한 사람들이 바친 제물이 이상스럽게도 조금씩 사라지는 것을 걸인들이 알게 되었습니다. 제물은 설탕이었습니다. 며칠을 두고 보았으나 설탕을 훔쳐 가는 사람은 찾아볼 수가 없었습니다. 그러나 오랜 관찰 끝에 마침내 범인들을 발견하게 되었습니다. 설탕 덩어리를 물고 가는 개미들의 길다란 행렬을 보게 되었던 것입니다. 바로 그 개미들이 설탕알 하나씩을 물어 간 것이었습니다. 개미굴까지의 거리는 멀었지만 수천 마리의 노력에는 설탕더미도 옮겨지게 됩니다. 개미는 매우 작은 곤충입니다. 그러나 거기서 배운 교훈은 너무나 컸습니다. 걸인들은 개미를 본받자고 입을 모았습니다.

개미는 근면한 자의 대표입니다. 개미에게는 일하라고 명령하거나 단속하거나 감독하는 자가 없지만, 한여름의 더위를 개의치 않고 열심히 먹이를 모아 겨울을 대비하고 있습니다. 그들은 우리에게 근면과 유비무환이라는 가르침을 몸소 보여 주고 있습니다. 이처럼 개미는 미래에 대한 대비를 게을리하지 않습니다.

우리에게 중요한 것은 내세에 대한 대비입니다.

어리석은 부자가 곡식의 소출이 심히 많아 곳간을 짓고 "내 영혼아 편히 쉬자."라고 하며 물질의 만족을 구가하여도, 하나님이 그의 영혼을 찾으실 때 그는 아무것도 없는 빈털터리가 되고 말 것입니다.

우리는 육체를 위한 대비보다 좀이나 동록이 침범하지 못하는 하늘 곳간에 쌓는 삶을 살아야 합니다.

죽음은 뜻하지 않은 때에 닥쳐옵니다. 인생의 여름에 회개하고 그리스도를 맞아 영원한 생명을 자기 것으로 만듭시다.

✚ 기도제목

1) 내세에 대한 대비를 하게 하소서.
2) 인생의 여름에 부지런히 일하게 하소서.

이웃을 사랑하자

♣ 성경 마태복음 22:37~40   찬송 287(205)장 ♣

어떤 사람이 길 가던 사람의 지갑을 슬쩍하다가 붙잡혀서 판사 앞에 서게 되었습니다. 그런데 공교롭게도 그 판사를 보니 자기의 둘도 없는 친구입니다. 판사도 깜짝 놀랐습니다. 판사는 고민했습니다. 판사는 이럴 수도 없고 저럴 수도 없었습니다. 친구를 위하여 친구에게 죄가 없다고 무죄 판결을 하면 판사는 자기의 직무를 수행하지 못하는 것입니다.

그렇다고 친구를 감옥에 집어넣자니 친구에 대한 우정이 없는 것입니다. 친구를 생각하니 판사직이 울고 판사직을 생각하니 친구가 울고, 그러다가 판사는 결단을 내렸습니다. 판결을 내린 것입니다. 판사는 친구에게 벌금 천만 원을 때렸습니다. 친구는 이제 '우정은 끝이다'라고 생각했습니다. 그런데 판사는 벌금을 때리고 그 벌금 천만 원을 자신이 갚아 주었습니다. 이 판사는 우정도 건지고 공의도 지켰습니다. 바로 판사의 친구에 대한 사랑이 이 모든 것을 살렸습니다.

많은 사람들은 자신의 몸을 사랑합니다. 병에 걸리지 않으려고 노력을 합니다. 운동도 하고, 좋은 음식도 먹고, 건강식품도 먹습니다. 그렇게 자신을 사랑하는 것처럼 우리는 이웃을 사랑해야 합니다. 이것은 주님의 명령입니다. 물론, 나 자신을 사랑하는 만큼 이웃을 사랑한다는 것은 결코 쉽지 않습니다. 하지만 어려운 것도 아닙니다. 어렵게 느껴지는 이유는 이웃을 내 몸처럼 또는 내 가족처럼 생각하지 않기 때문입니다. 그리고 그렇게 행동을 해 본 경험이 없기 때문입니다.

이웃도 나처럼 하나님의 형상으로 만들어진 소중한 존재라는 사실을 깨닫고 사랑을 행하는 성도들이 되어야 합니다. 특히, 불신 이웃을 사랑해야 하는 이유는 그들을 구원해야 하기 때문이며, 다른 성도를 사랑해야 하는 이유는 그를 위해 주님이 생명의 값을 지불하신 소중한 존재이기 때문입니다.

✙ 기도제목

1) 내 이웃도 하나님의 형상으로 만들어진 존재라는 것을 깨닫게 하소서.
2) 이웃을 사랑하게 하소서.

금은을 능가하는 것

♣ 성경 잠언 8:10~11   찬송 310(410)장 ♣

「역경의 은총」의 저자인 도쿠나가 가쿠 교수는 매우 가난한 생활 때문에 쌀을 많이 사다 놓을 수 없었습니다. 어느 날 쌀이 떨어졌을 때 지인이 쌀을 보내 주었는데, 그날 밤에 몽땅 도적을 맞았습니다. 부인은 한탄하고 아이들은 배가 고파 아우성이었습니다.

그러나 그는 부인에게 오히려 감사할 일이 생겼다며 다음과 같이 말합니다. 이름하여 '도쿠나가의 다섯 가지 감사'입니다.

"먼저 그 쌀을 보내 주신 사람에게 감사하고, 둘째는 우리 집에도 도둑 맞을 것이 있었다는 것에 감사하고, 셋째는 도둑은 우리 쌀을 훔쳐 갔으나 우리는 남의 것을 훔치지 않은 것에 감사하고, 넷째는 세상에는 마음이 비뚤어진 사람이 많으나 우리 집에는 마음이 비뚤어진 사람이 없다는 것을 실물로 가르쳐 준 것을 감사하고, 다섯째는 세상의 귀한 물건을 도둑맞았으나 우리는 그리스도의 보물인 영생을 얻을 수 있다는 것을 감사해야 해."

사람들은 금은을 구하고 권세를 원합니다. 그런데 과연 세상의 부나 권력이 인간을 풍요롭게 하고 행복하게 할 수 있을까요?

오늘 본문에서 말하는 '지혜'는 그리스도를 가리킵니다. 사도 바울은 그리스도를 가리켜 '하나님의 지혜이신 그리스도'라고 말했으며, 이 지혜인 그리스도를 받아들인 바울은 "우리가 이 보배를 질그릇에 가졌으니 이는 심히 큰 능력은 하나님께 있고 우리에게 있지 아니함을 알게 하려 함이라"(고후 4:7)라고 말했습니다.

바울은 확실히 그의 토기에 예수 그리스도라는 보물을 담아 가지고 있었습니다. 그러므로 그는 이 보물로부터 헤아릴 수 없는 하나님의 힘을 얻어 사방에서 환난을 당하여도 굴하지 않고, 궁지에 몰려도 좌절하지 않고, 많은 사람의 마음을 풍요롭게 할 수 있었던 것입니다. 가난해도 그리스도를 마음에 모신 사람은 행복합니다.

✚ 기도제목

1) 정금보다 지식을 얻게 하소서.
2) 주의 능력으로 일하게 하소서.

하나님께 대한 감사

♣ 성경 누가복음 17:11~19 찬송 23(23)장 ♣

유명한 부흥 목사 스펄전은 이렇게 말했습니다.

"우리에게 별빛을 주신 하나님께 감사하면 하나님은 달빛을 주실 것이다. 달빛을 주신 하나님께 감사하면 햇빛을 주실 것이다. 햇빛을 주신 하나님께 감사하면 마음의 빛, 영혼의 빛을 주실 것이다."

마음의 빛, 영혼의 빛만이 사람으로 하여금 진리를 깨닫게 하고 구원에 이르게 한다는 이야기입니다. 감사해야 할 필요성을 말하는 것입니다.

고침받은 열 명 중 예수님께로 다시 돌아와 감사의 마음을 전한 단 한 사람, 그는 바로 사마리아인이었습니다. 그는 자기가 나은 것을 보고 돌아와 큰 소리로 하나님께 영광을 돌리며 예수님의 발 앞에 엎드려 감사를 드렸습니다.

예수님은 그를 바라보시며 "열 사람이 다 깨끗함을 받지 아니하였느냐 그 아홉은 어디 있느냐 이 이방인 외에는 하나님께 영광을 돌리러 돌아온 자가 없느냐"라고 말씀하셨습니다. 그리고는 그 사마리아인을 주목하시며 "네 믿음이 너를 구원하였다"라고 선포하셨습니다. 다시 말하면 그가 감사를 표현한 것을 구원 얻을 믿음을 지닌 것으로 보셨습니다.

예수님은 그런 그의 감사의 표현을 믿음과 동일시하셨던 것입니다. 감사를 표현한 한 명의 사마리아인은 자신이 고침받은 것이 하나님으로부터 온 것을 인정하고 깊이 감사하였습니다.

하나님께 대한 감사는 하나님의 살아계심과 구원의 능력을 인정하고 받아들인다는 표현이기에 영적으로 매우 중요한 것입니다.

우리도 감사와 찬송을 올려 드리는 복된 삶을 살아야 하겠습니다.

✟ **기도제목**
1) 성도들의 삶에 진정한 감사가 회복되게 하소서.
2) 우리가 마땅히 드려야 할 감사의 기도를 드리게 하소서.

허물을 덮는 사랑

♣ 성경 잠언 10:12   찬송 294(416)장 ♣

어느 음악회에서 일어난 일입니다. 그날 오케스트라를 지휘하기로 한 가난한 음악가는 새 예복을 장만할 여유가 없어서 전부터 입어오던 낡은 예복을 입을 수밖에 없었습니다. 그런데 그만 지휘 도중에 그 낡은 예복이 찢어지고 말았습니다.

연주를 할 때는 반드시 예복을 입어야 했음에도 불구하고 그 지휘자는 한 곡이 끝나자 그 낡아서 찢어진 예복을 벗어야만 했습니다. 셔츠 차림으로 지휘하는 그를 향하여 사람들은 킬킬거리며 조롱하고 웃었습니다. 그러나 주위가 소란해도 그런 것에 아랑곳하지 않고 그는 열심히 지휘하였습니다.

이때 맨 앞에 앉아 있던 어느 신사가 조용히 자기가 입고 있던 겉옷을 벗음으로써 지휘자처럼 셔츠 차림이 되었습니다. 그것을 보고 있던 사람들도 웃음을 멈추고 하나, 둘 전부 웃옷을 벗었습니다. 그 결과 그 날의 연주는 그 어떤 연주회보다 더욱 감격적이었고 성공적으로 마칠 수 있었습니다.

호세아의 아내 고멜은 자식 셋을 낳았으나 아래로 두 아이는 아버지가 누구인지 의심스러웠습니다. 고멜은 남편 호세아와 자식을 버리고 집을 뛰쳐나갔습니다. 호세아도 인간이라 괘씸한 생각이 들었을 것입니다. 하나님의 대변자인 호세아는 '에로스'가 아닌 '아가페' 사랑이 무엇인가를 알아야만 했습니다.

하나님께서는 호세아에게 "너는 또 가서 타인의 사랑을 받아 음녀가 된 그 여자를 사랑하라"(호 3:1)라고 말씀하셨습니다. 그리하여 호세아는 아내에 대한 인간적인 정을 끊을 수 없어서가 아니라 하나님의 사랑, 곧 아가페에 충만하여 사랑할 수 없는 사람을 사랑했던 것입니다.

그는 '은 열다섯 개와 보리 한 호멜 반'으로 아내의 몸값을 치르고 집으로 데려왔습니다. 얼마나 큰 사랑입니까? 사랑은 반드시 이기게 되어 있습니다. 이것이야말로 그 백성에게 베푸시는 하나님의 사랑입니다.

✝ **기도제목**
1) 아가페의 사랑으로 우리의 허물을 덮어 주소서.
2) 아가페의 사랑으로 이웃을 사랑하게 하소서.

감사의 원동력

♣ 성경 데살로니가전서 5:16~18 찬송 200(235)장 ♣

탈무드에 나오는 글입니다.

"만일 한 쪽 다리가 잘렸다면 하나님께 두 다리가 다 잘리지 않은 것을 감사하라. 만일 두 다리가 잘렸다면 하나님께 목이 부러지지 않은 것을 감사하라. 만일 목이 부러져 버렸다면 그 뒤는 걱정할 일이 없다."

범사에 감사하는 삶은 쉬지 않고 기도하는 삶과 관련이 있습니다.

쉬지 않고 기도하는 성도는 기도의 응답과 성령의 충만함을 경험하게 됩니다. 기도의 응답을 경험하게 될 때 우리 마음에는 기쁨이 가득차게 됩니다(요 16:24).

또한 성령의 충만을 경험하게 되면 세상이 줄 수 없는 소망과 기쁨이 회복되며 어떤 상황에서도 감사할 수 있는 영적인 힘을 얻을 수 있게 됩니다.

따라서 성도의 삶에 있어서 범사에 하나님께 감사할 수 있는 삶의 원동력은 항상 기뻐하며 쉬지 않고 기도하는 것이라고 할 수 있습니다. 그러기에 성도에게 있어서 기쁨과 기도와 감사의 삶은 불가분의 관계에 놓여 있는 것입니다.

하박국 선지자는 "비록 무화과나무가 무성하지 못하며 포도나무에 열매가 없으며 감람나무에 소출이 없으며 밭에 먹을 것이 없으며 우리에 양이 없으며 외양간에 소가 없을지라도 나는 여호와로 말미암아 즐거워하며 나의 구원의 하나님으로 말미암아 기뻐하리로다"(합 3:17~18)라고 고백하였습니다. 우리도 하박국 선지자처럼 어떤 상황에서도 주님으로 인해 기뻐하고 주님께 감사하며 삽시다.

✚ **기도제목**
 1) 범사에 감사할 수 있도록 인도해 주소서.
 2) 진리 안에서 기뻐할 수 있게 하소서.

모든 것이 유익이라
♣ 성경 잠언 12:21   찬송 516(265)장 ♣

중국 국경 지역에 사는 한 노인 소유의 말이 국경을 넘어 오랑캐 땅으로 도망쳤습니다. 이웃 주민들이 위로의 말을 전하자 노인은 "이 일이 복이 될지 누가 압니까?"하며 태연자약했습니다. 그로부터 몇 달이 지난 어느 날, 도망쳤던 말이 암말 한 필과 함께 돌아왔습니다. 그러나 노인은 "이게 화가 될지 누가 압니까?" 하며 기쁜 내색을 하지 않았습니다. 며칠 후 노인의 아들이 그 말을 타다가 낙마하여 그만 다리가 부러지고 말았습니다. 마을 사람들이 다시 위로를 하자 노인은 역시 "이게 복이 될지도 모르는 일이오." 하며 표정을 바꾸지 않았습니다. 그로부터 얼마 지나지 않아 오랑캐가 침략해 와서 젊은이들이 전쟁터에 나가야 했습니다. 그러나 노인의 아들은 다리가 부러진 까닭에 전쟁터에 나가지 않아도 되었습니다.
　이로부터 '인간만사 새옹지마'란 말이 생겨났습니다. 이처럼 화가 복이 되는가 하면 복이 화가 되기도 합니다.

　오늘 본문 말씀에서 '의인'이란 도덕적으로 완벽하고 올바른 사람이라는 뜻이 아닙니다. 엄밀히 말해서 이런 자격을 갖춘 사람은 없기 때문입니다(롬 3:10). 다만 예수 그리스도를 믿는 그 믿음에 의해 죄 사함을 받아 하나님으로부터 의로운 인간으로 인정을 받게 되는 것입니다. 그러므로 "의인에게는 아무 재앙도 임하지 않는다."라는 말씀은 자기 죄를 뉘우치고 그리스도를 믿고 따를 때 비로소 해당되는 것입니다.
　사도 바울은 "하나님을 사랑하는 자 곧 그의 뜻대로 부르심을 입은 자들에게는 모든 것이 합력하여 선을 이루느니라"(롬 8:28)라고 말했습니다. 그러니까 하나님의 자녀, 곧 그리스도를 마음속에 모시고 사는 사람에게는 모든 일이 유익하다는 것입니다.
　불행으로 생각되는 병도, 실망도, 사고도 아니 최악이라고 할 수 있는 죽음까지도 그리스도를 믿는 사람에게는 모두가 유익한 것입니다.

✚ **기도제목**
　1) 모든 것이 합력하여 선을 이루게 하소서.
　2) 의로운 삶을 살게 하소서.

겸손한 자의 축복

♣ 성경 잠언 13:10 찬송 212(347)장 ♣

유대인들은 메시아 곧 그리스도가 나타나면 이스라엘을 로마의 압제에서 해방시키고, 지상 천국을 세울 줄로 믿고 있었습니다. 예수님의 제자들도 그때가 되면 큼직한 감투를 얻어 쓸 것을 기대하며 기뻐했습니다. 그래서 서로 누가 제일 높은 벼슬에 오를 수 있나 하고 경쟁하기도 했습니다. 이것을 알고 번번이 제자들을 타이르시던 예수님은, 어느 날 어린이를 앞으로 불러 그들의 한복판에 세우고 "누구든지 이 어린아이처럼 자기를 낮추는 자가 천국에서 제일 큰 자이니라"라고 말씀하셨습니다.

여러분은 아랫사람에게 자신의 실수를 인정하며 "내가 잘못했다."라고 말할 수 있습니까? 동료나 상사의 충고는 순순히 받아들여도 아랫사람이나 젊은이의 충고는 순순히 받아들이기 어렵지 않은가요? 만일 그렇다면 교만한 사람입니다.

천지의 창조주인 거룩한 하나님을 공경하고, 그 앞에 나설 때 비로소 인간은 자기의 적나라한 모습, 자기의 실상을 알게 됩니다.

다윗은 왕의 신분이면서 자기가 범한 간음죄를 예언자 나단이 지적했을 때, 문무백관들 앞에서 그 죄를 고백하고 하나님께 용서를 빌었습니다. 망가진 다윗, 겸손한 다윗, 자기 죄를 인정하고 회개한 다윗은 하나님으로부터 용서받고, 하나님께서 들어 쓰시는 위대한 그릇이 되었습니다.

하나님 앞에 서서 자기의 실상을 알고 회개하므로 참된 겸손을 체득합시다. 그러면 어떤 지위에 있어도 자기 잘못을 인정하고 남의 충고에 귀를 기울이고 하나님으로부터 축복받는 사람이 될 수 있습니다.

✝ **기도제목**
1) 어떤 말이나 충고에도 겸손한 마음을 갖게 하소서.
2) 겸손하신 예수를 전파하게 하소서.

노하기를 더디하라
♣ 성경 잠언 14:29   찬송 529(319)장 ♣

소크라테스의 아내 크산티페는 악처로 알려져 있으며 그녀의 분노와 신경질은 유명합니다.

어느 날 크산티페는 여느 때와 마찬가지로 생활에 무능한 남편 소크라테스에게 불평을 늘어놓으면서 대들었습니다. 그러나 소크라테스는 아내가 뭐라고 하든 개의치 않았습니다. 더욱 화가 치민 크산티페는 대야에 물을 가득 담아 소크라테스의 머리에 부었습니다. 그래도 소크라테스는 "천둥이 울리면 반드시 소낙비가 오기 마련이지." 하고 웃어 넘겼다고 합니다.

사회에는 분노를 조장하는 목소리와 운동으로 가득 차 있습니다. 그러나 성경에 보면 분노를 죄로 규정하고 있습니다. "분을 그치고 노를 버리며 불평하지 말라 오히려 악을 만들 뿐이라"(시 37:8)라고 쓰여 있습니다.

분노는 가정에 불화를 가져오고 사회에 혼란을 일으킵니다. 뿐만 아니라 분노는 화를 내는 장본인에게서 귀중한 것을 앗아갑니다. 화를 자주 내면 온화한 표정이 사라지고 이미지가 흐려져 친구들이 멀리하게 될 것입니다. 그리고 인생에서 주어질 좋은 기회도 사라지고 삶의 기쁨을 잃게 될 것입니다.

이처럼 두려운 결과를 초래하는 분노를 어떻게 처리하고 있습니까? 자기 합리화나 자기변명을 하지 말고 분노가 하나님 앞에 범죄가 되고 자기에게도 덕스럽지 못하다는 것을 인정해야 할 것입니다. 물론 세상에는 의를 위한 분노도 있을 수 있으나 이것은 경우가 다릅니다. 대체로 인간은 부당한 분노를 곧잘 터뜨립니다. 이 경우에 우리는 하나님 앞에 용서를 빌고 그리스도를 힘입어 이 분노를 이겨야 합니다.

✞ 기도제목
1) 인내심이 넘치게 하소서.
2) 온유한 믿음의 선진들을 본받게 하소서.

부가 가져다주는 불행

♣ 성경 잠언 15:16~17   찬송 406(464)장 ♣

미국의 어떤 사람이 그가 소유한 밭을 팔았는데, 몇 해가 지나 그 땅에서 석유가 나서 그 땅을 산 친구는 하루아침에 억만장자가 되었습니다. 이 말을 들은 그는 그 친구에게 가서 땅 값을 좀 더 달라고 했으나 한마디로 거절당했습니다. 그래서 "그럼 얼마간이라도 해외 전도를 위해 헌금을 할 수 있겠나?" 하고 부탁했으나 그것도 거절당하고 말았습니다. 그런데 억만장자가 된 그 친구는 하나님을 멀리 떠나 방탕과 향락에 빠지고 그 자녀들도 마찬가지였습니다.

그는 말했습니다. "그래서 하나님은 내게 부를 허락하지 않으셨나 봐요. 내가 그 땅을 갖고 있는 동안에 석유가 나와 억만장자가 되었더라면 우리 가족들도 그들처럼 하나님을 떠나 방탕한 생활을 했을지도 몰라요. 그것을 생각하면 지금 하나님께 감사할 뿐이에요. 나와 자식들은 모두 하나님을 두렵게 섬기고 그리스도의 은총 안에서 살아가고 있으니까요."

오늘날 물질적으로 상당히 풍족한 나라가 된 우리나라는 국민의 살림도 한결 넉넉해졌으나 그 결과로 국가나 사회, 그리고 개인에게도 생각지도 않은 많은 문제가 잇따라 발생하고 있는 것이 사실입니다.

성경은 부가 가져다주는 불행에 대해 이렇게 말하고 있습니다.

"은을 사랑하는 자는 은으로 만족하지 못하고 풍요를 사랑하는 자는 소득으로 만족하지 아니하나니 이것도 헛되도다······ 부자는 그 부요함 때문에 자지 못하느니라 내가 해 아래에서 큰 폐단 되는 일이 있는 것을 보았나니 곧 소유주가 재물을 자기에게 해가 되도록 소유하는 것이라 그 재물이 재난을 당할 때 없어지나니"(전 5:10~14).

부는 우리의 마음에 만족을 주지 못하고 오히려 깊은 잠을 빼앗아 득보다 해를 더 끼치게 될 것이라고 합니다. 우리는 하나님께서 허락해 주신 부를 지혜롭게 사용해야 합니다.

✚ **기도제목**
1) 여호와를 경외함이 축복임을 깨닫게 하소서.
2) 너무 가난하게도 너무 부하게도 마소서.

인생의 계획

♣ 성경 잠언 16:9 찬송 549(431)장 ♣

사도 바울은 예수 그리스도의 십자가를 쳐다보며 그리스도께서 자기의 죄 때문에 십자가를 대신 지신 것을 깊이 깨닫고, 자기중심의 죄 많은 자아가 그리스도와 함께 이미 십자가에 못 박혀 죽었다는 이치를 신앙으로 받아들였습니다. 그리고 자기 대신에 자기 안에서 살아 계시는 그리스도께 모든 것을 내맡기고 그리스도께서 인도하시는 대로 사는 새로운 길을 택해 걸어갔습니다.

우리가 앞날에 대해 계획을 세우고 목표를 달성하기 위해 노력하는 것은 바람직한 일입니다. 이것을 실현하기 위해서는 하나님의 인도와 보호를 바라는 것이 중요합니다.

우리는 계획한 것을 이루기 위해 다음의 세 가지와 싸워야 합니다.

첫째, 환난입니다. 원치도 않았는데 닥쳐오는 뜻하지 않은 재앙입니다.

둘째, 죄의 유혹입니다. 모처럼 원대한 계획을 세웠지만 많은 사람들이 눈앞의 쾌락에 미혹되어 파멸의 길을 가기 쉽습니다.

셋째, 우리가 반드시 극복해야 하는 것은 우리들의 '자아'입니다. 하나님을 거역하며 하나님의 지배를 받고 싶어 하지 않는 '나'라는 자아가 죽지 않으면 아무리 좋은 계획이라도 수포로 돌아가는 경우가 있습니다. 나 자신에게 집착하는 자아를 죽이고 하나님의 손에 맡길 때, 오히려 자기가 세운 계획보다 더 좋은 길이 열려 실현되는 경우가 많습니다.

오늘도 조용히 주신 말씀을 묵상하면서 십자가 위에서 자아를 죽이고 자기 안에 살아 계신 그리스도의 손에 모든 것을 맡기고 의지하는 가운데 그리스도의 하수인이 되려는 겸손한 마음의 자세를 가져야 합니다.

✞ 기도제목

1) 환난을 이길 수 있는 믿음을 주소서.
2) 그리스도의 지체로서 순종하는 마음을 주소서.

가장 좋은 약

♣ 성경 잠언 17:22   찬송 370(455)장 ♣

마헬리아 잭슨은 케네디 대통령의 취임식에 특별 초대 손님으로 초청을 받고, 대통령 앞에서 노래를 부른 20세기 최대의 가스펠 가수이지만, 흑인으로서 가난한 집안에 태어났기 때문에 공장에서 여공으로 일하기도 하고, 꽃가게에서 점원 생활을 하는 등 험한 인생을 살아왔습니다.

그녀는 말했습니다. "한 번은 친구가 '블루스를 노래하라.'고 권했으나 블루스는 절망의 노래이고 가스펠은 희망의 노래이므로 하나님은 내게 가스펠을 부르게 하기 위해 목숨을 주셨다고 말하며 거절했어요. 인간은 그리스도를 받아들여 그리스도의 말씀에 따라 사는 데서만 진정한 만족과 기쁨이 있어요."

그녀는 죽을 때까지 희망의 노래인 가스펠을 계속하여 불렀습니다.

세상에는 남 보기에는 아무 걱정 없이 행복하게 살고 있는 듯이 보이지만 그 내막에는 남에게 드러내 보일 수 없는 고뇌나 슬픔을 안고 시달리고 있는 사람이 적지 않습니다.

오늘 말씀에는 "심령의 근심은 뼈를 마르게 하느니라"라고 했는데, 마음의 고뇌는 육신의 건강까지 해쳐 목숨을 단축시키기도 합니다. 어떤 사람이 병원에서 암 진단을 받고 일주일 만에 죽었다고 합니다. 인간은 희망을 잃으면 살아갈 수 없습니다. 반대로 마음에 희망과 즐거움이 있으면 어떤 고생도 이길 수 있습니다. 벤자민 플랭클린은 "양심이 깨끗하면 날마다 크리스마스이다."라고 말한 적이 있습니다. 어떻게 하면 우리가 날마다 크리스마스를 맞이할 수 있을까요?

십자가에 달려서 우리를 죄에서 구원하고 부활에 의해 우리의 죽음을 멸해 주신 그리스도를 믿고 받아들여 죄를 용서받고 하나님의 자녀가 된 사람의 가슴 속에는 말로 표현하기 어려운 기쁨이 깃들게 되고, 어떤 고뇌도 능히 극복하고 살아갈 희망과 힘이 주어집니다.

✟ **기도제목**
1) 신앙으로 기쁨이 넘치게 하소서.
2) 마음의 즐거움을 이웃에게 전하게 하소서.

진정한 친구

♣ 성경 잠언 18:24   찬송 430(456)장 ♣

프랑스의 화가 밀레와 사상가 루소에 대한 이야기입니다. 불후의 명작을 남긴 유명한 밀레도 '접목하는 사나이'를 그리고 있을 무렵에는 무명 화가였기에 궁핍한 생활을 하였습니다. 그 무렵 세상에 널리 알려진 루소가 밀레의 집을 찾아갔습니다.

그는 밀레의 집에 걸려 있는 그림 중에서 '접목하는 사나이'에 주목하고 "이건 세계적인 벽화야. 내가 아는 사람이 자네 그림을 한 장 갖고 싶어하는데 그림 선택은 나한테 맡기기로 했네. 이 그림을 팔지 않겠나?"라고 말했습니다.

루소가 돈 봉투를 주고 돌아간 후에 열어보니 500프랑이 들어 있었습니다. 밀레 일가는 이 돈으로 추운 겨울을 따뜻하게 지낼 수 있었습니다. 몇 해가 지나 밀레가 루소의 집을 찾아갔더니 객실 벽에 그 '접목하는 사나이'가 걸려 있는 것을 보고 그는 루소의 깊은 우정을 알았다고 합니다.

그리스의 어떤 철인의 말대로 친구는 '이익을 위한 친구, 쾌락을 위한 친구, 덕을 위한 친구' 등 여러 부류의 친구가 있습니다. 그런데 진정한 친구란 역경에 처했을 때 힘이 되어 주는 친구일 것입니다.

여러분에게 그런 친구가 있습니까? 예수 그리스도야말로 친구 중의 친구입니다(요 15:15). 예수 그리스도는 하늘의 영광을 버리고 가난한 목수의 아들로 말구유에서 태어나 육적으로 가난한 생애를 사시면서 특히 사람들이 혐오하는 죄인이나 기생이나 병자들의 친구가 되어 주셨습니다.

뿐만 아니라 아무 죄도 없이 십자가에 달리셔서 목숨까지 버리셨습니다. 그리고 지금은 성령으로 믿는 자의 마음속에 사시고, 설사 세상 친구가 우리를 버리고 떠나가더라도 영원히 변치 않는 사랑으로 우리를 인도해 주십니다.

✞ 기도제목
1) 서로 좋은 믿음의 친구가 되게 하소서.
2) 진실한 친구이신 예수님과 늘 동행하게 하소서.

하나님의 계획

♣ 성경 잠언 19:21　찬송 384(434)장 ♣

어느 중소기업 사장 가족의 이야기입니다. 이 사장은 병원에 입원 중이었고 부인도 어떤 사회 문제로 궁지에 몰려 있었습니다. 그런데 이 부인이 교회의 부흥회에 참석하여 그 자리에서 그리스도를 받아들이고, 나중에 입원 중인 사장도 수술을 받고 완쾌하여 교회에 나가게 되었습니다. 그리고 부인이 안고 있던 어려운 문제도 주의 은혜로 풀리게 되었고, 자녀들도 세례를 받아 전 가족이 하나님의 자녀가 되었습니다.

그런데 이 부인에게 부흥회에 나갈 것을 권고하고, 입원 중인 사장에게 날마다 예수를 믿으라고 편지를 써 보낸 사람은 초등학교 2학년인 막내딸이었습니다. 이때 부인이 이런 말을 했습니다. "제가 그 애를 임신했을 때의 일이에요. 아이가 둘이나 있으니 지워 달라고 의사에게 부탁하자 의사는 '자녀는 하나님께서 주시는 거예요. 감사하고 낳으세요.' 하며 오히려 책망했어요. 그런데 그 애에 의해 우리 가족이 모두 구원을 받게 되었어요."

사람들은 누구나 계획을 세우고 일을 합니다. 그런데 우리들의 계획대로 되지 않는 경우가 많습니다. 성경에도 많은 실례가 있습니다. 창세기 11장을 보면 노아의 자손은 시날 평지에 탑을 세우고 탑의 꼭대기가 하늘에 닿게 하여 그곳을 중심으로 거처를 정하고 온 땅에 흩어지지 않으려고 계획했습니다. 그러나 그것은 하나님의 뜻에 합당하지 않았으므로, 하나님은 그들의 말을 혼잡하게 하고 그들의 공사를 미완성인 채 중단시켜 온 땅에 흩어지게 하셨습니다.

그리고 역사 속에도 많은 실례가 있습니다. 예컨대 나폴레옹은 워털루의 전쟁을 시작할 때 충분한 작전 계획을 미리 세웠습니다. 그러나 전투를 개시하려던 아침에 뜻하지 않은 집중 호우가 쏟아져 내렸기 때문에 작전이 빗나가 패배하였습니다.

우리는 내 계획이 주의 뜻에 합당한지 생각해야 합니다.

✞ **기도제목**
　1) 계획을 세우기 전에 먼저 기도하게 하소서.
　2) 내 계획이 주의 뜻과 일치하게 하소서.

술의 무익함
♣ 성경 잠언 20:1 찬송 457(510)장 ♣

탈무드를 공부하는 학자가 있었는데 그는 술고래였습니다.
 어떤 사람이 그 학자에게 물었습니다. "우리 경건한 조상들은 우리에게 술 취하는 것은 안 좋은 것이라고 가르쳤지요?" "나는 취하고 싶어서 술을 마시는 것이 아니오. 나의 슬픔을 술 속에 익사시켜 버리려고 마시는 것이요." "그럼 술을 마시고 슬픔을 익사시키셨나요?"
 그는 우울한 표정을 지으면서 말했습니다.
 "그러나 유감스럽게도 아직까지 성공하지 못하였지요. 나의 슬픔은 아주 심술궂어서 술을 마시면 마실수록 점점 수영을 더 잘하네요."

 술은 경조사나 연회 등에 반드시 쓰입니다. 술은 주로 남자들이 마셨으나 오늘날에는 여자 음주자가 날로 늘어가는 추세에 있으며 우리나라도 이런 일에 결코 예외가 아닙니다. 최근에 와서 큰 사회 문제가 되고 있는 교통사고, 특히 사망의 첫째 원인이 음주 운전에 있다고 합니다. 음주 운전은 자신의 목숨을 거는 모험이며 타인의 귀중한 생명도 위협하는 것임을 누구나 명심해야 할 것입니다.
 몇 잔의 술을 기울이는 맛 때문에 자타의 목숨과 가정을 해치고 멸망에 몰아넣게 된다면 이보다 더 큰 불찰이 어디 있겠습니까? 그럼에도 불구하고 이것이 좀처럼 시정되기 어려우니 참으로 안타까운 일입니다.
 우리나라의 개신교에서는 대체로 술을 금하고 있습니다. 그래서 이것이 전도에 하나의 걸림돌이 되기도 합니다. 어떤 사람이 술을 끊기 싫어 교회에 나오기를 망설이다가 그리스도께서 술 문제도 해결해 주신다는 말을 듣고 일단 교회에 나왔는데 그리스도를 영접하게 되자 술집 앞을 지나가면 술 냄새가 고약하게 풍겨와 저절로 술을 끊게 되었다고 합니다. 신앙생활에 무익한 것을 버리시기 바랍니다.

✝ 기도제목
 1) 신앙에 무익한 것을 버리게 하소서.
 2) 헛된 것을 즐기는 자들을 불쌍히 여기소서.

베푸는 삶

♣ 성경 잠언 21:13   찬송 499(277)장 ♣

어느 무더운 여름날에 미국의 미네소타주의 로체스터시에 있는 메이어라는 유명한 병원의 원장인 메이어 박사가 진료를 하러 가던 중 그만 언덕길에서 차가 고장나서 뜨거운 햇볕을 받으며 먼 길을 걸어 산 아래 마을에 도착했습니다. 그때 한 부인이 더위에 지쳐 있는 그의 모습이 안쓰러웠는지 "더위에 몹시 지쳐 보이는군요. 시원한 우유 한 잔 드시겠어요?"라고 말했습니다. 메이어 박가가 우유를 한 잔 마시고, 또 한 잔을 청했더니 부인은 빙그레 웃으며 친절하게 한 잔 더 갖다 주었습니다.

그리고 몇 해 후 그 부인이 매우 심각한 병에 걸려 메이어 병원에 입원해 있다가 대수술을 받고 살아나게 되었습니다. 수술 후 그 남편이 치료비 청구서를 가지고 와서 부인에게 보여 주었습니다. 청구서를 읽어보니 수술비와 치료비가 무려 2천 불이 넘었습니다. 그런데 청구서 아래에는 다음과 같은 놀라운 글이 적혀 있었습니다. 2천 불의 치료비는 예전에 그대가 준 시원한 우유 두 잔으로 모두 지불되었습니다. -메이어 박사-

가난한 사람의 부르짖는 소리를 듣는다는 것은 반드시 물질적으로 도와주는 것을 의미하지는 않습니다. 한 형제로서 사랑을 나누는 것임을 의미합니다. 누가복음에는 호화롭게 살고 있는 부자와 그 부자의 집 대문에 누워 부자의 상에서 떨어지는 부스러기로 굶주림을 달래려던 거지 나사로의 이야기가 나옵니다.

이 거지 나사로는 죽어 천사의 인도를 받아 아브라함의 품에 안겼으나, 그 부자는 죽어 음부에 가서 고통을 당하게 되었습니다. 만일 이 부자가 생전에 가난한 나사로의 간청을 들어 후히 대접했더라면 그도 천국에 들어갈 수 있었다고 생각해서는 안 됩니다. 성경은 "너희는 그 은혜에 의하여 믿음으로 말미암아 구원을 받았으니 이것이 너희에게서 난 것이 아니요 하나님의 선물이라"(엡 2:8)라고 가르치고 있습니다.

✟ **기도제목**
1) 가난한 자의 도움의 요청을 듣게 하소서.
2) 구원의 선물을 감사하게 하소서.

물질의 축복

♣ 성경 잠언 22:4   찬송 375(421)장 ♣

미국의 실업가 스탠리는 플라스틱 회사를 인수하여 경영하다가 망하게 되었는데 하나님께 엎드려 기도하는 중에 "예수를 사장으로 모시고 해 보라."라는 영음을 들었습니다. 그는 변호사를 찾아가서 법적으로 예수님께 51%의 주식을 드리기로 하고 주님께 기도로 물어가며 경영한 결과 해마다 순이익 200만 불을 올리는 회사로 발전하게 되었습니다.

하나님을 두렵게 섬기고 그리스도를 마음속에 모시면 영과 육이 아울러 강건해지는 축복을 받게 됩니다. 그러나 여기서 유의해야 하는 것은 이러한 축복이 하나의 결과이지 결코 목적이 될 수 없다는 것입니다. 만일 그 본말이 전도되어 축복받기 위해 예수를 믿는다면 그것은 기복 신앙으로 전락하고 마는 것입니다.

다시 말해서 돈을 벌기 위해, 승진하기 위해, 병을 고치기 위해, 좋은 대학에 들어가기 위해…… 교회 문을 드나드는 것은 잘못된 것이라는 것입니다. 이런 사람은 진정한 그리스도인이 아닙니다. 예수를 믿으면 오늘 주신 말씀대로 육적인 축복이 따르기도 하지만, 장삿속으로 믿는 사람과는 무관합니다.

모든 일은 살아계신 주께서 지켜 주시고 베풀어 주시는 축복 속에서 이루어지는 것입니다.

솔로몬이 하나님께 재물을 구하지 아니하고 지혜를 구할 때에 그는 재물과 부귀를 부수적으로 얻게 되었던 것입니다. 이처럼 하나님을 믿고 순종하는 자들에게 재물이 축복으로 주어집니다.

✚ **기도제목**
1) 모든 일을 주의 뜻대로 운영하게 하소서.
2) 예수를 내 사업체의 사장으로 모시게 하소서.

감사의 영성

♣ 성경 하박국 3:17~19　찬송 315(512)장 ♣

독일의 한 외과의사가 너무나 가슴 아픈 수술을 집도해야 했습니다. 한 여인이 설암 즉 혀에 암이 생겨 혀를 잘라야만 하는 수술을 하게 된 것이었습니다.

의사는 수술을 집도하기에 앞서 환자에게 물었습니다. "이제 혀를 자르게 됩니다. 혀를 자르기 전에 마지막으로 하고 싶은 말이 있다면 하십시오." 여인은 조용히 눈을 감고 기도합니다. 눈을 감고 기도하는 그 여인의 눈에서 주르륵 눈물이 흘러내립니다. 이윽고 여인이 입술을 열더니 그의 생애 마지막 한마디를 고백합니다. "주여 감사합니다."

하박국 선지자는 "주 여호와는 나의 힘이시라"라고 고백합니다. 그는 힘들고 절망적인 상황 속에서 여호와 하나님을 주로 삼고 자신이 온전히 의지할 힘의 근원으로 믿었습니다. 그는 자신에게는 이 상황을 풀어 나갈 아무런 힘이 없음을 겸손히 인정하고 오직 하나님께만 모든 소망과 구원이 있음을 믿고 철저히 하나님의 능력만을 의지하였습니다.

그러기에 하박국 선지자는 "나의 발을 사슴과 같게 하사 나를 나의 높은 곳으로 다니게 하시리로다"(19절)라고 고백합니다. 이 말씀에서 '나의 높은 곳'은 어떤 곳입니까? 사슴과 같은 짐승이 맹수들의 위협을 피할 수 있는 안전지대와도 같은 곳입니다. 그곳은 어떠한 원수의 위협도 미치지 못하는 곳입니다.

하나님을 나의 힘으로 의지하고 살아가는 성도의 삶은 영적으로 고공비행하여 먹구름 위로 올라가는 삶입니다. 이러한 삶을 사는 성도는 어떠한 힘든 환경 속에서도 환경에 영향을 받고 주저앉는 것이 아니라 오히려 감사와 기쁨을 회복하고 선한 영향력을 끼치므로 환경을 변화시키는 삶을 살 수 있게 됩니다.

✚ 기도제목
1) 새 힘을 얻고 감사와 기쁨을 회복할 수 있게 하여 주소서.
2) 하나님의 도우심만을 의지함으로 어려움을 잘 극복하게 하소서.

칠전팔기

♣ 성경 잠언 24:16   찬송 384(434)장 ♣

펄 벅은 「어머니의 손상」이라는 작품에서 어머니 메어리에 대해 이렇게 말하고 있습니다.

"어머니는 결혼한 지 얼마 안 되어 22세의 색시 때에 당시에 아직 미개하여 목숨을 보장할 수 없는 중국 대륙으로 전도를 위해 건너갔습니다. 그곳에서 일곱 자녀가 태어났는데, 네 아이는 어머니의 눈앞에서 잇따라 숨을 거두었습니다. 어머니는 계속되는 빈곤과 병고와 궁핍, 고립, 박해 등의 처절한 눈물의 골짜기를 지났습니다. 그러나 놀랍게도 자식들에게는 그것이 비극으로 보이지 않았습니다.

어머니는 많지 않은 잡지나 책이나 자기의 기억에서 여러 가지 노래나 리듬을 생각해 내어 자식들에게 즐거움을 주고, 몇 해씩 같은 옷을 입히면서도 리본이나 꽃 한 송이를 옷깃에 다는 등 사소한 착안으로 언제나 자식들에게 새 옷을 입고 있는 듯한 기분을 갖게 해주었습니다."

'칠전팔기'라는 격언이 있습니다. 이 말은 분발을 촉구하는 것으로 '일곱 번 쓰러져도 분발하여 다시 한번 일어나라!'는 것입니다. 본문에서 '일곱 번'이란 횟수를 말하는 것이 아니라, 완전수를 의미합니다. '일곱 번 넘어진다'는 것은 완전히 녹다운 되어 인간의 분발로는 다시 일어날 수 없는 상태를 의미합니다. 그럼에도 불구하고 성경은 "다시 일어난다"라고 했습니다.

본문의 '의인'은 행실이 도덕적으로 훌륭하고 올바른 사람을 가리키는 것이 아닙니다. 믿음으로 인해 하나님으로부터 의로운 자로 인정받은 사람을 말합니다. '칠전팔기'는 인간의 분발을 촉구하는 말이지만 인간의 분발에는 한계가 있습니다. 그러나 한계가 없는 절대적인 하나님과 연결된 사람 즉 의인은 완전히 녹다운 되었어도 하나님의 권능에 의해 다시 일어날 수 있습니다.

✚ 기도제목
1) 사소한 일에도 주의 은총을 깨닫게 하소서.
2) 인간의 힘으로 일어날 수 없는 자들이 주를 부르게 하소서.

예수님의 보혈

♣ 성경 마태복음 27:38~44 찬송 93(93)장 ♣

미국 어느 농장에 부인은 예수님을 잘 믿는데, 남편은 예수님을 안 믿었습니다. 왜 예수님이 십자가에 달려 죽으셨는지 이해할 수가 없다는 것입니다.

어느 날 족제비가 닭장에 들어가서 암탉의 목을 물어뜯어서 그 암탉이 피를 흘리고 죽었는데, 그 주인이 암탉을 툭 쳤더니 죽은 채 옆으로 쓰러졌습니다. 그런데 그 암탉의 품에서 병아리들이 삐약삐약하면서 쏟아져 나왔습니다.

그 암탉은 족제비를 피하면 살 수가 있었는데, 병아리들을 살리려고 품에 안은 채 족제비에게 물려 피를 다 흘리고 죽었던 것입니다.

예수님은 십자가에서 온 몸에 상처를 입으시고 피를 흘리셨습니다. 그러나 주님의 십자가는 우리를 치료하는 십자가가 되었습니다. 인간들은 누구나 저마다의 상처로 아파하고 괴로워합니다.

이 세상의 어디에도 우리의 찢기고 상한 심령을 치료할 곳은 없습니다. 오직 십자가 위에서 상처를 받으시고 흘리신 예수의 보혈만이 우리의 상처를 치료해 주십니다. 그리스도가 우리를 대신하여 상처를 받으시고 우리의 상처를 치료해 주십니다.

인간은 자신의 죄책감과 상처를 해결할 수 없습니다. 그러나 십자가는 희생양이 할 수 없었던 것을 해냈습니다. 매년 드리는 제사가 아니라 단 한번의 죽음으로 우리 죄를 영원히 씻어 주었습니다.

우리는 우리의 죄와 죄책감을 해결할 수 없습니다. 인간은 자신을 깨끗하게 씻어 줄 이가 필요하며 구원자가 필요한 것입니다. 그러므로 유일하신 하나님의 아들 예수 그리스도의 십자가의 은혜가 필요한 것입니다.

✚ 기도제목
1) 우리에게 생명 주신 주님을 위해 살게 하소서.
2) 예수 그리스도의 구세주 되심을 널리 전파하게 하소서.

함정을 파는 자

♣ 성경 잠언 26:27 찬송 300(406)장 ♣

구약의 에스더서에 하만과 모르드개의 이야기가 나옵니다. 모르드개는 예루살렘에서 붙잡혀 페르시아로 끌려온 포로였으나, 페르시아 왕 아하수에로의 목숨을 암살자의 손에서 건졌기 때문에 왕으로부터 영예를 받게 되었습니다. 그런데 왕이 영예를 줄 사람은 자기밖에는 없다고 생각한 대신 하만은, 자기에게 절하지 않는 모르드개를 괘씸하게 여겨서 고민한 끝에 아내 및 친구와 의논하여 모르드개를 나무에 매달 계획을 세우고 그 나무를 자기 집 뜰에 세웠습니다. 그런데 이 흉계가 왕에게 발각되어 모르드개를 매달려고 했던 그 나무에 결국 하만 자신이 매달리게 되었습니다.

'자업자득'이라는 말이 있는데 오늘 본문과도 일맥상통하는 데가 있습니다. 성경에는 질투나 증오로 남을 저주하고 남을 함정에 빠뜨리려고 하다가 오히려 자기가 판 함정에 자기가 떨어진 실례가 많이 기록되어 있습니다. 이런 질투나 시기에서 벗어나려면 어떻게 해야 할까요?

첫째로 우리가 생각하고 있는 행복의 기준을 고쳐야 합니다. "인간의 풍요함이 그 재물에 있지 않다."라고 성경은 가르치고 있습니다. 인간의 행복이 재산이나 지위나 명예에 있는 것이 아님을 인정해야 합니다.

둘째로 타인과 자기를 비교하지 말아야 합니다. 하나님은 우리 한 사람 한 사람에게 재능이나 선물을 주고 계십니다. 우리에게 주어진 것을 감사하고 노력해 나갈 때 하나님의 축복을 받아 더욱 풍성해져서 어느새 남을 질투하는 마음이 없어질 것입니다.

셋째로 우리가 그리스도의 사랑을 더욱 깊이 깨달아야 합니다. 죄 많은 자기가 그리스도의 사랑을 받고 있다는 것을 깊이 깨달을수록 남의 행복도 기뻐할 수 있습니다. 날마다 겸손한 마음으로 이 사랑을 주께 구합시다.

✚ **기도제목**
  1) 나를 해하려는 자를 사랑하게 하소서.
  2) 남을 곤경에 빠뜨리지 않게 하소서.

내일의 일

♣ 성경 잠언 27:1   찬송 543(342)장 ♣

케네디 대통령은 차기 대통령 선거 유세 차 달라스 시에 갔을 때 환영하는 군중들에게 손을 흔들어 답례하다가 괴한의 총탄에 맞아 쓰러졌습니다. 그의 달라스 행은 영원히 돌아올 수 없는 길이 되고 말았습니다.
또한 케네디 대통령의 동생 로버트 케네디 상원 의원도 대통령 예비선거 시 미국 전역에 선풍을 일으키고 승리의 깃발을 날리며 나아가다가 켈리포니아의 어느 호텔에서 자기를 위하여 수고한 사람들과 환담을 나누던 중 총탄에 맞아 쓰러졌습니다. 조금 전까지만 해도 그는 대통령이 될 꿈에 부풀어 있었을 뿐 그의 출마가 죽음의 길이 될 줄은 상상도 못했을 것입니다. 한 치 앞도 보지 못하는 게 인생입니다.

오늘 먹고 마시고 즐기는 것밖에 모르는 사람은 내일이 없는 사람입니다. 하루만 살고 죽는 하루살이 벌레는 내일이란 것이 무엇인지 모릅니다.
예수 믿지 않고 사는 사람들도 하루살이처럼 이 세상에서 사는 것이 전부인 줄로 압니다. 내세에 대해서는 전혀 알지 못합니다. 그러므로 이 세상에 살다가 죽으면 그만이라고 말합니다. 하루살이처럼 육신의 향락을 위해서 삽니다.
내일 일은 아둔한 인생이 알 수 없습니다. 베드로는 예수님을 부인하지 않겠다고 예수와 제자들 앞에서 선언했지만, 그는 하찮은 계집종에게 예수를 모른다고 세 번이나 부인하고 말았습니다. 자기 자신의 마음까지도 알 수가 없습니다.
오늘 본문 말씀대로 하루 동안에 무슨 일이 일어날지 알 수 없는 것이 우리 인간입니다. 세상에서 일어나는 모든 일이 다 그렇습니다. 그러므로 우리는 주님을 의지하며 겸손한 모습으로 살아가야 합니다.

✚ 기도제목
  1) 재해를 통해 하나님의 섭리를 깨닫게 하소서.
  2) 내일 일을 모르는 인생들이 주를 의지하게 하소서.

자복 후에 오는 은총
♣ 성경 잠언 28:13   찬송 258(190)장 ♣

미국에서 두 사람이 동시에 교통사고를 일으켜 사람을 죽게 한 일이 있었습니다. 한 사람은 무지한 농부이고, 한 사람은 유식한 대학 교수였습니다.

농부는 자수하여 유치장에 들어갔는데 그 때문에 가난한 농부의 가족들은 큰 어려움을 겪어야만 했습니다. 한편 대학 교수는 주위에서 본 사람이 없는 것을 다행스럽게 여기고 현장에서 도망쳐 나와 계속 교단에서 학생들을 가르치며 가족과 단란하게 보냈습니다.

그런데 5년이 지나 그 교수는 덜미를 잡혀 형무소 신세를 지게 되었습니다. 인격은 완전히 매장되었고, 교단에서도 영원히 떠나게 되었습니다. 반면에 자수한 농부는 옥중에 있는 동안 예수님을 영접하고 출옥하여 하나님의 축복으로 다시 농장을 경영하게 되었습니다.

아무리 완벽한 사람이라도 뜻하지 않은 실패를 하거나 죄에 빠지기도 합니다. 그러나 이것을 숨기지 않고 정직하게 고백하면 하나님의 은총으로 번영하는 길이 열리게 됩니다. 어떤 태도를 취하느냐에 따라 그 사람의 인생이 크게 달라집니다.

반대로 자신의 죄를 숨기면 하나님의 축복을 받지 못하고 이로 말미암아 자기의 일생이 망치게 될 뿐 아니라 씻을 수 없는 오명과 수치를 당하는 결과를 초래하기도 합니다. 자기의 잘못이나 죄를 솔직하게 인정하고 이것을 고백하는 것은 결코 쉬운 일은 아닙니다. 그것은 수치스럽고 괴로운 일이 아닐 수 없습니다. 다윗은 간음죄와 살인죄를 범한 후에 나단의 지적을 받고 대신들 앞에서 자신의 죄를 자복했습니다.

죄를 자복하고 하나님께 의탁할 때, 하나님은 반드시 우리에게 힘이 되어 주시고 자비와 축복을 베풀어 주십니다.

✞ 기도제목
1) 우리 죄를 주께 자복하게 하소서.
2) 고난당한 이웃을 그리스도의 사랑으로 살피게 하소서.

여호와를 의지하라

♣ 성경 잠언 29:25   찬송 538(327)장 ♣

70세가 넘은 불교신자 할머니가 개종하여 예수 그리스도를 영접하고 믿게 되었습니다. 어느 날 할머니는 그때까지 소중히 간직하고 있던 염주를 스님에게 돌려주려고 갔습니다. 스님은 할머니의 사연을 듣고 화를 내면서 말했습니다. "부처님을 열심히 모시다가 이제 와서 예수라니요. 그 벌을 어떻게 받을 거요. 부처님의 벌이 어떻게 내릴지는 단정할 수 없지만, 아무튼 큰 변을 당하게 될 테니 그리 아시오."
"스님, 나는 이제 그리스도를 구주로 믿고 있어요. 어떤 벌을 받고 설사 죽더라도, 천국으로 갈 수 있어요. 그렇지만 이런 염주는 아무리 굴려도 아무 소망도 평안도 없어요. 내게 벌이 내릴지, 어떨지 지켜봐 주세요."라고 할머니는 단호하게 말했습니다.
그런데 해가 바뀌어도 벌은커녕 하나님의 축복으로 평안과 기쁨의 빛이 비치는 할머니를 보고, 마을의 노인들도 교회에 나와 예수 그리스도를 영접하게 되었습니다.

미래에 대한 공포, 어떤 불길한 일이 일어날 것만 같은 불안, 위기의식, 죽음에 대한 두려움……; 인생은 참으로 불안과 공포의 연속입니다. 그러나 그리스도를 믿고 의지하는 사람은 이 모든 불안과 공포에서 해방되어 마음의 평안을 얻을 수 있다는 것이 오늘 말씀입니다.
그런데 그리스도를 믿고 크리스천이 되어도 공포가 두 가지 형태로 나타나는 경우가 있습니다. 그 하나는 미신적인 공포이고, 또 하나는 사람을 두려워하는 공포입니다.
열두 제자의 대표적인 베드로까지도 예수님이 십자가에 달리게 되었을 때, 사람을 두려워했으므로 대제사장의 여종에게 예수님을 모른다고 거부하는 어처구니없는 실수를 저질렀던 것입니다. 사람을 두려워하면 함정에 빠질 수 있으나 여호와를 의지하면 안전하다는 것을 기억합시다.

✞ 기도제목
  1) 예수로 평안을 체험하게 하소서.
  2) 죽음도 두려워하지 않게 하소서.

두 가지 소원
♣ 성경 잠언 30:7~9 찬송 390(444)장 ♣

어떤 사람이 나이아가라 폭포 앞에서 "이 폭포의 주인은 나다!"라고 외쳤습니다. 지나가던 사람이 그 말을 듣고 "이 폭포가 정말 당신 것이오?" 하고 물었습니다. 그러자 그는 자신만만하게 대답했습니다. "하나님이 이 폭포의 주인이시고 나는 그의 아들이며 상속자이기에 이것은 내 것입니다."

오늘 본문의 저자는 하나님께 두 가지 은총 주시기를 간구했습니다. 그 하나는 거짓이 없는 진실한 생활을 하는 것이고, 또 하나는 하나님이 그를 가난하지도 부유하지도 않게 하셔서 단지 필요한 양식에 부족함이 없는 것이었습니다.

인간은 누구나 자기의 마음이나 인격이 시험을 당하는 경우가 두 가지 있다고 생각합니다. 그것은 부유해졌을 때와 반대로 가난해졌을 때입니다. 인간은 부유해지면 교만하여 가난한 사람을 내려다보거나 하나님을 등지고 쾌락을 좇거나 정욕에 빠져 마음의 축복을 잃을 염려가 있습니다. 이와 반대로 너무 가난하면 마음이 천박해져서 남을 속이거나 도둑질을 하여 죄를 범할 위험이 있습니다.

사람은 가난할 때보다 오히려 부유할 때가 더 위험합니다. 가난했을 때에는 힘을 모아 서로 도우면서 열심히 살림을 꾸려 나가던 부부도 여유가 생기면 딴 데 한눈을 팔아 가정이 파괴된 예를 많이 봅니다.

중요한 것은 사도 바울이 디모데에게 권고한 것처럼 의지할 것이 못되는 재물에 소망을 두지 말고, 우리에게 모든 것을 풍성히 주시는 하나님께 소망을 두어야 하는 것입니다.

인생의 풍요로움은 그 사람이 부에 소망을 두고 있는가, 하나님께 소망을 두고 있는가에 의해 결정됩니다.

✞ **기도제목**
 1) 허탄함과 거짓말을 멀리하게 하소서.
 2) 하나님께 소망을 두고 살아가게 하소서.

아름다운 여인

♣ 성경 잠언 31:30   찬송 216(356)장 ♣

파스칼은 "클레오파트라의 코가 조금만 더 낮았더라면 세계의 역사가 달라졌을 것이다."라고 말했는데, 참으로 핵심을 찌른 말이라고 하겠습니다. 그녀는 이집트의 프톨레마이오스 조의 마지막 여왕으로, 프톨레마이오스 13세와 결혼하여 이집트를 공동통치하다가 한때 왕위에서 쫓겨났으나 카이사르의 도움으로 왕위에 오르고 그와 동거하였으며, 프톨레마이오스 13세가 카이사르와 싸우고 죽은 후에는 그의 아우, 즉 시동생이자 남동생인 프톨레마이오스 14세와 재혼했습니다. 그는 안토니우스를 유혹하는 등 남자 행각이 자못 화려했습니다. 결국은 스스로 독사를 풀어놓아 그 독사에 유방이 물려 죽고 말았습니다. 그녀는 미모로 알려진 여왕으로 셰익스피어의 「안토니우스와 클레오파트라」, 버나드 쇼의 「시저와 클레오파트라」의 여주인공이 되기도 했으나 말로는 이처럼 비참했습니다.

인간은 누구나 추한 것보다 아름다운 것을 좋아합니다. 자연의 아름다움, 예술품의 아름다움을 감상하는 것도 그런 마음의 발로이지만, 인간의 용모의 아름다움이 어느 정도 남녀 간의 애정의 대상이 되는 것도 당연한 일입니다. 그러나 참된 아름다움은 외면적인 화장이나 화려한 옷차림에서 생기는 것은 아닙니다. 그것은 내면적인 평안이나 기쁨에서 생기는 것입니다.

용모보다 마음가짐 자체가 문제입니다. 용모가 아무리 아름답고 값진 옷을 차려 입어도 자기 과시가 넘친다면 모처럼의 아름다움이 오히려 추하게 보일 것입니다. 그 마음가짐이 그 용모를 더욱 추하게 하기 때문입니다.

참된 아름다움은 외면적인 데 있지 않고 내면에서 우러나게 마련입니다. 그것은 그리스도를 영접하고 마음속에 평안과 기쁨이 충만한 아름다움이고, 죄 씻음을 받고 누리게 되는 자유함의 아름다움입니다.

✝ 기도제목

1) 믿음의 아름다움으로 단장하게 하소서.
2) 외모보다 내면의 아름다움을 추구하게 하소서.

여름은 은혜의 계절

♣ 성경 시편 74:16~17 찬송 406(464)장 ♣

어떤 여자가 결핵과 카리에스로 10여 년 동안 가정에서 요양하면서 '나는 무엇 때문에 이 세상에 태어났을까?' 하고 자신을 저주하면서 병고와 싸우다가, 복음을 접하면서 사고방식이 완전히 달라졌습니다. 그리하여 종래의 불평과 원망이 씻은 듯이 사라졌습니다. 그리고 자기가 당한 고통을 통하여 그리스도를 영접하고 주님을 의지하게 된 것을 하나님께 감사하게 되었습니다. 그리고 자기의 고통이 그리스도의 고난에 동참하는 계기가 된 것을 기뻐했습니다.

우리는 이 뜨거운 여름에 덥다고 짜증을 부리기 전에 숨겨진 하나님의 섭리를 발견하고 감사할 줄도 알아야 할 것입니다. 오늘 말씀의 가르침은, 여름은 만물을 육성하시는 하나님의 사랑을 나타낸다는 것입니다. 생각해 보면, 인간의 의식주에 필요한 재료가 되는 것은 이 뜨거운 여름 동안에 육성됩니다. 벼가 익는 것도 이 시기입니다.

우리가 나무 그늘에서 낮잠을 자는 동안에도 하나님께서는 푸른 잎사귀와 햇빛을 이용하여 우리를 위해 먹을 것을 마련하고 계신 것입니다. 우리에게 따가운 햇살이야말로 사실은 낟알이 여무는데 가장 필요한 것입니다. 그런 의미에서 여름은 하나님의 은혜의 계절이기도 합니다. 여름에는 수박, 참외, 포도 등 특히 수분이 많은 과일을 생산하게 하십니다.

이것을 보더라도, 하나님께서 우리를 위해 얼마나 세심한 주의를 기울여 인간의 생활을 돌봐 주고 계시는가를 알 수 있습니다. 이러한 것을 생각할 때 그 크신 사랑에 다시금 감사하지 않을 수 없습니다.

환난이나 시련을 뜨거운 햇볕이 쨍쨍 내리쬐는 인생의 여름에 비유할 수 있지만, 이때에도 하나님은 묵묵히 최선의 축복을 내리시는 것입니다.

✞ **기도제목**
1) 더위를 핑계로 나태하지 않게 하소서.
2) 불평과 불만을 버리게 하소서.

있는 그대로

♣ 성경 히브리서 4:13 찬송 278(336)장 ♣

어느 교회의 목사관에서 신세를 지고 있는 할아버지는, 여름에도 언제나 긴 소매가 달린 와이셔츠를 입었습니다. 자기 방에 들어가 런닝 바람으로 있을 때에는 안으로 문을 잠궜습니다.

그것은 자기 몸의 문신을 남에게 보이고 싶지 않았기 때문이었습니다. 그러나 끝까지 숨길 수 없었던지 어느 날 목사에게 자기가 저지른 과거의 죄를 모조리 고백하고 그리스도의 자비를 빌었습니다.

그 후로 그는 방문을 잠그지 않고도 평안과 기쁨이 충만한 밝은 나날을 보내게 되었습니다. 하나님의 독생자 예수 그리스도가 산 제물이 되셔서 자신을 바친 사랑의 희생으로 우리 죄를 용서하시고, 우리를 당신의 자녀로 삼아 주셨습니다.

겨울의 추위는 우리를 따뜻한 방 안에 갇혀 있게 하고 두터운 옷을 입게 합니다. 그러나 여름의 더위는 우리를 바다와 산으로 내몰아 알몸이 되게 합니다. 다시 말해서 심한 더위는 방문을 열게 하고 옷을 벗게 합니다. 그런데 하나님을 떠나 죄에 빠진 사람의 경우는 어떨까요? 그는 언제나 자기를 숨기고 싸매려고 합니다. 알몸의 수치를 가리기 위해 아름다운 옷을 걸치고, 예쁘지 않은 얼굴을 화장으로 예쁘게 하고, 추한 마음을 장식하기 위해 미사여구를 늘어놓습니다.

성경은 "지으신 것이 하나도 그 앞에 나타나지 않음이 없고 우리의 결산을 받으실 이의 눈 앞에 만물이 벌거벗은 것같이 드러나느니라"(히 4:13)라고 쓰여 있습니다. 어린 아이의 거짓말을 부모가 알고 있듯이 하나님은 우리의 죄악과 선행을 다 알고 있습니다. 하나님 앞에는 감춘다고 감추어지지 않고 숨긴다고 숨겨지지 않습니다. 있는 그대로 하나님 앞에 나갈 때 축복과 영광으로 가득한 인생이 될 수 있습니다.

✚ **기도제목**
 1) 나의 죄를 하나님께 자복하게 하소서.
 2) 죄를 숨기지 않게 하소서.

인생의 바다

♣ 성경 요한복음 16:33 찬송 380(424)장 ♣

한번은 예수께서 제자들과 함께 갈릴리 바다를 배로 건너가셨습니다. 그때 갑자기 돌풍이 불어와 어부였던 제자들까지도 어찌할 바를 몰라 허둥지둥했습니다. 그때 예수께서는 폭풍이 불어 닥치는데도 고물에서 베개를 베고 주무시고 계셨습니다. 제자들은 주무시고 계신 예수님을 흔들어 깨우고, "선생님, 우리는 폭풍으로 죽을 지경에 이르렀는데 그대로 두시렵니까?"라고 외쳤습니다. 그러자, 예수께서 잠에서 깨어 바람을 꾸짖으시며 바다를 향해 큰소리로 "잠잠하라!"라고 하신 후 제자들에게 "어찌하여 이렇게 무서워하느냐 믿음이 그렇게도 없느냐?"라고 말씀하셨습니다.

바람 한 점 없이 맑게 개인 날에 바다를 바라보면, 참으로 평화로운 느낌이 듭니다. 이렇게 잔잔한 바다라면 어떤 쪽배도 무사히 돌아다닐 수 있을 것 같습니다. 그러나 폭풍이 불어닥치면, 산더미 같은 파도가 몰려와 큰 배도 삼켜 버립니다.

그런데 우리가 항해하고 있는 인생의 바다는 어떤가요? 사회를 한 번 다시 둘러보십시오. 신문의 사회면은 언제나 우울한 뉴스로 가득 메워져 있습니다. 암초에 걸려서 배 밑에 커다란 구멍이 뚫려서 애를 먹고 있는 사람들, 남편과 아내, 부모와 자식 사이지만 충돌을 일으켜 서로 저주하면서 마의 바다에 가라앉아 가는 자, 물과 연료의 결핍에 시달리고 있는 자, 이 얼마나 비참한 처지입니까?

그럼 어떻게 이 마의 바다를 무사히 항해할 수 있을까요?

성경에 기록된 대로 예수님은 천지 창조에 동참하셨습니다(창 1:26). 그러니까 예수님은 구세주이신 하나님으로부터 천지를 지배할 권위를 위탁받은 분이십니다. 그러므로 어떤 바다의 폭풍도 가라앉히실 수 있습니다. 인생의 바다에 불어닥치는 폭풍도 마찬가지입니다.

✞ **기도제목**
1) 환난을 당할 때에 담대하게 하소서.
2) 승리하는 인생 항해가 되게 하소서.

영혼의 항구

♣ 성경 시편 46:1   찬송 325(359)장 ♣

일본이 낳은 20세기의 위인 가가와 도요히코 선생은 5세 때 부모를 잃고, 사랑에 굶주린 암담하고 쓸쓸한 소년이었습니다. 그런데 중학 시절에 그리스도의 위대한 사랑을 알게 된 후 하나님의 품에 안겨 새로운 인생을 출발했습니다.

폐병으로 사형 선고를 받고도 빈민굴에 투신하여, 무뢰한이나 불량배들 사이에서 문자 그대로 피를 토하면서도 그리스도의 사랑을 역설하였습니다. 그는 이웃과 전국적, 전세계적으로 선교 활동을 확장시키고, 또한 많은 사회사업을 일으켜 사회와 국가를 위해 일생을 바쳤습니다.

사랑에 굶주리던 가가와 소년이 언제나 가난한 자, 병든 자, 고뇌에 시달리는 자의 벗으로서 그 생애를 바칠 수 있었던 것은 하나님을 영혼의 항구로 지니고 있었기 때문입니다. 대양을 건너는 배가 아무리 튼튼해도 또 아무리 장비가 완벽해도 항구에 들르지 않고 항해를 계속할 수는 없습니다. 인생의 항해자도 반드시 어떤 인생 항로의 노상에 그 영혼을 쉬게 할 수 있는 안전한 항구가 있어야 합니다.

항구는 단지 폭풍우를 피하는 일종의 피난처에 그치지 않고, 새로운 항해를 시작하는 출발점이기도 합니다. 우리 영혼의 항구인 하나님은 "수고하고 무거운 짐 진 자들아 다 내게로 오라 내가 너희를 쉬게 하리라"(마 11:28) 하고 부드럽게 부르고 계십니다. 하나님께서는 그 가슴에 뛰어든 자에게 새로운 희망과 능력을 채워 주시고, 새로운 사명을 갖고 새로운 항해를 떠나게 하십니다.

눈물과 슬픔으로 하루하루를 보내는 분, 겉으로는 행복해 보이지만 남몰래 고민을 안고 밤새 뜬 눈으로 지내는 분들은 영혼의 항구인 하나님의 품으로 뛰어드십시오.

✞ **기도제목**
 1) 무거운 짐을 주께 맡길 수 있는 믿음을 주소서.
 2) 환난 중에 하나님의 도움을 의지하게 하소서.

고난을 통해서 얻어지는 유익

♣ 성경 히브리서 12:1~10 찬송 304(404)장 ♣

어거스틴은 그가 남긴 불후의 명저 「하나님의 도성」이라는 책에서 참 의미 깊은 말을 했습니다. "고통은 동일하나 고통당하는 사람은 동일하지 않습니다. 악한 사람은 똑같은 고통을 당하면서도 하나님을 비방하고 모독하지만, 선한 사람은 그 고통 속에서도 하나님을 찾으며 찬양합니다. 사람은 무슨 고통을 당하느냐가 문제가 아니라 어떻게 당하느냐가 문제입니다. 똑같은 미풍이 불어오지만 오물은 더러운 냄새를 풍기고 거룩한 기름은 향기로운 냄새를 풍깁니다. 정말 중요한 것은 고통을 당하는 사람의 태도입니다. 똑같은 고통이라도 대하는 사람의 태도에 따라 그것이 추하게도 아름답게도 보입니다."

처음에는 눈에 넣어도 아플 것 같지 않던 아가들이 걸음마를 마치고 나면 어머니들에게는 점점 더 다루기 힘든 아이들로 성장하게 됩니다.

세 살 정도가 되면 자아가 발달하게 되고 호기심을 충족시키기 위한 발동으로 엄마의 말을 듣지 않고 자기 고집을 피우기 시작하면서 작은 전쟁이 치러지게 됩니다. 결국 회초리를 들게 되고 혼을 내게 됩니다. 그러나 이 모든 징계는 사랑의 마음에서 비롯된다는 것은 두말할 나위가 없습니다. 본문 6절에 보면 "주께서 그 사랑하시는 자를 징계하시고 그가 받아들이시는 아들마다 채찍질하심이라"라고 기록되어 있습니다.

성도에게 징계가 주어지고 고난이 허용되어지는 현실이 낙심되게 할 수도 있습니다. 그러나 성숙한 그리스도인이라면 고난의 목적과 그 고난을 허용하신 하나님 아버지의 마음을 헤아릴 줄 아는 지혜와 성숙함이 먼저 필요합니다. 본문 10절에 요약된 것처럼, 그 징계의 목적이 우리의 유익을 위하여 하나님의 거룩하심에 참여하게 하는 것임을 우리는 명심해야 합니다.

✞ **기도제목**
  1) 현재 고난 중에 있는 이들이 하나님나라의 소망을 갖게 하소서.
  2) 믿음의 경주에서 승리하게 하소서.

닻과 안전

♣ 성경 히브리서 6:19 찬송 400(463)장 ♣

어떤 성도가 그리스도를 처음으로 영접할 무렵에 시계점을 경영하고 있었습니다. 신앙의 기쁨을 체험한 그는 그 기쁨을 더욱 많은 사람들에게 전하기 위해 철공소를 열었습니다. 만일 실패하면 다시 시계 수리공으로 돌아가 처자식과 생계를 유지할 생각으로 시작했는데, 얼마 안 되어 프레스에 눌려 오른손의 네 손가락이 잘라져 나갔습니다.

이 경우 대부분의 사람은 "하나님이 이럴 수가……" 하고 동요하기 쉬운데, 그리스도에게 단단히 닻을 내린 그는 "그에게서 하나님이 하시는 일을 나타내고자 하심이라"(요 9:3)라는 말씀을 굳게 믿고, 결코 동요하지 않았습니다.

닻은 말할 것도 없이 배에 없어서는 안 되는 중요한 것입니다. 그래서 닻은 어떤 배에도 반드시 달려 있습니다. 그리고 배에 부착시킬 때에는 닻을 미리 점검합니다. 커다란 해머로 두들겨 보기도 하고, 5미터에서 10미터 가량의 높이에 올렸다가 아래로 떨어뜨려 본 후 이상이 없다고 확인되어야 비로소 사용한다고 합니다.

인생의 어떤 풍파에도 견디고, 영혼을 안전하게 보전하고 부동하게 해 주는 그런 닻이 우리에게도 필요하지 않을까요? 그 닻이란 말할 것도 없이 신앙입니다. 그 닻을 예수 그리스도에게 연결시키고 있는 사람은 인생의 어떤 풍파에도 동요하지 않고 안전합니다.

신앙의 닻이 그리스도 위에 단단히 내려져 있는 사람은 인생의 풍파에도 동요하지 않고, 안전한 삶을 유지하여 하나님의 영광을 드러낼 수 있습니다. 우리 모두에게 영혼을 강건하게 하고, 인생의 어떤 풍파에도 흔들리지 않게 하는 그런 닻이 필요합니다. 그 닻은 그리스도를 마음속에 영접하는 데서 비로소 갖게 됩니다.

✚ **기도제목**
1) 신앙의 닻을 그리스도 위에 내리게 하소서.
2) 소망의 끈을 굳건히 붙잡게 하소서.

하나님의 형상을 회복하라
♣ 성경 창세기 1:26~27 찬송 309(409)장 ♣

칼빈은 하나님의 형상은 인간의 내면, 곧 mind와 heart에 있다고 하였습니다. 우리가 하나님의 형상대로 지음을 받았다는 것은 하나님의 성품을 닮은 인격체로 창조하셨다는 것을 의미합니다. 하나님의 형상은 하나님의 성품을 가리킵니다(벧후 1:4). 그 하나님의 성품을 온전히 보여 주신 분이 예수님이셨습니다.

성도들은 하나님께서 인간을 어떻게 창조하였는지를 바로 깨닫고 창조의 목적에 맞는 삶을 살기 위해서 노력해야 할 것입니다.

사람은 다른 피조물과는 달리 하나님의 형상대로 창조되었기 때문에 하나님을 닮은 삶을 살아야 합니다(창 1:26).

그러나 하나님의 형상이라는 개념은 매우 추상적입니다. 그래서 하나님께서는 우리가 본받고 따를 수 있는 하나님의 성품을 구체적으로 보여 줄 수 있는 제2위 하나님이신 성자 예수님을 보내 주셨습니다. 어떻게 하나님을 닮은 삶을 살 수 있는지에 대해 예수님께서 모범을 보여 주셨습니다.

또한 성도들은 하나님께 영광돌리는 삶을 살아야 합니다. 우리가 하나님께 영광을 돌리는 것은 하나님의 아주 중요한 속성을 닮는 것임을 기억해야 합니다. 하나님께 영광돌리는 것의 구체적인 모범도 예수님께서 우리에게 잘 보여 주셨습니다.

예수님께서는 하나님의 뜻을 따라 사셨습니다. 예수님 자신의 뜻이 아니라, 하나님의 뜻을 따라 기꺼이 십자가에 죽으시기까지 순종하셨습니다. 그리스도와 같이 순종의 삶을 사는 것이 하나님의 형상을 회복하는 길입니다.

✞ 기도제목
 1) 하나님께 영광돌리는 삶을 살게 하소서.
 2) 예수님의 순종을 배워 하나님의 형상을 회복하게 하소서.

우리를 돌보시는 하나님

♣ 성경 이사야 40:6~11   찬송 408(466)장 ♣

작은 마을에서 목회를 하고 있는 어느 목사님이 계셨습니다. 작은 마을이다 보니까 마을에 무슨 문제가 생기면, 사람들은 목사님에게로 달려왔습니다. 그러던 어느 날 마을 사람 하나가 심각한 잘못을 저질러 여느 때처럼 사람들이 목사님 앞으로 몰려왔고, 갑론을박이 시작되었습니다. "용서해야 한다!" "아니다! 용서해서는 안 된다." 한참 이런 저런 논의를 하고 있는데 한 젊은 청년이 뒤에서 "목사님! 법대로 합시다."라고 소리쳤습니다. 그 말에 목사님은 잠시 뭔가를 생각하시다가 빙그레 웃으시면서, 그 청년에게 말을 했습니다. "이보게, 만일 하나님께서 자네 말대로 법대로만 하셨으면 자네는 벌써 지옥에 갔을 것이네!"

오늘 본문에 보면 희망을 잃어버린 세대들, 낙망하고 절망하는 세대들을 향해서 하나님께서 '외치는 자(선지자)'를 세우셔서 하나님의 위로의 말씀을 선포합니다.

본문 11절에 보면 선한 목자같이 잃어버린 양들에게 다가가셔서 친히 먹이시고 품에 안으시고 인도하시고 회복시키겠다는 희망의 메시지를 선포하고 있습니다. 비록 우리 인간이 이 땅에서 위대한 업적을 쌓고 부귀영화를 누리고 수많은 사람들에게 좋은 영향력을 미치고 큰 뜻을 마음껏 펼쳤다고 할지라도 하나님 보시기에는 하나님의 구원의 은총이 필요한 불쌍한 죄인에 불과하다는 것입니다.

하나님의 은혜가 없이는 우리 인생이 평화를 누릴 수 없다는 말입니다. 짧은 인생살이 가운데 우리 믿음의 성도들은 영원하신 하나님 앞에, 모든 역사를 주관하시는 하나님 앞에 겸손하게 자신을 내려놓아야 합니다. 무엇보다 하나님의 인도하심이 없이는 우리의 인생이 무의미하다는 것을 깨달아야 합니다.

✞ 기도제목
  1) 인간의 유한성을 알고 영원하신 하나님께 자신을 내려놓게 하소서.
  2) 우리를 돌보시는 하나님께 감사하며 살게 하소서.

아침맞이

♣ 성경 출애굽기 34:1~3 찬송 67(31)장 ♣

빌리 그레함은 "나는 내가 아침에 상당한 시간 기도하지 않고 떠나면 그날은 완전히 실패이며 곤란한 문제들이 일어나는 것을 발견하였다."고 했고, 종교개혁자 마틴 루터는 "나는 아침마다 두 시간씩 기도하지 않으면 그날은 마귀가 이긴다. 아무리 바빠도 하루에 세 시간씩 기도하지 않고는 나는 이겨 나가지 못한다."라고 했습니다.

하나님과 대화를 나눈다는 것은 인간으로서는 큰 영광입니다. 인간은 누구나 자기 마음속에만 간직할 수 없는 고뇌와 비애를 갖고 있습니다. 그때 하나님께 무릎을 꿇고 마음을 고백할 수 있는 사람은 참으로 행복한 사람입니다. 하나님께서는 반드시 그 기도를 들어 주십니다.

모세는 아침에 시내 산으로 올라오라는 하나님의 명령을 받았습니다. 하루 중에 아침처럼 하나님과 대화를 나누기에 좋은 때는 없습니다. 그리고 아침 한때를 어떻게 보내는가에 따라 그 날 하루의 승부가 결정됩니다. 그러므로 아침 한때를 할애하여 하나님 앞에 나가 기도를 드리는 것은 무엇보다도 우리에게 행복을 가져다주는 계기가 됩니다.

그 다음에 모세는 산꼭대기에서 하나님 앞에 서라는 명령을 받았습니다. 그러므로 모세는 하나님과 대화를 나누기 위해, 평소에 하던 일에서 한동안 떠나 이 은혜스러운 산에 올라가야만 했습니다. 우리도 마찬가지입니다. 우리는 때때로 일상생활을 떠나 하나님 앞에 무릎을 꿇고 기도드리는 시간을 가져야 합니다.

하나님 앞에 나갈 때에는 마음의 준비가 필요합니다. 세상일을 걱정하고 사랑하는 마음, 물욕과 위선에 사로잡힌 마음, 죄와 허물로 얼룩진 마음을 그대로 갖고 하나님 앞에 나가 기도를 드릴 수는 없습니다. 그런 기도는 응답을 받을 수 없습니다.

✞ **기도제목**
 1) 아침에 주 앞에 무릎 꿇게 하소서.
 2) 무거운 죄의 짐을 벗어 버리게 하소서.

깊고 높은 세계로

♣ 성경 히브리서 12:2 찬송 528(318)장 ♣

프랑스의 위대한 화가 르느와르는 관절염으로 몹시 시달렸다고 합니다. 어느 날 친구인 화가 마티스가 찾아와서 그의 고통을 차마 볼 수 없어 "붓 한 번 움직일 적마다 그렇게 고통스러워하면서 여전히 쉬지 않고 붓을 드는 건 무엇 때문인가?"라고 말했습니다. 그러자 르느와르는 "고통은 지나가네. 그렇지만 미는 영원히 남는다."라고 대답했습니다. 그와 같은 고통 가운데 붓을 하나하나 놀려 그는 불후의 명작을 후세에 남겼습니다.

예수께서는 모든 고난을 참고 견디셨습니다. 가장 큰 고난이 십자가였으나 그것을 참고 인류의 구원이라는 놀라운 성업을 완성하셨습니다.
베토벤은 30세경에 사소한 감기에 걸린 것이 화근이 되어, 음악가에게 가장 소중한 귀를 해쳐, 완전한 귀머거리가 되어 버렸습니다.
소리 없는 세계에 절망한 그는 자살을 결심하고 제자들에게 유서까지 썼습니다. 그 유서는 빈에서 가까운 하이리겐슈타트의 아름다운 시골에서 썼으므로 '하이리겐슈타트의 유서'라고 불리우며 지금도 남아 있습니다. 그러나 그는 그런 괴로움 속에서 하나님을 공경하며 작곡가로서 끝까지 살아 나가기로 결심을 바꾸었습니다.
불멸의 걸작으로 불리우는 그의 수많은 작곡 중에서 제3 심포니인 '영웅'이나 제6 심포니인 '전원'은 이런 마음의 고뇌와 싸운 기록입니다. 제7, 제8 심포니를 작곡한 무렵부터 모든 고난을 혼자 도맡은 듯한 괴로운 운명과의 싸움에 의해 영혼이 점점 깊고 높은 세계로 인도되어 갔습니다.
고통과 번뇌는 여전했으나 한탄하거나 슬퍼하지 않았습니다. 모든 것은 하나님께서 자기에게 주신 것이므로, 자기는 하나님의 말씀에 따라 최선을 다하기만 하면 된다는 정신으로 정화되어 갔습니다.

✞ 기도제목
1) 오직 예수만 바라보게 하소서.
2) 신앙의 경주자로서 승리하게 하소서.

신을 벗으라
♣ 성경 출애굽기 3:1~5 찬송 258(190)장 ♣

모세가 성장하여 어른이 되었을 때 동족인 이스라엘인이 이집트의 노예로 시달리고 있는 것을 보고 의분을 금할 수 없었습니다.
 어느 날 그는 어떤 이집트인이 동포 한 사람을 때리는 것을 보고 격분하여 그 이집트인을 죽여 모래 속에 파묻었습니다. 그런데 이튿날 이것을 이집트 사람들이 목격한 사실을 알고, 그는 겁이 나서 미디안으로 도망쳤습니다. 그곳에서 모세는 40년 동안 양을 치는 목자로 살아가는 가운데 이미 노쇠하여 일찍이 이집트에서 이스라엘인을 구출하려던 계획도 수포로 돌아갈 처지에 놓이게 되었을 때 하나님은 그를 호렙 산으로 부르셨습니다.

 하나님께서 모세에게 "이리로 가까이 오지 말라 네가 선 곳은 거룩한 땅이니 발에서 신을 벗으라"라고 말씀하셨습니다.
 타오르는 불꽃 속에 하나님께서 계시는 것을 알게 된 모세는 하나님을 뵙기가 두려워 손으로 자기 얼굴을 가렸습니다. 너무나도 황공하여 몸 둘 바를 몰랐던 것입니다. 모세에게는 미디안에서 보낸 40년이 허망한 세월로 생각되었을지도 모릅니다. 그러나 그것은 하나님께서 위대한 출애굽의 대성업을 그에게 맡기기 위한 준비 기간이었으며 교육 기간이기도 했습니다.
 이 세상의 교육은 인간을 크게 하지만, 하나님의 교육은 인간을 작게 합니다. 깨어져 작아진 인간을 하나님은 들어 쓰십니다. 단지 자기의 열의와 힘만으로 이스라엘인을 구출하려고 하면 실패할 수밖에 없지만, 그는 하나님의 권능에 의해 드디어 이스라엘 백성을 이집트의 압제에서 구출하는 대업을 성취하는 기틀을 마련했습니다.
 하나님께서는 우리 한 사람 한 사람에게 기대를 걸고 계십니다. 하나님 앞에서 '나'를 버리고 비우면 성령으로 가득 채워 주십니다.

✚ 기도제목
 1) 손이 깨끗한 자가 되게 하소서.
 2) 나를 주의 도구로 다듬어 주소서.

순종의 결과

♣ 성경 창세기 22:1~3   찬송 449(377)장 ♣

미국 남북전쟁 때에 있었던 일입니다. 어떤 장군의 딸이 밖에 나갔다가 낯선 사람으로부터 인형처럼 예쁜 상자를 하나 받아 가지고 들어왔습니다.
딸이 그 상자를 자랑하자 아버지가 "그것 누가 주더냐?"라고 물었습니다. 그러자 딸이 "모르는 사람이 주었어요."라고 했습니다. 아버지가 생각하다가 "아빠가 너를 사랑하는 줄 알지?" 하고 물었습니다. "알아요." "그러면 그 상자를 지금 즉시 내다 버려라." "싫어요. 이 귀한 것을 왜 내다 버리라고 하시나요?" "아빠가 너를 사랑한다는 것을 알면 즉시 내다 버려라."라고 했습니다. 딸은 엉엉 울면서 밖에 내다 버리고 돌아섰습니다. 그 순간 그 물건이 "꽝" 하고 터졌습니다. 어떤 사람이 장군을 죽이려고 시한폭탄을 넣어 보냈던 것입니다.

아브라함에게 가장 큰 시련은 하나님으로부터 하나밖에 없는 그의 아들을 번제로 바치라는 명령을 받게 된 것입니다. 그러나 아브라함은 하나님의 이 명령에 복종했습니다. 모리아 산꼭대기에 제단을 쌓고 장작을 가지런히 얹어 놓은 다음에 아들 이삭을 밧줄로 꽁꽁 묶어 장작 위에 올려놓고, 칼을 들어 아들을 죽이려고 했습니다.

그때 하나님의 사자가 이를 중지시키고 "이 아이에게 손을 대어서는 안 된다. 네가 끔찍이 사랑하는 외아들까지도 하나님을 위해 아낌없이 바치려는 것으로 네가 하나님을 경외하는 줄을 알게 되었다"라고 했습니다.

아브라함의 믿음과 순종을 시험하셨던 것입니다. 이 시험에 통과한 아브라함은 하나님께서 준비하신 번제 할 숫양 한 마리를 발견했습니다.

하나님은 "내 아들아, 네 마음을 내게 달라"(잠 23:26)라고 말씀하고 계십니다. 가장 아끼는 것을 하나님께 드리고 순종할 때 가는 곳마다 '여호와의 산에서 준비되는 것'을 경험하게 될 것입니다.

✚ 기도제목
1) 아브라함의 믿음을 본받게 하소서.
2) 나의 가장 소중한 것도 주를 위해 바칠 수 있는 믿음을 주소서.

변화 산

♣ 성경 마태복음 17:1~2 찬송 246(221)장 ♣

제자들은 변화 산에서 대선지자 모세와 엘리야가 예수님과 십자가상의 죽음에 대해 이야기하는 광경을 목격하게 되었습니다.

그때에 빛나는 구름이 그들을 뒤덮더니 그 구름 속에서 "이는 내 사랑하는 아들이요 내 기뻐하는 자니 너희는 그의 말을 들으라"라는 목소리가 들려 왔습니다. 이 소리를 듣고 두려워 땅바닥에 납작 엎드렸던 제자들이 얼마 후에 눈을 들어 보니 그 곳에는 예수님 이외에 아무도 없었습니다.

예수의 변모하신 이 사건 속에는 그리스도의 복음의 위대한 진리가 세 가지 계시되어 있습니다.

첫째는 하늘에서 예수님의 신성(神性), 즉 예수님이 신이시며 구세주시라는 것을 분명히 선고하였다는 것입니다.

둘째로, 예수께서 모세와 엘리야와 함께 이야기를 나눈 화제가 십자가의 죽음이었다는 것입니다. 이것은 천국에서 그리스도의 십자가가 얼마나 중요시되고 있는가를 잘 보여 주고 있습니다.

셋째는, 예수님의 변모가 재림의 완전한 예표(豫表)라는 것입니다. 즉 구름 속에서 들려온 목소리는 하나님의 임재를 표시하고, 영광으로 충만한 그리스도의 모습은 재림 때의 그리스도를 예표하고 있습니다.

하나님이 예수 그리스도의 영광과 축복된 천국의 일면을 제자들에게 보여 주신 이 변화 산에서의 사건은 제자들이 믿음과 소망을 갖고, 각자 자기 십자가를 지고, 그리스도를 따르도록 격려하기 위한 것이었습니다. 현실 사회에는 죄에 시달리며 길을 찾지 못해 헤매는 많은 영혼들이 우리를 기다리고 있습니다. 우리들도 산에서 내려와 복음을 전했던 제자들과 같이 전도에 힘써야 합니다.

✞ 기도제목
 1) 천국 소망이 넘치게 하소서.
 2) 아직도 믿지 않는 자들에게 전도하게 하소서.

성령님과 동행하는 삶

♣ 성경 고린도전서 15:1~11 찬송 410(468)장 ♣

어느 마을에 믿음이 좋기로 소문난 사람이 어느 날 아름다운 경치를 보며 산에 올랐다가 늦어서 하산을 서둘렀습니다. 그런데 가파른 길을 내려오다가 발을 헛디뎌 그만 높은 절벽에서 굴러 떨어지고 말았습니다.
그는 기적처럼 절벽의 갈라진 틈에 있던 나뭇가지를 붙잡고 매달려 소리쳤습니다. "하나님, 도와주세요! 제발 살려 주세요!"
그러자 어디선가 신비로운 목소리가 들려왔습니다. "너는 정말로 내가 너를 구해줄 수 있다고 믿느냐?" "물론 하나님을 믿고말고요." 그러자 다시금 단호한 목소리가 들려왔습니다. "그렇다면 나를 믿고 그 손을 놓아라." 그가 절벽인 줄만 알았던 그 낭떠러지는 한 뼘 아래로 발이 바닥에 닿을 수 있었으나 어두워 아래가 보이지 않는 상태에서 손을 놓으면 죽을 것 같았습니다. 그래서 그는 "거기 누구 다른 사람 없소?"라고 했습니다.

믿음이란 성령님과 동행하며 그분의 인도하심을 따라 사랑하고 포용하는 것입니다. 모든 관계가 회복된 사람들이 즐거움을 누리는 것이야말로 진정한 부활의 모습입니다.
이제 우리에게 주어진 신앙적인 문제는 어떻게 매일매일을 부활의 신앙을 가지고 믿음의 삶을 살 수 있을 것인가 하는 것입니다. 부활하신 주님은 보혜사 성령님을 보내 주셔서 모든 것을 가르치시고 예수님이 우리에게 말한 모든 것을 생각나게 하시리라고 약속하셨습니다.
부활의 신앙은 단지 우리가 "주님의 부활을 믿습니다."라는 차원의 문제가 아니라 부활하신 주님이 지금도 우리를 지켜 주시기 때문에 은혜 가운데 살며 주님께서 내 안에 계신 것을 세상 사람들이 지켜보는 가운데 담대하게 살아가는 것입니다.

✞ 기도제목
1) 모든 염려를 주께 맡기고 주의 평안으로 살게 하소서.
2) 소망이 넘치게 하소서.

더불어 살아가는 존재

♣ 성경 전도서 4:9~12 찬송 438(495)장 ♣

유명한 고전 「천로역정」에서 존 번연은 그리스도인의 삶을 비유로 이야기하고 있습니다.

주인공인 크리스챤은 장망성을 벗어나 천성까지 가는 길에 멸망소, 허영시 등의 많은 장애물들을 만납니다. 그럴 때마다 안내자가 등장하여 그에게 도움과 조언을 주어 어려움을 벗어나게 합니다.

존 번연은 우리가 동료 그리스도인들과 함께 인생길을 여행하는 것이 얼마나 중요한가를 잘 말해 주고 있습니다.

그리스도인으로서 이 땅에 산다는 것은 세상이 요구하는 청렴결백의 삶을 만족시켜야 하고, 하나님의 가치관에 합당한 성화의 삶도 만족시키기 위한 노력이 요청됩니다. 그러나 끊임없이 경건해지려고 노력하면 할수록 자신의 의와 선한 행위에 의존하면서 홀로 고독해지는 종교행위가로 본질을 상실할 수도 있음을 명심해야 합니다.

즉, 우리는 홀로 경건해질 수 없습니다. 성도로서 이 땅에서의 사명은 하나님의 은혜를 의지하여 함께 동역하는 자를 격려하고 그가 온전히 하나님나라를 향해 갈 수 있도록 돕는 자가 되어야 합니다. 이것이 참된 영성훈련이며 성화의 훈련임을 깨달아야 합니다.

우리의 인생여정을 가만히 묵상해 보면 언제나 하나님이 나와 함께하신 역사였음을 고백할 수밖에 없을 것입니다. '모래 위의 발자국'이 주는 이야기처럼, 내가 가장 힘든 시기를 보내고 있을 때 주님의 발자국만이 모래 위에 새겨진 것처럼, 지금도 하나님께서는 나를 업고 가장 험난한 순간을 걸어가고 계십니다.

나보다 더 나의 필요를 잘 아시는 하나님께서 항상 나와 함께하시며 인도하심에 감사하는 오늘이 되시길 바랍니다.

✝ 기도제목
1) 쓰러진 동역자들을 일으켜 세우는 사랑의 마음을 주소서.
2) 나의 도움을 필요로 하는 믿음의 동역자들을 돌아보게 하소서.

그리스도와 평화

♣ 성경 에베소서 2:13~14　찬송 412(469)장 ♣

진주를 양식하는 한 사람이 이런 말을 한 적이 있습니다.
"나는 아내가 신앙을 갖고 집안일을 잘 돌봐주면, 무슨 종교를 믿어도 무방하다고 생각했습니다. 그래서 하나님을 믿고 교회에 나가는 것을 반대하지 않았는데, 진주 양식이 불황에 빠져 돈에 시달리게 되자 남이 원망스럽고 미워져 세상살이가 지겹게 생각되었습니다.
무슨 돌파구를 찾아야겠다는 생각에서 성경을 뒤적이다가 하나님께 등을 돌리고 사는 내 자신이 큰 죄인임을 비로소 깨닫게 되었습니다. 그리고 그리스도가 하나님을 대적하는 내 죄를 대신 짊어지고 대속의 제물이 된 것을 알았을 때 마음에 평안을 되찾아 나한테 저지른 남의 죄도 용서하게 되었고 그에 대한 미움을 그리스도에게서 받은 사랑으로 감싸게 되었습니다. 나는 진주의 불황 속에서 최고의 진주를 발견하게 된 것입니다."

전쟁을 경험해 보지 못한 세대의 사람들은 잘 알지 못하겠지만, 전쟁을 경험한 사람들은 평화의 고마움을 알고 있습니다. 동시에 군사력에 의한 평화가 진정한 평화가 아니라는 것도 알고 있을 것입니다.

이 세계에는 적의가 없는 평화가 있을 수 없다고 생각할 수 있습니다. 그렇지만 십자가의 피로 죄가 씻긴 경험을 한 사람의 마음속에는 먼저 하나님과의 평화가 주어지고, 다음에 남의 죄를 용서하고 그를 사랑하는 하나님의 사랑으로 충만하게 됩니다. 진정한 평화는 십자가의 사랑에 의해 탄생되는 것으로 하나님만이 주실 수 있습니다.

조개가 속에 들어오는 이물질을 밖으로 내뱉지 않고, 내부에서 나오는 탄산칼슘의 분비물이 그처럼 아름다운 구슬이 되는 것처럼 우리가 남의 잘못이나 증오심을 그리스도에게서 받은 사랑으로 감쌀 때 진주처럼 빛나는 새로운 인격이 형성되며, 거기 '그리스도 안에 있는 평화'가 깃들게 되는 것입니다.

✞ 기도제목
1) 예수로 참 평안을 누리게 하소서.
2) 남의 잘못이나 실수도 덮어 주게 하소서.

카이로스적 시간
♣ 성경 이사야 40:6~11   찬송 301(460)장 ♣

모세의 기도입니다. "우리의 모든 날이 주의 분노 중에 지나가며 우리의 평생이 순식간에 다하였나이다 우리의 연수가 칠십이요 강건하면 팔십이라도 그 연수의 자랑이 수고와 슬픔뿐이요 신속히 가니 우리가 날아가나이다"(시 90:9~10).

이 땅에 살고 있는 모든 피조물들은 하루 24시간이라는 시간에 지배를 받고 있습니다. 해가 뜨고 해가 지면 하루가 지나고, 지구가 태양의 주위를 한바퀴 돌고 나면 일년이 지나갑니다. 이런 '크로노스'의 시간에 대해서 우리가 할 수 있는 것은 아무것도 없습니다.

그러나 이렇게 무의미하게 흘러가는 시간 속에 의미를 부여하는 것이 바로 '카이로스'적 시간입니다. 카이로스는 특정한 시간을 말합니다. 의미를 부여할 수 있는 시간이고, 계획을 세우고 그 계획을 이루는 시간입니다.

영원 속에 살아계신 하나님이 인간의 역사에 침투하여 구원의 사건을 이루신 모든 사건이 바로 카이로스적 시간 속에 이루어진 것입니다. 많은 믿음의 성도들이 그 구원의 사건 속에 자신이 경험한 영원한 하나님에 대한 신앙고백을 하게 되었습니다.

성경에는 유한한 역사 속에서 영원한 하나님을 만나 인생의 참된 의미를 발견하게 되었고, 영원성 속에 이르게 되었다는 고백이 가득차 있습니다.

풀이 마르고 꽃이 시듦같이(사 40:8) 우리 인생들의 시간은 제한되어 있고 순간적일 수밖에 없지만, 영원한 하나님의 말씀에 온전히 서는 자만이 영생의 기쁨을 누릴 수 있습니다.

✞ 기도제목
1) 하나님께서 주신 시간들을 하나님 뜻에 맞게 사용하게 하소서.
2) 하나님의 말씀에 온전히 서게 하소서.

사랑의 극치

♣ 성경 디모데후서 4:5 찬송 151(138)장 ♣

리빙스톤은 사랑의 사자였습니다. 그는 검은 대륙 아프리카에서 복음의 씨를 뿌려 토인들을 하나님 앞으로 인도하는 데 생애를 바친 분입니다.

무지와 가난과 질병에 허덕이는 버림받은 검은 대륙의 구석구석을 누비면서 34년 동안 저들을 생명의 길로 인도한 전도의 개척자가 바로 리빙스톤입니다. 난폭한 원주민에게 박해를 받고, 열병에 걸려 사경을 헤맨 적이 한두 번이 아니었습니다. 그러나 리빙스톤은 이 모든 고난을 당연히 짊어져야 하는 자신의 십자가로 여기고, 참고 견디고 또 이겨 나갔습니다.

의사였던 그는 발길이 닿는 곳마다 병자를 고쳐 주고, 하나님의 복음을 전하며 대륙의 원주민들과 그리스도의 사랑으로 두터운 우정을 맺는 것을 지상 과제로 알고 살았습니다.

예수님은 영광의 보좌를 버리시고 떠나 육을 입고 이 땅에 오셔서 온갖 수모와 멸시와 박해를 달게 받으시고 끝내는 우리 죄를 짊어지고 목숨을 바쳤습니다. 사랑의 극치라고 할 수 있겠습니다.

우리가 이 사랑에 보답하는 길은 남을 사랑하는 것입니다. 남을 사랑하는 방법은 여러 가지입니다. 목마른 사람에게 물 한 그릇 주는 것도 사랑이라면 사랑이고, 병상에 누워 신음하는 사람을 문병하는 것도 사랑입니다. 그러나 굶주려서 죽어가는 사람에게는 금도 필요 없고 명예도 필요 없습니다. 굶주린 사람에게 필요한 것은 허기를 채워 줄 수 있는 빵입니다.

마찬가지로 영적으로 죽어 있는 사람들에게 진정으로 필요한 것은 그들의 영혼을 살려낼 수 있는 복음입니다. 그러므로 전도만큼 큰 사랑도 없는 것입니다. 우리가 남에게 베풀 수 있는 가장 큰 사랑은 그들을 영원한 생명의 길로 인도하는 것입니다.

✞ **기도제목**
1) 모든 일에 근신하여 일하기에 힘쓰게 하소서.
2) 불신자들을 영원한 생명으로 인도하는 전도자가 되게 하소서.

돈과 인생
♣ 성경 디모데전서 6:10　찬송 215(354)장 ♣

알제리아의 한 농부는 호리병박을 나무에 매달고 그 안에 쌀을 넣어 둡니다. 호리병박에는 원숭이의 손이 겨우 들어갈 만한 구멍이 뚫려 있습니다. 어두운 밤에 원숭이는 그 나무로 살그머니 기어올라 손을 넣어 안에 들어 있는 쌀을 잡고 손을 빼려고 하지만, 주먹을 꽉 쥔채이므로 빠지지 않습니다. 손을 펴면 빠질 수 있다는 생각이 원숭이의 머리에 떠오르지 않는 것입니다. 그리하여 이튿날 아침이 될 때까지 그대로 있다가 결국 주인에게 잡히게 되는데, 원숭이는 여전히 바보처럼 손아귀에 쌀을 움켜쥐고 있는 것입니다.

오늘의 말씀은 인생에 있어서 돈이 지닌 가치를 완전히 무시한 것은 아닙니다. 인간이 살아가려면 돈이 필요하고, 하나님의 도를 세상에 전하는 데도 돈이 필요합니다. 그러므로 악의 근원은 돈 자체가 아니라 돈을 사랑하는 것, 즉 돈에 정신이 빠지는 것입니다. 이와 같은 탐닉은 인간의 마음을 옹졸하게 하며, 너그러운 삶과 행동에 이르는 문을 닫아 버리는 결과를 가져옵니다.

월터 스콧은 "돈은 칼집에서 뽑은 칼이 인간의 육체를 죽이는 것보다 더 많은 사람의 정신을 죽였다."라고 말했습니다.

돈을 얼마나 많이 소유하고 있는가에 따라서 내려지는 세속적인 성공이 사람들을 매혹시키는 것은 사실입니다. 그리하여 정도의 차이는 있지만 누구나 세속적인 성공을 부러워하게 됩니다. 그러나 돈 이상의 보다 높은 차원의 세계를 모르는 사람은 설사 부자가 되더라도, 결코 행복을 누리지 못합니다.

탐욕을 부리다가 주인에게 잡힌 원숭이의 모습을 통해 돈을 벌려는 과도한 욕심 때문에 넘어지는 삶을 살고 있지 않은지 살펴봅시다.

✟ 기도제목
　1) 물질주의 우상에 빠지지 않게 하소서.
　2) 하늘창고에 보물을 쌓게 하소서.

인생의 공허

♣ 성경 전도서 1:2~3   찬송 284(206)장 ♣

알렉산더 대왕은 아버지 필립이 주변 나라를 모두 다 정복할 때, 달을 쳐다보면서 "이제 나는 이 땅에서는 더 이상 정복할 곳이 없구나." 하면서 눈물을 흘린 사람입니다.

그는 죽기 직전에 마지막으로 이러한 유언을 남겼습니다.

"내가 죽으면 들어갈 관의 양쪽 옆에 구멍을 내라. 그리고 내 양손을 관 바깥쪽으로 내밀게 하라!" 그래서 알렉산더 대왕의 유언대로 관 양쪽으로 구멍을 내고 그 구멍에 양손을 내밀게 하여 그가 죽을 때 아무것도 가지고 가지 않았다는 것을 실제로 보여 주었습니다.

전도서의 저자 솔로몬은 꿈에 나타나 소원이 무엇이냐고 묻는 하나님께 이스라엘 백성을 다스리기에 부족함이 없는 지혜를 주십사 하고 대답했습니다. 이를 기특하게 여기신 하나님께서는 그에게 남달리 뛰어난 지혜를 허락하셨습니다.

솔로몬이 장수나 재물과 같은 세속적인 것을 요구하지 않고 어떻게 하면 일국의 왕으로서 맡은 바 소임을 다할 수 있을까 하는 사명감부터 앞세운 것은 하나님의 눈에도 가상하게 비쳤을 것입니다.

그런데 솔로몬은 지혜뿐만 아니라 육적으로도 풍요로워 역대 임금 중 최고의 영화를 누렸고 왕후가 700명이요, 후궁이 300명이나 되었습니다. 그는 세상에서 부귀영화를 마냥 누렸으나 결국 그가 발견한 것은 허무뿐이었습니다. 인간은 솔로몬의 말대로 원하던 것을 손에 넣게 되었을 때 오히려 공허감을 느끼게 됩니다.

사람들이 인생의 공허감을 느끼는 것은 하나님을 등지고 있기 때문입니다. 왕위도 재산도 환락도 영화도 그 밖의 어떤 위엄도 메울 수 없는 인생의 공허를 메워 주시는 분은 하나님이십니다.

✞ **기도제목**
   1) 헛된 것에 소망을 두지 않게 하소서.
   2) 눈의 행복만을 좇지 않게 하소서.

가장 소중한 것
♣ 성경 요한복음 6:35 찬송 488(539)장 ♣

한 부부가 부부싸움을 하다가 그만 남편이 몹시 화가 났습니다.
 아내에게 "나가라!"라고 소리를 지르자, 아내도 화가 나서 벌떡 일어섰습니다. "나가라고 하면 못 나갈 줄 알아요!"라고 하며 집을 나갔지만, 고민 끝에 자존심을 내려놓고 집으로 들어갔습니다.
 아직도 화가 풀리지 않은 남편은 왜 다시 들어오느냐고 소리를 지릅니다. 그러자 아내가 "가장 소중한 것을 두고 갔어요!" "그게 뭔데?" "바로 당신이에요!" 남편은 그만 피식 웃고 말았습니다. 그 후 남편은 부부싸움을 하다가도 "우리가 부부싸움을 하면 뭐해? 이혼을 해도 당신이 위자료로 나를 청구할텐데……"라며 여유 있게 웃고 맙니다.

 하나님께서 나를 누구로 보시느냐에 따라 내 존재가 결정됩니다. 세상이 알아주지 않아도 하나님이 알아주시면 그는 존귀한 사람입니다.
 우리는 복음 안에서 하나님의 가장 소중한 자녀가 됩니다. 바울은 골로새교회에 보내는 편지를 통해 복음이 무엇인지를 설명합니다. 복음은 우리가 흑암의 권세에서 놓임을 받은 것입니다. 사단의 세력에서 벗어나 주님이 계시는 나라로 옮겨진 것이 복음입니다. 죽음에서 생명으로, 미움에서 사랑으로 옮겨진 것이 복음입니다.
 그러므로 그리스도인은 사단에게 매인 것이 아닙니다. 세상에 매인 것이 아닙니다. 바로 예수님의 피로 구속되어 예수님의 사람이 되는 것, 죄인인 우리가 죄사함을 얻은 이 사실이 복음의 핵심입니다.
 예수님은 십자가 위에서 사람의 모든 죄의 값을 다 치르셨습니다. 예수님을 마음에 영접하는 순간 모든 죄가 눈과 같이 희어집니다. 하나님은 행위에 따라 사람을 평가하지 않으십니다. 하나님은 오직 예수님의 구속의 사역과 죄사함의 사역만을 보십니다.

✞ **기도제목**
 1) 무익한 일을 버리게 하소서.
 2) 예수로 참 만족을 누리게 하소서.

영원을 생각하는 마음

♣ 성경 전도서 3:11 찬송 492(544)장 ♣

아프리카의 오지에 있는 작은 토인의 나라 임금이 어느 날 미국인 부부에게 말했습니다. "영국 여왕으로부터 큰 선물을 받았는데 뭔지 알 수 없어 창고에 넣어 뒀소. 무엇에 쓰는 물건인지 보아주겠소?" 그래서 이들 부부가 창고에 가 보았더니 그것은 피아노였습니다. 그 피아노가 뒤집혀 놓여 있었던 것입니다. 외국인 부부가 그 피아노를 바로 놓고 쳤더니 참으로 아름다운 음악이 들려왔습니다. 이것을 들은 왕은 깜짝 놀랐습니다.

본문을 보면 하나님은 사람에게 "영원을 사모하는 마음을 주셨느니라"라고 하셨습니다. 그 다음의 일 즉 미래의 일은 아무래도 무방하다고 말하는 사람도 역시 그 다음의 일, 즉 영원에 대해 생각하지 않을 수 없습니다.

한 번밖에 살 수 없는 지상의 생활입니다. 그리고 그 생활이 언제 끝날지 하나님 이외에는 아무도 알지 못합니다. 구약의 시인도 "우리에게 우리 날 계수함을 가르치사 지혜로운 마음을 얻게 하소서"(시 90:12)라고 기도하고 있습니다.

인생은 짧고 고생이 많습니다. 그런데 이 짧은 인생에서 그리스도를 발견한 사람은 그 짧은 인생까지도 영원한 생명에 이어지는 값진 인생으로 살게 됩니다. 그리스도께서 그 중보의 역할을 해 주셨기 때문입니다.

여러분은 서두에서 말씀드린 그 왕처럼 하나님으로부터 받은 선물인 '영원을 사모하는 마음'을 뒤집어 놓은 채 창고 속에 방치하고 있지 않습니까?

영원을 사모하는 마음에 그리스도를 영접해 들일 때, 그리스도는 우리의 인생을 아름다운 음악으로 가득차게 하십니다.

✙ **기도제목**
1) 영원을 사모하는 마음이 넘치게 하소서.
2) 그리스도를 힘입어 살게 하소서.

함께하는 신앙공동체
♣ 성경 창세기 6:9~16 찬송 487(535)장 ♣

아프리카 밀림에는 아주 사납고 힘이 센 동물들이 많습니다. 그런데 그 동물들 중에서 제일 두려운 존재는 다름 아닌, 몸집이 제일 작은 개미들입니다. 일단 개미떼가 이동하면 몸집이 큰 코끼리도 도망을 가고 사자도 도망을 갑니다. 그 근처에도 가지 않습니다. 이 맹수들이 개미떼를 무서워하는 것은 개미가 힘이 강해서가 아닙니다. 개미의 무서운 협동심 때문입니다. 개미는 지극히 작은 벌레에 불과하지만 수십만 마리가 힘을 합쳐 공격하면 코끼리같이 몸집이 큰 동물도 단 하루 만에 뼈만 앙상하게 남게 만듭니다. 개미만 나타났다 하면 맹수들은 얼른 도망을 칩니다.

하나님께서는 노아에게 "너를 위하여 방주를 만들라"라고 하시고 "네 아들들과 네 아내와 네 며느리들과 함께 그 방주로 들어가라"라고 하셨습니다.

방주는 가족이 함께 지어야 합니다. 방주는 구원선입니다. 이 방주의 신령한 의미는 구원자 예수 그리스도시며 또한 그의 몸 된 교회입니다. 누구든지 예수를 구주로 영접하고 그 예수 안에 있으면 구원을 받습니다.

성공적인 신앙생활은 자기의 생각대로가 아닌 하나님의 말씀대로 해야 합니다. 하나님의 말씀 아닌 것을 가감한 자가 이단이요, 그런 자는 버림을 받게 됩니다.

노아의 가족처럼 내 생각이 아닌 하나님의 말씀대로 행하여 환난 날에 피난처가 되며 영원한 구원의 방주가 되는 신령한 집을 지으십시다. 하나님은 노아에게 말씀하셨고 그의 가족은 노아의 말을 하나님의 말씀으로 받았으니 하나님이 세운 질서를 따랐습니다. 오늘날 하나님께서 교회 목사님에게 하신 말씀을 성도가 받아 실천할 때 의인을 통한 가족 구원이 이루어질 것입니다.

✚ 기도제목
1) 서로 돕고 세워 주는 그리스도인이 되게 하소서.
2) 화합하고 협력하는 삶을 살게 하소서.

주님이 함께하시면

♣ 성경 요한복음 15:9~10   찬송 361(480)장 ♣

모세가 하나님께 기도할 때 홍해를 열어 주셨고, 한나가 기도할 때 태의 문을 열어 주셨고, 야곱이 기도할 때 그의 형 에서의 마음이 변화되었고, 엘리야가 기도할 때 3년 6개월 동안 닫혔던 하늘의 문이 열리면서 축복의 단비가 쏟아지는 기적이 일어났습니다.

요한복음 15:5을 보면 "나를 떠나서는 너희가 아무것도 할 수 없음이라"라고 하셨습니다. 주님과 함께하면 모든 문제가 다 해결된다는 뜻입니다. 요한복음 15:7을 보면 "무엇이든지 원하는 대로 구하라"라고 했습니다. 무엇이든지는 모든 것, 모든 문제를 포괄합니다. 예수님을 만난 사람들의 모든 문제는 해결되었습니다. 앉은뱅이가 걷고, 앞을 못 보는 사람이 눈을 떴고, 손 마른 사람이 고침받고, 나환자도 고침받고, 죽은 나사로가 살아나고, 바다의 풍랑이 잔잔해졌습니다.

우리는 누구에게 어떻게 나를 맡기느냐가 중요합니다. 나를 책임져 줄 분, 나를 끝까지 인도하실 분, 내 문제를 모두 책임져 줄 분이 누구입니까? 바로 예수 그리스도입니다. 그래서 주님과 함께해야 합니다.

그리스도인의 최상의 기쁨은 구원받은 기쁨입니다. 우리 시대는 별로 웃을 일이 없습니다. 그러나 우리에겐 노래할 이유가 있고 웃을 이유가 있습니다. 그것은 주님 때문에 구원받았고, 죄 사함받았으며, 주님 때문에 행복을 찾았기 때문입니다. 그리고 주님과 함께 살고 있기 때문에 든든하고, 힘 있고, 보람 있고, 가치 있고, 기쁘고, 평안하기 때문입니다.

고통과 근심, 아픔과 실패, 절망과 좌절, 시험과 환난이 있을 수 있습니다. 그러나 주님이 함께하시면, 겁날 것 없습니다. 주님은 내 편이시고 나의 하나님이시기 때문입니다.

✚ **기도제목**
  1) 늘 주님과 함께하는 삶을 살게 하소서.
  2) 기도의 힘으로 살아가게 하소서.

참된 기쁨

♣ 성경 마태복음 5:3 찬송 486(474)장 ♣

미국의 유명한 시인 롱펠로우는 기쁨의 근원되시는 하나님을 이렇게 노래합니다. "당신을 사모하는 마음은 죄와 고통과 슬픔보다 강하니 당신은 나의 생명입니다." 그는 무엇이든지 필요한 것이 있을 때에는 주님을 바라보았습니다.

인간에게 세 가지 큰 욕심이 있습니다.

첫째는, 재물에 대한 욕심입니다.

둘째는, 장수에 대한 욕심입니다. 아무리 오래 살고 싶어도 하나님께서 인간의 수명을 120년으로 제한하신 후 이 기간을 채우는 사람은 극히 드물고 대개 오래 살아야 100년도 채우지 못하고 죽게 마련입니다.

셋째는, 미식에 대한 욕심입니다. 음식이 인간의 마음을 만족시킬 수 있을까요? 전도서는 "사람의 수고는 다 자기의 입을 위함이나 그 식욕은 채울 수 없느니라"(전 6:7)라고 가르치고 있습니다.

즉 인간은 부와 장수와 미식으로도 만족을 느낄 수 없습니다. 이 세 가지를 손에 넣어도 마음이 흡족해지지 않습니다. 욕심은 죄와 죄는 사망과 연결된 것입니다.

예수께서는 "사람이 떡으로만 살 것이 아니요 하나님의 입으로부터 나오는 모든 말씀으로 살 것이라"(마 4:4)라고 말씀하셨습니다. 인간에게는 영혼이 있습니다. 그런데 이 영혼은 세상의 것으로는 만족을 느끼지 못합니다. 죄를 회개하고 그리스도를 영접하고 하나님 앞에 섰을 때 비로소 진정한 의미의 만족을 느끼게 되어 있습니다. 그때 비로소 가난 속에서도 저절로 찬송이 흘러나오게 되고 죽음의 병상 위에서도 평안과 소망을 갖게 됩니다.

✞ 기도제목
1) 마음이 가난한 자 되게 하소서.
2) 지금 있는 물질에 만족하게 하소서.

여인 때문에 믿는 사람들

♣ 성경 요한복음 4:39~42 찬송 483(532)장 ♣

어떤 부인은 몇 해 전에 남편과 사별한 후에 4남매를 거느린 남자와 재혼했는데, 1년 4개월 만에 남편이 회사에서 사고로 반신불수가 되고 3년 후에 세상을 떠났습니다.

그녀의 상황이 "일의 끝이 시작보다 낫다"(전 7:8)라는 말씀과는 거리가 있어 보이겠지만, 그녀에게는 이 말씀이 그대로 진실이었습니다. 그녀의 남편은 병상에서 그녀가 나가는 교회 목사의 설교 테이프를 듣고 그리스도를 영접하여 평안과 소망을 갖고 운명할 때에는 자녀들에게 "새엄마를 잘 받들어라" 하고 조용히 눈을 감고 숨을 거두었던 것입니다. 그런데 장례식 때 친척들이 기독교식으로 치르기를 거부하고 불교식을 고집했습니다.

그때 자녀들이 입을 모아 "아버지는 예수를 믿어 조금도 두려움을 느끼지 않고 조용히 세상을 떠났어요. 그러니 어머니의 소원대로 장례를 치러야 해요."라고 설득하여, 기독교식으로 영결식을 마치게 되었습니다.

예수 믿게 된 동기나 원인을 보면 다양합니다. 배우자 때문에, 친구 때문에, 동료 때문에, 이웃 때문에 예수를 믿게 된 사람도 있습니다.

본문 39절을 보면 "여자의 말이 내가 행한 모든 것을 그가 내게 말하였다 증언하므로 그 동네 중에 많은 사마리아인이 예수를 믿는지라"라고 했습니다.

그녀는 자신의 과거를 아시고 자신의 속내를 속속들이 아시는 예수님을 만난 후 동네로 가서 내가 그분을 만났다고 증거하자, 많은 사마리아 사람들이 예수를 믿게 된 것입니다.

사실상 그녀는 예수를 전할 형편이 못됩니다. 지탄받고 외면당하는 여자였습니다. 그런데 그 여자의 전도를 받고 많은 사마리아 사람들이 예수를 믿게 되었습니다. 여인 때문에 예수 믿는 사람이 많아졌습니다.

우리는 여기서 전도에는 성역이 없다는 것을 발견하게 됩니다.

✟ **기도제목**
1) 영생의 소망을 갖게 하소서.
2) 미래를 대비하는 삶을 살게 하소서.

내 팔을 의지하라
♣ 성경 이사야 51:5~16 찬송 204(379)장 ♣

몹쓸 간질병으로 괴로워하고 있는 아이의 아비가 예수의 제자들에게 고쳐달라고 했을 때 제자들은 그 아이를 고치지 못하고 전전긍긍하고 있었습니다. 때마침 예수님께서 변화산에서 내려오셨습니다. 이윽고 그 아이의 아비는 예수님께 "하실 수 있거든 이 아이를 고쳐 주옵소서"라고 간곡히 부탁했습니다. 그러자 주님께서는 "할 수 있거든이 무슨 말이냐 믿는 자에게 능치 못함이 없느니라"라고 말씀하셨습니다.

이사야 51:5을 보면 "내 팔이 만민을 심판하리니 섬들이 나를 앙망하여 내 팔에 의지하리라"라고 했습니다. 하나님의 강하신 팔을 의지하면 겁낼 것도 없고 두려울 것도 없습니다.

왜 하나님은 시대마다 사건마다 해결하시고 문제를 풀어 주십니까? 본문 16절 끝이 그 대답입니다. "너는 내 백성이라"

하나님은 그의 백성들이 곤경과 위기에서 하나님을 찾고 부르면 반드시 응답하셨고 건져 주셨습니다. 앞에는 홍해가 가로놓여 있고, 뒤에는 바로의 군대가 추격해오는 절박한 상황에서 부르짖어 기도했을 때, 앞에 가로놓인 홍해를 가르사 구원해 주셨습니다.

황막한 광야, 그늘도 없고 먹을 것도 없고 밤에는 한파가 밀어닥치는 그곳에서 하나님은 그들의 기도를 들으시고 낮에는 구름기둥으로 밤에는 불기둥으로 그들을 도우셨고 만나로 먹여 주셨습니다. 블레셋, 미디안, 모압, 암몬과 싸울 때에도 그들이 하나님의 백성이라는 이유 하나로 이기게 하셨고 구원해 주셨습니다.

문제는 우리가 어느 나라 백성이냐, 어느 나라 시민이냐, 누가 나의 왕, 나의 주님이시냐에 달려 있습니다.

내가 하나님의 백성이며 하나님이 나의 왕이심을 선포합시다!

✟ **기도제목**
1) 하나님의 백성답게 살게 하소서.
2) 하나님을 우리의 통치자로 모시고 살게 하소서.

죄와 그 결과

♣ 성경 전도서 9:18　찬송 542(340)장 ♣

　오래 전에 네델란드에서 미국에 이주한 자 중에 막스라는 술고래가 술고래인 아내와 결혼했는데 7, 8대 후 그의 후손이 1250명에 이르렀습니다. 이들 중 310명은 불한당이고, 7명은 살인범, 60명은 절도범, 법을 어겨 형무소살이 하는 자가 약 30명, 병약과 영양부족으로 아기 때 죽은 자가 300명, 440명이 성병에 걸리고, 310명은 객사하고, 결국 1250명 중에 자기가 벌어먹고 사는 사람은 불과 20명으로 이들 일족을 위해 뉴욕주에서만 약 20만 달러를 지출했다고 합니다. 한 사람의 죄인이 자기 자신은 물론이고 후손과 사회에 얼마나 많은 재앙을 끼치는가를 알 수 있습니다.

　우리나라의 교통 사정은 말이 아닙니다. 심지어 '교통지옥'이라는 말이 나돌아도 과히 어색하게 들리지 않는 작금의 실태입니다. 유감스럽게도 교통 사고율 세계 최고라는 불명예를 안고 살아가게 되었습니다. 지하철이 뚫리고 고속도로가 팔방으로 뻗어가도 급증하는 차량을 미처 소화하지 못하는 것이 가장 큰 원인이겠지만 그 밖에 음주 운전, 추월 운전, 신호등 무시로 인한 사고, 또 도로망의 부족까지 가세하고 있습니다. 그리하여 어느 하루도 교통사고의 반갑지 않은 뉴스가 없는 날이 없는 실정입니다.
　어떤 부인은 아들이 교통사고를 일으켜 집안의 체통과 배상 문제로 고민하던 끝에 스스로 목숨을 끊고, 그의 아버지도 충격을 못 이겨 자살하는 비극이 연출되었습니다. 사소한 부주의로 일어난 사고 때문에 엄청난 결과를 가져온 것입니다. 핸들을 잡는 사람은 사고를 일으키면 자기 자신을 망치는 데 그치지 않고 그 여파는 엄청난 재앙으로 이어진다는 것을 명심해야 할 것입니다. 한 사람의 죄과로 많은 사람이 시달리는 예는 성경에도 많이 나옵니다.

✚ **기도제목**
1) 나로 인해 후손이 복받게 하소서.
2) 세상의 법도 잘 지키게 하소서.

능력의 손
♣ 성경 출애굽기 15:6~12   찬송 405(458)장 ♣

어느 목사님 가정에 뇌성마비 아들이 태어났습니다. 연약한 그 몸으로 하나님께 영광 돌릴 수 있지만 목사 가정에 뇌성마비 아들이 태어났다고 이슬람교도들이 비웃는 손가락질은 견디기가 힘이 들었습니다. 그래서 목사님은 바라봄의 법칙을 사용하여 기도하기 시작했습니다. 오직 십자가의 능력만 바라보았습니다. 전능하신 하나님만 바라보았습니다. 아들이 온전하게 건강해진 모습을 바라보았습니다. 그렇게 매일 기도하길 한달 두달 석달 아무런 변화도 없었습니다. "포기하지 않고 기도하리라." 넉달이 지났을 때 아침에 기도하러 방에 들어갔더니 아들이 멀쩡한 모습으로 일어나 앉아 "아버지"하고 부르는 게 아니겠습니까? 이 사건이 계기가 되어 목사님은 제한이 없는 하나님의 능력, 한계가 없는 믿음의 능력을 믿게 되었습니다.

성경 안에는 손에 대한 언급이 많습니다. 모든 지체는 활동하도록 되어 있지만 그 가운데 손의 활동이 가장 많고 활발합니다. 도구 제작, 운동, 운전, 글쓰기, 기계 조작 등 손이 하는 일은 셀 수가 없습니다. 하물며 하나님의 손은 더 말할 나위가 없습니다.

성경은 "주의 오른손이 권능으로 영광을 나타내시니이다"(출 15:6), "주께서 오른손을 드신즉 땅이 그들을 삼켰나이다"(출 15:12)라고 했습니다.

주께서 손을 펴시면 구원의 역사가 일어났고, 오른손만 드셔도 물이 갈라지고 땅이 원수를 삼켰다는 것입니다. 여호수아 4:24을 보면 여호와의 손은 강하시다고 했고, 시편 89:13 역시, 주의 팔에 능력이 있사오며 주의 손은 강하고 주의 오른손은 높이 들리우셨다고 했습니다. 베드로전서 5:6에서도 하나님의 능하신 손이라고 했습니다.

하나님의 손이 능하고 강하다는 것은 하나님께서 능력과 권세와 위엄이 있으시다는 것입니다. 붙드시고 인도하시고 지키시고 구원하시는 능력의 손이 나와 함께하십니다. 감사하고 찬양합시다.

✚ 기도제목
 1) 능하신 주의 손을 의지하게 하소서.
 2) 모든 걱정과 근심을 하나님께 맡기게 하소서.

지키시는 분이십니다
♣ 성경 이사야 46:3~5   찬송 94(102)장 ♣

노르망디 상륙작전 때, 독일군이 해안을 봉쇄하고 지키지 않은 것이 아닙니다. 그들은 열심히 지켰습니다. 그러나 연합군은 독일군이 방심하고 있는 쪽으로 상륙하였습니다. 반대편이 뚫린 것입니다. 인간의 지킴은 상대적이며 부분적입니다. 그러나 하나님의 지키심은 절대적입니다. 모든 것을 온전하게 지키십니다.

우리가 믿는 하나님은 그 누구와도 그 무엇과도 비교할 수가 없습니다. 이사야 46:3~4을 보면 "배에서 태어남으로부터 내게 안겼고 태에서 남으로부터 내게 업혔다"라고 했고, "백발이 되기까지 내가 너희를 품을 것이라"라고 했습니다.

그리고 이사야 48:17을 보면 "네게 유익하도록 가르치고 너를 마땅히 행할 길로 인도하겠다"라고 했습니다. 시편 121:7을 보면 "여호와께서 너를 지켜 모든 환난을 면하게 하시며 또 네 영혼을 지키시리로다"라고 했습니다.

'품는다, 안아 준다'는 것은 모성애와 같은 사랑으로 지켜 주신다는 뜻입니다. 이사야 40:11을 보면 "어린 양을 그 팔로 모아 품에 안으시며"라고 했습니다. 시적이고 상징적인 표현이긴 합니다만 하나님의 품은 넓고 큽니다.

그래서 참으시고 기다리시고 용서하시는 것입니다. 이사야 49:15을 주목하십시다. "여인이 어찌 그 젖 먹는 자식을 잊겠으며 자기 태에서 난 아들을 긍휼히 여기지 않겠느냐 그들은 혹시 잊을지라도 나는 너를 잊지 아니할 것이라"

이 좋으신 하나님을 누구와 무엇과 비교할 수 있겠습니까?

✚ **기도제목**
1) 주의 말씀과 은혜를 사모하게 하소서.
2) 하나님보다 앞서지 않게 하여 주소서.

기회를 잡자

♣ 성경 시편 32:1~6   찬송 543(342)장 ♣

다윗은 세상을 떠날 때까지 수없이 많은 기회를 만났고 위기를 겪어야 했습니다. 어린 나이에 골리앗을 이긴 것도 하나님이 주신 기회였고, 목동 출신 다윗에게 이스라엘의 2대 왕이 되게 하신 것도 하나님이 주신 기회였습니다. 위기도 많았습니다. 그런데 그 위기를 잡은 것입니다. 그는 그 위기를 전화위복의 기회로 잡았습니다.

아무리 어렵고 힘든 고통이나 고난이라도 하나님이 주신 기회로 믿고 받아들이면 극복의 길이 열리지만 고난 앞에 무릎을 꿇어 버리면 실패와 절망의 나락으로 굴러 떨어지게 됩니다.

시인 다윗은 본문 6절에서 "경건한 자는 주를 만날 기회를 얻어서 주께 기도할지라 진실로 홍수가 범람할지라도 그에게 미치지 못하리이다"라고 고백했습니다.

"주를 만날 기회를 얻어서"(시 32:6)라는 말의 뜻은 적당한 때 주를 만나라는 것입니다. 즉 필요할 때 주를 만나라는 것입니다.

그러면 언제, 어느 시간에 주를 만나야 합니까? 개혁자 루터는 "우리가 주를 만나야 할 시간은 순간순간이다. 그리고 그때그때마다 주를 만나야 한다."라고 말했습니다. 힘들고 괴롭고 아프고 실패했을 때는 주를 만나야 하고, 잘 벌고 잘 먹고 잘 살고 건강할 때는 주를 만나지 않아도 됩니까? 지금이 주님을 만날 때입니다. 지금 여기서 이 기회를 놓치면 그 기회는 영영 우리 곁을 떠나고 맙니다. 보딩이 끝나고 비행기가 활주로에 들어서면 탑승이 안 됩니다. 기차도 떠난 뒤엔 탈 수가 없습니다. 우리는 주님을 만날 기회를 놓치지 말아야 합니다. 지금 여기가 그 기회의 장소입니다.

✤ 기도제목
1) 위기 가운데 있는 이들이 주께 나아갈 기회를 얻게 하소서.
2) 주께 나아갈 기회를 놓치지 않게 하소서.

흔들리지 않는 것
♣ 성경 시편 46:2~5 찬송 585(384)장 ♣

오래 전에 미국 캘리포니아 주에 지진이 일어났습니다. 사람들은 당황해서 이리 뛰고 저리 뛰며 야단법석이었습니다. 그런데 어느 부인은 자기 집에 조용히 남아 기도를 하고 있었습니다. 지진이 멈춘 다음에 사람들이 그 부인에게 "아니 어떻게, 그 위험한 상황 속에서도 밝은 얼굴을 하고 조용히 앉아 계실 수 있었습니까?"라고 물어봤습니다.

그때 부인은 "우리 하나님께서 온 세상을 그토록 흔드실 수 있는 능력의 하나님이신 것을 생각하며, 그런 중에서도 나를 안전하게 붙들어 주시는 하나님이신 것을 생각하니 무서워하거나 떨 이유가 없었습니다."라고 대답했습니다.

지진은 지구의 내부에서 자연적으로 일어난 진동을 가리킵니다. 지진이 일어나는 원인에 대해서는 지질학자들 사이에 여러 가지 주장이 있지만, 가장 유력한 주장은 단층설입니다. 지각에 약한 부분이 생겼을 때 거기에 가해진 힘이 어느 한계를 넘어서면 파괴되는데 그 힘의 근원은 지구 내부의 열에너지라는 것입니다.

성경에는 지진에 대한 이야기가 많이 나옵니다. 옥에 갇힌 바울과 실라가 기도하고 하나님을 찬송할 때 지진이 일어났고, 예수님이 십자가에 달리셨을 때에도 지진이 일어났습니다. 그리고 세상 끝날에도 또 한 번 지진이 일어날 것을 예언하고 있습니다. "이 또 한 번이라 하심은 진동하지 아니하는 것을 영존하게 하기 위하여 진동할 것들 곧 만드신 것들이 변동될 것을 나타내심이라"(히 12:27)라고 쓰여 있습니다.

우리가 이 지진을 통해 생각해야 할 것은, 영원히 흔들리지 않는 것을 의지해야 한다는 것입니다.

✝ **기도제목**
1) 자연을 통해 하나님의 위대하심을 깨닫게 하소서.
2) 고난에 처한 자들을 도와주소서.

인생의 태풍
♣ 성경 이사야 40:6~8 찬송 337(363)장 ♣

노경에 접어든 어떤 부부가 눈물로 회개하였습니다. 사연인즉 부인이 입원 중 남편이 다른 여자를 만났다고 합니다. 부인은 남편이 진심으로 뉘우치고 용서를 구하여 용서를 했으나 상대방 여성은 도저히 용서할 수 없었습니다. 이 문제로 부부가 몹시 고뇌에 빠졌으나 부흥 집회에 참석하여 자기 죄의 두려움을 알게 된 부인이 하나님 앞에 자신의 잘못을 뉘우치고 그리스도의 용서로 그 상대 여성을 용서했습니다. 남편도 아내를 따라 예수를 영접하고 비로소 진정한 부부가 되었습니다. 죄의 태풍으로 깨질 뻔했던 가정이 예수에 의해 구제를 받게 되었던 것입니다.

바람은 기상학적으로 하나의 자연 현상입니다. 공기가 희박해져서 기압이 낮아진 곳을 메우기 위한 공기의 움직임에 지나지 않습니다. 그러나 바람에 의해 공기가 맑아지고, 기후가 조절되고 벼와 같은 풍매식물은 바람의 매개에 의해 화분이 운반되어 생식이 이루어집니다.

하나님께서는 공기에 이와 같은 습성을 주어 자연의 환기와 온도 조절을 하여 식량을 생산하게 합니다. 그러나 이 바람도 정도를 넘으면 태풍이 되어 맹위를 떨칩니다. 특히 적도 부근의 해상에 발생한 태풍은 많은 비를 동반하여 해마다 각처에 큰 피해를 줍니다.

인간이 세상 지혜와 지식을 사랑하여 하나님을 거부하고 과학 만능을 구가하더라도 하나님이 바람을 세차게 불게 하시고 큰 비를 내리게 하시면 흔적도 없이 사라질 수 있습니다. 그런데 자연계의 태풍보다도 죄악의 태풍에 의해 다시 일어설 수 없을 정도의 타격을 받고 가정이 파괴되어 시달리는 사람들이 많습니다. 그래서 예수 그리스도는 하늘에서 육을 입고 오셔서 십자가 위에서 대속의 제물이 되어 인류를 이 멸망에서 구출하는 길을 열어 놓으셨습니다.

✞ **기도제목**
1) 썩어질 것을 위해 힘쓰지 않게 하소서.
2) 영원한 말씀으로 채워 주소서.

듣고도 순종치 아니하는 자

♣ 성경 마태복음 7:24~27   찬송 204(379)장 ♣

키에르케고르는 교회에 다니는 교인들을 가리켜 집거위와 같다고 비유했습니다. 거위 교인들이 주일마다 뒤뚱거리며 교회에 와서는 예배드리며 말씀을 열심히 듣습니다. 설교자인 거위가 설교합니다. "우리는 더 이상 뒤뚱거리며 걸어 다니지 않아도 됩니다. 이 좁은 장소에만 머물러 있을 필요도 없습니다. 저 창공으로 날아갈 수 있습니다. 더 먼 지역으로, 더 축복 받는 땅으로 날아갈 수 있습니다." 그러면 거위들은 매 주일마다 같은 말씀이 선포될 때 "아멘!"으로 화답합니다. 그리고는 예배를 마친 후에 날아서 집으로 가야 하지만, 날아서 집으로 가는 것이 아니라 다시 일렬로 서서 뒤뚱거리며 집으로 간다는 겁니다. 이는 말씀을 듣고도 그대로 행하지 않고 순종하지 않는 교인들을 풍자하는 우화입니다.

오늘 말씀은 그 어떤 호우와 홍수, 태풍 속에서도 끄떡하지 않는 '인생의 집'을 세우는 방법에 대해 가르치고 있습니다. 인생의 호우란 하늘에서 내리는 시련이고, 인생의 홍수란 땅에서 닥치는 유혹이며, 인생의 태풍이란 인간관계에서 비롯되는 고뇌라고 볼 수 있습니다. 예수님의 말씀에 의하면 이들의 인생 토대가 모두 나약한 모래였다는 것입니다. 즉 나약한 자신의 힘만 의지한 데서 초래된 파탄이라는 것입니다.

우리 인생의 건축 토대는 무엇입니까? 건강, 교육, 재산, 기술, 이런 것일까요? 만일 우리가 그런 것에 의지하여 마음을 놓고 있다면 우리의 인생도 모래 위에 지은 집에 지나지 않는다는 것을 알 때가 올 것입니다. 예수님께서는 "나의 이 말을 듣고 행하지 아니하는 자는 그 집을 모래 위에 지은 어리석은 사람 같으리니"라고 말씀하셨습니다. '이 말'이란 예수 그리스도의 말씀, 곧 성경 말씀을 가리킵니다. 그 말씀은 진리 중의 진리입니다. 예수님 자신이 진리이기 때문입니다.

✟ **기도제목**
 1) 주의 말씀을 듣고 행하게 하소서.
 2) 어떤 일을 할 때에 눈가림으로 하지 않게 하소서.

낙심하지 않을 수 있는 이유
♣ 성경 로마서 8:28~30 찬송 445(502)장 ♣

한 어촌마을에서 있었던 일입니다. 고기잡이배가 밤늦도록 돌아오지 않았습니다. 바람은 거세지고 풍랑이 일고 있었습니다. 초조하게 아빠를 기다리던 그 집에서 아이가 촛불을 넘어뜨려 불이 나고 말았습니다. 다음날 아침 저 멀리 수평선 너머로 고기잡이 갔던 배가 돌아오는 것이 아닙니까? 어젯밤 풍랑 속에 배가 방향을 잡지 못하고 있는데 갑자기 육지에서 큰 불빛이 보여 그 불빛을 보고 항로를 잡아 구사일생으로 돌아오게 되었다는 것입니다.

우연은 없습니다. 한 가지 사실만 보고 '잘 되었다, 잘못 되었다, 시련이다, 고난이다, 하나님이 나를 버렸다'고 쉽게 말해서는 안 됩니다.
하나님은 모든 것이 합력하여 선을 이루게 하시는 분이십니다.
고난을 어떻게 정의할 수 있을까요? 고난은 축복의 진행형입니다. 축복을 향하여 나아가고 있는 중임을 알려주는 사인(sign)과 같습니다. 그래서 본문은 '우리가 알거니와'라는 문맥으로 시작됩니다. 이는 '경험했거니와, 맛보았거니와'란 뜻입니다. 로마서 8:38에는 "내가 확신하노니"라는 단계에까지 나아갑니다. 고난 중에 우리가 가져야 할 것은 '모든 것이 합력하여 선을 이룬다'는 믿음입니다. 하나님은 고난 중에 있는 자들에게 이 믿음을 요구하고 계십니다.
모든 것을 하나님께 맡기시고, 하나님 앞에서 잠잠하고 참아 기다리십시오, 때가 되면 모든 것을 합력하여 선을 이루시는 그 넉넉한 손길을 감지하게 될 것입니다. '하나님을 사랑하는 자, 그의 뜻대로 부르심을 입은 자들에게는 모든 것이 합력하여 선을 이룬다'는 믿음을 가질 수만 있다면, 믿은 대로 될 줄 확신합니다.

✟ **기도제목**
1) 모든 것을 하나님께 전폭적으로 맡기는 신앙을 갖게 하소서.
2) 어떤 일을 만나도 낙망치 않게 하소서.

자업자득

♣ 성경 야고보서 1:15 찬송 342(395)장 ♣

사막에 조그만 오두막집을 짓고 사는 노인이 있었습니다. 그곳에는 우거진 야자수와 맑은 샘물이 있어서 지나가는 나그네들의 좋은 쉼터가 되었습니다. 노인은 야자수 그늘 아래서 목마른 나그네들에게 시원한 샘물을 떠 주는 것으로 기쁨과 보람을 느꼈습니다. 그런데 언젠가부터 나그네들이 물을 마시고 나서 몇 푼의 동전을 주는 것이었습니다. 처음에는 극구 사양을 했지만, 동전이 쌓여가면서 욕심이 생겨 나중에는 동전을 안 주는 사람들에게는 당당하게 동전을 요구하게 되었습니다. 노인은 더 많은 물을 나오게 해 더 많은 사람들에게 제공하고 더 많은 돈을 벌기 위해 샘터를 최신 시설로 바꾸었습니다. 그러나 어찌된 일인지 샘물이 점점 줄어들었습니다. 주변의 야자수가 샘물을 빨아들인다고 생각하고 야자수를 모두 베어 버렸습니다. 얼마 후에 야자수 그늘도 없어져 버렸고 샘물은 말라 버렸습니다. 노인은 뜨거운 햇볕을 견디지 못하고 그만 죽고 말았습니다.

우리나라뿐만 아니라 세계 여러 나라에서 윤리가 땅에 떨어져 커다란 사회문제가 되고 있습니다. '너를 죽여서라도 나만 행복하면 그만이다'라는 극단적인 이기주의자로 인해 발생하는 문제들이 신문의 사회면을 장식하고 있습니다.

살인과 어린이 유괴 사건이 꼬리를 물고 일어나고 있습니다. 유사 이래로 이런 극단의 이기주의에서 빚어지는 범죄 행위는 그치지 않고 이어져 내려 왔습니다. 문제는 어느 시대보다도 탁월한 과학 기술을 발전시켜 살기 편한 시대를 이룩한 현대에 와서 그것이 더욱 기승을 부리는 데 있습니다. 여기서 우리는 인류의 조상 아담과 하와의 원죄에서 비롯된 인간의 숙명을 생각하지 않을 수 없게 됩니다.

그 근본적인 치유 방법은 우리의 죄를 해결하기 위해 피를 흘려주신 그리스도를 영접하는 데 있는 것입니다.

✞ **기도제목**
 1) 욕심을 버리게 하소서.
 2) 세계 복음화가 속히 이루어지게 하소서.

영혼의 건강

♣ 성경 시편 42:1   찬송 429(489)장 ♣

흑인으로서 전 세계의 존경을 받는 남아프리카의 대통령 넬슨 만델라는 백인 정권에 의해 27년간 감옥살이를 했습니다. 그가 출옥할 때 사람들은 그가 아주 허약한 상태로 나올 것이라고 생각했는데, 나이가 70세가 넘었는데도 불구하고 아주 건강하고 씩씩하게 걸어 나왔습니다. 다른 사람들은 5년만 감옥살이를 해도 건강을 잃고 나오는데 어떻게 27년 동안 옥살이를 했는데 그렇게 건강한 상태로 출옥을 할 수 있었냐고 사람들은 질문했습니다. 그는 "나는 감옥에서 하나님께 감사했습니다. 하늘을 보고 감사하고 땅을 보고 감사하고 강제노동을 할 때도 감사하고, 늘 감사했기 때문에 건강을 지킬 수 있었습니다."라고 말했습니다. 그 후 그는 노벨 평화상을 받았고, 대통령에도 당선되었습니다.

오늘날 사람들은 몸에 좋다는 것은 뭐든지 합니다. 그런데도 아침에 어딘가 몸이 무거워 직장에 출근하거나 학교에 등교하는 것도 즐거운 마음이 아니라 일종의 의무감에서 발길을 내딛고 있지는 않습니까?
이렇게 되면 인간은 보약이나 강장제에 의존하게 되고 기분을 풀기 위해 술을 자주 마시기 마련입니다. 그러나 그것은 임시방편이고 마신 약이나 술의 양에 반비례하여 효과는 점점 줄어들다가 나중에 중독증에 걸려 몸을 망가뜨리게 됩니다.
그 원인이 어디에 있다고 생각합니까? 의지력이 약하기 때문일까요? 육체의 힘보다 정신력이 더 강한 것은 사실입니다. 그러나 의지의 힘만 너무 믿다가 파멸을 당하는 경우도 있습니다.
육신의 건강에 대해서는 남 못지않게 신경을 쓰지만 영혼의 건강을 소홀히 하는 것이 아닌지 한번 점검해 보아야 합니다.

✢ **기도제목**
  1) 영혼의 건강에 무관심하지 않게 하소서.
  2) 영혼에 풍성한 건강을 주소서.

영혼의 진단

♣ 성경 마가복음 7:21~23 찬송 441(498)장 ♣

어떤 부잣집 부인이 처녀 시절부터 교회에 다녀 세례도 받았는데, 참된 구원에 대한 체험을 하지 못하고 있었습니다. 그 후 결혼하여 겉으로는 남부럽지 않게 살아 왔으나 마음속으로는 평안도 기쁨도 느끼지 못했습니다.

어느 날 그녀는 목사에게 이 사실을 털어 놓았습니다. 목사는 그녀와 대화하는 중에 그녀의 고민이 부정한 남편에 대한 분노와 원망에서 비롯된 것임을 알게 되었습니다. 목사가 이것을 지적하자 그녀는 회개하고 그리스도의 십자가에 의한 대속의 은총을 분명히 의식하게 되었습니다. 그녀는 마음속으로 평안과 기쁨을 느끼게 되었습니다. 뿐만 아니라 남편도 그녀의 이러한 태도 변화에 감명을 받아 부부가 화합을 되찾게 되었습니다. 그녀의 문제는 부정한 남편에게 있었던 것이 아니라 그녀 마음속의 죄에 있었던 것입니다.

많은 사람들이 갈등과 불안의 모든 요인과 책임은 자기 이외의 것, 예컨대 정부, 정당, 파벌, 교사, 자본가, 노동자, 남편, 아내, 고용인 등 다른 사람에게 있다고 생각합니다. 문제는 아무도 그 책임이 자기에게 있다고 생각하지 않는 데 있습니다. 그래서 남만 비난하고 책임을 전가하면서 외면적인 증상을 지적하기에 급급합니다.

그런데 예수 그리스도의 진단에 의하면 그 원인은 인간 자체에 있다고 합니다. 인간의 마음속에 있는 악성의 질환이 인간의 모든 일에 독이 된다는 것입니다. 즉 인간의 트러블은 인간 자체에서 비롯된다고 합니다. 세계의 두통거리와 인간의 고뇌는 모두가 그 질환, 다시 말해서 뿌리 깊은 죄에서 일어난다는 것을 지적하고 계십니다.

이것이 올바른 진단일진대 그 근본 치료는 어떻게 해야 할까요? 그 특효약은 예수님의 피입니다. 다시 말해서 예수 그리스도의 십자가를 통해 처방을 찾아야 하는 것입니다.

✿ **기도제목**
1) 변화받은 삶을 나타내게 하소서.
2) 마음속의 죄를 깨닫게 하소서.

영혼의 힘
♣ 성경 로마서 8:37 찬송 380(424)장 ♣

아침 식사를 하다가 현기증을 느낀 로버트 부스는 죽는다는 것을 직감하고 딸을 시켜 성경을 가져오게 하였습니다. 그리고는 로마서 8장의 마지막 두 절인 38, 39절 위에 자기 손을 얹고 말했습니다.

"아버지는 벌써 눈이 보이지 않게 되었지만 이 하나님의 약속에 따라 천국으로 간다. 오늘 아침에 너희들과 아침 식사를 함께한 아버지는 저녁 식사 때에는 예수님과 함께 있을 거야." 하고 조용히 숨을 거두었습니다.

로마서 8:38~39의 말씀은 이러합니다. "내가 확신하노니 사망이나 생명이나 천사들이나 권세자들이나 현재 일이나 장래 일이나 능력이나 높음이나 깊음이나 다른 어떤 피조물이라도 우리를 우리 주 그리스도 예수 안에 있는 하나님의 사랑에서 끊을 수 없으리라"

우리의 영혼이 하나님의 힘을 받으면 죽음도 이길 수 있습니다.

체력이나 금력이나 명예 등은 인간이 살아가는 데 필요한 힘입니다. 그러나 그보다도 더욱 필요한 것은 영혼의 힘 곧 영력입니다.

지하철은 위의 가선에 닿지 않으면 달리지 못합니다. 설사 닿더라도 전류가 흐르지 않으면 아무 힘도 쓰지 못합니다. 인간도 마찬가지입니다. 우주 생명의 근원이며 힘의 본체이신 하나님에게서 떠나면 생명과 힘을 잃게 됩니다.

어떻게 하면 이 생명과 힘을 얻을 수 있을까요?

하나님의 아들 예수 그리스도는 십자가 위에서 인류의 죄를 짊어지셨으며 그 대속으로 하나님과 인간을 연결하는 구원의 길을 열어 놓아 주셨습니다. 그러므로 이 예수 그리스도를 받아들일 때 인간은 하나님과 연결되어 하나님의 생명과 힘, 덕과 사랑을 나눠가질 수 있습니다. 이 힘을 받은 사람은 어떤 고난도 이길 수 있습니다. 하나님의 힘을 받은 사람은 죽음도 이기고 영원한 승리자가 됩니다.

✟ **기도제목**
 1) 영력 있는 삶을 살게 하소서.
 2) 그리스도의 사랑의 줄로 매인 삶을 살게 하소서.

거듭남의 필요

♣ 성경 요한복음 3:3   찬송 421(210)장 ♣

니고데모는 바리새파라는 율법에 엄격한 종파의 지도자로 사회적으로도 사람들로부터 존경을 받고 있는 훌륭한 사람이었습니다. 그런데 그는 자기의 교파나 자기의 도덕에도 마음이 흡족하지 못했던지, 위신상 남의 눈을 피해 밤에 몰래 예수님을 찾아와 구원의 도를 구했습니다. 그런데 예수님은 그에게 "사람이 거듭나지 아니하면 하나님의 나라를 볼 수 없느니라"라고 말씀하셨습니다. 이것은 얼른 납득이 가지 않는 말씀입니다. 니고데모는 신앙이 두텁고 도덕적으로도 흠 잡을 데 없는 생활을 하고 있는 박식한 노인이었습니다.

예수님은 왜 종교적으로나 도덕적으로 훌륭한 니고데모에게 중생의 필요를 역설했을까요? 그것은 설사 외면상으로 수양을 쌓은 훌륭한 사람이라도 그 마음속은 누구나 부패했기 때문입니다.

첫째, 지성의 부패입니다. 그래서 인간은 진실하신 하나님을 알지 못합니다. 그리고 자기가 구원받아야 하는 죄인인 것도 까맣게 모르고 있습니다. 둘째, 애정의 부패입니다. 그래서 인간은 자기를 사랑하는 사람은 사랑할 수 있으나 자기를 미워하거나 비난하는 사람은 사랑할 수 없게 되어 있습니다. 셋째, 의지의 타락입니다. "원하는 바 선은 행하지 아니하고 도리어 원하지 아니하는 바 악을 행하는 것"(롬 7:19) 입니다.

우리들도 외면적으로는 니고데모와 마찬가지로 종교적으로 열심이고 도덕적으로 흠이 없고 박식한 사람일지 모릅니다. 그렇지만 마음속은 부패와 무능 때문에 탄식하고 있지는 않습니까?

인간은 누구나 자기 힘으로 자기를 개조하지 못합니다. 거듭나지 않으면 안 된다고 말씀하신 예수 그리스도만이 인간을 근본적으로 개조할 수 있습니다.

✚ **기도제목**
  1) 중생의 삶을 살게 하소서.
  2) 니고데모와 같은 교만을 꺾어 주소서.

거듭나려면

♣ 성경 요한복음 3:7   찬송 288(204)장 ♣

영국 가수의 일인자였던 크리프 리처드는 자기 생활을 바꾸게 하신 그리스도에 대해 이렇게 말했습니다.
"세상 사람들은 나처럼 알려진 가수는 가진 돈으로 날마다 즐겁게 살아갈 터이니 얼마나 좋을까 하고 생각하는 것 같아요. 솔직히 말하면 내가 가수로서 인기가 절정에 올랐던 때에는 안하무인이었어요. 그러나 내가 예수 그리스도를 만나 그 십자가의 희생이 내 죄 때문이었다는 것을 믿기까지는 내 인생이 만족스러웠다고는 도저히 말할 수 없어요. 그런데 지금 나는 분명히 단언할 수 있어요. 그리스도는 단지 나를 딴 사람으로 만들어 주셨을 뿐 아니라 나에게 푸짐한 앞날을 약속해 주셨습니다."

예수님께서 거듭나야 한다고 강조하셨을 때 박식한 종교 지도자였던 니고데모는 그것이 무슨 뜻인지 잘 알 수 없었습니다. 그래서 예수님은 민수기 21장에 나오는 모세가 광야에서 뱀을 들어올린 이야기를 통하여 중생의 깊은 이치에 대해 상세히 말씀하셨습니다. 그리고 예수님은 다시 "인자도 들려야 하리니 이는 그를 믿는 자마다 영생을 얻게 하려 하심이니라"라고 하시며 십자가에 달리실 것을 예고하였습니다.

인류는 사탄이라는 뱀에 의해 죄를 범하고 죽어야 할 운명에 놓이게 되었습니다. 그런데 하나님은 인류를 사랑하셔서 죄 없는 독생자 예수를 세상에 보내어 그를 십자가 위에서 피 흘려 대속의 제물이 되게 하심으로써 인류를 죄와 죽음에서 구하는 길을 열어 놓았습니다. 이것은 오늘의 우리에게 대단히 중요한 메시지입니다.

옛날 이스라엘 백성은 막대기 위에 달린 놋뱀을 쳐다보고 목숨을 건졌습니다. 마찬가지로 오늘의 우리들은 십자가의 예수님을 믿고 바라볼 때 구원을 받고 새로 거듭나게 됩니다.

✞ **기도제목**
 1) 예수님을 온전히 주인으로 모시고 살게 하소서.
 2) 불신자들을 전도하게 하소서.

중생의 사실

♣ 성경 고린도후서 5:17   찬송 289(208)장 ♣

「천로역정」의 저자 존 번연은 영국 베드퍼드셔 주 엘스토우에서 가난한 주물 가게의 아들로 태어났습니다. 그는 이미 10대 때 불량배가 되어 있었습니다. 그런 그가 존 기포드 목사의 인도로 예수를 믿고 중생을 경험하게 되었습니다.

그는 이렇게 쓰고 있습니다. "이제야 나의 고약한 습성과 죄의 사슬은 모두 제거되었습니다. 지금 그리스도는 나의 전부이며 나의 지혜, 나의 의, 그리고 구속의 전부입니다. 왜냐하면 나와 그리스도가 하나가 되면 그리스도의 의도 용기도 승리도 모두 나의 것이기 때문입니다."

그의 고백은 기쁨을 표시하는 문구로 가득 차 있습니다. 이 영적인 회심으로 새로운 생명을 체험한 번연은 후에 목사가 되었습니다. 36년 동안 목회 생활을 하는 중 두 번이나 투옥되었지만 오직 주의 영광만을 위해 전도와 저술을 계속했습니다.

'중생'은 아무리 신비적으로 보여도 결코 그 사실을 부인할 수는 없습니다. 사람이 죄를 깊이 뉘우치고 예수 그리스도를 믿으면 하나님에 의해 거듭나게 됩니다. 이것은 인간성의 근본적인 회복입니다.

중생을 경험한 사람은 하나님의 생명이 인간의 영혼 속에 주입되므로 누구나 하나님의 생명을 지닌 자녀가 됩니다. 그리고 거듭난 사람의 마음속에는 예수께서 성령으로 살고 계시므로 그리스도를 닮게 됩니다.

지금까지 어리석은 일이라고 생각되어 비웃었던 일들을 믿음에 의해 받아들이게 됩니다. 전에는 좋아하지 않았던 하나님에 관한 일을 좋아하게 됩니다. 하나님의 뜻을 따르기를 기뻐합니다. 또 하나님께 모든 것을 바치는 자가 됩니다.

거듭난 영혼은 이성이나 애정이나 의지에 있어서도 즉 전인격적으로 변화되고 완전히 새사람이 되어 하나님의 영광을 위해 살려고 합니다.

✚ **기도제목**
  1) 자아를 버리게 하소서.
  2) 새로운 피조물이 되게 하소서.

뭔가 잘못되어 있다

♣ 성경 요한3서 1:4 찬송 406(464)장 ♣

지중해 한가운데에서 이탈리아 어부들이 바다에 빠져 표류하는 한 남자를 건져냈습니다. 그는 이미 기억 상실증에 걸려 있었습니다. 자신이 누구인지 알지 못했습니다. 소지품을 살펴보니, 가명으로 만들어진 여러 개의 여권이 들어 있었습니다. 그는 너무 혼란스러웠습니다. 곧 영문을 모른 채 쫓기는 신세가 되었습니다. 그 와중에 놀라운 무술 실력과 사격과 운전 등 예상치 않은 능력이 나오는 것을 보고 놀랐습니다. '도대체 나는 누구란 말인가?' 바로 영화 '본 아이덴티티'의 줄거리입니다. 음모에 휩싸인 미국 CIA 요원이 자기의 정체성을 찾아가는 과정을 그린 영화입니다. 기억을 잃어버리면, 결국 자기를 잃어버리는 것입니다.

종종 길을 지나가는 행인을 죽이는 사건이 일어납니다. 그때마다 사람들은 입을 모아 "뭔가 잘못되어 있다!"라고 말합니다. 그런데 유감스럽게도 무엇이 잘못되어 있는지 지적해 주는 사람은 없었습니다.

그것은 하나님을 잃어버렸기 때문입니다. 개인의 기억을 잊어버리는 것도 기가 막히고, 나라의 기억을 잊어버리는 것도 통탄할 일이지만, 하나님에 대한 기억을 잊어버리는 것은 정말 무시무시한 일입니다. 영원의 차원에서 생과 사를 가르는 문제이기 때문입니다.

다시 말해서 하나님과의 관계가 끊긴 데 문제가 있었던 것입니다. 가정이나 학교, 사회에서 하나님이 추방되어 인격 형성에 가장 중요한 영혼에 대한 교육이 결여되어 지식은 있으나 진리를 알지 못하였습니다.

인간은 하나님에 의해 하나님과 교류하는 영적인 존재로 창조되었기에 창조주이신 하나님을 공경하고 사랑하며 신뢰하는 인간이 되기 전에는 진정한 인격이 형성되지 않습니다. 성경에 의거한 교육이야말로 잘못된 하나님과의 관계를 바로잡을 수 있습니다.

✞ 기도제목
  1) 학교에서도 신앙을 교육하게 하소서.
  2) 진리 안에서 행하게 하소서.

구원의 원리

♣ 성경 로마서 7:24   찬송 288(204)장 ♣

어느 목사님이 꿈속에서 하나님의 심판대 앞에 서게 되었습니다. 하나님께서 "너는 항상 진실했는가?"라고 물으셨습니다. 그는 "그렇지 못했습니다."라고 대답하였습니다. 또 물으셨습니다. "너는 항상 깨끗하게 생활했는가?" "그렇지 못했습니다." "그러면 정직하게 생활했는가?" 그는 그렇지 못했다고 대답하였습니다. 목사님이 그만 머리를 숙이고 어쩔 줄을 모르고 있는데 갑자기 환한 빛이 비치며 예수님께서 그의 곁으로 오시더니 하나님을 우러러보시면서 "아버지 하나님이여, 이 사람이 언제나 깨끗하게도 진실하게도 정직하게도 살지 못한 것을 저도 압니다. 그러나 이 목사는 저 세상에 있을 때 항상 내 편을 들며 살아왔고 나를 믿고 있었습니다. 그러므로 저도 이 목사 편에서 변호해 주겠습니다."라고 하시니 통과시켜 주더랍니다. 목사님은 꿈을 깬 후에 예수님께 감사기도를 드렸다고 합니다.

바울은 기독교 박멸 운동을 일으키고 그 지도자가 되었으나, 어느 날 십자가 위에서 죽으신 예수의 목소리를 듣고 영의 눈이 열려 그리스도가 십자가를 지신 것은 바로 자기의 죄 때문이었다는 것을 알게 됩니다. 그는 과거의 모든 죄를 사함 받고, 드디어 하나님으로 더불어 화평을 누리게 되었던 것입니다.

"누가 우리를 그리스도의 사랑에서 끊으리요 환난이나 곤고나 박해나 기근이나 적신이나 위험이나 칼이랴"(롬 8:35)라는 바울의 말과 같이 그리스도의 사랑 안에 사는 기쁨은 그 무엇도 빼앗아가지 못하는 영속적인 것입니다. 영속적인 기쁨과 평안은 그리스도를 믿어야 비로소 마음속에 가득 차게 됩니다. 바울은 또 이렇게 말합니다. "모든 사람이 죄를 범하였으매 하나님의 영광에 이르지 못하더니 그리스도 예수 안에 있는 속량으로 말미암아 하나님의 은혜로 값없이 의롭다 하심을 얻은 자 되었느니라"(롬 3:23~24). 이것은 바울이 말한 구원의 원리입니다.

✞ 기도제목
  1) 구원의 기쁨을 누리며 살게 하소서.
  2) 하나님의 평안 안에서 살게 하소서.

창조주를 기억하라
♣ 성경 전도서 12:1~2   찬송 492(544)장 ♣

어느 양로원에서 M이라는 노인에 대해 "그 영감이 우리 방에 새로 들어왔는데, 방 전체가 환히 밝아졌어요."라고 함께 있는 한 노인이 말했습니다. 또 "그 영감은 모든 것을 감사하고 언제나 기뻐만 해요."라고 사무원이 말하기도 했습니다. 이 노인은 몇 해 전에 뇌일혈로 쓰러져 기억상실, 언어장애, 반신불수인데도 이렇게 즐거운 나날을 보내고 있는 것입니다. 그것은 그가 어렸을 때부터 하나님을 공경하고 그리스도를 의지해 왔기 때문입니다.

고독과 초조와 불안과 자조는 노인의 독특한 심리입니다. 그런데 누구에게나 이런 노년이 다가오게 됩니다. 하나님께서는 이것을 미리 잘 아시고 우리를 어머니의 태속에서 자라게 하시고 영혼을 부여하시고 지금까지 은혜 안에서 살게 하셨습니다.

우리는 지금까지 이런 하나님을 경배해 왔습니다. 혹시 하나님이 아닌 하나님을 머릿속에 생각해 왔거나 손수 만든 신들을 공경해 오지 않았습니까? 우상은 아무리 훌륭히 만들어도 하나님이 아닙니다. 거기에는 인격이 없습니다. 그러므로 아무리 열심히 경배해도 고독하고 쓸쓸한 마음을 채워 주지 못합니다.

창조주는 아버지 하나님이십니다. 이 하나님은 오랜 세월을 두고 생각과 말과 행실로 우리가 범해 온 모든 죄를 용서하시고 말끔히 씻어 주기 위해 존귀하신 독생자 예수 그리스도를 십자가에서 대속의 제물이 되게 하셨습니다. 그러므로 우리가 지난날의 죄를 뉘우치고 예수 그리스도를 마음속에 맞아들이면, 모든 죄는 용서받고 하나님의 자녀가 될 수 있습니다. 예수 그리스도를 믿어 죄를 용서받고 하나님의 자녀가 되어 언제나 하나님과 교류하는 사람은 이미 쓸쓸하고 고독한 사람이 아닙니다. 그는 감사와 기쁨의 사람으로 변하게 됩니다.

♧ 기도제목
1) 구원의 감사와 기쁨이 넘치게 하소서.
2) 창조주를 기억하는 삶을 살게 하소서.

절망을 이기는 처방

♣ **성경** 로마서 5:8　**찬송** 461(519)장 ♣

한 사람이 병원에서 종양이라는 진단을 받고 복부에 수술을 받게 되었습니다. 그 사람은 가정이 그리 부유하지도 못할 뿐 아니라 일일 근로자였으므로 쉰만큼은 벌이를 할 수 없는 사람이었습니다. 그는 그런 상황을 주시는 하나님이 원망스러웠습니다. 선하게 살려고 하는 자신에게 왜 이런 어려움을 허락하시는지 이해할 수 없었습니다. 결국 교회 성도들이 이 사람을 돕기에 이르렀고 그는 수술을 받고 건강을 되찾았는데, 성도들의 도움이 얼마나 넉넉했는지 수술비용을 감당하고 그간 일을 못한 만큼의 돈이 남았습니다. 이 일을 통해 그의 친구들이 교회를 다니게 되었습니다. 이 사람은 손해를 입은 것이 하나도 없을 뿐 아니라 그의 친구들에게 그리스도의 사랑을 보여 주게 된 것입니다.

키에르케고르는 「죽음에 이르는 병」이라는 책에서 인간은 죽을 수밖에 없는 절망이라는 병에 걸려 있다고 말합니다. 그런데 이 절망을 이길 수 있는 처방은 무엇일까요?

의술은 인술이라고 합니다. 병들어 고생하는 사람을 고쳐 주는 것은 참으로 고마운 일입니다. 더구나 중병에 걸려서 죽어가는 사람을 살렸다면 그는 생명의 은인이기도 합니다. 그러므로 의술을 인술이라고 부를만도 합니다. 그러나 이 의술을 한낱 돈벌이의 수단으로만 여기는 의사도 있습니다. 이들은 환자가 위급해도 치료비를 내지 않으면 치료하기를 꺼립니다. 그래서 시간을 보내다가 마침내 귀중한 생명을 잃는 경우도 있습니다.

그럼 죽음에 이르는 절망을 이길 수 있는 처방은 무엇일까요? 그것은 바로 예수 그리스도의 십자가입니다.

✝ **기도제목**
 1) 예수 그리스도의 십자가를 의지하게 하소서.
 2) 예수 그리스도의 사랑을 실천하게 하소서.

노인과 인생
♣ 성경 이사야 46:4　찬송 442(499)장 ♣

베다 디그덴 선교사는 미술학교 교장으로 일하다가 55세 때 은퇴하였습니다. 은퇴 후에 성경번역 사역에 대한 도전을 받았습니다. 그래서 곧 SIL에서 언어학 훈련을 받고 번역 선교사로서 첫발을 내딛게 되었던 것입니다. '명예스러운 은퇴 후에 안락한 여생'이라는 말은 베다 선교사의 일생에 아무런 영향을 주지 못했습니다. 그는 노년기라 할 수 있는 70의 나이에 동역자 도로 시 프라이스와 함께 이리안자야 국경 근처의 그린강 유역에 사는 카카 유리 부족 마을에서 그들의 언어로 말씀을 번역해 주는 사역을 계속하고 있었던 것입니다.

효도(孝道)의 효(孝) 자는 자식(子)이 노인(老人)을 업고 달래는 모습이라고 합니다. 그렇다면 업고서 달래 주는 자식이 없는 노인은 비참할 수밖에 없는 것입니다. 더구나 반신불수로 몸도 제대로 움직이지 못한다면 오죽하겠습니까? 오늘 말씀에 하나님께서는 이와 같이 의지할 자녀가 없이 외톨이가 된 처량한 노인들을 안고 구원해 주시겠다고 약속해 주셨습니다. 이 약속을 해 주신 하나님을 의지하면 먼저 과거에 감사하고 현재에 만족하고 미래에 소망을 갖게 됩니다.

노인이 감사와 만족과 소망을 갖고 즐겁고 유쾌하게 살아갈 수 있는 것은 예수 그리스도의 구원을 믿고 있기 때문입니다. 죄를 뉘우치고 십자가에서 제물이 되어 주신 그 예수 그리스도를 믿을 때, 과거의 모든 죄는 용서받고 하나님의 자녀가 됩니다. 그리고 믿는 자의 마음속에 성령으로 동거해 주시는 그리스도와 함께 동행할 때 모든 불만과 불평은 뿌리 채 뽑혀 버립니다. 그리고 부활에 의해 죽음을 이기신 그리스도께서는 믿는 자의 마음에서 죽음의 공포를 제거하여 영원한 생명에 이르는 소망 가운데 살게 하십니다.

♱ **기도제목**
　1) 변하지 않는 정금 같은 믿음을 주소서.
　2) 영생의 기쁨이 넘치게 하소서.

아름다운 노후

♣ 성경 고린도후서 4:16   찬송 483(532)장 ♣

한 청년이 미국의 존 퀸시 대통령에게 안부 인사를 하자 그는 "응, 고마워. 퀸시는 아주 건강하지만 그의 집은 엉망이야. 지붕이 날아가고 벽이 무너져 내려 장대로 받치고 있어."라고 했습니다.

청년이 이 말을 듣고 깜짝 놀라 "아니 각하의 자택은 아직 끄떡도 없지 않습니까?"라고 말하자, 그는 모자를 벗고 "이걸 좀 보게. 머리의 지붕이 이렇게 많이 날아갔어." 그리고 가슴을 헤쳐 보이며 "벽의 흙도 많이 떨어졌어." 그리고는 자기가 짚고 있는 지팡이를 가리키면서 "바람이 세차게 불어오면 몸이 비틀거리기가 일쑤여서 이처럼 막대기로 받치고 있어. 어서 빨리 이사를 해야겠어."라고 말했습니다.

"아니 갑자기 이사라니요?" 청년이 묻는 말에 그는 방긋이 웃으면서 대답했습니다. "천국 말이야. 천국으로 이사해야겠어."

속사람이 새로워진 그는 아름다운 노후를 맞은 사람입니다.

조금이라도 젊어지고 싶고 좀 더 오래 살고 싶은 것은 모든 사람들의 본심입니다. 그런데 그런 소원과는 달리 어느새 시력도 쇠퇴하고 이도 빠지고 머리가 희끗희끗하고 체력이 약해져 늙은 비애를 맛보게 됩니다. 그리고 정신적으로도 불안하고 고독해집니다.

아름다운 노후는 노인 자신의 마음가짐에 달려 있는 것입니다.

인간에게는 안과 밖의 양면 생활이 있습니다. 그것은 내심은 기쁘다거나 외면을 가장한다는 그런 의미의 안팎이 아닙니다. 인간에게는 마음과 몸 이외에 하나님과 교류하는 영이 있는 것입니다. 이 영의 생명을 '속사람', 마음과 몸의 생명을 '겉사람'이라고 합니다.

'겉사람'은 쇠퇴하지만, 그리스도를 영접하여 죄 용서받은 사람은 하나님과의 교류를 회복하여 '속사람'이 활기를 띠게 되고 이 세상을 떠날 때 영광스러운 하나님나라에서 산다는 소망으로 가득 차게 됩니다.

✞ **기도제목**
1) 이웃의 가난한 노인들을 돌아보게 하소서.
2) 그리스도로 인해 속사람이 날로 새롭게 하소서.

원수를 사랑하라

♣ 성경 누가복음 6:27~28   찬송 220(278)장 ♣

마더 테레사가 노벨 평화상을 받을 때, 기자들이 질문했습니다.
"당신은 어떻게 일평생 문둥병자들을 사랑할 수 있었습니까?"
"이 세상에 문둥병자는 한 사람도 없습니다. 문둥병만 있을 뿐입니다!"
그렇습니다. 이 세상에는 하나님이 미워하시는 사람(죄인)은 한 사람도 없습니다. 하나님이 미워하시고 증오하시는 죄만 있을 뿐입니다.

오늘 본문의 말씀을 보면 "너희 원수를 사랑하며 너희를 미워하는 자를 선대하며 너희를 저주하는 자를 위하여 축복하며 너희를 모욕하는 자를 위하여 기도하라"라고 했고, 누가복음 6:35에서도 "원수를 사랑하고 선대하며"라고 했습니다.

원수란 나에게 경제적, 정신적 피해를 준 도저히 용서할 수 없는 사람을 의미합니다. 그런데 그런 사람을 사랑하고 선대하고 축복하고 위하여 기도하라는 것입니다. "팔아먹고, 재판하고, 사형을 선고하고, 침 뱉고, 못 박고, 희롱하고, 창으로 찌르는 이 일들은 저들이 잘 알지 못해 그러는 것이니 용서해 주십시오."라는 이 말씀 속에 예수님의 관용, 용서, 사랑이 녹아 있는 것입니다.

그 일을 행하신 주님께서 너희도 그렇게 하라고 명령하셨습니다. 너를 괴롭히고, 골탕 먹이고, 아픔을 주고, 손해를 주고, 상처를 주는 사람 그래서 도저히 용서할 수 없는 그 사람을 사랑하고 용서하라는 것입니다.

진정한 용서는 용서하기 어려운 사람을 용서하는 것입니다. 진정한 사랑은 사랑하기 어려운 원수를 사랑하는 것입니다. 예수님은 십자가를 통해 그 용서와 그 사랑을 실천하셨고 보여 주셨습니다. 주님을 닮아 용서하고 사랑하는 일에 최선을 다합시다.

✞ 기도제목
  1) 주의 사랑을 실천하게 하소서.
  2) 십자가의 복음을 나누며 살게 하소서.

나누어 주라

♣ 성경 누가복음 6:30~38 찬송 394(449)장 ♣

한 심리학자는 인간을 세 단계로 보아 첫째는 받는 단계, 두 번째는 소유하는 단계, 세 번째는 주는 단계가 있다고 했습니다. 신앙에도 예수 그리스도를 나의 구주로 믿는 단계, 은혜받는 단계, 은혜받은 다음 주는 단계가 있습니다. 교회도 개척하는 과정이 있고, 개척교회가 성장하는 과정이 있고, 성장 후 나누어 주는 교회가 있습니다.

오늘 본문 30절을 보면 "네게 구하는 자에게 주며 네 것을 가져가는 자에게 다시 달라 하지 말며"라고 했고, 31절에서는 "남에게 대접을 받고자 하는 대로 너희도 남을 대접하라"라고 했습니다.

본문 38절을 보면 "주라 그리하면 너희에게 줄 것이니 곧 후히 되어 누르고 흔들어 넘치도록 하여 너희에게 안겨 주리라 너희가 헤아리는 그 헤아림으로 너희도 헤아림을 도로 받을 것이니라"라고 했습니다.

그 뜻은 사랑을 실천하라는 것입니다. 하나님이 독생자 예수를 우리를 위해 주신 것처럼 우리도 주라는 것입니다.

기독교는 나눔과 섬김의 종교입니다. 예수님은 우리를 위해 피와 살을 나누어 주셨습니다. 그 숭고한 사랑을 배우고 닮고 실천하는 것이 그리스도인이 할 일입니다.

우리 예수님은 다 나눠 주셨습니다. 젊음도 몸도 피도 그리고 생명도 나눠 주셨습니다. 그리고 말씀하셨습니다. "나누라 그리하면 후하게 넘치도록 안겨 주겠다." 빈틈없이 꾹꾹 눌러서 흔들어서 넘치게 주신다는 것입니다. 나눌 줄 아는 사람들, 나누며 사는 사람들, 그들이 그리스도인입니다.

우리 모두 나누는 사람들이 됩시다.

✚ **기도제목**
1) 남을 대접하며 살게 하소서.
2) 나눌수록 커지는 사랑의 신비를 우리 모두 체험하게 하소서.

무엇이 행복인가

♣ 성경 로마서 8:28   찬송 341(367)장 ♣

어떤 철물공이 예수를 믿게 되었습니다. 8년 동안 신앙생활을 했는데 믿지 않을 때보다도 시련이 더 많았습니다. 이를 지켜보던 한 불신자가 그를 찾아와 말했습니다. "예수를 믿기 전보다 믿은 후 시련이 더 많은 것 같으니 참으로 딱하구려." 그러나 철물공은 담담하게 대답했습니다. "이 철을 보세요. 마차의 스프링인데 불에 달구고 편수대에서 두드리고 찬물에 넣어서 단단하게 합니다. 만약 쇠가 무르면 쓰레기통에 버린답니다. 하나님은 쇠를 연단하는 것같이 우리가 유용한 봉사를 하도록 시련으로 연단하십니다. 하나님께서는 어떻게 하든지 주 뜻대로 연단하시고 우리가 쓰레기 속에 버려지지 않게 해 주신답니다."

인생이란 시련과 고난의 연속입니다. 뜻하지 않은 재해나 사고, 질병과 실패로 말미암아 차라리 죽고 싶은 생각이 드는 사람도 있을 것입니다. 그러나 재난이 때에 따라서는 오히려 유리한 여건이 되고, 행운이 오히려 불리한 여건이 되는 경우도 있습니다.

성경은 그리스도를 영접한 사람에게는 모든 것이 즉 하나의 예외도 없이 죽음까지도 다 선을 이룬다고 단언하고 있습니다. 참으로 놀라운 단언이지만, "하나님의 뜻대로 부르심을 입은 자들에게는"이라는 단서가 붙어 있는 것을 간과해서는 안 됩니다. 그러니까 하나님을 등지고 죄 가운데 살아가는 사람들에게는 해당이 되지 않습니다. 이런 사람은 결국 죽음에 의해 영원한 고뇌 속에 빠지게 되어 있습니다. 이것은 우주를 창조하신 하나님의 뜻이자 섭리이기도 합니다.

그러나 죄를 회개하고 예수를 영접하여 하나님의 은혜 안에 있는 사람에게는 죽음까지도 영원한 생명에 이르는 축복의 문이 됩니다. 병이나 사고, 실패 등의 재난도 오히려 감사로 바뀌게 됩니다.

✝ 기도제목
  1) 고난 중에서도 도우시는 주님을 잊지 않게 하소서.
  2) 합력하여 선을 이루게 하소서.

평화를 이루는 사람

♣ 성경 로마서 12:14~21   찬송 191(427)장 ♣

어느 교회의 가족찬송 경연대회에서 한 집사님이 찬송을 부르다가 가사가 틀렸습니다. 교인들이 깔깔대고 웃었고, 그 집사님은 얼굴이 홍당무가 되어 얼른 자리에 돌아와 고개를 들지 못했습니다. 바로 이어 목사님 가정이 찬송을 불렀습니다. 그런데 목사님도 어떤 부분에서 가사를 틀리게 불렀습니다. 교인들은 다시 깔깔대고 웃었고, 사모님과 자녀들은 왜 틀렸느냐고 핀잔을 주는 얼굴로 목사님을 힐끗 쳐다보았습니다.

어느 날, 그 목사님이 과로로 쓰러지셨습니다. 장례를 마치고 장로님들이 목사님의 유품을 정리하다 발견한 일기장에 "7월 14일, 교회 가족찬송 대회가 있었다. 김 집사가 찬송을 부르다 틀려서 교인들이 다 웃었는데, 김 집사가 너무 무안해했다. 분위기가 이상해지는 것 같아 그 다음 차례로 우리 가정이 찬송 부를 때 나도 일부러 틀리게 불렀다. 다시 교인들은 깔깔대며 웃을 때 슬쩍 김 집사를 보니 '목사님도 가사를 틀릴 수 있구나' 생각하고 안도하는 것 같았다. 오늘도 작은 일로 한 영혼에 위로와 평화를 줄 수 있어서 기쁜 하루였다."라고 기록되었습니다.

기독교를 사랑의 종교라 하는데, 그 사랑의 꽃을 피우기 위한 나무의 뿌리는 겸손임을 가르칩니다. 곡식이 익을수록 고개를 숙이듯 성숙한 사람일수록 고개를 숙일 줄 알며, 자기를 낮출 줄 아는 사람만이 평화를 이룰 수 있습니다.

지금 세상은 좋은 이웃을 기다리고 있습니다. 세상 가운데서 방황하며 누군가 붙잡아 주기를 기다리는 사람들, 낙심과 절망 가운데 위로받기를 원하는 이들에게 사랑의 손을 내밀고, 저들을 위로하며, 우리 삶의 공동체를 평화의 공동체로 일구어가는 것이 하나님이 기뻐하시는 삶입니다. 다른 사람들이 나에게 축복이 되는 만남을 넘어, 내가 저들에게 좋은 이웃이 되고 축복된 만남이 될 수 있기를 바랍니다.

✞ **기도제목**
1) 서로에게 종노릇하게 하소서.
2) 나의 자존심을 희생하는 마음을 갖게 하소서.

성령님을 모신 자의 마음

♣ 성경 갈라디아서 5:22~26   찬송 314(511)장 ♣

영국 빅토리아 여왕의 둘째딸 엘리스 공주에게 네 살 된 아들이 있었습니다. 그런데 사랑하는 아들이 디프테리아에 걸려 사경을 헤매게 되었습니다. 디프테리아는 치사율이 매우 높은 질병이었습니다.

의사는 엘리스 공주에게 당부했습니다. "당분간 아들과 떨어져 지내야 합니다. 만약 아들과 함께 지내면 공주님에게 금방 전염됩니다. 두 사람이 한꺼번에 비극을 당할 수도 있어요." 엘리스 공주는 아들의 고통을 멀리서 지켜보았습니다. 하루는 아들이 원망스런 눈빛으로 어머니를 바라보았습니다. "어머니는 왜 멀리서 나를 바라보고만 있나요? 내게 입을 맞춰줘요."

엘리스는 아들의 호소를 외면할 수 없어 단숨에 아들에게 달려가 와락 껴안고 이마에 입을 맞추었습니다. "미안하다 아들아, 엄마는 너를 정말 사랑한단다." 몇 달 후 엘리스 공주는 아들과 함께 디프테리아로 사망했습니다.

어머니의 사랑은 위대합니다. 예수님의 마음은 어머니의 사랑의 마음입니다. 죄인을 불쌍히 여기는 마음입니다. 원수를 위해 축복하는 마음입니다. 이 같은 사랑이 성령으로부터 오는 것입니다.

또한 성령님이 함께한 마음에 기쁨이 있습니다. 희락의 열매입니다. 마음에서부터 천국이 시작됩니다. 로마서 14:17에는 "하나님의 나라는 먹는 것과 마시는 것이 아니요 오직 성령 안에 있는 의와 평강과 희락이라"라고 하였습니다.

마음이 평안한 자요, 기쁨이 넘치는 자는 모든 사람과 더불어 화평합니다. 오래 참습니다. 자비와 양선과 충성과 온유와 절제가 있으니 이 같은 것을 금지할 법이 없습니다. 성령님은 평화의 신이요, 기쁨의 신입니다. 성령 충만이 곧 기쁨 충만입니다.

우리 모두 성령님을 모셨으니 예수 그리스도의 마음을 품고 예수 그리스도의 모습으로 어둔 세상을 밝게 합시다.

✞ 기도제목
1) 성령으로 충만케 하소서.
2) 지속적인 성령충만을 주소서.

물과 포도주

♣ 성경 요한복음 2:1~11 찬송 327(361)장 ♣

미국의 유명한 인쇄 회사의 사장인 빌 존즈는 이런 말을 한 적이 있습니다. "내가 사업의 성공에 도취되어 있을 무렵에 나는 돈을 물 쓰듯이 하면서 바람을 피웠습니다. 그래서 아내와의 사이가 벌어져 이혼 직전까지 몰린 적이 있었습니다. 아내는 가정에 충실하여 내가 사회에서 활동하는데 지장이 없도록 내조를 잘해 주었습니다. 이런 아내의 사랑을 내가 짓밟은 것입니다. 그래서 아내와의 사이가 극도로 악화되어 나는 이제 가정뿐만 아니라 인생 자체도 망치는 위기에 몰리게 된 것입니다. 그 무렵에 나는 그리스도의 복음을 접하였습니다. 나는 나의 죄에서 비롯된 비참한 처지를 주님 앞에 고백하고 회개했습니다. 그러자 주님은 내 마음에 깨어진 인간적인 사랑 대신 성스러운 하나님의 사랑을 채워 주신 것입니다. 그리하여 우리 가정은 파괴 일보 직전에 건짐을 받게 되었습니다."

경사스러운 혼인 잔치에서 포도주가 동이 났습니다. 혼인 잔치에서 포도주가 떨어졌다는 것은 이 세상이 주는 기쁨이나 즐거움은 없어질 때가 있다는 것을 상기하게 해 줍니다. 이 세상의 기쁨이나 쾌락은 술잔에 따른 포도주와 같은 것이 아닐까요? 그것은 결코 맑은 물이 끊어지지 않는 옹달샘처럼 언제까지나 솟아나지 않습니다.

예컨대 오늘 기쁨에 흥겨워해도 내일 슬픔에 잠길 수 있고, 오늘 결혼식장에서 "죽음이 우리를 갈라놓을 때까지……"하고 서약한 두 사람의 뜨거운 사랑도 불원간에 차갑게 식어질 수 있습니다. 이와 같이 우리들의 사랑이나 기쁨도 혼인집의 포도주처럼 바닥날 수 있습니다.

지상의 포도주가 동이 났을 때 우리가 예수님의 어머니 마리아처럼 "포도주가 없다."라고 솔직히 고백하면 하늘의 포도주로 빈 항아리를 채워 주신 예수 그리스도께서 인간적인 사랑이 바닥난 우리의 마음속을 하늘의 사랑으로 가득 채워주실 것입니다.

✠ 기도제목
 1) 세상이 주는 기쁨으로 기뻐하지 않게 하소서.
 2) 영원한 예수의 생수로 인하여 기쁨이 충만케 하소서.

우리의 적

♣ 성경 에베소서 4:27 찬송 348(388)장 ♣

구세군의 어머니라고 불리는 캐서린 부스 여사는 훌륭한 어머니 중의 한 사람으로 그녀의 자녀교육은 본받을 만합니다. 이 부스 여사는 8명의 자녀 모두 어떤 방면에서든지 자신들의 능력을 발휘하게 했을 뿐더러, 부친의 전도 사업에 혼신을 다해 도움을 주는 인물들로 양육했습니다. 누가 그에게 와서 그 방법을 묻자, 그녀는 이렇게 대답했습니다.
"언제나 악마보다 앞서기 때문입니다. 나쁜 습관을 배우기 전에 좋은 습관을 먼저 가르치고, 악마가 나쁜 생각을 가르치기 전에 내가 먼저 좋은 생각을 가르치고, 악마가 나쁜 지혜를 가르치기 전에 내가 먼저 하나님의 지혜를 가르치고, 악마가 사단의 거짓과 위선과 악을 가르치기 전에 내가 먼저 하나님을 가르쳤기 때문입니다."

마귀는 우리의 적일뿐만 아니라 하나님의 적이기도 합니다. 마귀는 하나님의 역사를 언제나 훼방합니다. 하와를 꼬여 선악과를 먹게 한 것도 마귀이고, 공생애에 들어가시기 직전의 예수님을 시험한 것도 마귀입니다.
그런데 마귀는 영체이므로 우리는 이 마귀에게 패하기 쉽습니다. 신앙생활을 하는 우리는 이 마귀를 언제나 경계하고 대적해야 합니다.
우리들이 살고 있는 이 세상에는 악한 영들이 우는 사자처럼 두루 다니며 하나님의 택한 백성이라도 삼킬 자를 찾고 있습니다. 우리는 이를 대적하여 이겨야만 합니다. 이겨도 되고 져도 그만인 것이 아니라, 반드시 이겨야만 합니다.
악한 영들과 싸워 이기려면 힘이 있어야 합니다. 그런데 악한 영들과 싸워 이길 수 있는 강한 힘이 우리 인간에게는 없습니다. 그 힘은 주님께만 있습니다. 그렇기 때문에 우리는 늘 주 안에 거해야 합니다.

✞ 기도제목
  1) 나를 넘어지게 하는 마귀의 궤계를 이기게 하소서.
  2) 주 안에서 하나님의 은혜의 삶을 살게 하소서.

모세의 신앙 태도를 배우자

♣ 성경 출애굽기 14:13~14 찬송 383(433)장 ♣

이스라엘이 애굽을 탈출할 때의 일입니다. 숙곳에서 출발하여 광야 끝 에담까지 왔을 때 하나님은 방향을 바꾸어 바알스본 맞은편 바닷가에 진을 치게 하셨습니다. 그런데 그 자리는 애굽군의 추격을 받을 경우에 전적으로 불리한 막다른 골목이었습니다. 바로왕은 특별 병거 600승과 마병과 군대를 동원하여 맹렬히 추격했습니다.

이스라엘은 애굽의 군대가 바짝 따라온 것을 보고 심히 두려워하여 어찌할 바를 몰랐습니다. 그때에 백성들은 두 가지 반응을 보였습니다. 일부는 여호와께 부르짖고 일부는 모세를 원망했습니다. 말하자면 국론이 분열되었습니다. 이제까지 하나님이 기적을 보이셨으니 신앙으로 밀고 나가자는 파가 있고, 차라리 바로에게 항복하고 다시 애굽인의 노예로 돌아가자는 파가 있었습니다.

그때 모세는 "가만히 서서 여호와께서 오늘 너희를 위하여 행하시는 구원을 보라"(출 14:13)라고 확고하게 말했습니다.

앞에는 홍해가 가로막혀 있고 뒤에서는 애굽 군대가 쫓아오고 옆에는 험한 산골짜기가 있어 꼼짝없이 망하게 되었습니다. 지도자는 때로 백성의 원망을 듣습니다. 불평하고 원망하는 이스라엘 백성들을 향해 모세는 요동치 말고 가만히 서서 하나님의 하시는 일을 기다리라고 했습니다. 바로에게서 백성들을 이끌어내신 여호와 하나님께 반드시 어떤 전략이 있으리라는 믿음이 있었던 것입니다.

백성들의 여론은 분열되고, 뒤에서는 바로의 군대가 달려오고 앞에는 바다가 막혀 있는데 거기 외롭게 서서 주의 음성을 기다리는 모세의 처지가 얼마나 기가 막힙니까? 백성들은 심히 떨고 아우성치는데 아직 주의 음성은 들리지 않습니다. 철저히 고독합니다. 아무도 도와주지 않습니다. 그러나 모세는 의연히 서서 주의 지시를 기다리고 있습니다.

✚ 기도제목
 1) 모세의 신앙적 태도를 배우게 하소서.
 2) 기적을 베푸신 하나님을 기억하게 하소서.

믿음으로 순종했습니다

♣ 성경 출애굽기 14:15~28   찬송 382(432)장 ♣

미국의 3대 대통령 토마스 제퍼슨은 위대한 신앙인입니다. 그는 주일 예배에 가서 큰 영감을 받았습니다. 예배드리며 은혜받고 기도하다가 '예배는 국력이다'는 영감을 받고는 모든 군대에 주일예배를 시행하게 했습니다. 이것이 그 유명한 군목제도의 시작입니다. 미국의 이 군목제도를 우리나라의 고 이승만 대통령께서 도입하게 된 것입니다. 한 지도자의 깨달음이 미국 군대와 대한민국 군대에 복음의 무장을 시키는 영감이 되었다는 사실입니다. 예배가 국력입니다. 예배가 우리의 재산이요 삶의 활력입니다. 성전에서 예배하는 믿음은 두려움을 이기게 합니다.

두려울 수밖에 없는 시퍼런 홍해 바다 앞에서 이스라엘 백성들의 지도자 모세에게 하나님의 음성이 들렸습니다. 지팡이를 들고 바다를 향해 내밀라 하십니다.

하나님의 작전은 치밀하셨습니다. 애굽 군대와 이스라엘 사이를 구름기둥으로 막고 저쪽에서 이쪽에 가까이 못하게 하고 밤새도록 동풍이 불어 물이 물러가고 좌우에 벽이 되니 이스라엘 백성들은 바다 가운데로 걸어갔습니다.

그 이스라엘 백성들을 따라 바다 가운데로 들어오는 애굽 군대의 병거 바퀴를 벗기시고 물이 전대를 덮쳐 애굽 군대가 모두 수장되었습니다.

이스라엘의 완전한 승리였습니다. 모세가 한 일은 아무것도 없습니다. 다만 기다렸으며 말씀에 순종했습니다. 하나님의 은혜일뿐입니다. 인간이 아무것도 할 수 없을 때 하나님이 주신 승리입니다. 홍해 대작전은 오직 은총의 승리입니다. 모세가 아무것도 하지 않았기에 홍해 바닷가에 모세의 동상이 없습니다. 이 놀라운 사건은 우리에게 위대한 교훈을 안겨 줍니다. 여기서 모세의 지도력은 하나님을 의지하는 신앙입니다.

✢ **기도제목**
  1) 하나님이 하시는 일을 기다리는 믿음을 주소서.
  2) 하나님의 지시에 즉시 순종하는 믿음을 주소서.

멈춰 버린 기도

♣ 성경 창세기 18:16~33 찬송 288(204)장 ♣

예수님은 조국 이스라엘 민족을 위하여 우시며 기도했습니다. 그리고 성전에 가셔서 물건 팔고 장사하는 사람들을 내쫓으시면서 "이 집은 만민이 기도하는 집이거늘 강도의 굴혈을 만들었도다"라고 탄식하셨습니다.

빌리 그레함 목사는 이런 말을 하였습니다.

"나는 캐나다에서 숲속의 새소리에 잠을 깼다. 나는 일본에 와서는 자동차의 엔진소리에 잠을 깼다. 그러나 한국에 와서는 새벽 종소리에 잠을 깼다. 새벽에 기도하는 나라 한국은 분명 미래 세계의 희망이다."

기도는 중도에 포기해서는 안 됩니다. 하다가 멈춰 버리면 안 됩니다. 열심을 다해 끝까지 기도해야 합니다. 그런데 아쉽게도 아브라함의 기도는 의인 오십 명에서 열 명까지 내려가다가 멈춰 버렸습니다.

하나님이 왜 우리를 먼저 구원하셨을까요? 왜 먼저 구원받은 우리를 찾아오시는 것일까요? 먼저 믿은 자가 해야 할 일이 무엇일까요? 믿는 자를 향한 하나님의 소원은 아직 믿지 않는 자, 구원받지 못한 자, 하나님의 심판 아래 놓인 자들을 위해 기도하고, 저들을 구원하는 일에 온몸을 던지는 것입니다. 그런데 만일 우리가 그 기도를 멈추어 버린다면 하나님의 뜻과 사랑을 제한하는 결과를 초래할 것입니다.

때문에 우리는 어떤 경우에라도 그 누구도 포기해서는 안 됩니다. 기도는 우리의 강력한 무기이기에 멈추지 말아야 합니다. 담대하게 그 앞에 나아가 아룁시다. 내 소원을 아룁시다.

하나님은 축복에는 빠르고, 심판에는 무척 느리십니다. 주저주저하십니다. 한 생명이라도 구원에 이르게 하시기를 원하시기 때문입니다. 이 하나님의 마음을 읽으면서 오늘도 삶의 현장에서 최선을 다해 기도하며, 복음 전도에 힘쓰는 주의 자녀들이 다 될 수 있기를 바랍니다.

✚ 기도제목
1) 멈추지 않고, 끝까지 기도하는 신실한 그리스도인들이 되게 하소서.
2) 기도와 말씀에 집중하게 하소서.

말씀에 순종하는 삶
♣ 성경 시편 1:1~6 찬송 309(409)장 ♣

문둥병에 걸린 나아만 장군은 "요단강에서 일곱 번 목욕하라"는 선지자 엘리사의 명에 순종하여 요단강에서 일곱 번 목욕을 하였더니 문둥병이 낫는 기적을 체험하였습니다. 베드로는 밤새도록 고기를 못 잡았지만 "깊은 데로 가서 그물을 내리라"라는 예수님의 말씀에 순종하여 그물을 내렸더니 그물이 찢어질 만큼 고기를 많이 잡았고, "너는 나를 따르라"라고 하시는 예수님의 말씀에 즉시 순종하여 자신의 삶의 터전인 배와 그물을 버리고 예수님을 즉각 따름으로 예수님의 수제자가 되었습니다.

시편 1편에서 말하는 악인과 의인의 차이는 무엇입니까? 의인은 하나님의 말씀을 묵상하고 들려진 말씀에 따라 순종하는 삶을 사는 것이요, 악인은 그 말씀대로 살아가려고 하지 않는 것입니다.

하나님은 하나님의 방법대로 말씀하십니다. 우리는 그것을 '하나님의 패턴'이라고 말합니다. 중요한 것은 이 하나님의 패턴을 우리가 이해하려고 집중하느냐, 그리고 하나님의 패턴을 이해하기 위해 노력하고 공부하느냐의 문제입니다.

만약 하나님의 사인을 보지 않고, 하나님의 음성을 듣지 않고, 그 음성에 순종하지 않으면 우리는 바람직한 인생을 살지 못할 것입니다.

우리가 말씀을 안다는 것은 머리의 차원에 머무르는 것입니다. 그런데 말씀이 가슴으로 전해져 삶을 변화시키기 위해서는 묵상이 필요합니다. 묵상이란 나를 비우는 것이 아니라 내 속에 하나님으로 충만케 하는 것입니다. 묵상을 통해 딱딱한 심령을 부드럽게 갈아엎고, 우리를 가로막는 가시들을 하나하나 제거해 나갑니다.

하나님의 말씀은 어느 특정한 장소, 어느 특정한 사람들에게만 들려지는 것이 아니라 지금 이 순간 모든 사람에게 들려집니다.

✚ **기도제목**
1) 오직 말씀 앞에 순종하므로 약속하신 복을 누리게 하소서.
2) 우리의 욕심을 따라 구하지 않게 하소서.

힘이 되는 성경 말씀

♣ 성경 시편 119:50 찬송 205(236)장 ♣

어느 목사님이 모임을 갖기 위해서 먼 길을 가셨는데 여러 가지 일을 의논하다 날이 어두워져 돌아갈 수가 없게 되었습니다. 그러나 집에 돌아가야 하는 형편이므로 그 동네 사는 한 사람이 송진을 채취해서 묻혀 논 소나무 가지를 주었습니다.

한 번도 사용해 본 적이 없는 목사님은 "이것은 금새 타 버릴 것입니다."라고 말하자 그 동네 사람은 "이것은 당신을 무사히 집까지 밝혀 줄 것입니다."라고 말했습니다. 목사님은 "바람이 그 불을 꺼뜨릴 것입니다." 그러자 다시 그 사람은 "이것은 당신을 집까지 무사히 밝혀 줄 것입니다."라고 대답했습니다. 목사님은 "만약 비가 온다면?"하고 말하자 "이것은 당신을 집에까지 밝혀 줄 것입니다."라고 세 번째 말했다고 합니다.

목사님은 두려워했으나 그 횃불은 집에까지 오게 했습니다.

하나님의 말씀은 우리 손에 쥐어진 횃불과 같습니다.

비가 온다 해도, 바람이 분다 해도, 어떤 어려운 환경이 온다 해도 우리가 그 횃불만 높이 든다면 횃불은 우리의 목적지까지 밝혀 줄 것입니다.

현대를 지배하는 서양문화를 알려고 하면 성경을 읽어야 합니다. 성경을 모르고는 현대를 알 수가 없습니다. 예술가 중 하나님을 믿지 않지만은 성경을 읽고 연구하여 많은 지식을 얻는 이들도 있습니다.

그러나 믿음 없이 성경을 읽으면 아무런 능력을 얻지 못합니다. 믿음으로 읽어야 하나님과의 교통이 이루어지게 됩니다. 믿음으로 읽어야 하나님과의 관계가 회복이 되고 성경 속에 있는 하나님의 능력이 말씀을 통하여 자신의 삶의 현장에 나타나게 되는 것입니다.

오직 한 길 능력 있는 하나님의 말씀을 꽉 붙잡고 그대로 순종하고 살아 보십시오. 반드시 힘을 얻게 될 것입니다. 하나님의 약속입니다.

✝ 기도제목
1) 언제 어디서나 주를 의지하게 하소서.
2) 주의 말씀을 더욱 사모하게 하소서.

나를 위한 누군가의 기도

♣ 성경 창세기 28:10~15   찬송 338(364)장 ♣

군 입대하는 아들을 둔 부모가 이렇게 간곡하게 당부했습니다.
"얘야, 네가 무사히 돌아올 때까지 우리는 매일 새벽마다 너를 위해 하나님 앞에 간절히 무릎 꿇고 기도하고 있다는 사실을 잊지 말도록 해라."
아들은 부모님이 자신을 위해서 언제나 기도해 주신다는 사실을 기억하면서 경건하게 살려고 애를 썼습니다. 보초를 서게 된 어느 날, '지금도 나를 위해서 기도해 주고 계시겠지'라는 생각과 함께 진한 감동이 밀려오기 시작했습니다.
그는 그 자리에 무릎을 꿇고 고개를 숙였습니다. 바로 그 순간, "탕!"하는 소리와 함께 자기의 머리 바로 위로 총알이 지나가는 것을 느낄 수가 있었습니다. 아들을 위한 부모의 기도가 아들의 목숨을 구할 수 있었던 것입니다.

야곱은 벧엘, 즉 하나님의 집을 찾았습니다(창 28:17). 그의 배후에서는 그의 부모가 그를 위해 간절히 기도하고 있었습니다. 자식을 향한 부모의 간절한 기도는 자식으로 하여금 벧엘을 찾게 만들었고, 그가 찾아갔던 그 벧엘에서 열린 하늘을 보는 기이한 경험을 하게 했으며, 하나님의 축복을 받아 누리는 큰 은혜를 맛보게 합니다(창 28:18).
사랑하는 자녀들 앞에 하늘문이 활짝 열리기를 원하신다면 기도의 사닥다리를 오르내리시기 바랍니다. 하나님은 부모의 기도를 절대 외면하지 않으십니다. 하나님께서 분명 사랑하는 자녀들로 하여금 벧엘을 찾게 해주시고, 하늘 문을 열어 주실 것입니다. 그리고 스스로 예배하는 예배자로 만들어 주실 것입니다.
지금 이 시간에도 나를 위하여 기도하고 있는 분이 있음을 기억하고 힘을 내십시오. 지금 하는 일이 잘 풀려나가고 평탄하다면 누군가의 기도 때문에 오늘의 내가 있음을 기억하고 감사하십시오.

✝ 기도제목
 1) 내 뒤에 늘 누군가의 사랑의 기도가 있음을 잊지 않게 하소서.
 2) 자녀들을 위해 기도하기를 멈추지 않게 하소서.

우상 숭배

♣ 성경 출애굽기 20:3 찬송 349(387)장 ♣

느부갓네살왕이 금으로 커다란 신상을 만든 후 낙성식을 할 때, 모든 방백들에게 그 신상에 절을 하게 하고 만일 이 명령을 어기는 자는 불길이 시뻘겋게 타오르는 풀무불에 던져 버리겠다고 온 백성에게 공포했습니다.

느부갓네살 왕을 위시하여 모든 백성들은 일제히 그 신상 앞에 절을 했는데, 다니엘의 세 친구는 신앙 양심상 왕의 명령에 따를 수 없어 신상 앞에 절을 하지 않자 갈대아 사람 하나가 즉시 왕에게 보고했습니다.

느부갓네살 왕이 이 말을 듣고, 괘씸하게 여겨 풀무불에 던져 버렸습니다. 그런데 불에 타 죽기는커녕 머리칼 하나도 상하지 않고 멀쩡했던 것입니다. 더욱 놀라운 것은 풀무불 속에 분명히 세 사람을 던져 넣었는데 왕의 눈에 네 사람이 보였던 것입니다. 세 도백을 돕기 위해 하나님께서 보내신 천사가 그들과 함께 있었던 것입니다(단 3:15~27). 그러자 느부갓네살 왕은 깜짝 놀라 외쳤습니다. "사드락과 메삭과 아벳느고의 하나님을 찬송할지로다 그가 그의 천사를 보내사…… 다른 신을 섬기지 아니하며 그에게 절하지 아니한 종들을 구원하셨도다"(단 3:28).

하나님은 우상을 섬기는 바벨론 왕 느부갓네살에게 그 나라의 도백(도지사)으로 있는 다니엘의 세 친구를 통하여 이적을 보여 주심으로써, 느부갓네살 왕으로 하여금 하나님을 찬미하게 하셨던 것입니다.

그런데 오늘에 와서는 우상 숭배의 개념이 상당히 확대되고 있습니다. 즉 구약 시대에는 주로 우상 앞에 절하는 것을 가리켰으나 오늘날에는 하나님보다 세상을 더 소중히 여기는 것도 이에 속합니다. 그러기에 주님은 "아버지나 어머니를 나보다 더 사랑하는 자는 내게 합당하지 아니하고"(마 10:37)라고 말씀하셨습니다. 그러므로 돈이나 권력, 명예 등을 주님보다 더 사랑하는 것은 일종의 우상 숭배입니다. 그는 돈과 권력에 또 명예에 절한 셈입니다. 경계해야 할 일입니다.

✚ **기도제목**
1) 권력과 명예를 좇는 우상 숭배에 빠지지 않게 하소서.
2) 세상의 순간적인 쾌락보다 하나님을 더 사랑하게 하소서.

이웃과의 관계회복

♣ 성경 레위기 19:17~18 찬송 395(450)장 ♣

철학자 베이컨은 "인간은 원수에게 복수할 때 똑같은 사람이 되고 만다. 그러나 용서할 때 원수보다 더 위에 있는 사람이 된다."라고 말했습니다. 현대 미국의 성공학자 앤드류 카네기는 "우리 자신의 건강과 행복을 위해 원수를 용서하고 잊어버리자. 그것이 현명한 길이다."라고 말했습니다.

많은 사람들이 이웃의 어려움에 무관심하며 살고 있습니다. 어떤 이들은 이웃과의 사이가 나빠서 서로에게 가해를 하는 경우도 종종 매스컴을 통해 듣게 됩니다.

본문 17절에서 형제를 마음으로 미워하지 말고 반드시 견책하라고 합니다. 견책은 허물이나 잘못을 꾸짖고 나무라는 것을 말합니다. 그러니까 이웃이 잘못된 행동을 할 경우에 그것을 마음에 담고 미워하는 감정을 키우지 말라는 것입니다.

이러한 마음의 감정이 결국 악한 행동을 만들어 내기 때문입니다. 성도들은 세상 사람들처럼 이웃을 미워하는 마음을 가져서는 안 됩니다. 이웃을 미워하는 것은 하나님과 자신의 관계를 파괴하는 길입니다. 이웃의 허물을 덮고 용납하며 사랑하는 것이 성도들에게 요구하시는 하나님의 음성입니다.

우리는 이웃도 나처럼 하나님의 형상으로 만들어진 소중한 존재라는 사실을 깨닫고 사랑을 행하는 성도들이 되어야 합니다. 특히, 불신 이웃을 사랑해야 하는 이유는 그들을 구원해야 하기 때문이며, 다른 성도를 사랑해야 하는 이유는 그를 위해 주님이 생명의 값을 지불하신 소중한 존재이기 때문입니다.

✚ 기도제목
1) 용서의 삶을 살게 하소서.
2) 주님의 자비하심을 본받게 하소서.

범사에 감사

♣ **성경** 다니엘 6:9~10 **찬송** 429(489)장 ♣

영국에서 구두를 만드는 가난한 소년이 있었습니다. 소년은 구두를 만지면서 그리스어, 라틴어, 히브리어를 혼자 공부했습니다. 소년은 교회에 다니며 열심히 공부했고 1792년 침례교 선교사가 되어 인도로 떠났습니다.

이 소년이 바로 현대 선교의 창시자 윌리엄 캐리입니다. 인도에서 어느 날 캐리는 8년 가까이 성경을 번역했던 원고를 강아지가 촛불을 건드리는 바람에 불타 버리는 끔찍한 사고를 당했습니다. 보통사람 같았으면 화를 내며 크게 절망했을 것입니다. 그러나 캐리는 강아지를 끌어안고 "하나님, 감사합니다. 하나님께서 제 원고가 부족하다는 것을 아시고 완전하게 다시 번역하라고 없애신 뜻으로 알고 다시 시작하겠습니다."라고 기도했습니다.

비행기는 저공비행할수록 사고 위험이 높습니다. 충돌할 수 있는 건물이나 산들이 많기 때문입니다.

마찬가지로 영적 수준이 낮은 사람일수록 미움과 원망, 불평이 많습니다. 사소한 일로 성을 내고 몇 푼의 금전문제로 시험에 넘어집니다. 그러나 영적으로 수준이 높은 사람일수록 사랑과 기쁨과 감사가 많습니다. 한 길로 들어온 마귀를 일곱 길로 도망가게 하는 믿음은 어떤 환경과 처지에서도 살아계신 하나님께 감사하는 것입니다.

마귀는 감사하는 영역에 접근도 하지 못합니다. 항상 전능하신 하나님의 손이 범사에 감사하는 곳에 있기 때문입니다. 사람이 범죄하면 마귀에게 속한 자가 되고, 의를 행하는 자는 하나님께 속한 자가 됩니다.

우리가 범사에 감사하는 것은 하나님의 주권에 순복하는 것입니다. 하나님의 주권에 순복한다는 것은 모든 일들은 하나님의 허락으로 되는 것이니 무슨 일이나 감사함으로 받는 것입니다. 주신 자도 하나님이고 취하신 자도 하나님이십니다.

✞ **기도제목**
1) 어떤 환경에서든지 감사의 삶을 살게 하소서.
2) 감사하는 믿음으로 감사할 일이 더 많아지게 하소서.

포기하지 않는 사랑
♣ 성경 요한복음 13:1~11　찬송 315(512)장 ♣

가가와 도요히꼬가 겨우 몇 명을 앉혀 놓고 예배를 드리고 있었습니다. 어처구니없는 일은 예배가 끝난 후 어떤 사람이, 예배에 참석해 주었으니 그 대가로 돈을 달라고 요구하는 것이었습니다. 그는 도박할 돈이 필요하다고 했습니다. 가가와 도요히꼬 선생은 그러면 그렇거니 하고 또 돈을 주어 보냅니다.

이런 광경을 보고 있던 친구는 "자네 쓸데없는 일을 하고 있군. 이건 위선이야! 이것이 도덕적으로 옳은 것이며 사회적으로 옳은 것인가? 이건 오히려 악을 조장하고 있는 거잖아!"하며 안타까운 마음으로 말했습니다.

그 말을 들은 가가와 도요히꼬 선생은 대답하기를 "다만 예수님께서 하시던 일을 조금 흉내내서 하고 있을 뿐이지. 그래도 끝까지 사랑하고, 끝까지 믿어 주는 길밖에는 도리가 없지 않아?"라고 했답니다.

본문 1절에 보면 주님께서 "자기 사람들을 사랑하시되 끝까지 사랑하시니라"라고 말씀하고 있습니다. 주님은 제자들을 너무 사랑하셨기 때문에 결코 한 명도 마귀의 유혹에 넘어가지 않기를 원하셨습니다. 하지만 마귀가 벌써 시몬의 아들 가룟 유다의 마음에 예수님을 팔려는 생각을 넣었습니다(요 13:2). 주님은 이 사실을 아셨습니다.

주님은 발뿐 아니라 온 몸을 씻어 주기를 구하는 베드로에게 목욕한 자는 발만 씻으면 된다고 하셨습니다(요 13:6~10). 그리고 이어서 너희는 깨끗하지만 모두가 깨끗하지 않다고 하시면서 가룟 유다의 마음에 찔림이 있게 하셨습니다(요 13:10~11). 주님은 가룟 유다가 회개하기를 원하셨습니다. 그를 사랑하셨기 때문입니다.

우리도 주님과 같은 마음과 사랑으로 형제들을 대해야 합니다. 그들에 대해서 악한 감정이 조금이라도 있다면 회개해야 합니다. 오히려 그들을 품고 그들을 위해서 기도하는 신앙인이 되어야 합니다.

✞ **기도제목**
1) 예수님의 사랑을 실천하며 살게 하소서.
2) 끝까지 포기하지 않는 사랑의 삶을 살게 하소서.

왼뺨까지 돌려 대는 사랑

♣ 성경 마태복음 5:38~41 찬송 294(416)장 ♣

어느 날, 한 가족이 놀러가다 교통사고를 당해 일곱 살 된 아들이 중상을 입었습니다. 응급수술에 급히 피가 필요했는데, 아들과 같은 혈액형은 딸밖에 없었습니다. 다급한 아빠가 다섯 살 된 딸에게 말했습니다. "얘야, 오빠가 급히 피가 필요한데 네 피를 좀 줄 수 없겠니?" 딸은 잠시 머뭇거리더니 눈물을 머금고는 고개를 끄덕였습니다.
　아들의 수술은 성공적으로 끝났습니다. 수술 후에 아빠가 침대에 누운 딸에게 말했습니다. "얘야! 네 덕분에 오빠가 살았다!" 그 말을 들은 딸은 고개를 끄덕이며 조용히 말했습니다. "아빠, 저는 언제쯤 죽나요?" 아빠가 놀라서 "무슨 소리냐?"라고 물었습니다. 알고 보니까 딸은 피를 뽑으면 자신이 죽는다고 생각하고 있었습니다. 잠시 머뭇거린 이유가 그것이었지요. 딸은 자신이 죽는 줄 알면서도 오빠에게 피를 준 것입니다.

　오른뺨을 얻어맞는 것은 모욕을 의미합니다. 보통 오른손잡이인 사람이 상대방의 뺨을 때리려고 하면 왼뺨에 손이 갑니다. 상대방 오른뺨을 치려면 손등으로 거꾸로 때려야 하는데, 당시에 그것은 갑절의 모욕을 의미하고 있었습니다. 그래도 왼뺨까지 돌려 대라는 것입니다. 그것은 감사파티에 초대되지 못하거나 있어야 할 지위에서 제외되어도 그것을 모욕으로 느끼지 말라는 것입니다.
　또한 당연히 갖거나 행할 수 있는 권리가 침해되어도 보복하지 말라는 것입니다. 누구나 자기 권리가 제삼자에 의해 침해되면 화가 나게 마련이며, 또 자기 권리를 인정받지 못하면 불평하는 것이 당연합니다.
　예컨대 당시에 속옷은 자주 모양의 천으로 되어 대게 두 벌씩 갖고 있었으나 겉옷은 한 벌밖에 갖고 있지 않았습니다. 그 속옷을 빼앗기면 겉옷까지 주라는 것은 자기의 당연한 권리도 주장하지 말라는 것입니다.

✞ 기도제목
　1) 나를 해하려 하고 모욕하는 원수도 사랑하게 하소서.
　2) 도움을 요청하는 자들을 그리스도의 사랑으로 도와주게 하소서.

내 이웃을 사랑할 때에

♣ 성경 레위기 19:18　찬송 309(409)장 ♣

어느 날, 한 사람이 우연히 마술 지우개를 발견했습니다. 그 지우개는 무엇이든지 지워지는 지우개였습니다. 그는 그 지우개를 가지고 신문을 지워 보았습니다. 정말 지워졌습니다. 신나서 책도 지우고, 사전도 지워 보았습니다. 그런데 한 단어만은 지워지지 않았습니다. 그것을 지우려고 땀을 뻘뻘 흘리며 문지르다가 마침내 지우개가 다 닳아졌습니다. 그 마술 지우개가 지우지 못한 단어는 바로 '사랑'이라는 단어였다고 합니다.

하나님께서는 우리의 이웃들을 사랑할 때에 자기 자신을 사랑하는 것과 같은 정도로 사랑하라고 말씀하십니다. "원수를 갚지 말며 동포를 원망하지 말며 네 이웃 사랑하기를 네 자신과 같이 사랑하라 나는 여호와이니라"(레 19:18).

우리는 나 자신을 참으로 아끼고 사랑합니다. 조금이라도 우리의 몸이 아프거나 힘들면 깊은 관심을 기울입니다. 그런데 하나님께서는 우리에게 우리가 매일 만나는 이웃들에 대해서도 이와 같이 관심과 사랑을 기울이라고 말씀하십니다.

사실, 이러한 사랑을 이웃에게 베푸는 것은 우리의 힘으로는 힘든 일이라고 할 수 있습니다. 그러므로 우리는 마음속에 하나님께서 베푸시는 사랑을 공급받아 성령님의 도우심으로 이웃을 사랑해야 합니다. 하나님께서 이웃을 나의 몸과 같이 사랑할 수 있는 능력 주시기를 기도하면서 순종해야 합니다. 이웃을 사랑하는 것은 거룩한 하나님 백성의 분명한 징표라고 할 수 있습니다.

오늘 본문은 이웃 사랑의 실천방법을 구체적으로 제시해 주고 있습니다. 우리 모두 각자의 생활 속에서 이웃 사랑을 실천함으로 하나님의 거룩함을 이 땅 가운데 드러내는 복된 삶을 살아야겠습니다.

✚ 기도제목
1) 내 이웃을 내 몸과 같이 사랑하게 하소서.
2) 하나님보다 더 사랑하는 대상을 버리게 하소서.

겸손해야 합니다

♣ 성경 마태복음 11:29~30 찬송 455(507)장 ♣

로렌스 수도사는 제일 싸움 잘하기로 소문난 수도원의 원장으로 임명받아 갔을 때 젊은 수도사들이 몰려나와서 백발이 성성한 노 수도사를 보고 "노 수도사가 왔구만. 식당에 가서 접시나 닦으시오."라고 말했습니다. 로렌스는 '이 수도원의 전통인 모양이구만' 하고 말없이 순종했습니다. 석 달 계속 접시를 닦았습니다. 멸시와 천대와 구박이 이루 말할 수 없었습니다. 석 달이 지나 감독이 순시 차 왔습니다. 젊은 수도사들이 쩔쩔 맵니다.

감독이 물었습니다. "원장님은 어디 계신가?" 수도사들이 원장님은 부임하지 않았다고 답변합니다. "그게 무슨 소린가? 내가 로렌스 수도사를 3개월 전에 임명해서 파송했는데……."

감독의 말에 아연실색한 수도사들은 식당으로 달려가 노 수도사 앞에 무릎을 꿇었습니다. 로렌스의 겸손과 섬김, 그리고 순종이 사나운 수도원을 가장 평화로운 수도원으로 바꾸어 놓을 수 있었습니다.

그리스도인이 겸손해야 할 이유는 주님이 겸손하셨기 때문입니다. 주님은 죄인 된 인간의 구원을 위해 자신의 몸을 대속물로 주셨습니다. 그러므로 우리는 주님을 따르는 자들로서 당연히 겸손한 삶을 살아야 합니다.

그리스도인이 겸손해야 할 또 한 가지 이유는 하나님은 겸손한 사람을 사용하시기 때문입니다. 내 자원을 의지하여 사는 사람은 결코 하나님께 쓰임받을 수 없습니다. 자신만이 드러나기 때문입니다. 하지만 겸손은 결코 쉽지 않은 일입니다. 높아지고 복받게 될 때, 교만의 유혹은 우리에게 찾아옵니다.

그러므로 그리스도인은 어떤 경우라도 하나님 앞에서의 내 모습을 들여다보며 주님을 본받아 겸손의 삶을 살기 위해 힘써야 합니다.

✞ **기도제목**
1) 자신의 부족함을 깨닫고 겸손히 살아갈 수 있게 하소서.
2) 교만으로 인한 분쟁이 생기지 않게 하소서.

자기 십자가를 지라

♣ 성경 마태복음 16:24~25 찬송 452(505)장 ♣

한 젊은이가 큰 어려움에 처했습니다. 그는 무릎을 꿇고 하나님께 간절히 기도하였습니다.
"하나님이시여, 제게 너무 무거운 십자가를 지우셨습니다."
이런 그의 마음속에 하나님께서 말씀하셨습니다.
"내 아들아, 너의 십자가가 너무 무겁다면 여기에 내려놓아라."
청년은 무거운 십자가를 내려놓았습니다.
하나님께서 그 청년에게 다시 말씀하셨습니다.
"이제 여기 보이는 많은 십자가 중에서 네가 가지고 갈 만한 것을 하나 골라 보아라."
거기에는 크고 작은 여러 개의 십자가가 있었습니다. 그는 거기에서 가장 작은 십자가 하나를 선택하였습니다.
이를 보신 하나님께서 작은 소리로 말씀하셨습니다.
"내 아들아, 그 십자가는 방금 네가 내려놓은 십자가니라."

자기 십자가는 섬김을 말씀합니다. 말씀과 성령으로 거듭나고 새로운 힘을 얻은 사람은 자기희생이 따른다 하더라도 교회와 이웃을 섬기는 삶을 살아야 합니다. 예수님은 죽음으로 우리를 섬기셨습니다.
우리는 예수님께서 죄 많은 나를 위해 친히 십자가를 지신 것을 믿고 따르기로 한 자들입니다.
예수님처럼 하나님과 교회, 가족과 이웃을 위한 섬김의 삶을 살겠다는 결심이 자기 십자가입니다. 이것이 성화의 삶이요, 어둠과 썩어져가는 세상에 빛과 소금이 되는 삶입니다. 골고다의 주님을 바라보며 내 가까이 있는 사람들을 섬김으로 십자가를 진 흔적을 주님께 드릴 수 있기를 바랍니다.

✝ **기도제목**
　1) 이웃을 사랑하고 섬기며 세상에서 빛과 소금이 되게 하소서.
　2) 우리 위해 죽기까지 섬기셨던 주님을 본받는 삶을 살게 하소서.

헌신

♣ 성경 마태복음 9:13   찬송 214(349)장 ♣

어느 목사에게 한 학생이 찾아와서 '예수님께 헌신한다'는 뜻에 대해 물었습니다. 그 목사는 학생에게 백지 한 장을 내밀고 '예수님께 드리는 백지 위임장'이라고 쓰고 지장을 찍게 했습니다. 자신의 권리를 주님께 위임하는 것입니다. 다시 말해서 우리의 모든 근심 걱정을 주님에게 모조리 맡기고 의지하는 가운데 우리 자신이 주의 하수인이 되려는 마음의 자세가 될 때 참된 헌신을 하게 된다는 뜻입니다.

예수님 당시에 그를 따르는 사람들, 심지어 제자들까지도 예수가 그리스도라는 것을 확실히 믿지 못했습니다. 이들은 예수님의 최대의 이적인 부활을 믿지 않아 스승의 무덤을 찾을 생각조차 하지 않았습니다.
예수님의 무덤을 찾은 이는 막달라 마리아였습니다. 막달라 마리아는 기생이었습니다. 직업이 직업인지라 많은 고객들을 상대하고 있었습니다. 그들은 거의가 당시에 내로라하는 세도가요, 돈푼이나 있는 저명인사들이었습니다. 그리하여 그 돈으로 마리아를 사서 자기 욕구를 만족시키면 그만이었지 그녀를 인간으로 대우해 주는 사람은 없었습니다.
이러한 자들과만 상대해 온 마리아 앞에 나타나신 예수님은 마리아에게 이상적인 남성이기에 앞서 하나의 경이가 아닐 수 없었습니다. 그 권능과 인격과 성품, 그 말씀과 행동이 그러했습니다. 그녀에게 주님은 너무나 거룩하고 존귀하며 위대했고 또한 두려움의 대상이었습니다.
천한 신분임에도 불구하고 당시에 주님을 제일 잘 믿었던 자가 바로 그녀였던 것입니다. 그녀는 온갖 정성을 기울여 주님을 섬겼습니다. 물질도 시간도 바쳤습니다. 자기에게 가장 요긴한 향유까지도 아낌없이 주님의 발에 쏟아 붓고 머리털로 닦았습니다(눅 7:38~). 이것은 막달라 마리아가 주님께 표시할 수 있는 최대의 헌신이었습니다.

✚ **기도제목**
  1) 나 같은 죄인을 구원해 주심을 감사하며 살게 하소서.
  2) 마리아처럼 주께 헌신하는 삶을 살게 하소서.

마음의 시력

♣ 성경 요한계시록 3:18   찬송 522(269)장 ♣

어떤 집 옆에 공장이 들어왔습니다. 그 집 주인은 그 공장 주인과 밤에 잠도 못자고 싸우느라 몸이 축나고 일도 안 되었답니다. 그 공장소음으로 집값이 떨어지니 너무너무 화가 나서 날마다 술 먹고 그 공장 주인하고 싸우는 것입니다. 그러던 어느 날 친구가 옆에 있는 공장이 아주 잘되는 기업이니까 그 주식을 좀 사라고 했습니다. 솔깃해서 주식을 샀습니다.

자기하고 연결되니까 그날 저녁부터 기계소리가 좋아졌습니다. 공장은 그대로인데 자기 마음을 바꾸니까 공장 돌아가는 소리가 시끄럽지 않았고, 차가 드나드는 것도 좋아졌습니다. 어쩌다 조용해지면 기계가 안 돌아가나 하고 걱정이 될 정도로, 마음이 확 달라졌습니다.

우리 마음의 시력을 훼방하는 것 중의 하나는 편견일 것입니다. 편견을 갖는 사람은 사물의 진상을 볼 수가 없습니다. 편견은 사람의 판단을 그르치게 하고 마음을 어둡게 합니다. 또한, 마음의 시력을 훼방하는 것은 질투일 것입니다. 수많은 이들의 결혼과 우정이 이 질투라는 암초에 걸려 난파됩니다. 질투는 전혀 악의가 없는 행동들을 죄가 있는 행동으로 생각하게 하여 진리와 사실에 눈을 감게 합니다.

그리고 자만심입니다. 이 자만심은 진정한 자기 자신의 모습은 말할 것도 없고, 타인의 진정한 모습도 보지 못하게 합니다. 이런 사람의 눈에는 상대방의 나쁜 점만 의식하게 됩니다.

당신의 '마음의 창'에는 편견, 질투, 자만 등의 때가 묻어 있지 않습니까? '마음의 창'의 때를 씻으려면 어떻게 해야 할까요? 약이 필요합니다. 이 약은 하나님으로부터 값없이 받게 됩니다. 그것은 성령입니다.

마음의 문을 열고 성경의 말씀을 받아들일 때, 말씀과 함께 역사하시는 성령이 우리의 '마음의 창'을 깨끗이 닦아 주십니다.

✝ 기도제목

1) 말씀으로 나의 영안을 밝게 하소서.
2) 아직도 영적 소경으로 있는 자들을 전도하게 하소서.

십자가, 가장 큰 사랑의 흔적

♣ 성경 사사기 6:19~24 찬송 144(144)장 ♣

화학을 전공하는 한 학생이 중간고사를 치르게 되었습니다. 시험문제는 이것이었습니다. "석탄으로 알콜을 얻는 방법을 쓰시오."

그 학생은 아무리 생각을 짜내 보아도 해답이 나오지 않았습니다. 화학 공식이나 부호가 도무지 떠오르지 않았습니다. 그래서 이렇게 답을 썼습니다. 장난으로 쓴 것이었습니다. "석탄을 팔아서 알콜을 사면 됩니다."

그 학생은 교수로부터 호되게 야단을 맞고 낙제할 줄 알았습니다. 그런데 담당 교수는 그 학생을 불러서 말했습니다.

"너는 석탄으로 알콜을 얻는 가장 손쉬운 방법을 찾아냈다."

그리고 웃으면서 후한 점수를 주었다는 것입니다. 너그러움과 사랑이었습니다. 그 학생은 그 후 늘 그 교수의 사랑을 전하며 다녔습니다. 낙제하지 않았다는 것이 교수님의 사랑의 증거였기 때문입니다.

십자가는 하나님이 우리를 사랑하신다는 영수증입니다. 시커멓게 불탄 흔적은 하나님과 기드온이 서로 사랑한 흔적이었습니다. 때문에 그는 그 흔적을 중심에 두고 '여호와 살롬'이라는 제단을 만들었습니다. 힘들고 어려울 때마다 그곳에 와서 흔적을 확인하기 위해서였을 것입니다.

바울 사도는 말합니다. "이 후로는 누구든지 나를 괴롭게 하지 말라 내가 내 몸에 예수의 흔적을 지니고 있노라"(갈 6:17). 그의 삶은 주님을 사랑한 흔적으로 가득했습니다(고후 11:24). 그러므로 주님을 사랑하노라고 고백한다면 내 삶의 현장에도 예외 없이 크든 작든 흔적이 있어야 합니다.

손과 발에 못 박힌 흔적, 가시면류관으로 상처 난 흔적, 창 자국으로 말미암은 흔적…… 이천년이 지났지만 선명한 흔적들이 지워지지 않고 지금도 보이지 않습니까? 십자가를 바라보십시오.

✝ **기도제목**
1) 주님을 사랑한 흔적을 지닐 수 있도록 도와주소서.
2) 나를 구원하시기 위해 십자가 지신 그 사랑의 흔적을 기억하게 하소서.

인간의 눈
♣ 성경 사도행전 5:4 찬송 278(336)장 ♣

십대 소년 네 명이 주일날 놀러갔다가 월요일까지 놀고 싶다는 생각을 하게 되었습니다. 그들은 의견을 모았습니다. 돌아오는 길에 차의 타이어가 고장이 나서 돌아올 수 없었다고 거짓말을 하기로 결의를 하였습니다. 그들은 신나게 놀다가 화요일에 학교에 가서는 선생님에게 어제 결의한대로 거짓말을 했습니다. 선생님은 "알았다. 그런데 우리 반 전체가 어제 시험을 보았기 때문에 너희들도 한 가지 시험을 보아야겠다."라고 하시면서 조그마한 종이 한 장씩을 주었습니다. 그리고는 고장 난 차의 타이어가 어느 바퀴이며 고장 난 부위를 그려 보라고 했습니다. 그들의 거짓말은 곧 탄로가 나고 말았습니다.

세상에는 남을 속이고, 속임당하는 일들이 비일비재하게 일어납니다. 우리의 눈은 속기 쉽습니다. 그렇지만 하나님의 눈은 속일 수 없습니다.
오늘 주신 말씀은 베드로가 초대교회의 아나니아와 그 아내 삽비라에게 한 말입니다. 그들은 서로 공모하여 땅을 판 대금 중에서 일부를 감추고 마치 전부인 것처럼 말하고 사도들 앞에 내놓았습니다. 이들은 마음과 뜻만 맞으면 남의 눈을 교묘히 속일 수 있다고 생각했습니다.
베드로가 "너는 사람을 속인 것이 아니라 하나님을 속인 것이다"라고 아나니아를 책망하자 아나니아는 그 자리에서 쓰러져 죽었습니다.
이 사실을 모르고 뒤따라 온 아내 삽비라가 "땅을 판 값이 이것뿐이야?" 하고 묻는 베드로에게 남편과 공모한 대로 그렇다고 대답하자 그 자리에서 쓰러져 숨을 거두고 말았습니다.
하나님의 심판은 준엄합니다. 만일 남의 눈을 속이고 자신의 뜻을 이룬 후 하나님은 없다고 생각하는 사람이 있다면, 그것은 하나님의 자비와 긍휼 때문이라는 것을 잊어서는 안 됩니다.

✞ **기도제목**
  1) 남을 속인 자들에게 회개의 영이 일어나게 하소서.
  2) 그리스도께서 우리 마음속에 늘 함께하셔서 기쁨이 넘치게 하소서.

하나님의 마음에 드는 사람

♣ 성경 사무엘상 16:7 찬송 84(96)장 ♣

한 교도소에 많은 사람들이 수감된 죄수를 만나기 위하여 면회를 옵니다. 한 교도관이 오래도록 지켜보았는데 단 한 번도 면회를 오지 않는 죄수가 있습니다. 교도관이 말했습니다. "어찌 자네에게는 면회 오는 사람이 단 한 사람도 없는가? 자네는 친구도 없는가?"

질문을 받은 죄수가 머리를 긁적이며 이렇게 말했습니다. "저의 인간성을 어떻게 보십니까? 저도 친구가 많습니다. 그런데 제 친구는 다 이 안에 있습니다."

도적질하는 사람은 도적질하는 사람과 친구가 되고, 술 좋아하는 사람은 술 좋아하는 사람과 친구가 되고, 놀기 좋아하는 사람은 놀기 좋아하는 사람과 친구가 되고, 운동 좋아하는 사람은 운동 좋아하는 사람과 친구가 되고, 진실한 사람은 진실한 사람과 친구가 됩니다.

자기 마음에 드는 사람, 마음과 마음이 통하는 사람이 친구가 되어 함께 이야기하고, 함께 지내고, 함께 먹고, 함께 있는 것입니다.

오늘 본문은 하나님께서 선지가 사무엘에게 하신 말씀입니다. 그가 하나님의 명령을 받고, 베들레헴의 이새의 아들 중 한 사람을 왕으로 세우기 위해 기름을 부으려고 할 때, 먼저 장남인 엘리압을 보고 그는 '하나님께서 기름을 부으실 자'라고 생각했으나 하나님께서는 사무엘에게 "용모와 키를 보지 말라 내가 이미 그를 버렸도다"라고 말씀하시고, 들에서 양을 치고 있던 막내 아들 다윗을 택하셨습니다.

양치기였던 다윗이 왕으로 뽑혔는데 이는 그가 언제나 하나님을 공경하는 사람이었기 때문이었습니다.

다윗과 같이 하나님을 공경하고 하나님의 뜻에 따라 그 은총 안에 있으면 사람들의 눈에는 아무 가치 없는 작은 존재라도, 하나님 보시기에는 대단히 소중한 존재가 됩니다.

✞ 기도제목
1) 외모보다 하나님이 기뻐하는 마음을 단장하게 하소서.
2) 외모를 중시하고 허식을 즐겨하는 나의 눈을 고쳐 주소서.

인생의 여로
♣ 성경 시편 91:4   찬송 375(421)장 ♣

한 여행객이 기차 여행을 하고 있는데, 차 안에 꼬마가 혼자 타고 있었습니다. 그런데 그 열차가 역에 정거할 적마다 같은 아저씨가 차창 밖에서 가볍게 노크하는 것입니다. 그러자 그 꼬마는 방실방실 웃으면서 손을 흔들어 보였습니다.
이상한 생각이 든 한 승객이 꼬마에게 "그 아저씨는 누구냐?"라고 물었습니다. "우리 아빠에요. 이 기차를 운전하고 있어요."

우리 인생도 마찬가지가 아닐까요? 자기 인생의 열차 운전을 하나님께 맡기면 우리는 어떤 역경 속에서도 안심하고 능히 이겨낼 수 있습니다.
오늘의 말씀은 어미새가 그 커다란 날개를 펼치고 새끼를 품어 지키는 것처럼 하나님께서 그 넓은 날개로 사랑하는 자를 품어 지켜 주신다는 약속의 말씀입니다.
우리의 인생 여로에도 이윽고 종말이 옵니다. 그때 우리가 어디로 가느냐가 문제지만, 그리스도를 마음속에 모시고 사는 사람에게는 그리스도께서 죽음을 이기고 다시 사셨으므로 그리스도의 은총으로 천국에 가는 길이 열려 있습니다. 그리고 이런 사람은 인생의 황야를 갈 때에도 천국을 향해 가고 있는 것입니다.
인생의 여로에 대해 생각할 때, 하나님이 동행하여 그 길을 지켜 주신 은혜를 기억하며 그 은혜를 간구하는 삶은 누구에게나 중요한 것입니다. 내일 자기 신상에 어떤 일이 일어날지 아무도 예측할 수 없기 때문입니다.
우리 인생의 모든 것을 온전히 하나님께 맡기며 살아갑시다.

✚ **기도제목**
1) 나의 인생의 항로를 주께 맡기게 하소서.
2) 나는 갈길을 찾지 못하니 나를 인도하소서.

인생의 길동무

♣ 성경 시편 133:1   찬송 337(363)장 ♣

존 포세트는 아내 메어리와 함께 영국의 요크셔에 있는 웨인즈게이트 마을에 있는 감리교회에서 7년 동안, 몇 명 안 되는 가난한 교회의 목사로 헌신적인 봉사를 하고 있었던 때에 런던에 있는 유명한 교회에 초청되어 설교를 하게 되었습니다. 그 결과 그 교회로부터 와 달라는 초빙을 받았습니다. 네 자녀를 키워야 하는 포세트 부부는 런던으로 옮겨 가는 것을 하나님의 뜻으로 믿고 작별 설교를 마친 지 2,3일이 지나서였습니다. 이삿짐을 꾸리고 있는데 교회 식구들이 몰려와 사랑하는 목사와 그 가족을 눈물로 전송했습니다.

이들의 사랑에 감격한 메어리가 "나는 이 교회 식구들과 도저히 헤어질 수 없어요."라고 하자 존도 "나도 동감이요."라고 하면서 다시 이삿짐을 풀고 54년 동안이나 이 작은 교회에서 봉사를 했습니다. 그곳에서의 목회생활은 경제적으로는 매우 가난했으나 영적으로는 대단히 풍요로웠습니다. 믿음의 형제가 의합해 있는 곳에 하나님의 축복이 함께 있기 때문입니다.

인생의 여로에서도 서로 기도하면서 무거운 짐을 나눠지는 길동무가 있다면 복이 있는 사람입니다. 어떤 역경이나 극한 상황에서도 기쁨과 소망 가운데 그 곤경을 능히 헤쳐 갈 수 있기 때문입니다.

유명한 「천로역정」의 저자 존 번연은 감옥을 자기 집 드나들 듯이 하면서 복음전파에 힘썼습니다. 그는 감옥에서 기도로 밤을 새우면서 사랑하는 처자들과 교회 식구들을 생각했습니다. 며칠 후에 아내 엘리자벳이 네 자녀를 데리고 면회를 왔습니다. 번연은 가족과 헤어질 때의 심정을 이렇게 썼습니다. "아내와 불쌍한 아이들이 떠나갈 때 나는 뼈를 깎는 듯이 마음이 아팠다. 특히 내 마음을 아프게 한 것은 가엾은 눈먼 딸이었다. 내 소경 딸을 생각하면 마음이 천 갈래로 찢어지는 것 같았다."

하나님을 인생의 길동무로 삼은 사람은 어떤 고난도 이겨 냅니다.

✚ **기도제목**
1) 내 무거운 짐을 져주시는 주께 감사하는 삶을 살게 하소서.
2) 주여 내 인생의 영원한 동반자가 되어 주소서.

생활의 질서
♣ 성경 창세기 26:25   찬송 372(420)장 ♣

어떤 의과 대학 청년의 이야기입니다.
"친구나 친지들 중에는 재학 중에 직업도 없이 결혼하는 건 너무 서두르는 것이 아니냐고 말하는 사람도 있어요. 그러나 나는 인생에서 가장 중요한 것은 그리스도에 대한 신앙이라고 생각해요. 그리고 좋은 배필을 얻는 것이라고 생각해요.

신앙은 우리의 운명을 결정하고, 배우자의 선택은 본인의 일생을 좌우하는 중대한 문제이니까요. 아내가 나쁘다고 해서 결코 간단히 갈아 치울 수는 없지요. 그러나 결혼에 비하면 직업은 그 다음의 문제거든요. 직업은 형편에 따라 얼마든지 바꿀 수 있으니까요. 나는 아직 직업이 정해져 있지 않지만, 오랫동안 멀리 떨어져 살다가 이 사람을 잃어서는 안 되겠다는 생각에서 결혼을 결심하게 되었어요."

결혼 상대를 선택할 경우에는 신중해야 합니다. 아무리 신중해도 지나치지 않은 것이 결혼입니다. 그런데 옛날이나 지금이나 결혼에 황급히 뛰어드는 남녀가 많습니다. 그래서 "결혼은 인생의 무덤이다." "결혼은 연애의 자명종이다."라는 말이 나오기도 합니다.

오늘 말씀에서 이삭의 생활 태도를 알아봅시다. 이삭은 예수님의 그림자입니다. 즉 아브라함이 이삭을 번제물로 바치기로 한 것은 하나님께서 예수를 대속의 제물로 삼으신 예표입니다. '제단을 쌓고'란 신앙을 표시하고, '장막을 친다'는 것은 가정생활을 하는 것을 의미합니다. 또 '우물을 파는 것'은 가업을 마련하는 것으로 직업을 나타냅니다.

이삭은 어디에 이주해도 첫째로 신앙, 다음에 가정, 끝으로 직업이라는 순서로 생활했던 것입니다. 이것은 이삭이 아버지 아브라함에게서 이어받은 생활 태도였으며, 여기에 그들이 받은 축복의 비결이 있습니다. 그것은 하나님 중심의 생활입니다.

✝ 기도제목
1) 이삭처럼 하나님 중심의 생활을 하게 하소서.
2) 내 뜻과 고집을 버리게 하소서.

하늘에 쌓아 두는 생활

♣ 성경 마태복음 6:19~20   찬송 419(478)장 ♣

옛날 프랑스에 부유하고 욕심 많은 귀족이 살고 있었습니다. 그는 자기 재산을 안전하게 확보하기 위해 자기가 살고 있는 성에 밀실을 만들어 많은 돈과 보석을 숨기고 입구에 있는 철문이 닫힐 때에는 그 밀실의 문도 저절로 잠기게 하였습니다. 그는 이곳에서 여러 해 동안 아무도 모르게 돈과 보석을 만지작거리면서 말할 수 없는 행복을 느끼곤 했습니다.

어느 날, 밤이 되기를 기다렸다가 그가 소유하고 있는 땅에 예속되어 억압과 착취에 허덕이는 농민들로부터 받은 소작료가 들은 돈주머니를 밀실로 갖고 가서 여느 때와 마찬가지로 돈을 만지작거리면서 행복감에 젖어 있었습니다.

그런데 그 밀실에서 나오려고 열쇠를 아무리 찾아도 보이지 않았습니다. 이윽고 열쇠를 밖에 놓아 둔 채 밀실에 들어온 것을 알아차린 그는 공포에 떨지 않을 수 없었습니다. 밀실에서 아무리 큰 소리로 외치고 두드려도 그 방은 소리나 빛이 외부와 완전히 차단되어 있었기 때문에 그가 밀실에 갇혀 있는 것을 알고 달려와 구해 줄 사람은 없었습니다.

몇 달이 지난 후 백작의 부패한 시체가 돈더미 위에서 발견되었습니다.

한국의 무디로 불리는 이성봉 목사는 집회를 인도할 때 '허사가'를 불러 청중을 휘어잡기도 했습니다. 그 첫 절은 이러합니다.

세상만사 살피니 참 헛되구나.
부귀공명 장수면 무엇하리요.
고대광실 높은 집 문전옥답도
우리 한 번 죽으면 일장춘몽.

오늘의 말씀은 지상에서 은행에 저축하는 것을 금하신 것이 아니라 지상의 보물이 무엇인가를 가르치신 것입니다. 그 보물은 영원히 가치가 변하지 않고 소유한 사람의 마음을 풍요롭게 합니다. 그래서 세상을 떠날 때에도 갖고 갈 수 있는 보물을 저축할 것을 권유하신 것입니다.

✚ 기도제목
1) 땅보다 하늘에 보물을 쌓는 삶을 살게 하소서.
2) 냉수 한 그릇이라도 남을 대접하는 삶을 살게 하소서.

주는 생활

♣ 성경 사도행전 20:33~35 찬송 435(492)장 ♣

어떤 랍비가 제자 중의 한 사람을 저녁 식사에 초대했습니다. 랍비는 그에게 '포도주를 마시기 전에 하는 기도문'을 외우라고 일렀습니다. 그런데 그는 몇 줄밖에 외우지 못했습니다. 랍비가 그를 호되게 책망하는 바람에 그는 식사를 마친 후 고개를 푹 숙이고 집으로 돌아갔습니다.
 며칠 후에 랍비는 그가 앓아누운 사람이 있으면 집으로 찾아가서 돌봐 주고, 가난한 사람에게는 일해서 번 돈을 보내는 것을 알게 되었습니다. 랍비는 형식에 치우친 자기 자신을 몹시 부끄러워했습니다. 그리하여 제자들에게 이렇게 말했습니다. "사랑이 몸에 배면 행위로 들어가지만 책을 많이 읽어 아는 것이 풍부해도 마음의 밭을 갈지 않으면 아는 데 그친다."

 삭개오는 세리장으로 부자였습니다. 그는 부정한 방법으로 많은 재물을 모았을 것입니다. 그러나 소중한 것을 잃었습니다. 사랑과 존경과 교제입니다. 그래서 그는 고독에 빠지게 되었습니다.
 그러나 그는 이런 고독 속에서 예수님을 만나고 빼앗는 생활에서 주는 생활로 바뀌었고, 예수님께 "주여 보시옵소서 내 소유의 절반을 가난한 자들에게 주겠사오며 만일 누구의 것을 속여 빼앗은 일이 있으면 네 갑절이나 갚겠나이다"(눅 19:8)라고 말했습니다. 법이 요구하고 있는 것 이상의 일을 하려고 결심했던 것입니다. 예수께서 명하시지 않았는데도 이 일을 스스로 하려고 한 것은, 돈보다도 중요한 것, 사랑을 발견했기 때문입니다. 그가 그 후 많은 사람들로부터 사랑을 받아 전보다 훨씬 행복하게 살게 된 것은 말할 필요가 없습니다.
 재산을 모으는 데 열심인 인간은 이미 갖고 있는 것에 대해서는 잃지 않으려고 기를 씁니다. 어떤 사람은 많은 재산을 자식에게 남겨 줍니다. 그러나 그들은 인간에게 불멸의 보물을 모으거나 주지는 못했습니다.

✞ **기도제목**
 1) 쌓아 두고 받는 것보다 주는 삶을 살게 하소서.
 2) 내 주위의 가난한 이웃을 돌아보게 하소서.

예수를 전염시키는 사람들

♣ 성경 마태복음 5:13~16 찬송 510(276)장 ♣

어느 굴지의 회사를 경영하시는 장로님의 신앙고백입니다. 그는 누구에게도 전도를 해본 일이 없었습니다. 그러던 어느 주일, 전도에 대한 목사님의 설교를 듣고 강한 도전을 받았습니다.

그리고 다음 날 사무실에서 제일 먼저 만나는 사람에게 전도를 시작하기로 결심하고 사장자리에 앉아 있는데, 때마침 비서가 서류를 들고 들어왔습니다. 그는 비서에게 교회에 나가느냐고 물어보았습니다. 비서는 교회에 다니지 않는다고 대답했습니다. 장로님은 즉시 교회 다니라고 전도를 했습니다. 그랬더니 그 비서가 하는 말이 "사장님, 참 감사합니다. 제가 사장님을 10여 년 모셔왔지만 사장님 믿는 예수를 나에게 왜 믿으라고 하지 않는가 의심하면서 나 같은 사람은 예수 믿을 자격이 없는가 했더니, 오늘에서야 제게 예수 믿으라고 하시니 참으로 감사합니다."라고 하더랍니다.

어떻게 하면 빛과 소금이 되어서 이 세상을 전염시키는 크리스천이 될 수 있을까요? 로마서 10:14에서 사도 바울은 우리를 향하여 묻습니다. "그런즉 그들이 믿지 아니하는 이를 어찌 부르리요 듣지도 못한 이를 어찌 믿으리요 전파하는 자가 없이 어찌 들으리요."

우리가 예수를 믿고 교회에서 예배를 드리고 성경공부를 하는 이유는 세상과 멀어지기 위함이 아니라 이 세상 가운데서 크리스천으로 사는 방법을 배우기 위함입니다. 이 세상에서 승리하는 삶을 살 뿐 아니라 영향력 있는 삶을 사는 방법을 배우는 것입니다. 왜냐하면 하나님께서는 영향력 있는 크리스천들로 말미암아 영광을 받으시기를 원하기 때문입니다.

변화된 우리가 최대의 영향력을 발휘하려면 분명히 믿지 않는 자들과 함께해야 합니다. 그리고 우리의 빛을 분명히 비추어야 합니다. 때를 얻든지 못 얻든지 힘써 복음을 증거해야 합니다.

✚ **기도제목**
1) 그리스도인이 된 것을 세상에 공포하고 그리스도인으로 살게 하소서.
2) 승리하는 크리스천으로 영향력 있는 삶을 살게 하소서.

믿음 있는 자 되라
♣ 성경 히브리서 11:6 찬송 545(344)장 ♣

인도에서 선교하던 스텐리 존스라는 선교사가 있습니다. 이분이 89세에 중풍으로 걷지 못하게 되어 본국으로 돌아와 입원하게 되었습니다. 존스 선교사는 간호사에게 자신이 깨어있는 것을 볼 때마다 "나사렛 예수의 이름으로 일어나 걸어라."라고 말해달라고 부탁했습니다. 어색함을 무릅쓰고 간호사들이 병실을 드나들면서 큰 소리로 외쳤습니다. "나사렛 예수의 이름으로 명하노니 일어나 걸어라!" 스텐리 존스 선교사는 5개월 만에 자리를 털고 일어나 걷게 되었습니다. 그리고 다시 선교여행을 떠났습니다.

믿음은 하나님이 계신 것과 하나님이 하시는 일을 믿음으로 받아들이며 순종하는 것입니다. 이 믿음이 "하나님을 기쁘시게 한다."라고 히브리서 기자는 정의합니다. 믿음이란 나의 확신이나 나의 삶을 향한 것이 아니라 하나님을 향한 우리의 행동과 결단, 삶이라고 말할 수 있습니다.
 우리의 믿음이 드러나고 증명되는 때는 위기의 순간이며 그때에 믿음의 사람은 그리스도의 말씀대로 순종하며 살아갑니다. 당신의 아들을 주실 만큼 이 세상을 사랑하신 하나님의 마음을 알고 우리도 이 세상을 품고 사랑하고 용서하는 것입니다.
 믿음이 있는 사람은 반드시 하나님이 계신 것을 믿습니다. 하나님께서는 어떤 마음으로 우리를 바라보고 계실까요?
 하나님께서 주시는 마음을 믿고 나아가는 것이 믿음입니다.
 우리가 흔히 예수의 이름으로, 사람들에게 상처를 주거나 무례하지 않은지, 나의 영적인 삶과 신앙이 균형을 이루는지를 살펴보아야 합니다. 혹시라도 나의 신앙과 영성을 드러내려고 영혼을 사랑하지 못한 행동은 없었나요? 믿음이 있는 사람은 상대방의 허물을 드러내는 것이 아니라 열심히 사랑합니다. 덮어줍니다.

✟ **기도제목**
 1) 하나님을 기쁘시게 하는 믿음의 사람이 되게 하소서.
 2) 하나님이 계신 것을 믿고 의지하며 살게 하소서.

욕망

♣ 성경 갈라디아서 5:16 찬송 274(332)장 ♣

톨스토이의 단편소설 가운데 「사람에겐 얼마만큼의 땅이 필요한가?」라는 작품이 있습니다. 평범한 소작농 바흠이 어느 지방에서 땅을 싸게 판다는 소문을 듣게 됩니다. 1천 루불을 내면 하루 종일 걸어간 만큼 땅을 준다는 것이었습니다. 그리고 해지기 전에 출발점으로 돌아와야 한다는 조건이 붙어 있었습니다. 바흠은 걷고 또 걸었습니다. 욕심이 나서 급한 마음에 장화와 옷을 팽개친 채 달렸습니다. 나중에는 전속력으로 달렸습니다. 그리고 해질 무렵 출발지점에 도착하게 됩니다. 그러나 그만 심장이 터져 죽게 됩니다. 그는 욕심을 잔뜩 부렸지만 결국 반 평 정도의 무덤에 묻히고 말았습니다. 그는 욕심 때문에 망한 사람입니다.

욕심의 특징은 자라는 것입니다. 욕심이 생길 때 빨리 버리지 않고 마음속에 품고 있으면 계속 자라서 본인의 인생을 망가뜨립니다. 예컨대 구약의 사사기에 나오는 삼손의 생애를 보면 그것을 잘 알 수 있습니다. 삼손은 태어날 때부터 하나님의 특별한 사명을 띠고 있었습니다.

그런데 삼손은 하나님의 사명과 특별한 은사를 귀히 여기지 않고 자기 욕망이 명하는 대로 살려고 했습니다.

성경은 욕심이 죄를 낳고, 죄가 죽음을 가져온다고 가르치고 있는데(약 1:15), 삼손은 욕심대로 살았으므로 죄의 노예가 되어 그와 같은 비참한 결과를 초래하게 되었습니다. 욕망대로 살아가는 사람은 조만간 삼손과 비슷한 운명에 놓이게 됩니다.

불의의 관계를 끊지 못하고 있는 사람은 회개하고 하나님 앞으로 돌아가야 합니다. 이때, 삼손이 회개하고 하나님의 힘을 되찾아 많은 적을 무찔러 그 사명을 다한 것처럼 죄를 이기는 힘이 주어져 평안과 기쁨이 충만한 새 인생이 시작됩니다.

✝ **기도제목**
  1) 육체의 욕심이 아닌 성령을 좇아 살게 하소서.
  2) 불의의 관계를 단호하게 끊게 하소서.

굶주림 당한 이웃을 섬기라

♣ 성경 고린도전서 10:31 찬송 412(469)장 ♣

잉글랜드의 오스왈드 왕에 관한 일화입니다. 그가 아름다운 은접시가 즐비한 식탁에 앉아 왕만이 먹는 진수성찬을 막 먹으려고 할 때였습니다. 시종으로부터 성문 앞에는 아직도 불쌍한 사람이 많이 있다는 이야기를 듣게 되었습니다.

그 시종은 그들에게 자비를 베풀기를 청했습니다.

그때에 왕은 "하나님이여, 그들을 도우소서. 하나님이여, 그들을 구원하소서. 하나님이여, 그들을 위로하소서."라고 말하지 않고 시종에게 즉시 그 은접시를 가져다가 음식을 그들에게 나누어 주고 그 다음에는 그 접시를 모두 부수어 그들에게 나누어 주라고 명령하였습니다.

갓난아기는 누가 가르쳐 주지 않았어도 무심코 젖을 빨아먹습니다. 식욕은 하나님께서 주신 귀중한 선물입니다. 이 선물을 올바로 사용하고 있나요?

폭식으로 몸을 해치는 사람이 많습니다.

많은 사람들이 폭식을 죄로 여기지 않고 있으나 성경은 죄로 규정합니다. 폭식이 죄인 이유는, 하나님께서 주신 식욕을 남용하는 것으로써 남용은 죄입니다. 또한 성령의 집인 몸을 더럽히기 때문이고, 육욕을 만끽하면서 영혼을 무시하기 때문입니다.

하나님이 우리에게 번영을 허용하신 것은, 그 번영을 궁핍한 사람들에게 나눠 줌으로써 하나님의 사랑과 자비를 나타내기 위한 것입니다.

아직도 우리의 이웃이 굶주림에서 벗어나지 못하고 있는 이때에 폭식, 폭음을 일삼는다는 것은 수치 중에도 가장 큰 수치라고 하겠습니다.

✝ 기도제목

1) 오직 하나님께만 영광을 돌리게 하소서.
2) 아직도 굶주림 속에 있는 사람들을 돌아보게 하소서.

현대인의 진주

♣ 성경 마태복음 13:45~46 찬송 510(276)장 ♣

미국의 작가 존 스타인백의 작품 「진주」의 이야기입니다. 가난하지만 착하고 부지런한 인디언 어부 키노는 전갈에 물린 아들의 치료비를 마련하기 위해 진주를 캐러 바다로 나갔습니다. 키노는 마침내 갈매기의 알만큼이나 큰 진주를 발견하게 되었습니다. 이 소문이 도시에도 알려지자, 얼마 전까지만 해도 치료를 거부하던 의사들이 키노의 아들은 자기 환자라고 주장하고, 거지들이 떼를 지어 몰려와 손을 내밀었습니다.

그런데 어느 날 밤 괴한이 집에 침입하여 돈을 내놓으라고 위협했습니다. 키노의 아내 쥬안나는 진주가 복이 아니라 오히려 화근이라는 생각에서 남편 몰래 그 진주를 바다에 던지러 나가자 그 낌새를 알아차린 키노는 아내를 만류하고 돌아오는 길에 괴한의 습격을 받고 격투 끝에 괴한을 죽이게 됩니다. 키노는 괴한을 총으로 쏘아 죽였으나 추격해온 또 다른 괴한과의 격투 중에 오발로 아들을 죽이게 됩니다.

자식을 살리고 가난의 굴레를 벗으려고 캐낸 진주는 주위 사람들의 탐욕을 유발시키고 사랑하는 아들까지도 죽게 했습니다.

현대를 살아가는 우리들에게 키노의 진주는 여러 가지 의미를 주고 있습니다. 지금 이 시간에도 사람들은 삶의 현장에서 황금이라는 진주를 캐기 위해 안간힘을 쓰고 있습니다. 격무와 박봉에 시달리는 봉급 생활자들은 영전과 승진이라는 진주를 캐려고 애쓰고, 뭇 여성들은 오늘도 거울 앞에서 미의 진주를 캐려고 애쓰고 있습니다.

이 밖에도 명성의 진주, 권력의 진주, 승리의 진주 등 무수한 진주를 캐기 위해 동분서주하고 있습니다. 그러나 이런 진주는 오늘 주신 말씀의 진주와는 너무나도 거리가 멉니다.

천국은 누가 빼앗거나 탐내지 못하는 진주입니다. 이 진주를 가진 자는 불안하지도, 괴롭지도 않고 고민스러워 하지도 않습니다.

✟ 기도제목
1) 물질적이고 가시적인 진주가 아닌 말씀의 진주로 나를 채우소서.
2) 허망한 것에 욕심을 부리지 않게 하소서.

맡은 일에 최선을 다하자

♣ 성경 히브리서 6:12 찬송 496(260)장 ♣

독일의 음악가 구스타프 말러는 어려서부터 음악적 재능을 보여 수많은 상을 받고 빈고등학교와 빈대학에서 음악 수업을 받고 라이바하 시립가극장의 지휘자가 되었으며, 음악에 대한 열정과 헌신 때문에 명성을 얻었습니다. 그는 오페라 리허설이 있을 때면 단 1분도 자리를 비우지 않기로 유명했습니다. 작곡가요 지휘자로 세계적인 명성을 얻고 나서도 늘 단원들과 함께 연습하고 음악을 만들어갔습니다. 한 번은 1시간만 외출하겠다고 말하면서 무대 감독에게 지휘를 맡겨 두고 자리를 비우게 됐습니다. 말러는 1시간 뒤에 돌아와서는 아무 일도 없었다는 듯이 다시 열심히 연습에 임하는 것이었습니다. 단원들은 이런 일이 한 번도 없었기 때문에 무척 궁금했습니다. 그래서 어디를 다녀왔느냐고 물었습니다. 그때 말러가 빙그레 웃으면서 이렇게 대답했답니다. "저 지금 막 결혼하고 왔습니다."

세상에는 어쩔 수 없이 가업을 이어가는 사람, 가정 사정 때문에 마지못해 지금의 직장에 붙어 있는 사람이 있습니다.

오 할레스비 박사는 이렇게 말한 적이 있습니다. "당신이 다른 직업에 종사할 재능과 자격을 갖고 있는 것은 사실입니다. 그리고 당신이 자기가 좋아하는 직업을 갖고 싶어 하는 것은 당연한 일입니다. 그러나 세상에는 그것을 원하면서 뜻을 이루지 못한 사람이 얼마나 많은지 모릅니다. 그 원인은 그들이 작은 일에 충실하지 못했기 때문입니다."

성경에도 주인이 맡긴 돈을 잘 굴려 이득을 올린 자에게는 "너는 작은 일에 충실했으므로 큰 일을 맡겨야겠다"라고 하시며 칭찬을 했고, 그 돈을 땅에 묻어 두었다가 고스란히 도로 주인에게 내놓은 자에게는 "악하고 게으른 종"이라고 책망하며 밖의 어두운 곳으로 쫓아내었다고 쓰여 있습니다. 성경은 자기 비위에 맞지 않는 일도 충실히 하는 것이 더욱 큰일을 맡게 되는 비결이라고 가르치고 있습니다.

✚ **기도제목**
1) 작은 일에도 힘써 일하게 하소서.
2) 부지런하여 게으르지 않게 하소서.

고독에서 벗어나려면

♣ 성경 창세기 33:10 찬송 300(406)장 ♣

1930년 영국 옥스퍼드에서 열린 국제 철학자 대회에서 주최측 대표로 영국의 철학자 페리가 말한 개회사의 한 토막입니다. "우리의 모임은 우리들 사이의 거리를 좁히기는커녕 오히려 멀리하게 할 뿐일 것입니다."

이것은 인간의 고독에 대해 시사하는 말이기도 합니다. 야곱은 처자도 있고 많은 종을 부리는 큰 부자였으나, 그는 고독한 사람이었습니다.

고독에서 벗어나려면 고독의 원인을 찾아야 합니다. 그는 형 에서와 쌍둥이 형제였으나, 아버지와 형을 속여 상속권을 빼앗고 형의 복수가 두려워 20년 동안이나 메소포타미아 숙부의 집에 은신해야 했습니다. 교활한 자기중심의 죄가 점점 자신을 고독으로 몰아넣었던 것입니다.

숙부의 집을 나와 얍복강을 건너 돌아올 때, 처자와 종과 가축들을 먼저 보내고, 뒤에 혼자 남았습니다. 그리고 밤을 새워 가며 기도했습니다. 사람을 피해 하나님께 혼자 기도할 때 하나님과의 교류가 이루어집니다. 야곱은 그날 밤 하나님에 의해 깨어졌습니다.

형을 밀어내고 아버지를 속여 상속권을 빼앗고, 숙부를 속여 막대한 재산을 가로챈 죄를 모조리 털어 놓았습니다. 그때 죄를 용서받아 하나님의 자녀가 되고, 이스라엘(이긴 자)이라는 이름까지 받아 완전히 새사람이 되었습니다.

하나님에 의해 자아가 깨지고 새사람이 된 야곱은 이미 옛날의 교활한 야곱이 아닙니다. 야곱은 형 앞에서 일곱 번이나 몸을 굽히고 죄의 용서를 빌었습니다. 야곱의 이런 태도를 본 형 에서는 달려가 동생을 맞아들여 얼싸안고 함께 울었습니다. 우리에게도 형 에서와 화해하고 고독에서 벗어난 야곱의 기쁨이 있기를 바랍니다.

✞ **기도제목**
1) 현대인들의 고독한 마음을 만져 주소서.
2) 내가 먼저 불화하는 자들에게 다가가 화해를 이루게 하소서.

환멸이 기쁨이 되려면
♣ 성경 창세기 22:14   찬송 365(484)장 ♣

하나님께서는 아브라함에게 사랑하는 외아들 이삭을 모리아 산에서 번제의 예물로 드리라고 했습니다.

아브라함은 모리아 산 저쪽에 계시는 하나님을 신앙의 눈으로 바라보았습니다. 그리하여 하나님의 명령이 아무리 엄하여도 그것이 결코 최종적인 것이 아니라고 생각했습니다. 그래서 그는 하나님의 명령에 복종했습니다. 그리고 말씀한 대로 모리아 산 위에서 제단을 쌓고, 장작을 나란히 놓고 이삭을 묶어 그 위에 얹어 놓고 칼을 뽑아 이삭을 죽이려 했습니다.

그때, 하늘에서 "그 아이에게 손을 대지 말라"는 음성이 들려왔고, 눈을 들어 보니 이삭 대신 제물로 준비된 한 마리의 양이 있었습니다. 하나님께서는 이로써 이삭의 목숨을 살리셨고 "네가 이같이 행하여 아들 독자까지도 아끼지 아니하였은즉 내가 네게 큰 복을 주고 네 씨가 크게 번성하여 하늘의 별과 같고 바닷가의 모래와 같게 하리니"라고 축복의 약속까지 해 주셨습니다. 아브라함은 그 땅을 '여호와 이레'라고 하였습니다.

하나님께서는 우리가 가장 아끼는 것을 당신께 바치라고 명령하실 때가 있습니다. 우리는 그럴 때 환멸을 느끼고 괴로워합니다. 또한 우리가 헌신적으로 받들고 섬긴 분에게 배신을 당하여 모든 것이 산산이 부서진 사태에 직면할 때도 큰 환멸을 느끼게 됩니다.

그러나 어떤 상황에서도 하나님께서 우리를 이롭게 해 주신다는 것을 알고 하나님을 의지하면 그 환멸은 오히려 변치 않는 기쁨이 됩니다. 즉 '여호와 이레'를 현실적으로 경험할 수 있습니다. 이것은 '여호와의 산에서 준비되다'라는 뜻입니다.

외아들 이삭을 제물로 바치라니 이보다 더 큰 환멸이 어디 있습니까? 아브라함은 손실을 이득으로 바꾸어 우리가 꿈에 그리던 그 무엇보다도 훨씬 더 좋은 것을 주시려는 하나님을 보았던 것입니다.

✞ 기도제목
1) 여호와 이레의 하나님, 나를 도우소서.
2) 하나님의 명령대로만 좇아가게 하소서.

독서와 성경

♣ 성경 디모데후서 3:15 찬송 200(235)장 ♣

헬렌 켈러는 독서의 양이나 사상에 있어서 뛰어난 인물로, 그녀가 삼중고를 극복하고 어둠 속에서 빛을 발산하는 귀중한 인생을 살게 된 것을 감사하여 이렇게 말하고 있습니다.

"나에게 잃어버린 세계를 되찾게 한 것은 책의 힘입니다. 그 중에서도 내가 가장 애독하는 것은 성경이에요. 나는 어린 시절부터 언제나 용기와 기쁨을 얻기 위해 성경을 읽었어요. 어떤 곳은 너무 많이 읽어서 글자(점자)가 문드러져 나갈 정도였어요. 그것은 내 손가락 끝에서 점자가 닳고 닳았기 때문이에요. 성경은 나의 전 생애의 지침이 되고 힘이 되고 위안이 되었어요. 삼중고를 짊어진 나에게 불굴의 정신을 갖게 한 것은 성경이에요. 나는 날마다 성경을 읽을 적마다 기력을 새로 회복하고 포부를 확대해 나갔어요. 그러므로 시간을 내어 성경을 읽고 영을 새롭게 해야 해요."

책은 읽는 사람의 지성과 품성에 큰 영향을 줍니다. 양서 중의 양서는 뭐니뭐니해도 성경일 것입니다. 성경은 읽는 사람의 마음에 빛을 주어 보람 있는 인생을 살게 합니다.

사도 바울은 젊은 디모데에게 "세상은 악에서 악으로 나가지만 너는 어렸을 때부터 친숙해 온 성경을 배워 확신에 이르게 하라"라고 권유하고 있습니다.

링컨 대통령에게 노예 해방의 위업을 성취하게 하고, 헬렌 켈러 여사에게 삼중고를 극복하게 한 것은 바로 성경이었습니다. 두 사람이 가지고 있는 공통점은 어렸을 때부터 성경을 배우면서 자란 것입니다.

성경은 인간이 쓴 것이지만, 결코 인간의 머리에서 나온 글이 아닙니다. 성경이 여느 책과 다른 점은 성경의 원저자가 성령이시라는 사실입니다.

✞ **기도제목**
1) 영감으로 기록된 하나님의 말씀인 성경을 매일 읽게 하소서.
2) 성경을 통하여 하나님이 주시는 지혜를 얻게 하소서.

진리 안에서 자유

♣ 성경 요한복음 8:31~32   찬송 438(495)장 ♣

영국 불신자 모임 회장인 프랜시스 뉴포트 경은 죽기 전에 침상에 둘러서 있는 불신자 모임의 사람들에게 이렇게 말하였습니다.
"여러분은 나에게 하나님이 없다고 말하지 마십시오. 나는 하나님께서 계시다는 것을 알고 있습니다. 나는 지금 하나님의 진노 앞에 있습니다. 여러분, 지옥이 없다고 말하지 마십시오. 왜냐하면 나는 벌써 나의 영혼이 지옥불에 떨어져 있는 것을 느끼고 있습니다. 가엾은 사람들, 지금 내가 바라는 것은 여러분들이 우상을 버리고 하나님을 믿는 것입니다. 그러나 나는 이미 늦었습니다. 나는 영원히 그 기회를 잃었습니다."

성경에 보면 두려움의 원인은 죽음이고, 죽음의 원인은 죄라고 합니다. 하나님께서는 이것을 방치해 두지 않고, 독생자를 이 땅에 보내셔서 피를 흘리게 하심으로써 그 죄를 씻는 방도를 마련하셨습니다.
즉 예수 그리스도는 그 죄를 제거하기 위해 십자가를 지신 것입니다. 그러므로 예수 그리스도를 마음속에 받아들이고 믿고 맡기는 사람은 누구나 죽음의 두려움에서 해방됩니다. 그들에게는 죽어도 죽지 않는 길이 열려 있기 때문입니다.
그리스도의 말씀은 진리이며, 미신에게 사로잡힌 자를 해방시켜 주십니다. 미신을 숭상하는 사람은 일진을 따지고 가리는데, 성경에 의하면 나쁜 날이란 있을 수 없습니다. 성경은 "날을 중히 여기는 자도 주를 위하여 중히 여기라"(롬 14:6)라고 하였으며, "여호와께서 사람의 걸음을 정하시고 그의 길을 기뻐하신다"(시 37:23)라고 하였습니다. 이와 같이 인간의 앞길은 하나님에 의해 결정되는 것입니다.
그리스도인은 죽음을 이길 뿐만 아니라 미신으로부터 해방되어 영원한 생명의 축복을 받아 날마다 밝은 생활을 할 수 있습니다.

✚ 기도제목
 1) 진리를 따르는 참 제자가 되게 하소서.
 2) 예수의 진리 안에서 참 자유를 누리게 하소서.

해방의 기쁨

♣ 성경 이사야 43:25   찬송 301(460)장 ♣

노르웨이의 어느 거리에서 50세의 생일을 맞은 상인이 하나님께 감사하는 표시로 제일 먼저 찾아온 손님의 외상을 모두 탕감해 주기로 했습니다. 그때 아침 해를 등에 지고 상점으로 다가오는 한 사나이가 있었습니다. 자세히 보니 그는 제일 많은 외상을 진 사나이였습니다. 주인은 그에게 말했습니다. "당신은 정말 행운아요. 나는 오늘 당신의 외상값을 모두 탕감해 주기로 했어요. 그러니 외상은 없었던 일로 해요."
손님은 뜻밖의 말에 어리둥절하여 "농담이 지나치군요."라고 말했습니다. 주인은 외상 장부를 꺼내 그의 빚을 말소하고 영수증까지 써서 그에게 넘겨주면서 "농담이라니 당치 않소. 자, 이 영수증을 받아요."라고 말했습니다. 그는 더욱 놀라면서 얼떨결에 영수증을 받아 들었습니다. 그리고 주인으로부터 그 연유를 듣고 눈물을 흘리며 감사했습니다. 자기 힘으로는 도저히 다 갚을 길이 없는 외상 빚을 탕감받았으니 그럴 만도 합니다.

노르웨이에서는 50세의 생일을 특별히 축하한다고 합니다.
레위기에 보면 '요벨의 해'라 하여 50년마다 한 번 축하하는 해가 있습니다. 매각한 부동산의 권리가 본래의 소유자에게 무상으로 반환되거나 모든 노예가 풀려납니다. 이 해는 '해방의 해'이며 '기쁨의 해'입니다. 성경을 존중하는 노르웨이 사람들이 50세의 생일에 친척들을 초대하여 잔치를 하는 것은 그 때문입니다.
하나님께서 우리의 죄를 용서해 주신 것은 그 상인처럼 혼자서 결정하신 것입니다. 우리에게 그럴 만한 어떤 공로가 있었기 때문이 아니라 하나님의 순수한 은혜입니다. 하나님께서는 우리를 죄에서 건지시기 위해 흠과 티가 없는 독생자를 십자가에서 희생시키기로 결심하신 것입니다. 그리하여 하나님께서는 이 십자가에서 흘리신 맑고 깨끗한 피로 우리를 죄의 대장에서 말끔히 지워 버리신 것입니다.

✝ **기도제목**
 1) 우리의 죄를 용서하시기 위해 주를 보내 주심을 감사하며 살게 하소서.
 2) 나의 죄를 도말해 주시고 구원해 주신 주께 감사하며 살게 하소서.

진리 안에서 혼자의 힘

♣ 성경 고린도후서 13:8 찬송 523(262)장 ♣

독일의 종교개혁자 루터는 에르푸르트 대학에서 법률을 공부하고 있을 때, 같이 가던 친구가 벼락을 맞아 죽고 자신만 살게 된 것이 동기가 되어 수도원에 들어가서 성경을 공부하는 동안 심각한 영적인 고뇌를 체험했습니다. 그리고 인간이 구원을 받게 되는 것은 고행이나 수도에 의해서가 아니라 예수를 믿는 신앙에 의해 가능하다는 진리를 성경에서 체득했습니다.

그 후 교회가 성경의 진리에서 너무나 멀리 떠나 있는 것을 알고 면죄부의 판매에 반대하여 1517년 95개조의 항의문을 비텐베르크 성의 교회 문짝에 붙였는데, 이것이 교황의 진노를 사게 되어 파문을 당했습니다.

그러나 루터가 그 파문장을 공중 앞에 불태워 버리자 독일 황제로부터 국회에 소환되어, 그의 저서를 모두 취소하라는 강요를 받게 되었습니다. 이때 루터는 "나의 양심은 하나님의 말씀에 사로잡혀 있습니다. 나는 아무것도 취소할 수 없고, 또 취소할 의향이 없습니다. 양심을 속이는 것은 옳지 않으며, 또 건전하지도 않기 때문입니다. 하나님이시여, 저를 도와주소서. 아멘!"하고 황제 앞에서도 홀로 성경의 진리에 섰던 것입니다.

인류를 유익하게 하는 위대한 사업은 거의 단독으로 이루어졌습니다. 언뜻 보아 많은 사람들과의 공동 사업으로 생각되는 일도, 대개 한 사람이 중심이 되고 원동력이 됩니다. 세계 역사를 보아도 언제나 어떤 특정인의 힘에 의해 움직이고 전개되어 왔습니다. 예컨대 종교개혁 하나를 놓고 보더라도 마틴 루터라는 한 수도승이 세계의 역사를 크게 바꿔 놓은 것입니다.

이 세상은 힘을 요구합니다. 그러나 힘은 수가 아닙니다. 2인3각 경기를 보더라도 서로 발을 맞추기 위해 제대로 힘을 발휘하지 못합니다. 인간은 혼자 있을 때 강해집니다. 특히 그리스도인의 경우는 그렇습니다. 하나님께서는 신앙 양심에 따라 싸우는 사람을 요구하고 계십니다.

✝ **기도제목**
1) 인류에게 유익을 주는 일을 하게 하소서.
2) 모든 일을 신앙 양심에 따라 행하게 하소서.

하나님은 우리의 피난처

♣ 성경 시편 46:1 찬송 428(488)장 ♣

한 부인이 유방암으로 친정이 있는 지방 병원에서 수술을 받게 되었습니다. 병세가 위독하여 수술이 성공할지 의심스러워 몹시 불안해하고 있었습니다. 그런데 수술을 받는 날 아침에 그녀가 다니던 교회의 목사로부터 전보 한 장이 날아왔습니다. 그 전문에는 "시편 46:1을 붙잡고 기도하십시오."라고 쓰여 있었습니다. 그녀는 곧 성경을 펴서 "하나님은 우리의 피난처시요 힘이시니 환난 중에 만날 큰 도움이시라"라는 말씀을 읽고 눈시울이 갑자기 뜨거워지면서 눈물이 하염없이 흘러나왔습니다. 그녀는 부모도 형제도 친구도 의지할 수 없게 되었을 때 하나님께서는 누구보다도 가까이 계셔서 도와주신다는 것을 실감했던 것입니다. 그리하여 하나님의 평안을 마음속에 갖게 되었습니다. 그녀는 수술을 성공적으로 마치고 건강을 완전히 회복했습니다.

마틴 루터가 일으킨 종교개혁은 그것이 단지 제도와 조직을 새롭게 한 데 그치지 않고, 당시에 성경에서 떠나 있던 교회가 성경의 진리로 돌아와 산 생명이 주어졌다는 데 큰 의의가 있습니다.

오늘의 말씀에서 영감을 얻은 루터는 찬송가를 지었습니다.

"내 주는 강한 성이요 방패와 병기 되시니
큰 환난에서 우리를 구하여 내시리로다.
옛 원수 마귀는 이때도 힘을 써
모략과 권세로 무기를 삼으니 천하에 누가 당하랴."

비텐베르크에 있는 루터의 동상 받침석에는 루터가 지은 찬송가의 첫줄 '내 주는 강한 성이요'가 새겨져 있습니다. 그만큼 이 찬송가는 종교개혁자에게 모든 활동의 원천이 되고 기도가 되었던 것입니다.

루터에게 확고부동한 신앙과 그 무엇에도 굴하지 않는 힘이 된 시편 46:1은 우리 모두에게도 마찬가지로 믿음과 힘을 줍니다.

✞ **기도제목**
1) 오늘날 비성경적인 교회들이 개혁되게 하소서.
2) 내가 가진 비성경적인 생각들이 개혁되게 하소서.

등대지기와 책임
♣ 성경 마태복음 5:14 찬송 510(276)장 ♣

오래 전 프랑스의 베르 섬에 스트로라는 등대지기가 있었는데 어느 날 등대를 청소하다가 쓰러졌습니다. 아내가 열심히 간병했으나 남편의 병세는 점점 더해 갔습니다. 그녀는 잠시도 남편의 곁을 떠날 수 없었지만 등대에 등불을 켜는 것도 중요한 일이기에 급히 올라가 불을 밝혔습니다. 그런데 돌아와 보니 남편은 이미 숨져 있었습니다.

그녀가 비탄의 눈물을 흘리고 있을 때, "등대의 등불이 들어오지 않아요." 하고 외치는 소리가 들려 왔습니다. 본래 그 등대는 회전식이었는데 남편 스트로가 청소할 때 회전기를 뺀 채 그대로 버려두고 왔던 것입니다. 이것을 그냥 방치하면 항해하는 배가 착각을 일으켜 참사가 일어날지도 모를 일이었습니다. 그녀는 할 수 없이 밤 9시부터 아침 7시까지 등대에서 떠나지 않고 손으로 회전기를 돌려 간신히 소임을 마쳤습니다.

빛의 원천은 그리스도입니다. 달이 햇빛을 받아 빛을 내는 것처럼 우리는 그리스도의 빛을 받아 그리스도의 등대의 빛을 비치게 하는 등대지기와 같습니다. 그러므로 그 책임이 무겁습니다.

그래서 예수님은 "등불을 켜서 그릇으로 덮지 말라"(눅 8:16)라고 하셨습니다. 이 경우에 '그릇'은 육체를 가리키며, 육욕으로 그리스도의 빛을 가리지 말라는 말씀입니다. 또 "평상 아래에 두지 말라"라고 하셨습니다. '평상'은 나태나 쾌락을 상징하며, 이로 인하여 그리스도의 빛을 가리지 말라는 가르침입니다. 그리고 "말 아래 두지 말라"고 하셨습니다. '말'은 장사를 가리킵니다. 상거래 때문에 그리스도의 빛을 가리지 말라는 당부입니다. 항해 중인 선박에 타고 있는 많은 사람들의 생명이 등대의 빛에 달려 있는 것처럼, 어두운 인생을 항해하는 많은 사람들의 생명이 우리의 빛에 달려 있는 것입니다.

✠ **기도제목**
1) 빛이신 예수 그리스도를 전하는 자가 되게 하소서.
2) 이 세상을 향해 등대 역할을 하는 삶을 살게 하소서.

신앙성장의 비결

♣ 성경 사도행전 10:38 찬송 183(172)장 ♣

한 어린아이가 아빠의 무릎 위에 앉아 물었습니다. "아빠, 하나님은 죽었어요?" 아빠는 놀라서 "아니, 얘야 왜 그런 걸 묻니?" 하고 되물었습니다. 그러자 그 어린아이는, "저어 말이에요, 요즈음 아빠가 하나님과 얘기하시는 걸 한 번도 들은 적이 없거든요."라는 것이었습니다. 아버지는 부끄러움을 이기지 못해 머리를 떨구었습니다. 하나님께서는 결코 죽지 않으셨지만 많은 사람들에게 있어 마치 죽은 하나님과 같습니다.

사람이 태어나면서 육체적 성장이 중요하듯이 신앙생활을 하는 신앙인에게는 영적인 성장이 매우 중요합니다. 예수님은 많은 사역 가운데서도 정기적으로, 틈틈이 자기 관리의 시간을 가지셨습니다.

하루를 마치는 저녁 시간 혹은 새벽 이른 시간 한적한 곳에 가셔서 기도와 묵상을 하신 후 하루 일과를 시작하시고 마감하셨습니다(막 1:35, 눅 22:39~41).

예수님의 묵상과 기도의 대상은 오직 하나님이셨습니다. 그리고 그 목적은 하나님과 그분의 말씀으로 채우는 것이었습니다. 그 결과 예수님은 자신을 향해 요구하시는 하나님의 뜻을 깨닫고 이루어 드렸습니다.

하나님 앞에서 기도 시간을 정기적으로 갖고 있습니까? 성경을 읽고 묵상하며 하나님께서 내게 채워 주시는 일용할 양식을 얻고 있습니까? 그 영적 양식이 하루를 살 때에 자신의 삶을 인도하는 이정표와 나침반이 되어야 합니다.

이제 자신과 주님의 사역을 위해 성령의 기름부으심을 사모하고, 내게 찾아오는 사단의 세력을 말씀으로 물리쳐야 합니다. 그러기 위해 날마다 말씀을 묵상하고 그 말씀이 자신을 주장하도록 하십시오. 우리의 신앙이 성장하고 더욱 견고해질 것입니다.

✝ 기도제목
1) 성령충만함을 사모하며 말씀과 기도로 더욱 주를 가까이하게 하소서.
2) 능력 있는 신앙인이 되게 하소서.

참된 포상
♣ 성경 마태복음 10:42 찬송 218(369)장 ♣

미국의 스탠더드 석유회사의 사원 중에 아티볼트라는 사람이 있었습니다. 동료들은 그의 이름을 언제나 '한 통 4달러'라는 별명으로 불렀습니다. 그 이유는 아티볼트가 회사 일로 여행을 하게 되어 그 지역의 호텔에 묵을 때 숙박부에 자기 이름을 기입하고 밑에 언제나 '한 통 4달러 스탠더드 석유'라고 적었기 때문입니다.

이 '한 통 4달러'의 별명 속에는 절반은 야유가 포함되어 있었는데, 이 이야기는 어느새 석유 왕으로 불리는 사장 록펠러의 귀에 들어갔습니다.

록펠러는 '그렇게까지 회사 일을 열심히 하는 사나이를 만나봐야지' 하고 이 평사원과 식사를 같이 하게 되었습니다. 이것이 두 사람을 결합시킨 계기가 되었습니다. 아티볼트가 남모르게 회사를 위해 노력해 온 것이 출세의 실마리가 되었습니다. 그는 후년에 록펠러의 뒤를 이어 세계 최대 석유회사의 사장이 되었습니다.

오늘 본문 말씀 그대로 "작은 자 중 하나에게 냉수 한 그릇이라도 주는" 작은 사랑도 결코 하나님의 상에서 제외되지 않습니다.

남이 보든지 말든지 보답을 기대하지 않고 오직 사랑을 위한 사랑과 의를 위한 의에 충실할 때 아무리 작은 일이라도 하나도 놓치지 않고 반드시 보답을 받게 되어 있습니다. 그것은 마음에 평안과 기쁨을 안겨 줄 뿐만 아니라 영원한 생명의 면류관을 보장해 줍니다.

예수님은 또한 우리에게 "지극히 작은 것에 충성된 자는 큰 것에도 충성되고 지극히 작은 것에 불의한 자는 큰 것에도 불의하니라"(눅 16:10)라고 말씀하셨습니다.

우리 모두 각자에게 맡겨진 일을 성실히 감당하므로 충성스런 종이라고 칭찬받게 되기를 바랍니다.

✚ **기도제목**
1) 남들이 하찮게 여기는 작은 일에도 충성하게 하소서.
2) 나에게 맡겨진 일은, 어떤 일이라도 성실히 하게 하소서.

삶의 목적

♣ 성경 창세기 2:16~17 찬송 433(490)장 ♣

안익태, 그는 샌프란시스코의 한인교회에서 태극기를 걸고 「올드랭 사인」을 부르는 교포들을 보면서 애국가를 만들 결심을 했습니다. 안익태는 부다페스트 음악학교에 재학 중이던 1935년 드디어 애국가를 완성했습니다. 훗날 애국가가 불리는 모습을 볼 때마다 그는 이런 고백을 했습니다.
"애국가는 내 작곡이 아닙니다. 그것은 하나님의 선물입니다. 나는 하나님의 영감을 조국의 백성들에게 전했을 뿐입니다."
그는 많은 크리스천 젊은이들에게 사랑과 존경을 받는 사역자였습니다. 특히 찬양 사역을 꿈꾸는 청년들에게 인기가 높아 그들에게 미치는 영향력도 매우 컸습니다.

우리는 인간 중심의 생활에서 하나님 중심의 생활로 돌아가야 합니다. 하나님은 에덴동산에서 인류의 조상 아담·하와에게 선악과를 따 먹지 말라고 명하셨습니다. 거기에는 이미 인간을 해칠 수 있는 위험이 도사리고 있었기 때문입니다.
에덴동산은 결코 평화의 세계가 아니었습니다. 거기에는 하나님의 형상대로 지은 인간을 해칠 세력이 잠재되어 있었던 것입니다. 그것이 마귀입니다. 그래서 하나님은 이 악의 세력을 꺾고 위험부담이 전혀 없는 평화로운 세계를 만들려고 하셨던 것입니다. 이것은 만세 전에 하나님께서 이미 정하신 뜻으로 보아야 할 것입니다.
이것을 분명히 알게 되면 우리가 해야 할 일이 무엇인가를 잘 알 수 있을 것입니다. 하나님께서는 인간이 필요해서 지으신 것입니다. 그러므로 인간은 하나님께 필요한 존재가 되어야 합니다. 하나님께서는 지금도 우리에게 "나는 네가 필요해서 지었다. 그러므로 내가 시키는 대로 해야 한다."라고 말씀하고 계십니다.

✠ 기도제목
1) 인생들이 목적 있는 삶을 살아가게 하소서.
2) 하나님께로 돌아가는 운동이 일어나게 하소서.

예수님의 제자

♣ 성경 마태복음 16:24~25 찬송 449(377)장 ♣

하루는 록펠러가 호텔에 갔습니다.

이때 지배인은 좋은 방을 소개했습니다. 그랬더니 록펠러는 그 방을 거절했습니다. 지배인은 록펠러에게 "당신의 아들은 이 호텔에 올 때 가장 좋은 방에서 지냅니다. 그런데 당신은 왜 그렇습니까?"라고 물었습니다.

록펠러는 대답했습니다.

"내 아들에게는 나 같은 부자 아버지가 있지만 나에게는 그런 아버지가 없기 때문에 저는 작은 방에서 자야 합니다."

우리가 우리를 부인하고 자신의 십자가를 지지 못하는 이유는 우리에게 좋으신 아버지가 계심을 믿지 못하기 때문입니다.

예수님을 자신의 구세주, 메시아로 인정하고 고백하는 것은 제자도의 시작입니다. 자신을 좇으라고 초청하시는 예수님을 좇고자 하는 자들은 반드시 자기를 부인해야 합니다.

자기를 부인하라는 주님의 말씀을, 자기를 미워하고 멸시하라는 뜻으로 알며 항상 죄의식, 패배의식, 부정적인 사고방식으로 살아가는 사람들이 있습니다. 이런 사람들의 교회생활과 가정생활, 사회생활에 적지 않은 문제가 생깁니다.

자신을 용납하고 용서하지 못한 사람은 다른 사람을 용서하고 용납하지 못하기 때문입니다. 나아가 이런 사람은 모든 관계와 현실을 부정적으로 보게 됩니다. 이는 주님이 말씀하시는 자기 부인이 아닙니다.

자기를 부인한다는 것은 자신의 모든 것을 '자기'가 주장하지 않고, '하나님'이 주장하시게 하는 것입니다. 자신의 고집과 자존심, 자기를 주장하려는 의지를 내려놓는 것입니다. 또한 나는 할 수 없으나 내게 능력 주시는 주님 안에서 할 수 있다는 겸손의 고백입니다.

✝ **기도제목**
1) 제자로서 자기를 부인하며 살게 하소서.
2) 나의 고집과 나를 주장하려는 의지를 내려놓게 하소서.

물맷돌보다 먼저 날아간 것

♣ 성경 시편 27:1~6 찬송 27(27)장 ♣

이어령 씨의 딸 미나 씨는 갑상선암 판정을 받고 두 번이나 수술을 받았지만 재발했으며, 그 아들의 주의력 결핍, 과잉행동 장애로 인한 스트레스로 점차 시력을 상실하여 거의 앞을 보지 못했습니다.

이어령 씨가 하와이에 살고 있는 딸을 방문하고 자기가 도와줄 길이 전혀 없다는 것을 깨닫고 "하나님, 나의 사랑하는 딸 미나에게서 빛을 거둬 가지 않으신다면 나의 남은 삶을 주의 종으로 살겠습니다."라고 하나님께 기도를 한 이후에 딸에게 기적이 일어났습니다. 시력이 회복된 것입니다.

이 일 후에 이어령 씨는 딸에게 이렇게 고백했습니다. "나의 지식도 돈도 너를 구할 수 없었으나 하나님께서 네게 빛을 주셨구나. 네가 시력을 잃었을 때에 본 빛을 나도 볼 수 있도록 도와주렴." 이런 고백을 한 후로 그는 기독교인이 되었고 신앙을 간증하는 간증자가 되었습니다.

"여호와는 나의 빛이요 나의 구원이시니 내가 누구를 두려워하리요 여호와는 내 생명의 능력이시니 내가 누구를 무서워하리요"(시 27:1). "군대가 나를 대적하여 진 칠지라도 내 마음이 두렵지 아니하며 전쟁이 일어나 나를 치려 할지라도 나는 여전히 태연하리로다"(시 27:3). 이렇게 외치며 나아갔던 다윗의 조그마한 물맷돌 앞에 거대한 원수는 푹 쓰러지고 말았습니다. 정말 물맷돌이 골리앗을 쓰러뜨렸을까요?

물맷돌보다 먼저 날아간 것이 있습니다. 그것은 기도, 다윗의 기도였습니다. 그 기도가 먼저 날아갔습니다. 그 기도가 골리앗을 경직되게 했고, 약점이 노출되게 했습니다. 그 기도가 먼저 날아가 물맷돌을 그 약점 정중앙으로 빨아들인 것입니다. 오합지졸의 이스라엘이 아말렉과 전쟁할 때 모세의 기도가 먼저 날아가서 승리하게 했습니다(출 17:11).

나의 골리앗을 쓰러뜨리게 하시는 분은 하나님이십니다. 이 하나님을 신뢰하는 은혜가 우리 모두에게 있기를 바랍니다.

✚ 기도제목
1) 자녀들을 위해 기도하기를 멈추지 않는 부모가 되게 하소서.
2) 우리 뒤에 늘 사랑의 기도가 있음을 잊지 않게 하소서.

하나님을 아는 기쁨

♣ 성경 시편 46:10 찬송 242(233)장 ♣

유명한 설교가인 존 허프먼 목사는 프린스턴 신학교를 나와 12년 동안 목회했지만, 성공적이지 못했습니다. 목사직을 그만둘까 하는 생각을 할 만큼 좌절하고 자신감을 잃었습니다. 그는 모교에서 실시하는 목사 연수 교육에 참가했습니다. 그곳에서 존경하던 노교수 로버트 윌슨 박사를 만났습니다. 제자의 상담을 받은 노교수는 "자네는 12년간 작은 하나님을 믿었군. 큰 하나님을 믿는 자가 되게." 하고 충고했습니다. 노교수의 표현인 '작은 하나님을 믿는 자'와 '큰 하나님을 믿는 자'의 차이는 다음과 같습니다. 작은 하나님을 믿는 자란 나의 지식과 나의 요구에 하나님을 맞추어 하나님을 나 정도로 작게 만드는 사람이고, 큰 하나님을 믿는 자란 하나님의 권능을 믿는 사람입니다.

우리가 하나님께서 지으신 대자연을 바라볼 때, "하늘이 하나님의 영광을 선포하고 궁창이 그의 손으로 하신 일을 나타내는도다"(시 19:1)라는 말씀 그대로 거기서 조물주이신 하나님을 찾게 됩니다.

세계사의 흐름을 볼 때, 우리는 역사의 배후에서 움직이고 계시는 공의로우신 하나님의 모습을 엿볼 수 있습니다. 그런 의미에서 역사의 주인공은 살아계신 하나님이십니다.

본문의 "내가 하나님 됨을 알지어다"라는 말씀의 이 '알지어다'는 지식적으로 아는 것이 아니라 경험적으로 아는 것을 의미합니다. 예수 그리스도는 "나를 본 자는 하나님을 보았느니라"라고 말씀하셨는데, 우리의 눈에 보이지 않는 하나님은 하나님께서 보내신 독생자 예수 그리스도를 받아들일 때 비로소 체험으로써 알 수 있습니다.

예수 그리스도를 받아들이고 죄 용서 받음의 경험을 할 때 하나님을 분명히 알게 됩니다.

✚ **기도제목**
1) 하나님의 살아계심을 자연만물과 역사를 통하여 확신하게 하소서.
2) 불신자들이 양심의 소리를 통하여 하나님의 음성을 듣게 하소서.

하나님을 보는 축복

♣ 성경 시편 46:11   찬송 436(493)장 ♣

　한 이교도가 어거스틴에게 자기가 섬기는 작은 나무 우상을 보이며 질문하였습니다. "나의 신은 여기에 있는데 당신의 신은 어디에 있소?"
　어거스틴은 이렇게 대답했습니다. "나의 하나님은 보일 수 없소. 그것은 하나님께서 계시지 않아서가 아니라 당신이 하나님을 볼 수 있는 눈을 가지지 못했기 때문이오."

　야곱은 얍복강을 건널 때 어떤 사람과 필사적으로 싸우다가 환도뼈가 위골되었습니다. 이제 자기 힘으로는 일어날 수 없게 된 야곱은 그제서야 저항을 그치고 "내게 축복하지 아니하면 가게 하지 아니하겠나이다"라며 하나님께 매달렸습니다. 야곱이 이런 기도를 한 것은 처음입니다. 거기서 우리는 야곱의 통회한 모습을 찾아볼 수 있습니다.
　"네 이름이 무엇이냐?" "네, 야곱입니다."
　야곱이 "야곱입니다."라고 하는 것은 자기가 '밀어내는 자'임을 고백하는 것이 되므로 결코 하기 쉬운 말은 아닙니다. 그러나 그는 솔직히 하나님 앞에서 이것을 인정하고 고백했습니다. 즉 모든 것을 하나님께 맡긴 것입니다. 그때 야곱은 "네 이름을 다시는 야곱이라 부를 것이 아니요 이스라엘이라 부를 것이니"라는 하나님의 음성을 들었습니다.
　그는 이제 '밀어내는' 야곱이 아니라 이스라엘 즉 '승리자'로 불렸습니다. 이튿날 아침에 그곳을 떠날 때 야곱은 연약한 인간이 되어 있었으며 하나님께서 그와 함께 계셨습니다.
　그러므로 그에게서 두려움이 사라지고, 그의 마음은 하나님께서 함께 하신다는 확신과 화평으로 가득 차게 되었습니다. 따라서 형 에서와의 대면에서도 놀라운 화해가 성립되어 하나님께 영광을 돌렸습니다.

✠ **기도제목**
　1) 위험하고 곤란한 지경에서 피난처이신 주께 피하게 하소서.
　2) 야곱과 같이 하나님과 동행하는 삶을 살게 하소서.

결혼의 조건
♣ 성경 시편 127:1 찬송 604(288)장 ♣

한 노처녀가 결혼 상대자를 찾기 위해 결혼상담소를 찾아갔습니다. 소장이 상대방의 이상적인 조건을 컴퓨터에 입력시키라고 하자 노처녀는 이렇게 썼습니다. "키는 별로 크지 않고 날마다 정장을 해야 할 것. 그리고 걷는 걸 즐기는 건강한 상대면 좋겠어요."
곧 그런 상대의 신상명세서를 얻을 수 있다는 소장의 답변에 기대를 갖고 답이 나오기를 기다리던 노처녀는 결과를 보고는 뒤로 넘어지고 말았습니다. "당신의 이상적인 상대는 펭귄입니다."

보통 사람들은 결혼 상대를 고를 때, 여성이라면 남성의 생활력, 건강, 가문, 인품 등을 생각할 것입니다. 그리고 남성이라면 여성의 용모, 교양, 인품 등을 고려할 것입니다.
어떤 결혼상담소 소장이 '결혼생활의 10개조'를 벽에 써 붙였습니다. 그 제1조에 "두 사람의 사랑이야말로 최대의 조건이라고 믿을 것"으로 되어 있습니다. 그리고 이것을 인용하여 "불타는 정열이 언젠가는 식을 때가 옵니다. 그것도 신속히 옵니다. 그러므로 든든한 결혼생활의 토대를 다지기 원한다면 두 사람의 미완성인 인간끼리의 애정을 기초로 하면 됩니다."라고 말하였습니다.
오늘 말씀은 하나님께서 가정을 세워 주시지 않으면 모두가 헛되다는 것을 우리에게 가르쳐 주고 있습니다.
남녀 두 사람이 결혼하는 것은 서로 의지하는 마음, 또는 사랑을 느끼기 때문일 것입니다. 그러나 그 배후에는 하나님의 뜻이 있는 것입니다. 결혼은 창세 당시부터 하나님께서 정하신 일입니다. 이 엄숙한 사실을 인정하고 하나님의 뜻을 따른다면 파경에서도 벗어날 수 있습니다.

✞ **기도제목**
1) 하나님이 짝지어 주시는 결혼을 하게 하소서.
2) 이혼이 증가하고 있는 이 시대에 결혼의 신성함을 깨닫게 하소서.

가정의 축복
♣ 성경 시편 128:1 찬송 220(278)장 ♣

결혼한 지 9년이 지났지만, "결혼 당시보다 더욱 행복하다."는 홈런왕 린드의 부인 게일 린드 여사는 이렇게 말했습니다.

"행복한 결혼생활의 비결은, 하나님을 가정의 주인으로 모시는 거예요. 우리는 서로 그리스도께서 가정의 여러 가지 문제를 해결해 주신다는 것을 알고 있으므로 걱정하지 않아요. 내가 가장 소중히 여기고 있는 시간이 기도의 시간이에요. 하루 종일 기도가 그치지 않아요. 아이가 잠든 조용한 시간, 혼자 있는 시간은 무엇보다도 기도에 적합한 시간입니다. 나는 남편이 홈런을 치게 해 주십사 하고 기도하지는 않아요. 다만 언제나 영광을 하나님께 돌릴 수 있도록 기도하고 있어요."

사도 바울은 결혼하려는 사람들에게 "내가 이것을 말함은 너희의 유익을 위함이요 너희에게 올무를 놓으려 함이 아니니 오직 너희로 하여금 이치에 합당하게 하여 흐트러짐이 없이 주를 섬기게 하려 함이라"(고전 7:35)라고 했습니다. 여기서 "이치에 합당하게 하여"라는 말은 원어로 올바른 순서를 뜻하며, 첫째의 것을 첫째로 하고, 둘째의 것을 둘째로 하는 생활을 하라는 가르침입니다.

순서가 바른 생활이라면 구약의 이삭을 상기하게 됩니다. "이삭이 그곳에 제단을 쌓고, 여호와의 이름을 부르며 거기 장막을 쳤더니 이삭의 종들이 거기서도 우물을 팠더라"(창 26:25). 제단을 쌓는 것은 종교를, 천막을 치는 것은 가정을, 우물을 파는 것은 기업을 나타내고 있습니다. 신앙, 가정, 직업이라는 순서로 생활을 했던 것입니다. 이것이 하나님의 뜻에 합당한 것입니다.

일 때문에 가정이 희생되고, 가정 때문에 올바른 신앙이 희생되기도 합니다. 행복한 가정을 원한다면 먼저 이 순서를 바로 해야 합니다.

✟ **기도제목**
1) 먼저 믿음을 생각하는 신앙의 가정이 되게 하소서.
2) 주 안에서 서로 사랑하고 돌보는 가정이 되게 하소서.

리더로서의 그리스도인
♣ 성경 요한복음 19:12, 16 찬송 149(147)장 ♣

미국의 유명한 정치가요 학자인 캘빈 쿨리지는 말이 어눌하여 산뜻한 연설을 하지 못하였다고 합니다. 그래서 그는 늘 다른 사람 앞에서 말하는 것을 꺼릴 정도로 말에 대한 두려움을 가지고 있었습니다. 그러나 그는 자신의 약점을 극복하고 정치가로서 성공하여 대통령이 되었습니다. 그가 대통령이 되었을 때 많은 기자들이 그에게 몰려가서 그의 정치가로서의 성공의 비결을 물었습니다. 그때 그는 간단히 대답을 했습니다.
"나는 모든 사람의 말을 다 듣습니다. 그리고 내 맘대로 합니다."

본디오 빌라도는 로마 황제로부터 유대의 통치를 위해 파견된 총독이었습니다. 그 당시 총독에게는 로마 제국 영토 내에서 열리는 재판의 최종 결정권이 주어져 있었습니다. 따라서 유대 나라에서의 사형은 빌라도의 허가 없이는 집행할 수가 없었습니다.

그래서 그리스도의 적들은 안식일 전에 예수를 사형시키기 위해 빌라도에게 인도했습니다. 빌라도는 예수에 대한 교권주의자들의 고발이 부당한 것을 알아차리고 예수를 놓아 주기 위해 그 방법을 찾으려고 했습니다. 그런데 결정적인 순간에 민중들이 빌라도에게 소리쳤습니다.
"만일 이 사람을 놓아 주면 당신은 가이사의 충신이 아닙니다."

이 말에 빌라도는 자기의 정치 생명이 끊기는 것이 두려워서, 죄가 없는 사람인 줄 알면서도 본의 아니게 예수를 십자가에 넘겨주고 말았습니다.

리더는 자신의 분명한 방향성과 의지가 있어야 합니다. 모든 사람의 말을 다 듣고는 일하지 못합니다. 다 들은 다음에는 자신의 판단으로 결정하고 의지로 이끌어야 합니다. 이것은 모든 그리스도인들에게 필요한 자세입니다. 그리스도인은 세상의 리더이기 때문입니다.

✞ **기도제목**
1) 마음이 약해 신앙적 결단에 주저하는 자들에게 용기를 주소서.
2) 죄 없이 십자가를 지시면서도 변명이 없던 주를 닮아가게 하소서.

하늘의 아버지

♣ 성경 마태복음 5:44~45 찬송 135(133)장 ♣

어느 공항 관제탑에 비행기로부터 급한 구조요청이 들어왔습니다. 관제탑에서 무전을 보냈습니다. "현재 상황을 말하시오." "지금 우리 비행기는 공항에서 300마일 떨어진 곳에 있으며, 현재의 고도는 600피트임. 연료가 바닥나서 더 이상 날 수 없음. 현재 비행기는 급강하하고 있음. 구조 바람! 구조 바람!" 비행기 내 스피커에서 관제탑의 응답이 들려왔습니다.
"다음과 같은 말을 반복하기 바란다. '하늘에 계신 우리 아버지여!'……."

예수 그리스도께서는 하나님을 "하늘에 계신 너희 아버지"라고 말씀하셨습니다. 여기에 '하늘'은 우리가 생각하는 공중을 가리키는 것이 아니라, 바울이 말한 셋째 하늘(고후 12:2)로 생각됩니다. 예수께서 부활 승천하신 하늘도 마찬가지입니다.

그리고 '너희 아버지'란 하나님이 단지 힘이나 법칙과 같은 존재가 아니라 아버지와 같은 따스한 인격을 지닌 분임을 나타내고 있습니다. 또한 "그 해를 악인과 선인에게 비추시며"란 아버지 되시는 하나님께서 사랑에 있어서 얼마나 공의로우신가를 말해 주는 동시에 선인이나 악인 모두가 아버지이신 하나님의 사랑 속에서 살아가고 있음을 표시하는 것입니다.

하나님을 알기 전 인간은 시련이나 고난을 당하게 되면 곧 낙심하며 좌절합니다. 그러나 예수님은 이것을 하나님의 사랑의 채찍이라고 가르치고 계십니다. 이런 고난과 시련을 통하여 인간은 오히려 하나님께 다가가며, 품성과 영성도 연마된다는 것입니다.

만일 지금 시련과 고난 속에 있다면 "하나님을 믿습니다."라고 고백하고, 하나님을 우러러봅시다. 자기 힘으로는 어떻게도 할 수 없다고 생각되는 어두운 인생에도 하나님의 빛이 반드시 스며듭니다.

✞ 기도제목
  1) 하늘의 아버지를 잘 섬기게 하소서.
  2) 육신의 아버지를 잘 공경하게 하소서.

예수는 살아계신 하나님

♣ **성경** 마태복음 16:15~16 **찬송** 287(205)장 ♣

어떤 목사님에게 두 딸이 있었습니다. 큰딸이 물었습니다. "아빠, 예수님이 어디 계신다는 거예요? 보이지도 않는데 늘 살아 계신다고 하니 이해가 안돼요." "예수님은 우리 안에 거하고 계신단다." 그 후부터 큰딸이 발꿈치를 들고 살금살금 걸어 다니는 버릇이 생겼답니다. 그래서 아빠가 그 까닭을 묻자, "내가 마구 뛰어다니면 예수님이 멀미하시잖아요."라고 대답했습니다. 어느 날 둘째 딸이 군고구마를 먹다가 그만 뜨거운 것을 삼켜 버리고는 눈이 휘둥그레져서 "아이고, 예수님 머리에 뜨거운 고구마가 들어가 데셨겠네." 하며 못내 아쉬운 표정을 지었답니다.

예수님이 참된 하나님이시요 동시에 참된 인간이라는 신앙은 신학자들에 의해 만들어진 것이 아닙니다. 그것은 교회가 처음부터 지켜온 신앙으로 성경 전체에서 찾아볼 수 있습니다.

성경에는 예수께서 아버지이신 여호와 하나님과 같은 하나님이심을 나타내는 성구가 많습니다. 또 예수님 자신도 "나를 본 자는 하나님을 보았느니라"라고 말씀하시기도 했습니다. 예수님은 하나님인 동시에 인간이고, 인간인 동시에 하나님이십니다. 다시 말해서 지상의 하나님인 예수님에게는 신성과 인성이 공존하고 계셨던 것입니다. 다만 한 가지 인간과 다른 점은 죄가 없다는 것입니다.

그러므로 우리는 예수님을 가리켜 "이분이야말로 살아 계신 하나님이십니다."라고 말할 수 있습니다. 그러나 그 깊은 뜻을 우리의 이성으로는 이해할 수 없습니다. 그러므로 예수님은 베드로가 "주는 그리스도시요 살아계신 하나님의 아들이시니이다"라고 고백했을 때, 그에게 "이를 네게 알게 한 이는 혈육이 아니요 하늘에 계신 내 아버지시니라"라고 말씀하신 것입니다.

✞ **기도제목**
1) 예수는 그리스도시며 하나님의 아들이심을 늘 고백하게 하소서.
2) 이성 중심으로 생각하는 이들이 신앙 안에서 예수를 발견하게 하소서.

감사는 온전한 믿음입니다
♣ 성경 다니엘 6:9~10 찬송 543(342)장 ♣

오래전 군 형무소에 두 명의 사형수가 사형 집행을 기다리고 있었는데 한 죄수는 총기 난동으로 살인을 했고, 다른 죄수는 실수로 동료를 죽여 사형선고를 받은 것입니다. 이 중 총기 난동 사형수는 자기 몸을 해부 실험용으로 10만 원에 팔아서 그는 '이왕 죽을 것 고기나 한 번 실컷 먹고 죽자'는 생각에 3만 원을 쓰고 7만 원을 남긴 채 형장의 이슬로 사라졌고, 다른 사형수는 1만 5천 원이 있었는데 교도소에서 예수를 영접한 후 죽기 전 감사의 표현으로 헌금을 드렸습니다.

온전한 믿음의 기도는 감사하는 기도입니다. 예수님은 이 온전한 믿음에 대하여 친히 본을 보여 주셨습니다. 예수님은 죽은 지 나흘이 된 나사로를 살리실 때에 감사기도를 드리셨습니다.

요한복음 11:41에서 "돌을 옮겨 놓으니 예수께서 눈을 들어 우러러 보시고 이르시되 아버지여 내 말을 들으신 것을 감사하나이다"라고 하시고 큰소리로 "나사로야 나오라"라고 하시니 나사로가 살아났습니다. 오병이어의 기적도 감사기도 후에 행하신 일입니다.

다니엘은 그를 미워한 자들이 만든 악법에 의해 하나님께 기도를 하면 굶주린 사자 굴에 던져져서 사자의 밥이 될 위기에 처해 있었습니다. 그럼에도 불구하고 다니엘이 자기가 믿는 하나님께 감사의 기도를 드린 것은 자기의 생사가 악인들이나 이 세상 왕에게 있지 아니하고 자기를 사랑하시는 하나님께 있음을 확신했기 때문입니다.

온전한 사랑이 두려움을 내쫓는 것입니다. "사랑 안에 두려움이 없고 온전한 사랑이 두려움을 내쫓나니 두려움에는 형벌이 있음이라 두려워하는 자는 사랑 안에서 온전히 이루지 못하였느니라"(요일 4:18). 우리는 감사함으로 온전한 믿음의 사람, 사랑의 사람이 되어야 합니다.

✝ **기도제목**
1) 무슨 일을 만나도 온전한 믿음을 갖고 늘 감사하게 하소서.
2) 오늘도 감사로 승리하게 하소서.

섬기는 자

♣ **성경** 마태복음 23:1~12 **찬송** 212(347)장 ♣

어린이들이 서로 언쟁을 하고 있었습니다. 자세히 들어보니 화제는 아버지였습니다. 한 어린이가 "우리 아빠는 시장이야."라고 말하자, 다른 어린이가 "우리 아빠는 중령이야."라고 말했습니다. 그러자 다른 어린이는 "우리 아빠는 사장이야.", "우리 아빠는 선장이야."라고 잇따라 말하는 것이었습니다.

예수님은 큰 자는 섬기는 자가 되어야 한다고 가르치셨습니다. 그리고 자기를 높이면 낮아지고 자기를 낮춰야 높아진다는 원리를 말씀하셨습니다. 그러므로 그리스도인들은 서로 섬기는 자리에 있어야 합니다.

중세시대의 수도사 로렌스는 수도사이지만 부엌에서 15년 동안 접시를 닦았습니다. 그는 무슨 일을 하든 하나님 앞에서 하는 것처럼 했습니다. 역사가들에 의하면 그의 얼굴에서 광채가 났으며, 광채가 나는 그의 모습은 마치 성찬식을 집례하는 사람의 모습과 같았다고 합니다.

무엇을 하든지 사람에게 하듯 하지 말고 하나님께 하듯 해야 합니다. 이 시대 그리스도인은 섬기는 자로 사람들의 곁에 있어 주며 함께할 수 있어야 합니다.

예수님이 섬김의 삶을 보이시고 가르치신 것은 마음 깊은 곳에서 흘러나오는 진정한 기쁨과 자유를 주시기 위함입니다. 힘이나 돈이나 지위에 눌려서가 아니라, 하나님이 베푸신 사랑과 고마움 때문에 섬기는 사람은 세상이 줄 수 없는 놀라운 기쁨과 행복을 경험합니다.

예수님은 그리스도인들과 섬기는 자로 함께하십니다. 이제부터 예수님을 바라보며 예수님처럼 섬기며 사는 성령충만의 삶을 사시기를 바랍니다.

✞ **기도제목**
1) 가난하고 어려운 이웃들을 사랑으로 섬기는 자가 되게 하소서.
2) 나의 겸손으로 주의 향기를 나타내게 하소서.

염려하지 마세요

♣ 성경 빌립보서 4:4~7 찬송 429(489)장 ♣

옛날에 어떤 할머니가 한평생 염려를 하며 살다가 죽었다고 합니다. 그 할머니는 날이 더우면 군고구마 장사를 하는 큰아들 때문에 염려를 하고, 날이 추우면 부채 장사를 하는 둘째 아들 때문에 염려를 하고, 비가 오면 짚신 장사를 하는 셋째 아들 때문에 염려를 하고, 또 날이 맑으면 우산 장사를 하는 막내아들 때문에 염려와 걱정 속에서 하루하루를 살다가 끝내 병이 들어 죽고 말았다고 합니다.

이 세상 사람들은 염려와 걱정을 하면서 한평생을 살다가 죽어갑니다. 염려에 대한 해결책은 '기도'와 '간구'입니다. 염려하지 말고 기도하고 간구하라고 했습니다.

본문 6절의 '감사함으로'는 그리스도인의 모든 기도에 반드시 수반되어야 할 요소로 기도하는 자가 하나님께서 모든 것을 선하게 이루어 주실 것을 확신하며 하나님의 뜻에 전적으로 순종하는 것을 나타냅니다.

아무것도 염려하지 않고 살 수 있다는 것은 어려운 일입니다. 그러나 본문에서는 아무것도 염려하지 말라고 했습니다. 오히려 감사함으로 하나님께 기도하라고 했습니다. 기도할 때에 불평불만하는 마음을 가지고 하면 안 됩니다. 감사한 마음으로 하라는 것입니다. 그리고 모든 일을 기도로 하나님께 아뢰라고 하였습니다.

어떤 일이 영혼을 괴롭힐 때 우리는 기도로 우리의 마음을 편하게 해야 합니다. 우리의 직장에 문제가 생기고, 사업에 어려움이 오고, 가정이 시험 들어 걷잡을 수 없게 될 때 우리는 하나님의 지시와 도우심을 구하지 않으면 안 됩니다. 우리의 기도와 간구에 감사가 필연적으로 따라야 합니다.

✞ 기도제목
1) 모든 염려를 믿음으로 주님께 맡기게 하소서.
2) 믿음의 사람답게 살게 하소서.

눈에 보이지 않는 것

♣ 성경 고린도후서 4:18 찬송 545(344)장 ♣

우리가 보아야 할, 그러나 보이지 않는 소중한 것 중에는 '가능성'이 있습니다. 가능성은 눈으로 볼 수 없습니다. 교실에서는 등만 보이고 올림픽 대회에서는 금메달만 보이고, 대학에 들어가려는 수험생에게는 세칭 일류대학만 보이며, 취업을 하려는 젊은이들에게는 대기업만 보입니다. 희망이 담긴 가능성은 보려고 하지 않습니다. 모두들 보이는 것을 얻기 위해 치열한 경쟁을 하고 여기에서 뒤지면 절망과 좌절 끝에 분노하게 됩니다.

세상에는 '눈에 보이는 것'과 '눈에 보이지 않는 것'이 있습니다. 우리의 육안으로는 부활하신 예수 그리스도는 보이지 않으며, 인생의 배후에 있는 세계나 영의 세계, 또한 인간의 마음과 마음을 연결하는 인격의 세계 등은 볼 수가 없습니다.

신앙은 우리 눈에 감춰진 하나님과 하나님의 은총을 보여 줍니다. 그러므로 신앙이 없는 사람은 눈에 보이지 않는 것의 가치를 알지 못하고, 따라서 구하려고도 하지 않습니다. 그러나 신앙인은 '눈에 보이지 않는 것'에 주목하여 힘차게 살아갑니다.

에디슨과 같은 대과학자가 이와 같은 신앙을 갖고 있었다는 것은 뜻밖의 일입니다. 그러나 그의 신앙이 저 위대한 사업을 완성시킨 힘의 원천이 되었던 것입니다.

그가 초인적인 노력을 계속할 수 있었던 것도, 그의 전 생애에 밝고 명랑한 마음을 갖고 있었던 것도, 제기할 수 없을 것으로 생각되었을 때 "내가 할 일은 이제 끝났어."라고 홀가분한 마음을 가진 것도 모두가 그의 신앙에서 비롯된 것이었습니다. 에디슨처럼 눈에 보이는 지상의 것에서 눈을 돌려 '눈에 보이지 않는 것'에 주목하는 신앙이야말로 인간이 지닐 수 있는 가장 큰 보배입니다.

✙ **기도제목**
 1) 보이지 않는 일에 힘쓰게 하소서.
 2) 현재의 삶에도 충실하게 하소서.

소망의 계보

♣ 성경 로마서 5:3~4   찬송 300(406)장 ♣

어떤 전도자가 어렸을 때 집안이 파산하여 여기저기 전전하면서 목수의 일을 하며 겨우 입에 풀칠을 하고 있었습니다. 그의 마음은 세상에 대한 원망과 불평으로 가득 차 있었습니다.

그는 이웃에서 부흥회가 열린다는 말을 듣고, 예수는 할 일이 없는 사람이나 믿는 것이라는 생각에서 동료 몇 사람과 작당을 하고 방해하러 현장에 쳐들어갔습니다. 그런데 설교자의 언동에 눌려 설교를 다 듣고 나오는 출구에서 신약 성경을 사가지고 집으로 돌아왔습니다. 마태복음부터 읽기 시작했는데 말씀 하나하나가 마음에 박혀 밤을 새워가면서 읽었습니다. 그가 무엇보다도 감동한 것은 예수님도 자기와 똑같은 목수였다는 것입니다.

그리스도를 받아들인 그는 언행이 달라졌으며, 복음을 열심히 전하는 복음 전도자로서 주위 사람으로부터 '성자'라고 불리기까지 했습니다.

복음 전도자로서 복음을 전하면서 누구보다도 많은 핍박을 받은 사도 바울은 "환난은 인내를, 인내는 연단을, 연단은 소망을 이룬다."라고 말했습니다. '이룬다'는 것은 '만들어 내는 것'을 의미합니다. 인내는 연단을 이루게 합니다. 연단은 시험이 끝난 것을 의미합니다. 여러 차례 시험을 되풀이한 결과 이제는 되었다는 보장을 하는 것입니다.

환난이 가해질수록 하나님은 우리에게 이런 보장을 해 주십니다. 그리고 이런 연단을 거친 사람에게 하나님은 소망을 안겨 주십니다. '환난에서 인내로, 인내에서 연단으로, 연단에서 소망으로' 이것을 '소망의 계보'라고 말합니다. 설교가 스펄전은 "이것은 야곱이 꿈에 본 사닥다리와 마찬가지이며, 땅에서 하늘에 걸친 사닥다리입니다. 즉 환난을 토대로 하고 소망을 정점으로 하는 사닥다리입니다."라고 말했습니다.

오늘 환난이라는 눈사태에 깔려 있다면 예수 그리스도에게서 얻을 수 있는 이 인내와 소망을 자기 것으로 만들어 나가십시오.

✞ 기도제목
1) 환난과 핍박을 당해도 인내하게 하소서.
2) 소망 가운데 살아가게 하소서.

성령과 신앙
♣ 성경 요한복음 14:26   찬송 197(178)장 ♣

스펄전 목사님에 대하여 이런 일화가 있습니다. 스펄전 목사님은 늘 설교 준비를 해가지고 강단에 올라가서는 하나님께 꿇어 엎드려 이런 기도를 했다고 합니다. "하나님이여, 제가 지금 설교를 준비하고 모든 조직을 세워 가지고 왔습니다. 그러나 내 목회로 하여금 거룩한 무질서를 주십시오. 그리하면 내가 가지고 왔던 조직적 설교와 그리고 예배 순서를 전부 포기하고 오직 성령님께 순종하겠습니다."

태어난 그대로의 인간은 마음이 어두워 자기가 죄인이라는 것도 구주가 필요하다는 것도 알지 못합니다. 또 자기 이성의 힘으로는 역사상의 한 인물인 예수님이 하나님의 독생자이며 유일한 구주임을 납득할 수 없습니다.

그런데 오늘 말씀은 중요한 세 가지 사실을 가르쳐 주고 있습니다.

첫째로, 성령은 아버지 하나님으로부터 독생자 예수님의 이름으로 보내신 보혜사라는 사실입니다. 즉 성령은 하나님과 마찬가지로 인격을 지닌 분이며 하나님의 별명이 아니라 하나님이라는 것입니다.

둘째로 성령은 하나님나라의 진리를 모두 가르쳐 주십니다. 즉 우리의 마음을 비추어 죄를 알게 하시고, 그리스도께서 십자가 위에서 객관적으로 이루신 구원을 우리로 하여금 주관적으로 받아들이도록 하셔서 우리를 참된 신앙 안에서 정화시켜 주신다는 것입니다.

셋째로 성령은 말씀을 통하여 역사하신다는 사실입니다. 말씀을 듣고 있는 중에 성령께서 역사하셔서 산 믿음을 갖게 하시고 축복된 인생으로 바꿔 주십니다. 성령의 도움을 간구하며 말씀에 귀를 기울이면 새로운 인생을 살 수 있습니다.

✚ 기도제목
1) 성령의 도움을 간구하고 말씀에 귀를 기울이게 하소서.
2) 아직 예수를 모르고 죄와 더불어 사는 자들의 마음 문을 열어 주소서.

성도의 교제

♣ 성경 요한일서 5:1　찬송 210(245)장 ♣

안톤 체홉의 단편소설 「비탄」에 이런 내용이 나옵니다. 가난한 마부 요나 포타포프는 얼마 전 아들이 죽었습니다. 천지가 무너져 내리는 슬픔을 누군가에게 말하고 싶은 요나는 마차를 타는 손님들에게 눈치를 봐가며 얘기를 했습니다. "며칠 전에 제 아들놈이 죽었답니다."
　첫 번째 손님은 "허, 무슨 병으로 죽었소?"라고 말대답은 했지만 즉시 마차를 잘못 몬다고 야단을 쳤습니다. 두 번째 손님은 "사람이란 모두 죽는 법입니다."라고 초연한 반응을 보였습니다. 모두들 건성으로 들을 뿐, 요나의 슬픔을 함께 나누지 않았습니다. 숙소로 돌아온 요나는 젊은 동료에게 얘기를 붙여 보지만, 그는 두 마디도 듣지 않고 잠에 곯아 떨어져 버렸습니다. 이 불쌍한 요나가 드디어 이야기 상대를 생각해 찾아간 곳은 그의 말이 건초를 씹고 있는 마구간이었습니다. "아무렴, 내가 이제 마부 노릇하기는 너무 늙었지? 내 아들놈이라면 얼마나 잘할까? 틀림없이 일등 마부일 텐데, 살아 있기만 하다면 말야." 우적우적 건초를 씹는 말 앞에서야 비로소 요나는 아들 이야기를 마음 놓고 꺼낼 수 있었습니다.

　사도신경의 "거룩한 공회와 성도가 서로 교통하는 것을 믿는다."라는 것의 공회는 건물이나 교파가 아니라 '성도간의 교제'를 가리킵니다.
　이는 교회가 어떤 신앙 클럽이나 흥미와 취미의 그룹이 아니라 그리스도를 믿어 죄가 사해져서 하나님의 자녀가 된 집단이며, 그리스도에 의해 이 세상에서 부름을 받은 한 사람 한 사람이 그리스도의 피와 연결된 생명적인 결합에 의해 진리를 따르고 있기 때문입니다.
　성경은 그리스도인은 모두가 그리스도와 연결된 가지로, 그리스도를 머리로 우러러보는 '그리스도의 지체'라고 말하고 있습니다.
　교회는 예수의 피로 구속받고 성령으로 연합된 사람들의 집단으로 마치 수백억의 세포로 구성된 신체와 같은 그리스도의 영적 공동체입니다.

✙ 기도제목
　1) 그리스도의 지체 역할을 잘 감당하게 하소서.
　2) 그리스도의 지체로서 성도 간에 화평하게 하소서.

사죄와 신앙

♣ 성경 시편 32:1 찬송 274(332)장 ♣

잘 알려진 세속적 휴머니스트이며 소설가인 마가니타 레스키는 1988년 죽기 얼마 전 텔레비전에 나와 이렇게 솔직한 고백을 한 적이 있습니다. "내가 당신네들 기독교인들에 대해 가장 부럽게 생각하는 것은 당신들이 용서함을 받았다는 거예요. 내게는 나를 용서해 줄 사람이 아무도 없거든요."

사도신경에 "죄를 사하여 주시는 것을……믿는다."라는 고백이 있는데 이 고백 속에는 인간에게 죄의 용서가 얼마나 필요하며 또 이것 없이는 인생이 참으로 행복할 수 없다는 신념이 담겨 있습니다.

누구나 양심의 가책이 얼마나 두려운 것인가를 알고 있을 것입니다. 성경은 자기의 죄를 고백하고 예수께서 십자가를 지신 것은 자기 죄 때문이라고 믿고 받아들이면 하나님께서는 무서운 죄책감에서 우리를 해방시켜 평안을 주신다고 약속하고 있습니다.

오늘 말씀은 다윗왕의 고백입니다. 그는 욕정을 억제할 수 없어 신하인 우리아의 아내 밧세바와 간통하고 계략을 써서 우리아를 죽이고 밧세바를 빼앗았던 것입니다. 왕이라 해도 죄를 마음속에 숨기고 있으면 행복할 수 없습니다. 다윗왕은 오랫동안 양심의 가책에 시달렸습니다. 그러나 회개하고 겸손히 그 죄를 고백하므로 하나님의 용서를 받았습니다. 그때의 기쁨을 노래한 것이 이 시입니다. 왕이 되었을 때에도 행복하다고 노래하지 않았던 다윗왕이 죄의 용서를 받고 비로소 "행복하다."라고 노래했던 것입니다.

우리의 죄가 올바로 처벌받은 곳은 십자가입니다. 이 십자가 아래 섰을 때 비로소 하나님과 화평을 얻어 마음의 평안을 누릴 수 있습니다.

✞ 기도제목
1) 예수의 십자가로 하나님과 화평하게 하소서.
2) 주가 주시는 화평으로 기쁨이 넘치는 삶을 살게 하소서.

영생과 신앙

♣ 성경 요한복음 5:24   찬송 249(249)장 ♣

평생을 신앙으로 살아온 한 어머니가 임종을 맞으며 세 아들에게 차례로 "얘야, 엄마에게 굿나잇 키스를 해다오."라고 했는데, 막내아들에게만은 "앤디야, 엄마에게 굿바이 키스를 해다오."라고 말했습니다. 그러자 막내아들은 "어머니, 왜 형들에게는 굿나잇 키스를 하게 하고, 나에게는 굿바이 키스를 하라고 하는 거예요?" 그때 어머니는 가슴속 깊이 묻어 두었던 말을 했습니다. "앤디야, 너희 형들은 머지않아 저 천국에서 다시 만나게 되지만 이제 너와는 영원한 이별을 하는구나. 다시는 천국에서 만날 수 없기에 너와는 굿바이 키스를 하는 거란다." 어머니의 이 유언 같은 말은 결국 앤디로 하여금 굿나잇 키스를 하도록, 구원의 길인 예수를 영접하게 했습니다.

예수 그리스도는 분명히 "나를 믿는 자는 영생을 얻었고 심판을 받지 않고 사망에서 생명으로 옮겨졌다."라고 말씀하셨습니다. 예수님은 십자가에 달려서 인류의 죄를 멸하시고 사흘만에 다시 살아나심으로써 인류의 가장 큰 적인 죽음을 멸하셨습니다. 그러므로 예수님을 믿는 자는 죄가 사해져서 생명의 원천이신 하나님과 연결되므로 이미 영원한 생명 길에 접어든 것입니다. 그리고 죄가 사해졌으므로 하나님의 심판에 대한 두려움이 사라지고 새로운 기쁨이 넘치게 됩니다.

뿐만 아니라 믿는 자에게는 부활이라는 놀라운 소망도 주어집니다. 살아 계신 하나님과의 교류를 회복하여 영원한 생명의 은총 안에 있는 사람은 죽음으로 자신의 육신을 벗어버리면 다시 영체를 입게 됩니다.

신앙 없이도 훌륭히 살아갈 수 있다고 말하는 사람이 있습니다. 신앙 없이도 이 세상을 살아갈 수 있지만, 신앙이 이 세상에서 요구되는 것은 육신을 벗고 이윽고 맞이할 더욱 자유롭고 풍요로운 영원한 그 나라에서 영체로 살기 위해 필요한 것이기 때문입니다.

✝ **기도제목**
1) 심판에 대한 두려움이 사라지고 기쁨이 넘치게 하소서.
2) 영체의 삶을 준비하며 살아가게 하소서.

믿음은 들음에서 납니다

♣ 성경 로마서 10:14~21 찬송 545(344)장 ♣

어느 교회 건축현장에서 세 벽돌공이 땀을 뻘뻘 흘리며 벽돌을 쌓고 있었습니다. 그때에 지나가던 행인이 "당신은 지금 무엇을 하고 있습니까?"라고 물었습니다. 첫 번째 벽돌공은 "보시다시피 벽돌을 쌓고 있지요."라고 대답했습니다. 두 번째 사람은, "하루치 돈벌이를 하고 있답니다. 처자식을 먹여 살려야 하니까요."라고 대답했습니다. 세 번째 사람은 "저는 지금 대성전을 짓고 있습니다. 이 성전이 완공되면 이 성전을 통해서 많은 사람들이 희망과 용기를 얻고 하나님을 찬양하겠지요. 아마도 길이길이 정신적으로 영적으로 영향을 미칠 위대한 전당이 될 것입니다."라고 대답했습니다. 이것은 믿음의 눈을 가진 사람의 모습입니다.

우리가 바른 신앙생활을 하며 믿음을 갖기 위해서는 하나님의 말씀을 들어야 합니다. 믿음은 하나님의 말씀을 들을 때 자라게 됩니다. 유대인들은 하나님의 선민이었지만 하나님의 말씀을 듣지 않아 결국은 망하고 맙니다. 믿음은 오직 하나님의 말씀을 들음으로 생깁니다. 말씀은 믿음의 씨앗입니다. 식물이 잘 자라려면 비료와 햇빛, 공기와 물이 있어야 하지만 제일 중요한 것은 씨앗입니다. 교회를 다녀도 말씀의 씨가 없으면 믿음이 자라지 않고 영향력과 생명력이 없습니다.

믿음은 들음에서 나는데 이 들음은 계속해서 듣는다는 의미입니다. 예수님의 말씀을 들음으로 믿음을 얻고, 그 말씀을 죽을 때까지 들음으로 믿음을 지켜갈 수 있습니다.

오늘의 한국 교회가 초대교회의 믿음을 따라가기 위해서는 말씀을 사모하고 말씀에 순종해야 합니다. 우리가 말씀을 멀리하면 영적으로 허약해지고 늙기 시작합니다. 다시 말씀 듣기를 사모하고 배우며 말씀대로 사는 성도가 되어야 합니다.

✚ **기도제목**
 1) 한국 교회가 세상을 두려워하지 않도록 하나님의 말씀을 듣게 하소서.
 2) 믿음의 사람이 되게 하소서.

감사생활

♣ 성경 시편 103:2   찬송 588(307)장 ♣

프랑스의 화가 밀레의 「만종」을 모르는 사람은 없을 것입니다. 희끄무레한 저녁 햇살이 넓은 밭을 비추는 조용하고 평화로운 프랑스의 어느 시골에서 농부 부부가 기도를 올리고 있습니다. 남편은 괭이를 세우고 모자를 손에 잡고, 아내는 바구니를 발치에 놓고 오른쪽에 작은 손수레를 세우고 있으며 교회에서는 저녁 종소리가 들려오고 있습니다.

프랑스에서는 루이 11세 시대에 아침, 낮, 저녁 일정한 시간에 교회에서 기도의 종을 울릴 것을 법률로 규정하고 있었습니다. 그 종소리는 기도의 신호였습니다. 저녁노을이 질 때 하루 종일 땀을 흘리며 일한 농부가 멀리 교회에서 들려오는 만종을 신호로 일손을 놓고, 하루의 일을 마친 기쁨을 하나님께 감사하는 기도를 드리고 있는 것입니다.

욥은 자기 소유의 모든 것을 잃었을 때에도 하나님께 감사하고 하나님의 이름을 찬양했습니다. 그는 10명의 자녀를 한꺼번에 잃었을 뿐만 아니라 가축까지도 몽땅 잃었던 것입니다. 그런 역경 속에서도 그는 여전히 하나님을 공경했습니다. 이에 그치지 않고 건강을 해쳐 전신이 종기로 뒤덮였을 때에도 그는 하나님을 찬양했습니다. 이를 보다 못한 그의 아내는 "차라리 하나님을 저주하고 죽으라."라고 했습니다. 그러자 그는 자기가 하나님께 감사해야 하는 이유를 말했습니다. "우리는 하나님으로부터 은혜를 받았으므로 재앙도 받는 것이 마땅하지 않은가?"

모든 은혜를 마음속에 깊이 새기고 그 하나하나를 헤아려갈 때, 비탄에 잠겨 있어도 하나님의 사랑을 의심하지 않고 슬픔도 고통도 모두 사랑으로 받아들여 하나님의 손에 맡기고 감사할 수 있게 됩니다.

욥이 모든 것을 하나님께서 주시는 것으로 받아들일 때 하나님께서는 욥에게 갑절의 은혜를 내려 주셨습니다.

✞ **기도제목**
1) 감사의 제사로 하나님을 영화롭게 하게 하소서.
2) 아무런 감사의 조건이 없더라도 감사하게 하소서.

노동의 의의
♣ 성경 창세기 2:15 찬송 580(371)장 ♣

어느 시골에 오랫동안 병상에서 신음하는 크리스천 할머니가 있었습니다. 어느 날 그 할머니를 찾아간 친지가 너무나 가엾은 생각이 들어서 말했습니다. "마냥 고통을 당하느니 차라리 하늘의 부름을 받는 편이 낫지 않을까요?"
그러자 그 할머니는 "사실은 나도 가끔 그렇게 생각하는 때가 있어요. 그렇지만 나도 하나님께 한 가지 일을 할 수 있어요. 그것은 기도하는 거예요. 나는 날마다 남을 위해 기도를 하고 있어요."라고 말했습니다.

세상에는 "인간은 먹기 위해 일한다."라고 생각하는 사람이 적지 않습니다. 이런 사람은 일하지 않고서는 먹고 살 수 없는 가난한 처지에 놓이게 되면 자기를 불행한 사람으로 단정하고 세상을 원망하게 되며, 반대로 일하지 않아도 먹고 살 수 있게 되면 일하기를 싫어하고 노는 데만 열중하게 됩니다.
이러한 폐단은 하나님을 알지 못하기 때문에 노동의 의의를 상실한 데 그 원인이 있습니다. 인간은 노동에 의해 하나님의 성업에 동참하여 하나님께 봉사하고 있는 것입니다. 노동이 단지 먹고 살기 위한 수단이라기보다는 하나님으로부터 위탁받은 것이며, 하나님에 대한 봉사이고 또한 문화적인 일이라는 것을 알게 되면 일하는 것이 인간에게 오히려 영광이 되며, 반면에 일하지 않는 것은 오히려 수치가 됩니다.
또 설사 늙고 병들었기 때문에 노동을 할 수 없어도 어떤 형태로나 하나님께서 위탁하신 일에 참여할 수 있고 또 이렇게 하여 하나님의 영광을 나타낼 수 있다는 것을 알게 될 것입니다.
하나님께서는 어려운 처지에 있는 사람에게도 각자 할 일을 맡기고 계십니다. 그것을 찾아내어 실행하는 데 노동의 의미가 있는 것입니다.

✚ **기도제목**
1) 건강한 육체로 힘써 일하게 하소서.
2) 일자리가 많이 생겨 무위도식하는 이들이 없게 하소서.

노동과 고뇌

♣ 성경 창세기 3:17~19   찬송 330(370)장 ♣

개미와 **베짱이** 이야기는 실제와는 상당한 차이가 있는 한낱 우화일 뿐입니다. 이솝은 베짱이를 여름 내내 시원한 나무 그늘에 앉아 노래만 부르는 곤충으로 묘사했습니다. 그러나 베짱이가 쉬지도 않고 계속 노래를 해야 하는 까닭은 세월이 좋아 놀고 먹기 위한 것이 아닙니다. 여름이 가기 전에 여러 암컷들에게 잘 보여 더 많은 자손들을 퍼뜨려야 하기 때문입니다. 노래를 부르느라 자신의 위치가 포식동물들에게 알려지는 위험을 무릅쓰면서까지 나무 그늘에 숨어 나름대로 '열심히 일하고' 있는 것입니다.

노동은 하나님으로부터 위탁받은 하나님에 대한 봉사이며 자연의 개발이고 문화적인 일이라고 성경은 가르치고 있습니다. 그런데 노동이 인간에게 큰 무거운 짐이 되어 있는 것도 부인할 수 없습니다. 즉 인간의 노동은 고통이고 자연에의 도전이며, 삶을 위한 짐이고 드디어 죽음이라는 저주를 당하기 마련입니다.

오늘 말씀에 보면 그 원인이 인간의 죄 때문이라는 것을 알 수 있습니다. 전도서에도 노동의 고통이나 공허를 단순한 자연의 추세가 아니라 하나님의 심판의 표시라고 말해 주고 있습니다. "하나님은 모든 행위와 모든 은밀한 일을 선악 간에 심판하시리라"(전 12:14).

하나님을 반역한 인류는 오늘 말씀이 보여 주는 바와 같이 죄로 말미암아 저주를 받았습니다. 그러나 하나님은 인류를 이 두려운 죄의 저주에서 구출하기 위해 죄 없는 독생자 예수를 이 세상에 보내셨습니다.

그리고 그에게 인류가 저지른 죄의 결과로 인한 죄의 저주를 모두 짊어지게 하여 십자가 위에서 처형되게 하셨습니다. 그러므로 하나님은 자기 죄를 고백하고 그를 받아들이며 의지하고 따르는 자를 죄의 저주로부터 해방시켜 주십니다.

✚ **기도제목**
1) 사람의 본분을 성경에서 깨달아 지키게 하소서.
2) 나의 죄를 고백하오니 죄의 저주에서 해방시켜 주소서.

노동과 보수

♣ 성경 마태복음 6:33   찬송 204(379)장 ♣

브람웰 부드는 일본 각지를 돌아다니며 설교한 이름 높은 종교가였습니다. 그런 그도 청소년 시절에는 매우 병약한 사람이었습니다. 의사는 그에게 희망을 품지 않았고, 21세 정도까지 살 것으로 단정했습니다. 계속 병상에 누워 있었던 것은 아니지만 2, 3년간은 누구의 도움 없이는 2층으로 올라갈 수도 없었습니다.
"이처럼 병약했던 그가 어떻게 73세의 수명을 누릴 수 있었고, 세계를 돌아다니며 복음을 전할 수 있었을까? 건강 회복을 위해 어떠한 노력을 했는가?" 이 같은 질문에 그는 이렇게 대답했습니다.
"쉬지 않고 부지런히 노동한 것이 나로 하여금 병을 이겨내게 했습니다."

노동에는 으레 보수가 따르기 마련입니다. 그런데 보수만이 노동의 주요한 목적이 되어 버리면 살기 위해서만 일하는 것이 되어 인생의 허망함을 느끼게 됩니다. 노동은 타락한 인간에게 내려진 형벌로써 수확을 얻기 위해서는 이마에 땀을 흘려야만 했습니다. 이렇게 저주받은 인간을 해방시켜 노동을 본래의 위치로 환원시킨 분이 예수님입니다.
우리는 먼저 '하나님의 나라와 하나님의 의'를 구하는 데서 출발해야 합니다. 그러면 모든 것이 주어진다는 것입니다. 영적인 보수까지도 추가된다는 것이 약속되어 있습니다.
우리가 어떤 일에 종사하고 있느냐보다 어떤 마음가짐으로 일하고 있느냐가 더욱 중요합니다. 아무리 적은 보수로 일하더라도 그 일 때문에 주눅이 들거나 세상을 원망할 일은 결코 아닙니다. 그런 일을 통해 하나님을 섬긴다는 것을 알게 되면 마음은 화평과 기쁨과 감사로 가득 차게 되고, 날마다 즐겁게 일할 수 있게 됩니다. 이것은 금전적인 보수보다 더욱 큰 영적인 축복입니다.

✚ **기도제목**
1) 일할 수 있는 건강과 직업 주심을 감사하게 하소서.
2) 나의 현재의 직업을 통해 기쁨이 넘치게 하소서.

근로와 안식

♣ **성경** 창세기 2:1~3 **찬송** 450(376)장 ♣

어느 기독교인 가정에 기독교인 머슴이 있었습니다. 어느 날 주인이 머슴을 불러 "오늘부터 우리 집에서 나가주어야겠네."라고 말하자, 머슴이 놀라 반문합니다. "무슨 이유로 나가라고 합니까?" 주인이 대답하기를 "자네가 제4계명을 범했기 때문이라네."라고 말했습니다. 그러자 머슴이 다시 물었습니다. "내가 언제 주일을 범합디까? 주일에는 꼭 예배당에 나가는 것을 온 식구가 다 알고 있지 않습니까?" 주인이 대답합니다. "주일에 교회 출석은 빠지지 않았지만 엿새 동안 부지런히 일하라는 계명을 범했기 때문일세."

오늘 말씀은 주휴제, 즉 6일 일하고 하루 쉬는 제도의 성경적인 근거라고 할 수 있으며, 이것은 율법 이전의 문제입니다. 즉 주휴제는 하나님께서 천지 창조의 완성을 기념하여 휴식을 취하셨다는 '창조의 질서'에 속해 있으므로, 근로와 함께 이와 같은 휴식이 필요한 것은 말할 필요가 없습니다.

구약 시대의 안식일은 여러 가지 규정이 정해져 매우 까다로운 하루가 되었습니다. 그리하여 원래 인류의 축복을 위해 정해진 그 안식일이 오히려 인간을 속박하게 되었습니다. 또한 구약 시대에는 휴식하는 날이 노동의 뒤에 놓여 있었습니다. 토요일이 그것입니다. 그러나 신약 시대에는 이 휴식일이 노동 앞에 그것도 하나님께 대한 예배를 중심으로 지키게 된 것과 깊은 의미가 있다고 생각됩니다. 왜냐하면 일을 효율적으로 하기 위해서는 충분한 휴식이 필요하기 때문입니다.

그런 의미에서 주초에 말씀을 듣고 하나님과 교류하고 성도들과 교제하며 어울리는 휴식이야말로 노동을 위해 힘을 얻는 가장 바람직한 원천이 됩니다.

✝ **기도제목**
 1) 일할 수 있을 때 힘써 일하게 하소서.
 2) 성수주일을 먼저 생각하고 직업을 선택하게 하소서.

진심으로 회개하는 자

♣ **성경** 요한복음 1:42 **찬송** 312(341)장 ♣

루터는 "율법의 방망이로 얻어맞은 자만이 예수 그리스도의 은혜의 치료가 가능하다."라고 말했습니다. 교회는 주 예수 그리스도의 구속의 사랑, 사죄의 사랑을 강조해야 합니다. 하지만 교회는 이 구속의 사랑을 강조하기에 앞서, 주님을 십자가에 못 박게 한 우리들의 죄를 깨닫게 하고 회개케 하는 일이 선행되어야 합니다. 천국은 회개한 자의 심령에서 출발하기 때문입니다. 오순절의 메시지는 회개를 촉구하는 메시지였습니다. 그리고 "우리가 어찌할꼬!"의 찔림에 몸부림치는 반응이 있었습니다.

베드로는 예수의 수제자로 성경에서 예수님의 제자에 대해 언급할 경우에 언제나 맨 먼저 나옵니다. 자연인 베드로의 가장 큰 결점은 지나친 자신감이었습니다. "다 주님을 버릴지라도 저는 절대로 버리지 않겠습니다"라고 말했던 그가 실제는 주님을 세 번이나 부인했습니다.

이와 같이 자연인 베드로는 그 성격적인 약점으로 말미암아 여러 차례 실수를 거듭하고 죄를 범하지만, 그의 장점은 자기 죄를 깊이 뉘우치는 데 있었습니다. 그가 진심으로 회개하면 주님은 그의 죄가 완전히 사해진 것을 보증하시고 다시 전도의 지도자로 임명하셨습니다. 뿐만 아니라 주님은 오순절날 성령의 강림으로 그를 약속대로 베드로(흔들리지 않는 바위)로 삼으셨습니다. 성령을 충만히 받게 된 베드로는 죽음을 무릅쓰고 당당히 주님을 증거하여 하루에 3천 명을 그리스도 앞으로 인도했습니다.

우리에게도 베드로와 같은 성격적인 약점이 있어 실수하고 죄를 범하기도 합니다. 그러나 그처럼 약점을 지닌 시몬을 끝까지 사랑하시고 흔들리지 않는 베드로(반석)로 변하게 하신 예수님은 오늘도 자기 잘못을 진심으로 회개하는 사람을 반석 같은 신앙인으로 변하게 하십니다.

✞ **기도제목**
1) 아직도 다듬어지지 않은 성격을 성령의 불로 고쳐 주소서.
2) 나의 믿음이 흔들리지 않게 하소서.

합력하여 선을 이루는 은혜

♣ 성경 로마서 8:28 찬송 563(411)장 ♣

한 신실한 목재소 직원이 있었습니다. 그는 40대 초반에 극심한 불황으로 회사에서 청천벽력과 같은 해고통보를 받았습니다. 실직자가 된 이 중년 남성은 하나님께 간절히 기도했습니다. "해고에 담긴 진정한 의미가 무엇입니까?" 그는 건전한 사람들이 묵을 수 있는 여관사업을 시작하라는 음성을 듣고 전혀 새로운 사업을 시작하였습니다. 이 사람이 바로 세계적인 사업 망을 거느린 호텔 '홀레데이 인'을 창업한 케몬스 윌슨입니다.

만약 케몬스 윌슨에게 '해고통보'가 날아들지 않았다면 그는 목재소를 벗어나지 못했을 것입니다.

하나님은 우리의 연약함까지라도 합력하여 선을 이루게 하시고, 우리의 좋지 못한 과거까지라도 합력하여 선을 이루게 하십니다. 하나님은 우리의 실수와 허물까지라도 마침내 우리의 영혼에 유익하게 하십니다.

사람들은 한 치 앞도 내다보지 못하는 인간의 한계로 종종 하나님의 크신 뜻을 깨닫지 못합니다. 하나님은 부정적으로 느껴지는 상황들을 바꾸셔서 선하게 이끌어 주시는 분이십니다. 동물의 배설물이 아무 쓸모없고 냄새나는 쓰레기처럼 보이지만 실제로는 식물의 거름으로 사용되어서 식물을 잘 자라게 하고 또 동물의 양식도 됩니다.

요셉의 경우를 보면, 그의 원대한 꿈이 보디발 집에 종으로 팔려감으로 끝난 것처럼 보였습니다. 보디발 아내의 유혹과 계략으로 인하여 죄 없이 감옥에 갇히게 되었을 때는, 더 이상 아무런 희망도 느낄 수 없었을 것입니다. 하지만 하나님은 그 모든 상황을 이용하셨습니다. 그가 종이 되고 죄수가 되어야만 필요한 사람들을 만날 수 있었고, 그들을 사용하셔서 결국 처음 요셉으로 하여금 꿈꾸게 하셨던 높은 지위에 오르는 일을 이루셨습니다. 지금 되어지는 결과로 인해 너무 낙망하지 맙시다. 하나님은 합력하여 선을 이루시는 은혜를 허락하여 주십니다.

✞ 기도제목
  1) 합력하여 선을 이루시는 은혜에 감사하게 하소서.
  2) 힘들고 어려운 일을 당해도 낙심하지 않게 하소서.

짧은 한 해
♣ 성경 고린도전서 7:29   찬송 330(370)장 ♣

독일의 염세주의 철학자 쇼펜하우어는 이렇게 말했습니다.

"인생이란 젊은이의 눈에는 하나의 끝없이 긴 미래로 보이며, 늙은이의 눈에는 하나의 지극히 짧은 과거로 보인다. 전자의 경우는 마치 쌍안경을 거꾸로 하여 사물을 보는 것과 같고, 후자의 경우에는 올바로 보는 것과 같다."

쇼펜하우어의 말처럼 같은 1년인데도 해마다 짧게 느껴지는 것은 나이 탓인가 봅니다. 벌써 12월, 올해도 얼마 남지 않았습니다. 올해 안으로 해야 할 일이 산더미처럼 남아 있는데 시간은 속절없이 사라진다는 느낌입니다.

오늘의 말씀은 "때가 단축하여진다."라고 되어 있는데, 과연 그렇습니다. 연말이 되어 바쁜 것은 상인들만이 아닙니다. 공직자도, 일반 샐러리맨도, 가정주부도 분주하기로는 마찬가지입니다.

중요한 것은 이 짧은 시간을 어떻게 사용하느냐 하는 것입니다.

첫째로, 성경은 시간은 하나님으로부터 위탁받은 것이라고 가르치고 있습니다. 그러므로 우리는 이 세상을 살아가는 동안에 청지기로서 하나님으로부터 위탁받은 이 시간을 잘 관리해야 합니다.

둘째로, 성경은 '시간을 활용하라'고 하였습니다. 시간을 하나님의 영광을 드러내기 위해 사용하느냐, 죄를 범하여 영혼을 파멸시키는 데 사용하느냐 하는 것은 우리에게 달려 있습니다.

셋째로, 성경은 "지금은 은혜받을 때, 오늘은 구원의 날"이라고 말하고 있습니다. 우리는 이 때와 이 날을 놓쳐서는 안 됩니다. 나중과 내일로 미루지 맙시다.

✞ 기도제목
1) 올해의 마지막 한 달을 잘 마무리하게 하소서.
2) 하나님으로부터 위탁받은 시간을 잘 선용하게 하소서.

하나님을 잊어버린 자

♣ 성경 시편 50:22~23　찬송 540(219)장 ♣

한 아이가 공항에서 불안해하는 태도로 앉아 있는 것을 보고 비행기 탑승을 기다리고 있던 한 여행자가 가지고 있던 과자를 나누어 주었습니다. 그때 그 아이의 어머니는 "감사합니다."라는 말을 하도록 했습니다.
　그러나 아이는 엄마의 말에는 아랑곳하지 않았고 그 어머니는 또 한번 타일렀습니다. 그래서 이를 지켜보고 있던 여행자가 "감사합니다."라고 말하지 않아도 괜찮다고 하자, 아이의 어머니는 "감사의 말을 배운다면 이 아이가 더 훌륭하게 자라게 될 것입니다."라고 공손하게 대답했습니다.

　하나님은 감사의 예배를 원하시는데, 우리에게 감사가 메말랐습니다. 그 이유를 시편 기자는 본문 22절에서 하나님을 잊어버렸기 때문이라고 말합니다.
　하나님을 잊어버리지 않고 기억하면 어떤 일이 일어날까요? 출애굽기 14장은 가로막힌 홍해 앞에서 앞으로도 뒤로도 갈 수 없는 막막하고 절망스러운 이스라엘 백성의 모습을 보여 줍니다. 그 순간 이스라엘은 하나님을 잊고 불평하며 후회하고 있었습니다. 그때 모세가 "여호와께서 너희를 위하여 싸우시리니"(출 14:14)라고 말합니다.
　하나님이 우리를 바라보고 계심을, 하나님이 우리를 잊지 않고 계심을 숙고하십시오. 하나님은 끊임없이 우리를 위해 싸우시고 우리를 기억하십니다.
　만약 우리의 삶에서 우리를 향한 하나님의 뜻을 잊어버렸다면 우리는 실패한 것입니다. 그러나 오뚜기가 넘어져도 중심의 무게 때문에 다시 일어나는 것처럼, 우리가 하나님을 잊어버리지 않는 한 우리는 넘어져도 다시 일어설 수 있습니다.

✚ 기도제목
　1) 하나님이 베푸신 구원의 은혜를 떠올리며 변화되게 하소서.
　2) 하나님을 잊어버린 자들이 다시 생명의 자리로 옮겨지게 하소서.

그리스도를 기다린 자

♣ 성경 예레미야 29:12~13 찬송 88(88)장 ♣

이탈리아 아시시의 성 프란시스(프란체스코)는 일찍이 부유한 귀족으로서 남부럽지 않은 생활을 하고 있었습니다. 그런데 갑자기 병마에 사로잡혀 오랫동안 병상에 눕게 되었습니다. 겨우 병에서 놓여났으나 뼈만 앙상한 몸을 이끌고 아름다운 운브리아의 들에 나갔을 때, 주위의 아름다움도 그의 마음을 즐겁게 해 주지 못했습니다. 병상에 누워 있을 때 인간의 생명이 물거품 같다는 것을 실감한 그는, 재산도 지위도 아름다운 자연까지도 아무 매력이 없었습니다. 그때부터 그의 영혼이 눈을 뜨기 시작하여 그리스도를 찾은 후로는 네거리에 나가 큰 소리로 자기가 지은 '태양의 찬가'를 노래하고, 심지어 새에게도 설교하기에 이르렀으며 중세의 성자로 불리게 되었습니다.

벌써부터 상점가나 백화점에서는 아름다운 크리스마스 장식을 하고, 형형색색의 크리스마스 용품들을 진열하고 있습니다. 그곳에는 크리스마스가 한발 앞서 와 있는 것 같습니다. 성급한 상인들은 11월 말부터 크리스마스 장식을 하고 크리스마스를 기다리고 있습니다.

크리스마스에 대한 기대는 달라도 크리스마스를 즐거운 마음으로 기다리고 있는 것은 마찬가지입니다. 그럼 우리는 이 크리스마스에 무엇을 기대하고 기다려야 할까요? 금전적인 수입일까요? 올해야말로 참된 크리스마스를 맞이하기 위해 가장 소중한 것, 우리의 인생을 참으로 행복하게 하는 것을 찾아야 하지 않을까요?

세상에서는 뜻하지 않은 때에 부나 명예나 권력을 잃어버리고 소중한 가족을 잃기도 합니다. 그러나 그것들을 모조리 잃더라도 만일 '여전히 마음속에 평안과 소망을 가질 수 있는 것'이 세상에 있다면 그런 것을 구하게 되지 않을까요? 그런 것이 정말로 있을까요? 있습니다. 그것은 우리의 구주 예수 그리스도입니다.

✙ **기도제목**
 1) 그리스도의 오심을 깨닫게 하소서.
 2) 다시 오실 예수 그리스도를 기다리는 신앙을 갖게 하소서.

참된 지식

♣ 성경 요한복음 17:3   찬송 455(507)장 ♣

「벤허」의 원작자 루 웰레스가 기독교 반대론자로 널리 알려진 로버트 인가솔이라는 친구와 함께 기차를 타고 있었습니다. 인가솔이 "아직도 어리석은 성경의 가르침을 믿고 있는 지식계층이 많네. 자네는 교양 있는 사상가이니, 자료를 수집해서 예수가 가공의 존재였다는 책을 써내지 않겠나. 그 책은 틀림없이 걸작이 되어 자네는 하루아침에 유명해질 걸세."라고 말했습니다.

그의 말대로 웰레스는 많은 자료를 수집하여 집필하던 중 예수가 실재의 인물이었다는 것을 분명히 알게 되었습니다. '만일 예수가 실재했던 인물이라면 그가 주장한 것처럼 그는 하나님의 아들이다. 그리스도가 아니고서는 그런 일을 아무도 할 수 없지 않은가'라는 생각을 한 그는 무릎으로 회개하고 크리스천인 아내를 불러 그리스도를 받아들인 사실을 알렸습니다. 그때 수집한 자료에 의해 예수가 분명히 하나님의 아들이며 그리스도라는 것을 입증하는 책을 써 보라는 아내의 권유로 「벤허」가 탄생했습니다.

그리스도를 맞이하기 위해 중요한 것은 예수 그리스도를 아는 것입니다. 아는 것에는 지식적으로 아는 것과 체험적으로 아는 두 가지가 있는데, 이 경우에 예수 그리스도를 단지 지식적으로 어떤 분이라고 알뿐만 아니라 체험적으로 아는 것, 즉 구주로서 받아들이는 것을 의미합니다.

예수님은 "너희가 가서 듣고 보는 것을 요한에게 알리되 맹인이 보며 못 걷는 사람이 걸으며 나병환자가 깨끗함을 받으며 못 듣는 자가 들으며 죽은 자가 살아나며 가난한 자에게 복음이 전파된다 하라"(마 11:4~5)라고 말씀하셨습니다. 이 말씀은 일찍이 예수께서 "나를 믿을 수 없으면, 내가 한 일을 믿으라"라는 주님의 말씀과 연결되어 있습니다. 즉 예수에 대해 의심을 품은 사람은 예수가 한 일을 보면 예수가 그리스도라는 것을 믿지 않을 수 없다는 것입니다.

✝ 기도제목
 1) 진리를 알아 진리로 자유케 하소서.
 2) 아직도 예수를 모르는 자들을 불쌍히 여기소서.

빛과 어둠

♣ 성경 이사야 9:2 찬송 322(357)장 ♣

　1897년 도쿄 명문고의 수재 후지무라 미사오가 인생을 알 길이 없어 케곤노타키라는 폭포에 몸을 던져 자살하면서 남긴 시로 한때 일본에 큰 센세이션을 일으켰습니다.

> 유연하도다 저 하늘과 땅이여,
> 면면히 이어지는 고음의 시간
> 나 5척의 몸으로 이를 헤아리고자 하노라.
> 데칸 쇼의 철학에 무슨 권위가 있을소냐.
> 만유의 진상은 한마디로 불가해 하도다.
> 나는 이 한을 품고 이곳에서 드디어 죽기로 결심했노라.

　오늘날 노소를 막론하고 자살하는 사람들이 날로 늘어가고 있는 것은 결국 인생에 빛이 보이지 않고 그들의 마음속에 어둠이 가득 차 있기 때문이 아닐까요? 또 사실상 많은 사람들이 자기중심이라는 어둠 속에 갇혀 있는 것입니다.
　인간은 누구나 언제 죽을지 알 수 없습니다. 또 죽으면 어떻게 되는지도 전혀 모르고 있습니다. 그러므로 그런 것은 잊어버리고 눈앞의 일을 되도록 쉽고, 즐겁고, 재미있게 하려고 할 뿐입니다. 그러나 아무래도 마음의 어둠을 제거할 수 없습니다.
　당신은 혹시 이런 어둠 속에 있지 않습니까? 오늘 주신 말씀에서 빛은 인간의 마음에 가득찬 어둠을 비추는 영의 빛, 하나님으로부터 오는 빛입니다. 예수는 진리의 빛을 비추어 우리 마음이 죄로 가득 차 있음을 알게 해 주고, 십자가의 사랑의 빛으로 믿는 자의 죄를 용서하고 하나님의 자녀로 삼아 주십니다. 또한 부활의 생명의 빛에 의해 믿는 자에게는 천국 백성이 될 소망을 갖게 하여 주십니다.

✞ **기도제목**
　1) 주의 빛으로 온 세상을 환하게 하소서.
　2) 주의 넘치는 소망을 붙잡고 살게 하소서.

성탄의 예언과 성취(1)
♣ 성경 창세기 3:15   찬송 94(102)장 ♣

켄월호 목사님의 사모로 기독교 교육을 전공했으며 숙대 영문과 교수를 역임한 정경주 사모님은 「하나님이 하셨어요」라는 그녀의 책에서, 하나님의 놀랍고 기이한 역사와 도우심을 간증하고 있습니다. 그녀가 당한 삶의 모든 순간은 사람이 행한 것이라고는 도저히 믿을 수 없는 놀라운 일들의 연속이었습니다. 그래서 그녀는 모든 일들을 이야기하는 내내 "하나님이 하셨어요."라고 쉬지 않고 고백합니다. 그리고 우리에게도 똑같은 도전을 던집니다. 하나님의 손에 삶을 온전히 맡기면 하나님이 모두 다 하실 것이라고 말입니다.

성탄의 계절에 크리스천은 그리스도를 마음속의 주인으로 모시고 그에게 자기 집의 모든 열쇠를 맡기며, 자기 가정의 주인이 자기가 아니라 그리스도임을 고백하는 그런 마음의 자세로 살아야겠습니다.

사업도, 직장도, 학문도 하는 모든 일에 그리스도의 뜻이 아닌 면이 있으면 회개하고 그리스도의 영광이 드러나게 해야겠습니다. 그리고 근심, 걱정, 슬픔, 고난 등도 그리스도에게 맡기고 의지하는 가운데 범사에 감사하고 항상 기뻐하는 자가 되어야겠습니다. 또한 복음을 이웃에 전하여 사랑을 몸으로 실천하고 불행한 이웃을 돕고 모든 사람과 화해하고 용서하는 계절이 되어야겠습니다.

오늘 말씀에서 '너'는 하나님께서 마귀에게 하시는 말씀인데 '여자의 후손'이란 예수 그리스도를 가리키며, 자비로우신 하나님은 인류가 타락한 직후에 이와 같은 구원의 계획을 세우시고 그 계획이 크리스마스에 성취된 것입니다. 확실히 이 예언의 말씀 그대로 여자의 후손에게서 태어난 예수 그리스도는 그 십자가와 부활에 의해 사탄의 머리를 상하게 하시고 승리를 거두셨습니다.

✞ **기도제목**
1) 주님께서 내 가정, 내 직장, 내 모든 삶의 주인이 되소서.
2) 아담을 넘어지게 했던 사탄의 궤계를 물리쳐 주소서.

성탄의 예언과 성취 (2)

♣ 성경 창세기 12:3 찬송 84(96)장 ♣

아브라함이 75세 때, 하나님께서 이렇게 명령하셨습니다. "너는 너의 고향과 친척 아버지의 집을 떠나 내가 네게 보여줄 땅으로 가라" 이미 노년에 도달한 아브라함에게 조상 대대로 살아온 고향을 떠난다는 것은 결코 쉬운 일이 아니었습니다. 히브리서 기자가 말하고 있는 것처럼 "아브라함은 부르심을 받았을 때에 순종하여 장래의 유업으로 받을 땅에 나아갈새 갈 바를 알지 못하고 나아갔으며"(히 11:8), 그때 하나님께서는 약속으로 아브라함을 격려하셨습니다(창 12:2). 구약성경은 하나님의 약속이 아브라함의 생애를 통하여 이루어진 것을 명확히 기록하고 있습니다. 즉 아브라함의 후손은 예수 그리스도의 출현으로 "땅의 모든 족속이 복을 얻을 것이라"라는 이 예언은 사실로 판명되었습니다.

신약성경의 첫 페이지를 펴보면 "아브라함이 이삭을 낳고, 이삭은 야곱을 낳고……예수가 나시니라"라고 죽 열거되었습니다. 예수님의 계보는 누가복음 3장에도 나와 있습니다. 누가는 마태복음의 계보의 순서를 거꾸로 하고 그 마지막에는 "그 위는 에노스요 그 위는 셋이요 그 위는 아담이요 그 위는 하나님이시니라"라고 기록되어 있습니다.

마태복음의 계보에는 하나님이 나오지 않지만, 누가가 기록한 누가복음의 계보는 하나님과 연결되어 있습니다. 이는 예수가 '인간의 아들'로 태어나신 것을 표시하는 동시에 '하나님의 아들'임을 표시하기 위한 것이었습니다. 즉 예수의 인성과 신성이 동시에 나타나 있는 것입니다.

하나님께서 육을 입으시고 인간이 되었다는 것이 성경이 보여 주는 크리스마스의 진리인 한, 예수께서 인간인 동시에 하나님이신 것을 보여 주는 누가의 계보는 물론이고, 마태의 계보까지 양쪽 다 소중한 것입니다. 그것은 아브라함에게 주신 예언이 성취되어 예수를 믿는 자가 축복받는 것이 사실로 나타났기 때문입니다.

✚ **기도제목**
1) 믿음으로 주의 말씀에 순종한 아브라함의 신앙을 본받게 하소서.
2) 나 같은 죄인을 예수로 구원해 주심을 감사하게 하소서.

임마누엘

♣ 성경 이사야 7:14 찬송 95(82)장 ♣

유명한 스위스의 신학자였던 칼 바르트가 미국을 방문하던 날, 수많은 기자들이 그를 인터뷰하기 위해서 찾아왔습니다. 그리고 이런 질문을 던집니다. "당신이 평생 동안 신학을 연구하고 세계적인 신학자가 되면서 당신이 발견한 가장 위대한 신학은 무엇입니까?" 이때 이 세계의 위대한 신학자는 뜻밖에도 너무나 단순한 말을 해서 기자들을 놀라게 했습니다. "하나님은 나를 사랑하셨습니다. 성경에 그것이 기록되어 있다는 사실이 내가 발견한 가장 놀라운 사실입니다."

만일 예수가 인간인 아버지를 두고 인간에 의해 태어난 한 사람이었다면 어떻게 될까요? 그렇다면 예수도 우리와 같은 원죄를 지닌 죄인이며, 구원을 필요로 하는 인간이 되고 맙니다.

따라서 예수가 몇 십번 십자가에서 죽어도 그것은 우리의 구원과는 아무 관계가 없습니다. 죄 없는 인간이 죄인의 죄를 짊어지고 대신 하나님의 형벌을 받아야만 합니다. 이 이외의 방법으로는 인간이 죄에서 구원받을 길이 없습니다.

그런데 세상에는 죄가 없는 사람이 하나도 없습니다. 그래서 하나님은 역사 속에서 단 한 번의 사건으로서 구주를 이 세상에 보낼 계획을 세우시고, 이것을 처녀에 의한 탄생이라는 방법으로 실현해 주셨습니다.

무거운 짐을 지고 인생의 여로에서 시달리고 있는 사람도 이제 그럴 필요가 없게 되었습니다. 우리의 무거운 죄의 짐과 죽음을 짊어지고, 우리를 위해 십자가에 달리시기 위해 예수 그리스도께서 태어나셨기 때문입니다. 그리고 그리스도는 '임마누엘'이라고 불리고 있습니다. '임마누엘'이란 '하나님이 우리와 함께 계신다'는 뜻인데 즉 하나님께서 그리스도로 말미암아 우리와 함께 계셔 주시는 것입니다.

✞ 기도제목
 1) 십자가의 사랑을 다시 한 번 깨닫게 하소서.
 2) 임마누엘의 신앙으로 살게 하소서.

진정한 감사

♣ 성경 데살로니가전서 5:18　찬송 301(460)장 ♣

전남 고창에는 모양성이란 옛 성이 있는데, 매년 음력 정월에는 많은 사람들이 줄을 서서 자기 힘에 넘치는 돌을 머리에 이고 십리도 넘는 이 모양성 주위를 한 바퀴 돈다고 합니다. 그것은 모양성 주위를 한 바퀴 돌면 평안과 행복이 온다고 믿기 때문입니다. 고달프게 하는 인생의 그 액을 좀 면해 보려는 고달픈 인생의 가냘픈 심정을 엿볼 수 있습니다.

그런데 반대로 그 산꼭대기에는 초막 한 칸의 초라한 집 한 채가 있습니다. 이 집은 언제나 찬송을 부르며 비록 가난하게 살지라도 기쁨과 감사와 찬송 속에 만족스럽게 살아갑니다. 그 이유는 그들에게는 예수님이 계시기 때문입니다. 진정 예수님만이 인생의 피난처요 안식처이십니다.

본문에서는 우리에게 감사를 명령합니다.

작은 것에 감사할 때 더 큰 감사의 기회가 찾아옵니다. 감사하는 마음은 기회를 얻고 미래의 문을 열게 하지만, 감사할 줄 모르는 마음은 열려 있는 문도 닫게 합니다. 범사에 감사하는 자, 어떤 일이 있어도 감사하는 자는 어떤 문이든지 들어갈 수 있습니다.

감사하기에는 너무나 버거운 일들을 경험할 때가 있습니다. 그러나 그 버거운 문을 감사로 열고 들어가면 형언할 수 없는 놀라운 축복이 기다리고 있습니다.

이 감사는 또한 전적인 신뢰에서 나옵니다. 히브리서 11:6입니다. "믿음이 없이는 하나님을 기쁘시게 하지 못하나니 하나님께 나아가는 자는 반드시 그가 계신 것과 또한 그가 자기를 찾는 자들에게 상 주시는 이심을 믿어야 할지니라"

감사는 눈앞에 일어난 결과를 가지고 드리는 것이 아니라 아직 보이지 않는 일에 대해 소망으로 드리는 것입니다.

✚ **기도제목**
1) 하나님의 역사하심을 믿고 예수님께 속한 삶을 살게 하소서.
2) 앞으로 되어질 일에 감사하게 하소서.

하나님의 섭리

♣ 성경 요나 1:2 찬송 70(79)장 ♣

하나님의 지시로 니느웨 백성들에게 슬픈 소식을 전해야 했던 요나는 '살아서 돌아올 가망이 없다'고 판단하여 하나님의 지시보다도 우선 목숨부터 살고 봐야겠다는 생각으로 꾀를 부렸습니다. 그것은 멀리 다시스로 도망치는 것이었습니다. 그리하여 그는 다시스로 가는 배를 탔습니다.

살아 계신 하나님께서 이 광경을 내려다보시고 그냥 두실 리가 만무합니다. 곧 풍랑을 일으켜 배를 송두리째 삼켜 버릴 기세였습니다. 배에 탄 사람들이 하나님의 노여움을 풀기 위해 요나를 제물로 바다에 던지자 하나님은 요나를 큰 물고기 배에 들어가게 하시고, 물고기로 하여금 3일만에 육지에 토해 내게 하셨습니다.

요나는 하나님의 지시대로 니느웨 성에 가서 외쳤습니다. 그러자 니느웨 시민들은 요나의 예상과는 달리 왕을 위시하여 시민들이 눈물로 죄를 뉘우치고 애통하였습니다. 하나님은 이것을 내려다보시고 저들의 죄를 사하시고, 내리려던 재앙을 철회하셨습니다(욘 3:10).

우리에게는 우리의 어리석은 불순종으로 인해 초래되는 수모와 부끄러움과 징계가 있습니다. 부모가 자녀를 올바르게 양육하기 위해 채찍으로 잘못을 훈계하듯이 하나님께서는 우리 성도들을 사랑하셔서 성도들에게 형벌을 내리지 않습니다. 형벌 대신 징계를 내리십니다.

하나님은 이스라엘 백성들을 이방의 손에 붙여 징계하셨지만 끝까지 외면할 수가 없었습니다. 죄에 빠진 당신의 백성을 잠시 이방인의 지배하에 두어 버릇을 고치려고 하셨던 것입니다.

하나님께서는 우리의 부족과 죄 됨을 모두 선으로 바꾸시고 우리의 고난이 도리어 다른 사람에게 구원이 되는 은혜를 베풀어 주십니다.

하나님은 죄인이 진심으로 회개할 때, 작정하신 계획도 취소하시는 것입니다. 우리는 하나님을 두렵게 섬겨야 합니다.

✞ **기도제목**
 1) 주의 명령을 두려움으로 따르게 하소서.
 2) 때를 얻든지 못 얻든지 복음을 전하게 하소서.

인권 존중

♣ 성경 에베소서 4:32   찬송 220(278)장 ♣

미국에서 인종차별철폐운동에 앞장섰다가 괴한의 흉탄에 의해 39세의 나이로 극적인 생애를 마친 마틴 루터 킹 목사는 "너의 적을 사랑하고, 너를 핍박하는 자를 위해 기도하라"라는 예수님의 말씀을 그 위대한 인종차별철폐운동의 표어로 삼았는데, 어느 날 킹 목사의 집이 폭파된 적이 있습니다.

그때에는 분노에 찬 수백 명의 흑인들이 손에손에 무기를 들고 현장에 있던 백인들에게 복수의 린치를 가하려고 했습니다. 그때 킹 목사는 흑인들에게 이렇게 호소했습니다.

"폭력에 의한 보복으로는 문제를 해결할 수 없어요. 우리는 폭력에 대해 비폭력으로 대해야 합니다. 검을 잡는 자는 검으로 망하는 법입니다. 백인이 무엇을 하건 우리는 백인을 사랑해야 합니다. 우리는 이것을 그들에게 행동으로 보여 줘야 해요. 사랑으로 미움을 대합시다. 그러면 하나님은 우리 편에 서 주십니다."

세계인권선언은 인간에 대한 차별 대우의 철폐 등 30개 조항으로 되어 있으나 서로 기본 인권이 존중되어 인종적인 차별 문제가 해결되려면 뭐니뭐니해도 사랑밖에는 없습니다. 다시 말하면 그리스도의 사랑, 그가 십자가 위에서 나타낸 사랑 이외에는 해결할 수 없을 것입니다.

예수 그리스도께서는 십자가 위에서 "아버지 저들을 사하여 주옵소서 자기들이 하는 것을 알지 못함이니이다"(눅 23:34)라고 기도하셨습니다. 우리에게 적에 대한 사랑의 본을 보여 주신 것입니다.

이 기도는 당시에 예수님을 십자가에 매달려고 한 사람들만을 위한 기도가 아닙니다. 세계의 모든 사람들을 위한 기도입니다. 이 예수님의 사랑에 접하고, 이 용서를 체험해야만 비로소 인간은 인종적인 차별을 하지 않고 기본적인 인권을 존중하는 인간이 될 수 있습니다.

✞ **기도제목**
  1) 그리스도 안에서 온 인류가 하나 되게 하소서.
  2) 아직도 전쟁 중인 곳에 평화가 이루어지게 하소서.

십자가를 부끄러워한 자들

♣ 성경 로마서 1:13~17 찬송 272(330)장 ♣

갓 사춘기에 접어든 한 여학생이 있었는데 그의 어머니는 화상으로 흉측한 얼굴을 갖고 있었습니다. 소녀는 어머니의 그런 모습이 무척이나 부끄러웠습니다. 어느 날 소녀는 어머니가 자기를 위해 불길 속을 뚫고 나오다가 화상을 입은 사실을 알게 되었습니다.

부끄러운 부끄러움이었습니다.

그날 골고다란 곳에서는 한 청년이 십자가에 못 박혔습니다. 군인들이 그 청년의 겉옷을 확 벗겼습니다. 저들은 청년의 속옷도 취하여 그것을 제비뽑아 나누고 있습니다. 십자가형 자체도 부끄러운 것인데, 겉옷에 이어 속옷까지 벗겨졌으니 이 얼마나 부끄러운 모습입니까? 그를 따르던 자들이 왜 다 도망갔을까요? 혹시 너무 부끄러웠기 때문은 아니었을까요? 십자가는 '부끄러움'의 상징이었습니다.

특히 당시 횡행하던 팍스 로마, 즉 힘의 철학이 지배하던 그 시대에 비참한 십자가를 통한 구원은 애당초 진리일 수 없었던 것입니다.

청년 사울이 다메섹 도상에서 부활 예수를 만난 후 십자가의 도를 비로소 깨달았습니다.

"내가 복음을 부끄러워하지 아니하노니 이 복음은 모든 믿는 자에게 구원을 주시는 하나님의 능력이 됨이라"(롬 1:16).

왜 하필이면 로마교회 성도들을 향하여 이렇게 말하는 것일까요?

당시 로마교회 교인들은 인본주의, 다신론, 그리고 팍스 로마 사상에 둘러싸여 있었습니다. 때문에 저들이 예수를 믿기는 믿지만 십자가의 도(道)를 부끄럽게 생각했습니다. 십자가를 부끄러워하지 마십시오.

✞ 기도제목
1) 복음이 하나님의 능력임을 믿게 하여 주소서.
2) 예수님과 십자가와 복음을 자랑하는 신실한 일꾼 되게 하소서.

순종하는 믿음으로
♣ 성경 사무엘상 15:22 찬송 570(453)장 ♣

　나병환자들이 주님 말씀을 믿고 순종하여 '가다가 고침'을 받았습니다. 백부장이 '주님 말씀의 능력을 믿고 순종하는 즉시'로 하인의 병이 나았습니다.
　밤새도록 고기 한 마리 잡지 못한 베드로가 깊은 곳에 가서 그물을 다시 내리라는 주님의 말씀을 듣고 말씀에 의지하여 "그물을 내리리이다" 하고 순종을 하자 '그때까지 잡히지 않았던 고기가 그물이 찢어질 정도로' 가득 잡혔습니다.

　지금 우리의 형편과 처지에서 드려지는 최선의 고백이 '하나님을 영화롭게 하는 감사'라고 생각합니다. 어떻게 하면 우리 삶에도 이러한 감사가 넘칠 수 있을까요? 하나님을 생각하고 순종하는 믿음을 가진 사람이 되십시오. 오늘 읽은 본문은 "순종이 제사보다 낫다"고 말씀합니다. 우리가 드리는 예배에서 하나님이 가장 원하시는 것은 시간과 물질을 뛰어넘는 '순종의 마음'입니다. 여기서 순종한다는 것은 '하나님에 의해 다루어지는 것'입니다. 하나님에 의해 다루어지기를 바라고 그것이 자신의 삶에서 최선임을 믿는 것입니다.
　여러분의 삶을 하나님께 전적으로 맡기며 하나님께서 다루어 주시기를 바라고 있습니까? 어쩌면 지금 여러분의 모습은 자신이 원하는 모습이 아닐지도 모릅니다. 그러나 우리는 하나님의 놀라운 섭리 가운데서 있음을 알고 있습니다.
　하나님을 생각하고 순종하는 믿음을 가진 사람은 감사하는 삶을 살려고 합니다. 늘 긍정적인 면을 보려고 합니다. 다른 사람의 수고를 칭찬하는 훈련을 합니다. 다른 사람의 잘난 것을 기뻐할 수 있는 마음을 갖도록 노력합니다. 받은 축복만큼 나누는 사람입니다.

✞ **기도제목**
　1) 순종하는 믿음을 주소서.
　2) 우리의 삶을 하나님께 전적으로 맡기게 하소서.

세 가지 기도

♣ 성경 마태복음 7:7 찬송 364(482)장 ♣

A.B. 심프슨은 마태복음 7:7 말씀의 주해에서 "기도에는 구하고, 찾고, 문을 두드리는 세 가지가 있다."라고 말했습니다.

심프슨이 말한 대로 어떤 문제는 단순히 기도하고 구하기만 해도 해결됩니다. 그러나 개중에는 깊이 생각하고 주의 깊게 하나님의 말씀을 배워야 비로소 그 실마리가 풀리는 문제도 있습니다. 그리고 때로는 굳게 닫힌 문이 절벽강산 앞에 섰을 때처럼 느껴져 아무리 기도해도 어쩔 수 없는 문제도 있습니다. 그럴 때일수록 집요하게 계속해서 문을 두드릴 필요가 있습니다.

어찌하여 하나님께서 우리에게 이와 같은 간구를 원하는지 잘 이해가 되지 않을 수도 있습니다. 그러나 그 중요성은 성경의 사례에서 배울 수 있습니다.

그 하나는, 출애굽기 17장입니다. 이스라엘 백성이 아말렉인과 싸울 때, 모세가 손을 들어 올리면 이스라엘이 이기고, 모세가 손을 내리면 아말렉이 이겼던 것입니다.

둘째는, 다니엘서 10장입니다. 다니엘은 21일 동안 열심히 하나님께 간구했습니다.

셋째는, 열왕기하 13:8~19입니다. 엘리사는 이스라엘 왕에게 "구원의 화살"을 세 번뿐만 아니라 계속해서 쏘도록 지시했습니다.

주님은 같은 말을 입술로만 중언부언 되풀이하여 기도하는 것을 금하고 계십니다. 그러나 열렬한 간구의 기도는 금하시지 않습니다. 우리가 드리는 기도의 제목은 각자 다를 테지만, 우리는 오늘도 꾸준히 구하고 찾고 문을 두드려야 할 것입니다.

✞ 기도제목
 1) 오늘도 꾸준히 구하고 찾고 두드리는 기도를 하게 하소서.
 2) 나의 기도와 간구가 욕심으로 구하는 것이 되지 않게 하소서.

끈질긴 기도
♣ 성경 창세기 32:26 찬송 368(486)장 ♣

거룩한 생애를 보낸 교역자로 알려진 스코틀랜드의 부흥사 요한 웰취는 하루에 여덟 시간 내지 열 시간을 기도로 보내지 않으면 그날 하루는 잘못 보낸 것으로 생각했습니다. 그리고 기도인으로 유명한 조지 뮬러는 어느 날 다섯 친구의 구원을 위해 기도하기 시작했습니다. 몇 달 후에 겨우 한 사람이 그리스도를 영접했습니다. 그리고 10년 후에 두 사람이 회심하고, 네 번째 친구가 회심하기까지는 25년이 걸리고 마지막 친구가 그리스도를 영접하게 하기 위해 그는 임종 때까지 끈질기게 기도를 계속했습니다. 그는 그 친구가 그리스도를 맞아들이기까지 52년 동안 결코 희망을 잃지 않았다고 합니다.

창세기 32장은 천사가 야곱과 씨름한 내용입니다. 즉 야곱이 두 아내와 두 여종과 열한 아들을 얍복 나루를 앞서 건너가게 하고 홀로 남아 있을 때, 밤새도록 천사와 씨름하여 환도뼈가 위골되기까지, 야곱은 그 천사에게 축복을 애타게 간구했습니다. 이때 천사는 야곱에게 "네 이름을 야곱이라고 부르지 말고 이스라엘이라고 하라"라고 말했습니다.

우리가 기도할 때 야곱처럼 하나님과 혼자가 되어야 합니다. 우리가 야곱에게서 배워야 할 것은 이 밀실의 기도입니다. 예수께서도 "너는 기도할 때에 네 골방에 들어가 문을 닫고 은밀한 중에 계신 네 아버지께 기도하라"(마 6:6)라고 가르치셨습니다. 가장 효과적인 기도는 세상의 훼방을 받지 않는 조용한 곳에서 간구하는 이 밀실의 기도입니다.

야곱의 경험에서 배워야 할 또 한 가지는 끈질긴 기도입니다. 자기의 약점을 알고 있었으나 그는 "내게 축복하지 아니하면 가게 하지 아니하겠나이다"라고 악착같이 하나님께 매달렸던 것입니다. 그러자 하나님은 그가 간구한 축복을 내려 주셨습니다.

✞ **기도제목**
1) 야곱과 같이 은밀하고 끈기 있게 기도하게 하소서.
2) 전도대상자가 믿을 때까지 끈기 있게 전도하게 하소서.

신앙의 기도

♣ 성경 마가복음 11:24   찬송 365(484)장 ♣

호두과자를 개발한 심복순 권사님은 천안에 호두가 많은 것을 최대한 이용해 이것으로 과자를 만들었습니다. 이것이 히트를 쳐 광고도 하지 않았는데 천안에서는 물론 전국 각지에서 주문이 쇄도했고, 미국, 중국, 일본에 이르기까지 수출하게 된 것입니다.

심 권사님은 이 사업은 하나님께서 번창시켜 주신 것이라고 믿었습니다.

돈이 조금씩 들어오자 심 권사님은 서원기도를 드렸습니다. "하나님, 저는 결코 혼자가 아닙니다. 하나님과 함께 동업을 하는 것입니다. 지금부터 제가 버는 돈의 절반은 하나님의 것으로 믿고 하나님을 위해 사용하겠습니다." 권사님이 만드는 호두과자 봉지에는 "주 예수를 믿으라."라는 성경 말씀이 인쇄되어 있습니다. 심 권사님은 지금까지 혼자서 예배당을 일곱 개나 지었습니다. 이것은 심 권사님이 어렵게 살 때 "평생 혼자 힘으로 예배당 일곱 개만 짓게 해주세요." 하고 드린 기도가 응답된 것입니다.

오늘의 교회가 가장 필요로 하는 것은 성도들의 기도입니다. 그러나 오늘날 교회는 성도들의 기도가 부족한 상태입니다. 기도가 단지 예배 과정의 형식적인 순서에 그치는 경우가 너무나 많습니다. 그리하여 기도가 오늘날의 교회에 강력한 힘이 되지 못하고 있습니다.

하나님은 기도와 관련하여 우리에게 여러 가지 약속을 하고 계십니다. 만일 누가 어떤 약속을 하고 그것을 지키지 않는다면, 그는 인간으로서의 가치가 그만큼 떨어질 것입니다. 하물며 하나님께서 인간에게 약속을 하시고, 그것을 저버리신다면 그런 하나님은 하나님으로서 믿을 만한 가치가 없을 것입니다. 기도가 응답을 받는다는 것은 하나님의 약속입니다. 오늘 말씀도 그 약속의 하나입니다.

하나님은 성경을 통해 되풀이하여 기도에 응답을 주시겠다고 약속하셨습니다. 그러므로 우리도 기도할 때 그 약속을 믿고 기도해야 합니다.

♱ 기도제목
1) 이땅에 기도의 용사가 많이 일어나게 하소서.
2) 믿음으로 구한 것은 받은 줄로 믿게 하소서.

기도하는 마음

♣ 성경 이사야 59:1~2   찬송 369(487)장 ♣

숲 속에 조그만 움막을 지어놓고 혼자 살던 사람이 하루는 기도를 할 때마다 유리병에 호두를 넣어서 기도하는 횟수를 세어 보기로 하였습니다. 유리병이 하나씩 늘어갈 때마다 그는 만족을 느꼈고 결국 마음이 거만해지기 시작했습니다. 그러던 어느 날 꿈을 꾸었습니다.

예수님께서 그에게 물으셨습니다. "호두알로 가득 찬 병들은 무엇을 의미하느냐?" "호두알 하나가 한 번의 기도를 나타냅니다." "망치를 가져다가 호두알 하나하나를 깨뜨려 보게." 예수님의 말씀대로 호두알을 깨뜨려 보니 알맹이는 하나도 없고 껍질만이 있었습니다. 그러자 예수님은 "자네 기도는 이 호두처럼 다 비어 있네. 자네는 기도의 횟수는 많지만 마음은 항상 다른 곳에 가 있었네. 기도란 말로 떠드는 것이 아니고 진정한 하나님과의 대화가 기도의 참된 의미라네."

인간에게 기도하는 마음이 있는 것은 인간이 하나님에 의해 하나님과 교류하도록 지음을 받았기 때문이며, 하나님께 의지하지 않으면 참되게 살아갈 수 없는 연약한 존재이기 때문입니다.

기도의 응답은 형식이나 횟수와는 관계가 없습니다. 일정한 내용을 몇 번이나 되풀이하는 기도는 오히려 하나님의 뜻에 어긋나 금하고 있습니다(마 6:7). 중요한 것은 진심에서 우러난 기도입니다. 그러므로 그리스도인은 기도할 때, 이 약속의 말씀대로 예수님의 이름으로 기도하고 '아멘'으로 끝을 맺는 것이 바람직합니다.

'아멘'이란 '진실, 참으로, 옳다' 등의 의미를 지닌 말로, 이것은 히브리어로 세계 어디서나 그대로 불리고 있습니다. 기도 후에 '아멘'이라고 말하는 것은, "이 기도는 진심에서 우러난 기도입니다."라는 뜻입니다. 주의 이름으로 진심에서 우러난 기도를 드리면 반드시 응답해 주실 것입니다.

✞ 기도제목
1) 하나님이 나의 기도를 응답해 주심을 믿는 믿음을 주소서.
2) 어느 때나 어디서나 기도하게 하소서.

기도의 응답
♣ 성경 고린도후서 12:9 찬송 365(484)장 ♣

가난한 한 가족이 생활이 어려워 작은 마을로 이사를 가게 되었습니다. 그런데 일곱 살 된 딸이 근심스런 표정으로 엄마에게 물었습니다. "그곳에도 예배당이 있나요? 주일학교에 못가면 어떻게 하지요?" 엄마는 슬픈 표정으로 대답했습니다. "그곳은 아주 작은 마을이란다. 아직 예배당이 없단다." 가족들이 열심히 이삿짐을 챙기는데 딸이 보이지 않았습니다. 엄마가 방으로 들어가 보니 딸이 무릎을 꿇은 채 기도를 드리고 있었습니다. "저희는 교회가 없는 곳으로 이사를 갑니다. 하나님, 안녕히 계세요."
　엄마는 기도하는 딸의 모습을 보며 함께 무릎을 꿇었습니다. 그런데 이 가족이 작은 마을로 이사를 간 지 두달 만에 교회가 세워졌습니다.

　진실한 기도는 땅에 떨어지는 법이 없습니다. 하나님은 순진무구한 어린이의 기도에 가장 먼저 응답하십니다. 바울은 육신의 가시에서 벗어나려고 거듭 기도했습니다. 그가 열심히 기도한 것은 단지 그 가시의 고통에서 해방되기 위해서가 아니라 그 가시로 말미암아 자기의 선교활동이 지장받지 않게 하기 위해서였습니다. 그런데 아무리 기도해도 바울은 그 육신의 가시에서 해방되지 못했습니다.
　바울이 기도한 대로 바울의 병은 고쳐지지 않았으나 기도 중에 "내 은혜가 네게 족하도다"라는 하나님의 음성을 듣고 그의 영혼은 치료를 받아 평안해졌습니다. 이어서 "내 능력이 약한 데서 온전하여짐이라"라는 말씀을 듣고 자신에게 있는 육신의 가시는 결코 하나님을 위한 봉사를 훼방하지 않을 뿐더러 자신을 겸손하게 하고 더 기도하게 하며, 오히려 그 연약함이 하나님의 영광을 드러내기 위해 쓰인다는 것을 알게 되었습니다. 기도는 무에서 유를 창조하고, 죽음에서 생명을 만들어 내는 능력이며, 닫혀진 문을 여는 열쇠입니다.

✞ **기도제목**
　1) 응답해 주실 줄로 믿고 기도하게 하소서.
　2) 내가 드린 기도의 응답을 확신케 하소서.

마음속의 천국

♣ 성경 로마서 14:17   찬송 246(221)장 ♣

바리새인이 물었습니다. "천국이 어디 있습니까? 천국을 보여 주십시오." 그러자 예수님께서 말씀하시기를 "천국은 볼 수 있게 임하는 것이 아니라 볼 수 없다."라고 말씀하셨습니다. "그러면 그런 나라가 어디 있습니까?"라고 바리새인이 다시 묻자 "너희 안에 있느니라"라고 말씀하셨습니다. 광야에도 있지 않습니다. 궁궐에도 있지 않습니다.
이 세상 어디에도 없는 천국이 우리 안에 이루어진다는 것입니다.

하나님께서는 우리의 마음속에 의와 평화와 기쁨으로 가득 찬 천국을 마련해 주십니다. 어떻게 의와 평화와 기쁨으로 천국을 이루어 주실까요?
첫째 '의'입니다.
우리는 누구나 겉을 아름답게 꾸밀 수 있습니다. 인간에게는 외모와 달리 무섭게 오염되어 있는 내면이 있습니다. 이 가면을 벗고 그리스도께서 나 위해 흘리신 보혈을 의지할 때 하나님께서는 그 마음의 불의를 깨끗이 씻어 의로 화하게 하시는 것입니다.
둘째 '평화'입니다.
그리스도인의 마음에는 어떤 일이 일어나도 흔들리지 않는 평화가 있습니다. 어떤 잠수함장의 말에 의하면 아무리 바다 위가 사나워져도 50피트 깊이의 바다 속은 대단히 평온하다고 합니다. 그리스도를 마음에 영접한 사람도 마찬가지입니다. 인생의 표면에 폭풍이 몰아쳐도 그의 마음속에는 언제나 화평이 깃들어 있습니다.
셋째 '기쁨'입니다.
여기서 말하는 기쁨은 환희라고 말하는 것이 적절합니다. 우리의 일상적인 기쁨은 아침 이슬처럼 곧 사라지지만, 내면 깊은 곳에서 솟아나는 하나님나라의 기쁨은 사라지지 않습니다. 고난 속에서도 기뻐합니다.

♧ 기도제목
1) 천국의 소망으로 항상 기쁨이 넘치게 하소서.
2) 이땅에 주의 나라가 속히 임하게 하소서.

주님의 오른손
♣ 성경 출애굽기 15:1~18 찬송 405(458)장 ♣

20세기 초 오순절 운동의 지도자, 스미스 위글스워스 목사님은 정규 교육을 받지 못한 배관공이었습니다. 그러나 하나님의 말씀을 절대적으로 믿고 의지하자 놀라운 일들이 일어났습니다. 눈먼 자가 눈을 뜨고, 듣지 못하던 자가 듣고, 병자들이 고침받고, 미친 사람이 온전해지고, 심지어는 죽은 지 얼마 안 된 사람들이 다시 살아났습니다. 암이 없어지고, 없던 다리가 생겼습니다. 그런데 그가 이처럼 하나님의 손에 붙잡혀 능력 있는 주의 종으로 쓰임받을 수 있었던 이유는 바로 하나님의 말씀을 철저히 믿고 의지했기 때문입니다.

출애굽기 15:1~18은 바로와의 싸움을 이기게 하신 하나님을 찬양하고 있습니다. 본래 모세와 바로의 싸움은 성립이 안 되는 싸움이었습니다. 바로는 군대와 무기를 가지고 있고, 모세는 지팡이 하나만 가졌습니다. 바로는 마차를 타고 모세는 두 발로 걸어 다녔습니다.
바로는 작전참모들이 있고 모세는 혼자 생각하고 결정해야 했습니다. 바로는 자신을 믿고 군대가 호위하고 병기가 에워싸고 있지만, 모세는 하나님을 믿고, 하나님이 동행하시고, 하나님이 전략을 짜주셨습니다. 그래서 이길 수 있었습니다.
우리가 믿는 하나님은 제한받는 신이 아닙니다. 모세는 하나님을 "나의 힘, 나의 노래, 나의 구원, 나의 하나님이시다"(출 15:2)라고 했고, "오른손이 원수를 부수시나이다"(출 15:6)라고 했으며, "주께서 주의 큰 위엄으로 주를 거스르는 자를 엎으신다"(출 15:7)라고 했습니다.
모세의 노래와 고백은 나의 노래와 고백이 되어야 합니다.
걱정하지 맙시다. 염려하지 맙시다. 오른손으로 기적을 행하시고 구원을 이루시는 주를 바라고 의지합시다.

✚ **기도제목**
1) 주의 능력을 힘입어 살게 하소서.
2) 이 땅에 신뢰와 용서를 회복시켜 주소서.

예수의 정신으로 삽시다
♣ 성경 이사야 53:5~6　찬송 139(128)장 ♣

시카고 길거리에서 어떤 사람이 한 젊은이에게 다가가 이렇게 물었습니다. "당신은 그리스도를 믿으십니까?" "가서 당신 볼일이나 보세요. 난 그런 것 필요 없어요." "이것이 내 볼일이오." 그가 바로 유명한 '무디'였습니다. 그는 하루라도 누구에겐가 예수에 관해 전하지 않으면, 좀이 쑤셔서 견딜 수 없었습니다. 그리스도인이라면 누구나 사람들에게 예수께서 행하신 일을 전하고, 최선을 다해서 그들을 주께로 인도하는 일을 직업처럼 해야 합니다.

이 세상에는 짐이 되는 사람이 있고, 짐을 지는 사람이 있습니다. 짐이 되는 사람은 어린아이거나 병약한 자이고, 짐을 지는 사람은 어른이거나 건강한 사람입니다. 교회 안에는 영적으로 아직 어린 사람도 있고, 남을 돌볼 수 있는 장성한 성도도 있습니다.

예수님은 우리 죄를 담당하는 대속의 십자가를 지셨습니다. 오늘의 우리는 사역의 십자가를 져야 합니다. 돈 벌고, 건강하고, 명예 얻고, 지위가 높아지는 것이 목적이 아닙니다. 남을 구원하기 위해 시간과 몸 그리고 물질을 써야 합니다. 그것이 목적입니다.

우리는 예수님의 마음을 품은 그리스도인이어야 합니다. 우리가 땅에 떨어져 죽은 밀알이 될 때 많은 열매를 맺습니다. 이런 일은 영적으로 건강한 그리스도인만이 할 수 있습니다. 갈라디아서 6:2에 "너희가 짐을 서로 지라 그리하여 그리스도의 법을 성취하라"라고 하였습니다.

우리가 남의 필요를 채워 주면 하나님은 나의 필요를 채워 주되 후히 되어 넘치게 하십니다. 하나님은 작은 일에 충성된 자를 칭찬하시고, 더 많은 것을 맡기시며 하나님의 즐거움에 참여시켜 주십니다.

✞ **기도제목**
1) 주님의 마음을 닮아 모든 사람을 조건 없이 사랑하게 하소서.
2) 우리가 전도해야 할 불신 가족과 이웃의 마음 문을 열어 주소서.

베들레헴에 태어나신 예수
♣ 성경 미가 5:2~4   찬송 96(94)장 ♣

미국 시카고에 큰 화재가 났었는데 이때 무디 선생님이 운영하는 성경학교와 예배당과 주택들이 모두 타서 없어지고 무디 선생님은 겨우 몸만 빠져 나왔습니다. 화재 후에 어떤 친구가 무디 선생님을 찾아와 "화재로 인해 모든 것이 타버렸는데 얼마나 고생이 많았습니까?"라고 물었습니다.

그때 무디 선생님은 "나의 모든 것이 타버렸지만 제일 귀한 보배는 타지 않고 간직되어 있습니다."라고 대답하였습니다.

이 말을 들은 친구는 기뻐서 "거 불행 중 다행입니다. 그런데 그 귀한 보배는 무엇입니까?"라고 물었습니다. 이 말에 그는 "그것은 내 마음속에 있는 예수님입니다."라고 말했다고 합니다.

'나는 작고 보잘것없는 존재이다'라는 자기비하의 생각을 갖고 있는 사람들이 많습니다. 바른 생각이 아닙니다. 생각을 바꿔서 '나는 하나님의 형상을 따라 지음받은 귀한 존재이다'라고 생각해야 합니다. 다른 사람들과 비교하면서 내가 상대적으로 보잘것없다고 여기는 사람들도 많은데 이런 비교는 사람을 불행하게 만듭니다.

베들레헴은, 예루살렘은 물론 세겜이나 여리고 등과 비교가 되지 않는 보잘것없는 촌락이었지만 하나님은 예수님을 그곳에서 태어나게 하셨습니다. 하나님께서는 '말째(막내)'인 다윗을 들어 이스라엘의 성군을 삼으셨고, 그의 혈통에서 예수님이 태어나게 하셨습니다. 키가 작은 삭개오, 어부인 베드로, 몸에 질병이 있는 바울을 들어 귀하게 쓰셨습니다.

내가 작고 초라한 존재라고 느껴지면 메시아이신 주님께서 바로 나에게 오시는 것을 알아야 합니다. 내가 사는 곳이 누추하다고 여겨지면 메시아이신 주님께서 바로 그 곳에 오시는 것을 알아야 합니다.

✚ **기도제목**
1) 하나님의 자녀임을 늘 기억하고 살게 하소서.
2) 불신자들에게 복음 전하는 삶을 살게 하소서.

한 아기로 오신 구원자

♣ 성경 이사야 9:1~7 찬송 96(94)장 ♣

체험적인 설교로 유명한 미국의 필립 브룩스 목사는 임종 전 손님들의 방문을 일절 사양했습니다. 그런데 법률가 잉거솔만은 방문을 허락했습니다. 잉거솔은 브룩스 목사가 임종을 앞두고 만난 유일한 외부인사였습니다. "만나게 해주셔서 감사합니다." 잉거솔은 진지하게 감사의 표시를 했습니다. 그러자 브룩스 목사는 잉거솔의 손을 잡고 조용히 말했습니다. "여보게. 다른 사람과는 천국에서 다시 만날 것 같아 특별히 따로 만나지 않았지. 그러나 당신과는 아무래도 천국에서 만나지 못할 것 같아…… 믿음을 가져요, 제발." 브룩스 목사님은 포기하지 않고 임종 전까지 전도했습니다.

예수님은 죄만 없을 뿐 우리 사람들과 같은 몸으로 오셔서 인간의 연약함을 체험하셨습니다. 인간 구원을 위해 인간으로 오신 것입니다. 죄 값으로 인하여 사망에 처하게 된 우리의 그 죄 값을 대신 치르기 위해서는 죄 없으신 분이 피를 흘리고 죽을 수 있는 사람으로 오셔야만 했던 것입니다.

사랑의 하나님께서는 우리 죄 문제를 다 해결해 주시기 위해 우리 모든 사람의 죄를 예수님에게 담당시키셨습니다. 우리의 구원은 조건 없는 하나님의 사랑과 우리의 속죄제물이 되신 예수님의 피 흘림에 의해 된 것이니 우리의 구원은 값없이 주시는 은혜로 된 것입니다.

그래서 영원토록 찬송할 것은 예수님의 피밖에 없습니다. 죄인을 구원하기 위해 아기 예수로 이 땅에 오신 예수님의 탄생을 기념하는 성탄절에 유일한 구원자 예수님을 온 세상 만민에게 알려야 합니다.

그리스도인의 사명은 오직 예수님만이 인생 문제의 해결자 되심을 모든 사람에게 알리는 일입니다. 전도하는 자들과 항상 함께하시겠다고 약속하신 주님의 말씀을 붙잡고 영혼 구하는 일에 힘쓰시기 바랍니다.

✞ **기도제목**
1) 먼저 믿은 우리가 불신 가족을 전도하게 하소서.
2) 한국 교회가 민족 복음화에 앞장서게 하소서.

예수 탄생과 평화

♣ 성경 누가복음 2:8~14 찬송 112(112)장 ♣

영국의 한 할머니는 독일 비행기가 계속 폭격을 하는데도 잘 주무셨습니다. 사람들이 "폭격 속에서 어떻게 주무십니까?"라고 묻자, "저는 매일 밤마다 기도하면 항상 하나님께서 나를 지켜주신다는 확신이 들어서 편안하게 잠자리에 들 수 있습니다. 사실 하나님과 내가 둘 다 밤새 깨어 있을 이유가 없잖아요."라고 했답니다.

그렇습니다. 하나님은 졸지도, 주무시지도 않는데 나까지 그러면 어떡하겠어요? 한 사람은 자야 하지 않을까요?

본문에서 말하는 평화는 단순히 마음에 평안을 얻는 정도가 아니라 인간의 모든 삶의 영역에 미치는 주님의 구원을 의미합니다. 죄의 사람이 피 흘리신 그리스도의 사랑으로 죄사함을 받을 때 영혼이 기뻐 뛰며 주를 찬양합니다.

지은 죄를 회개함으로 죄사함을 받을 때 자유케 하시는 성령님이 그 사람의 마음과 삶을 평강으로 채워 주십니다.

성도는 날마다 은혜 위에 은혜를 받음으로 이전보다 더 평안해야 하고 주님을 더 사랑하며 주님께 더 사랑받는 삶이 되어야 합니다. 예수님이 탄생하시던 날, 하늘의 천군천사들이 총동원되어 찬양으로 하나님께 영광을 돌렸습니다. 밤에 양떼를 지키던 목자들은 아기 예수께 경배를 드렸습니다.

이번 성탄절에는 우리 모두가 천군천사처럼 찬양하고 목자들처럼 구주 탄생을 축하합시다. 날로 새롭게 하시는 성령님과 동행하는 오늘 하루가 되기를 바랍니다.

✚ **기도제목**
  1) 주의 평화로 채워 주소서.
  2) 성령님과 동행하게 하소서.

크리스마스와 행복
♣ 성경 요한복음 3:16   찬송 115(115)장 ♣

A씨는 일류 대학을 나와 일류 회사에 취직하여 일도 잘하고 얌전한 미모의 여성과 결혼하여 두 자녀를 두고 행복한 생활을 하고 있었습니다. 그런데 무심코 유혹에 빠져 돈을 낭비하게 되어 드디어 빚에 몰려 자살 소동까지 일어나게 되었습니다.

앞날이 캄캄해진 아내가 길을 찾다가 라디오 복음 방송을 듣게 되었고 다행히도 이 방송을 통하여 하나님께 등을 돌리고 자기의 행복을 추구해 온 결과가 파멸을 가져오게 되었다는 것을 깨닫고 그녀는 회개하고 그리스도를 마음속에 맞아들이게 되었습니다. 이 복음을 남편에게도 전하여 두 내외가 함께 하나님의 자녀가 되었습니다. 가정이 파괴되기 직전에 그리스도에 의해 구출된 두 사람은 그 후에도 잇따라 시련을 겪었으나 그 어떤 시련도 믿음으로 극복하며 행복한 생활을 하고 있습니다.

인류의 조상 아담이 하나님의 지시를 무시하고 범죄한 후로 인간은 죄에 빠져 하나님을 멀리하게 되었습니다. 인간은 자기 힘으로 행복을 추구하여 문명과 문화를 만들어 내면서 오히려 자기의 행복을 빼앗기고 멸망의 길을 가야 했습니다.

그러나 하나님께서는 인간을 죄의 생활에서 건져내기 위해 독생자 예수 그리스도를 이 세상에 보내 주셨습니다. 이것이 그리스도의 탄생, 곧 크리스마스입니다.

그리스도는 그 이름이 보여 주는 대로 구주로서 이 세상에 태어나 생활하시다가 십자가 위에서 죽으신 후 사흘 만에 부활하셨습니다. 죄 없는 하나님의 아들 예수께서 십자가 위에서 우리의 죄를 짊어지고 대신 형벌을 받으셨기 때문에, 누구든지 회개하고 예수를 구주로 믿고 영접하면 죄 사함을 받고 하나님과 화해할 수 있으며, 죄의 노예에서 해방되고 하나님의 자녀가 되어 그 권세를 누릴 수 있습니다.

✚ **기도제목**
1) 우리 죄를 사해 주시기 위해 오신 주님을 널리 전파하게 하소서.
2) 성탄의 기쁜 소식이 온누리에 넘치게 하소서.

예수의 그 크신 사랑

♣ 성경 이사야 53:5~6   찬송 140(130)장 ♣

어떤 마을에 존경받는 수도사가 살고 있었습니다. 마을 일에 앞장서는 수도사였습니다. 그런데 그 마을의 어떤 아가씨가 임신을 하게 되었습니다. 동네에 화두가 되었습니다. 그 아가씨의 아버지에게 이 아기의 아버지가 누구냐고 추궁을 합니다. 곤란하게 되었습니다. 이 젊은 자매가 사람들의 위협이 두려우니깐 임신한 아이의 아버지가 저 수도사라고 말했습니다.

그러자 사람들은 그 수도사를 끌어다가 매질을 했습니다. 너무나 많은 매질을 당했기에 수도사는 시름시름 앓다가 숨을 거두었습니다. 장례를 치르며 염을 하는 중에 그가 여자였음을 알게 되었습니다. 남장 여인의 수도사였습니다. 사람들은 숙연해졌습니다. 어쩔 줄 몰라 했습니다. 수도사는 한 자매의 생명을 살리기 위해서 자신이 대신 그 죄를 뒤집어쓴 것입니다. 그는 자신의 결백을 주장하지 않고 그냥 침묵했던 것입니다.

하나님의 보내심을 받고 이 세상에 오신 예수님은 죄가 없는 하나님의 외아들입니다. 그 예수님이 우리들의 죄 값을 대신 치르기 위해 로마병정의 창에 찔렸고 물과 피를 다 쏟으셨습니다. 몸속에 있던 물과 피가 한꺼번에 쏟아진 것입니다.

예수님의 온 몸은 채찍에 맞아 만신창이가 되었습니다. 우리의 질고를 대신 담당키 위해서 당한 고난이었습니다. 머리에는 가시면류관을 쓰셨으며, 양손과 발은 쇠 못에 박혔습니다. 죄는 우리들이 범했는데 그 죄에 대한 형벌은 예수님이 대신 받으신 것입니다.

하나님은 공의로우신 분입니다. 죄에 대한 그 대가를 반드시 치르게 한 것입니다. 오늘날 우리가 죄사함을 받고 영생을 얻은 것은 거역할 수 없는 하나님의 사랑과 우리 죄 값을 대신 치르신 예수님의 은혜로 된 것입니다. 우리가 할 수 있는 일은 하나님의 사랑과 예수님의 은혜를 감사하며 찬양하는 것입니다.

✚ 기도제목
1) 우리의 죄를 위해 오신 주의 은혜에 감사하는 삶을 살게 하소서.
2) 우리 대신 형벌을 받으신 예수님의 끝없는 사랑을 닮아가게 하소서.

다른 길

♣ 성경 마태복음 2:9~12　찬송 116(116)장 ♣

극동방송의 복음 프로를 통해 예수를 만나게 된 한 여인의 이야기입니다. 그녀는 자기 용모가 추하고 다리까지 절뚝거려 고민하던 끝에 자살을 결심하고, 한 달 가량 그 방법에 대해 골똘히 생각했습니다. 드디어 자살을 단행하려던 날 아침이었습니다. 화장실에서 세수를 마치고 자기 방으로 돌아가던 때, 그녀는 할아버지 방에서 라디오를 통해 들려오는 '자살은 어떤 죄인가?'라는 제목의 설교를 듣고, 깜짝 놀랐습니다. 그런데 설교에 귀를 기울이는 중에 차츰 살고 싶은 의욕과 소망을 갖게 되었습니다. 그녀는 뜻하지 않은 이 변화에 어리둥절하여 예수를 알아보고 싶은 마음에서 서점에 가서 성경을 사다가 읽기 시작했고, 잘 이해할 수 없는 대목을 목사님에게 물어보기 위해 교회에 나가기 시작했습니다. 이윽고 그녀는 그리스도를 만나게 되었고, 기쁨과 찬미의 밝은 생활을 하게 되었습니다.

　옷깃만 스쳐도 인연이라는 말이 있습니다. 세상에는 '만일 저 사람을 만나지 못했더라면 지금의 나는 있을 수 없겠지'라고 생각되는 사람이 있습니다. 말하자면 그 사람을 만났기 때문에 자기 인생이 크게 변하게 된 그런 만남이 있는 법인데, 누구든지 그리스도를 만나면 그의 인생이 180도로 변하게 되어 완전히 새로운 딴 길을 가게 됩니다.
　크리스마스의 이야기 중에 등장하는 동방 박사들도 별의 지시를 따르고 물어서 베들레헴 마구간에서 예수 그리스도를 만났을 때, 자기들이 갖고 있는 최고의 보물인 황금과 유향과 몰약을 바치고 경배한 다음, 다른 길을 통해 돌아갔습니다.
　예수를 만나게 되면, 멸망의 길을 향해 가던 사람이 하늘나라를 향해 가게 되고, 자기중심의 냉정한 인생을 보내던 사람이 하나님 중심의 따스한 인생을 보내게 되며, 또한 불평불만의 어두운 인생을 걸어가던 사람이 감사와 찬미의 밝은 인생을 살게 됩니다.

✞ **기도제목**
　1) 예수를 만나 경배하는 자들이 늘어나게 하소서.
　2) 예수로 인해 나의 마음이 감사와 찬미가 넘치게 하소서.

인생의 보상

♣ 성경 디모데후서 4:7~8   찬송 488(539)장 ♣

초대 교부 크리소스톰에게 예수 그리스도를 포기하라는 로마 황제의 명령이 내려졌습니다. 그는 황제의 명령을 듣지 않아 체포되었습니다. "그놈을 독방에 처넣어라." "아니 되옵니다. 기독교인들은 독방을 더 좋아합니다." "왜 그런고?" "조용한 기도실로 여기기 때문입니다." "그러면 잔인무도한 악당들이 있는 곳에 집어넣어라." "그것은 더욱더 아니 되옵니다. 악당들을 전도하여 기독교인으로 만들 것입니다."
"그래? 그렇다면 끌어내어 목을 쳐라." "폐하! 그건 더 아니 되옵니다." "왜 그것도 안 된단 말이냐?" "기독교인들은 순교를 최상의 영광으로 생각하기 때문에 그것도 헛일이옵니다. 그들은 순교할 때 울지도 않사옵니다. 오히려 얼굴에서 광채가 납니다." "그러면 그놈을 어떻게 해야 한단 말이냐?"

믿음의 사람은 세상이 감당하지 못합니다. 사도 바울은 자기 생애를 경기장에서 달리는 선수에 비교하고 있습니다. "내가 선한 싸움을 싸웠다."라는 바울의 말은 인생의 경기에서 그리스도 앞에 최선을 다했다는 것입니다. 그리고 "믿음을 지켰다."라고 한 이 말은 바울이 생애에 충실했다는 것을 보여 주며, 또한 바울이 죽음에 직면했을 때, 예수 그리스도에 대한 완전한 신뢰와 신앙을 잃지 않은 것을 나타내고 있습니다.

바울은 경기자가 받는 최고의 상인 '의의 면류관'이 자기를 기다리고 있다고, 큰 희망을 갖고 말했습니다. 그런데 이 면류관은 월계관처럼 시들어 버리는 것이 아니라 썩지 않고 쇠하지 않는 영원한 '의의 면류관'이라는 것입니다.

하나님의 심판과 그 보상을 알고 있는 사람은 인간의 판결이나 세상의 보상에는 무관심합니다. 오직 하나님께 '잘했다.'는 한마디를 듣기 원할 뿐입니다. 우리들도 그리스도를 마음속에 모시고 있으면 같은 면류관을 받을 수 있을 것입니다.

✟ **기도제목**
1) 의의 선한 싸움을 싸워온 한 해가 되었는지 점검해 보게 하소서.
2) 한 해의 마무리를 잘하게 하소서.

영혼의 고향
♣ 성경 히브리서 11:15~16 찬송 301(460)장 ♣

과학만을 의지하는 철저한 무신론자가 음주 운전으로 사람을 치어 죽게 했습니다. 그처럼 자신만만하던 그는 자기의 무기력과 연약함을 뼈저리게 느껴 잠도 제대로 자지 못했습니다.
 그의 아내가 베갯머리에 성경을 놓아두었습니다. 그러나 성경을 펴든다는 것이 마음에 내키지 않았습니다. 어쩐지 패배감이 앞서 망설였으나, 마지못해 성경을 읽기 시작했습니다. 그리고 빌리 그레함의 「하나님과의 평화」라는 책을 서가에서 꺼내 읽는 중에 창조주이신 하나님을 발견하고 또한, 하나님의 아들 예수께서 십자가에서 피를 흘리신 것을 믿고 회심했습니다. 그리하여 그 해 크리스마스에 지난날의 모든 죄를 낱낱이 회개하고 세례를 받아 하늘에 돌아갈 고향을 갖게 되었습니다.
 두려운 교통사고도 하나님의 은총이었던 것입니다. 다시 말해서 그의 영혼을 하늘의 고향으로 부르신 하나님의 초청이었던 것입니다.

 오늘 본문 말씀에는 하늘에 돌아갈 고향을 갖고 있는 사람들에 대해 쓰여 있습니다. 그들은 지상에서 길손이요, 거류자임을 고백하고 있습니다. 그러므로 이들은 하늘나라라는 고향에서 멀리 떠나 이 세상에서 살고 있지만, 거류자로서의 책임 있는 행동을 취하고, 또 이 세상의 여행이 아무리 괴롭고 고달파도 이윽고 영혼의 고향 즉 하늘의 고향으로 귀향할 것을 즐거움으로 삼고 나날을 보내고 있습니다.
 그런데 세상에는 뜻밖에도 영혼의 고향에 대해 무관심한 사람이 많습니다. 성경은 하늘에 돌아갈 고향이 없는 사람을 '영혼의 방랑자'라고 합니다. 영혼의 방랑자는 유사시에 쉽사리 무너지기가 일쑤입니다.
 뜻하지 않은 사고나, 질병, 실패 등 달갑지 않은 재난도 우리를 '영혼의 고향'으로 초대하시는 하나님의 뜻으로 알고, 그리스도를 받아들이는 계기가 된다면 그야말로 큰 전화위복이라고 하겠습니다.

✝ **기도제목**
 1) 나의 돌아갈 고향이 예비되었으므로 소망을 품고 살게 하소서.
 2) 금년 한 해도 주의 은혜로 지나온 것을 감사하게 하소서.

최대의 과제
♣ 성경 로마서 6:10~11 찬송 483(532)장 ♣

늙으면 죽어야 한다는 말을 입버릇처럼 하는 할머니에게 한 동네에 살고 있는 건달 청년이 장난삼아, "그렇다면 죽는 약을 구해 드릴까요?" 하고 제의했습니다.

며칠 후에 그 집에 다시 들렸더니, 할머니는 여전히 죽고 싶다는 타령을 했습니다. 청년은 호주머니에서 꺼낸 환약을 내밀면서 "할머니, 그럼 이 약 잡수시고 곧 돌아가시도록 하세요. 그럼 이것이 마지막으로 뵙는 것이 되겠군요. 안녕히 돌아가십시오."라고 천연덕스럽게 인사를 하고 할머니의 집을 나왔습니다. 물론 그 약은 소화제에 불과했습니다. 청년이 대문 밖을 나서자마자 할머니는 그 약봉지를 펴보지도 않은 채 쓰레기통에 내동댕이치면서 혼자 중얼거렸습니다. "망할 녀석 같으니, 아주 고약한 놈이군!"

이 할머니는 그 후 얼마 더 살다가 죽었을 것입니다. 이 할머니뿐만 아니라 누구나 죽기 마련입니다. 즉 죽음은 인간의 공통된 과제인데, 이 죽음을 이기는 길을 열어 놓으신 고마운 분이 그리스도이십니다.

다음은 명사들이 임종을 맞이할 때 한 말입니다.

"이것으로 족하다." - 칸트

"하나님이여, 영원히 나를 버리지 마소서!" - 파스칼

"죽는데 시간이 무척 많이 걸렸군. 여러분 용서하게!" - 찰스 5세

"불멸의 영혼이여 만세" - 앙드레 지드

"뭐야, 이건? 죽음 아냐? 속았다." - 조지 4세

유감스럽게도 세상에서의 명사들은 거의가 내세에 대한 소망과 기대 가운데 임종을 맞고 있지 않습니다. "아버지여 나를 붙드소서!"라고 외마디 기도를 드리고 조용히 눈을 감은 주기철 목사나 70일이라는 경이적인 단식 끝에 "하늘 가는 밝은 길이 내 앞에 있으니"의 찬송을 하면서 죽음을 맞은 박관준 장로의 임종과는 확연한 대조를 이루고 있습니다.

✞ **기도제목**
1) 부활의 소망으로 살아가게 하소서.
2) 새해에는 주를 위해 더욱 충성 봉사하게 하소서.

인생의 마지막 날

♣ 성경 시편 90:12   찬송 176(163)장 ♣

옛날 한 백발노인이 인생의 쓴맛, 단맛을 다 맛본 뒤에 시간이 얼마나 소중한지를 깨달았습니다. 그리고 그 노인분이 청년들을 훈계하며 이렇게 말했다고 합니다. "내가 울고 웃던 어린 시절에는 시간이 기어갔습니다. 내가 꿈을 꾸던 청년 시절에는 시간이 빠른 걸음으로 지나갔습니다. 내가 성인이 되었을 때 시간은 마치 뛰어가는 것 같았습니다. 장년이 되어 능력을 과시할 때가 되었을 때는 시간이 구름처럼 날아가 버렸습니다. 그리고 백발의 노인이 되었을 때, 시간이 전부 지나간 것을 알았습니다."

처음이 있으면 끝이 있기 마련입니다. 하루의 끝이 있고 한 주의 끝이 있고 한 달의 끝이 있고 일 년의 끝이 있습니다. 그리고 일에도 끝이 있고 휴식에도 끝이 있습니다. 뿐만 아니라 우정에도 끝이 있고 검은 머리가 희게 될 때까지 변치 않는 사랑을 맹세한 부부 사이에도 끝이 있습니다.

이와 마찬가지로 우리들의 생명, 즉 이 지상의 생애에도 끝이 있다는 것을 잊어서는 안 됩니다. 그때에는 육체를 떠난 우리 영혼은 이윽고 하나님 앞에서 생애의 총결산을 해야 합니다. 그 날 그때에 가서 당황하지 않도록 평소에 대비를 게을리하지 말아야 할 것입니다.

인간의 죽음은 다른 모든 생물의 죽음과 질이 다릅니다. 죄를 물을 수 없는 생물들에게는 삶과 죽음이 자연스럽지만, 인간에게는 하나님의 형벌이요, 저주입니다. 이 문제를 푸는 것은 예수님의 십자가뿐입니다.

하나님은 영원하시나 인간은 유한합니다. 그리고 인생은 돌아가야 합니다. 오늘은 한 해의 마지막 날입니다. 우리 인생에도 마지막 날이 있습니다. 경각심을 갖고 인생의 마지막 때를 준비합시다.

✝ 기도제목
   1) 인생의 마지막 날이 있음을 기억하고 게으르지 않게 하소서.
   2) 일년 한 해를 주의 은혜 아래 지켜 주심을 감사합니다.

본서는 「새 가정예배서」란 표제로 발행해 왔으나 독자들의 편의를 돕고자 내용을 보완하고 큰 활자로 다시 편집하여 책명을 표제와 같이 바꾸고, 활용하기에 편리한 판형으로 새롭게 발행함을 알려드립니다.

365예수사랑
한마음 가정예배

●

2017년 1월 5일 1판 1쇄 발행

지은이 · 박원섭 목사
펴낸이 · 김기찬

펴낸곳 **한국문서선교회**

등록 · 1981.11.12 NO. 제 14-37호
주소 · 서울시 중구 다산로 42나길 45-6
이메일 · mission3496@naver.com
☎ 2253-3496 · 2253-3497
FAX. 2253-3498
정가 13,000원

●

잘못된 책은 바꾸어 드립니다.
* 판권 본사 소유 *

ISBN 978-89-8356-283-8-13230